浙江省普通本科高校"十四五"重点立项建设教材

管理学科一流专业建设系列教材

国家级一流本科专业建设点（信息管理与信息系统）建设教材

U0738871

运作管理

（第二版）

华中生　张　政　鲍丽娜　主编

ZHEJIANG UNIVERSITY PRESS

浙江大学出版社

·杭州·

图书在版编目(CIP)数据

运作管理 / 华中生，张政，鲍丽娜主编. — 2 版
— 杭州：浙江大学出版社，2024.6
ISBN 978-7-308-25043-6

Ⅰ. ①运… Ⅱ. ①华… ②张… ③鲍… Ⅲ. ①企业管理—研究 Ⅳ. ①F272

中国国家版本馆 CIP 数据核字(2024)第 106379 号

运作管理(第二版)

YUNZUO GUANLI

华中生　张政　鲍丽娜　主编

责任编辑	朱　玲	
责任校对	傅宏梁	
封面设计	周　灵	
出版发行	浙江大学出版社	
	（杭州市天目山路 148 号　邮政编码 310007)	
	（网址：http://www.zjupress.com)	
排　　版	杭州朝曦图文设计有限公司	
印　　刷	杭州捷派印务有限公司	
开　　本	787mm×1092mm　1/16	
印　　张	25	
字　　数	600 千	
版 印 次	2024 年 6 月第 2 版　2024 年 6 月第 1 次印刷	
书　　号	ISBN 978-7-308-25043-6	
定　　价	85.00 元	

"管理学科一流专业建设系列教材"
编委会

（按姓氏笔画排序）

主　任：吴晓波　　魏　江

委　员：朱　原　李文腾　杨　翼　周伟华

　　　　谢小云　窦军生　潘　健

前　言

运作管理是企业管理的一项基本职能,涉及在产品制造或服务过程中的计划、控制和改善等活动。运作管理理论已经被广泛应用到制造型和服务型企业,帮助其改善资源的利用率、提高生产效率以及完善服务质量等。

近年来,运作管理在业界和学界的发展出现了较大分歧。在业界,随着工业智能化和数据科学技术等的发展,更多企业关注到可以采用数据科学和运作管理知识提升企业的资源运作效率,并最终帮助企业提升竞争力。然而在学界,运作管理的教学工作却遇到了前所未有的挑战:①运作管理所讨论的理论知识点较为孤立与空洞,没有与具体的研究对象相联系;②随着我国产业的发展与升级,服务业占据了更大的比重,然而传统教材比较侧重生产运作管理,对于服务业运作管理的阐述不够。

国内外相关学者一直在讨论和摸索改进"运作管理"课程的教学方式,包括案例教学、研讨式教学和实地参观访问等。就我们目前了解的情况,这些教学方式对本科生而言,仍然不能解决"知"与"行"的统一问题。本课程创新性地引入实验环节,就是希望理论课学时部分解决"知"的问题,实验课学时部分解决"行"的问题,理论与实验两个环节相互协调配合,通过这种教学方式的创新,最终实现"知"与"行"的统一。即通过实验环节突出培养学生求真务实、追求真理、精益求精的工匠精神,培养学生踏实严谨的工作作风,解决实际问题的能力和追求卓越的优秀品质,使其成长为有社会责任感、有时代担当的优秀人才。另外,编著者团队也开发了线上课程,感兴趣的读者可通过链接(http://zjdx.fanya.chaoxing.com/portal)进入平台学习。

纵观全书,本教材具有以下两个特色。

特色1:注重实验教学环节,本教材在第4、6、8、10、13章分别加入了实验教学环节。实验教学以问题为导向,同时涉及多个理论知识点,重点训练学生的综合分析能力和解决实际问题的能力。同时,实验教学也是对理论教学的补充和升华。

特色2:本教材以党的二十大精神为指引,非常强调制造业与服务业相融合的运作管理,在原有生产运作管理的基础上引入了相关的服务管理内容,例如第3章"产品与服务设计"、第9章"计划与排程"、第11章"收益管理"。

本教材第1~14章理论部分由华中生教授编写,实验1~5由张政研究员编写,全书由鲍丽娜研究员、张政研究员参与校对,最后由华中生对全书进行审核。

由于时间仓促,加之编者水平有限,书中有不妥之处欢迎批评指正。

华中生

浙江大学管理学院

2024年1月

目　录

第二篇　运作系统运行

第三篇 运作系统改善

第一篇 构建运作系统

第1章

导论

运作管理的理论起源于 19 世纪末 20 世纪初的科学管理运动。随着运筹学和信息技术在企业管理中的广泛应用,运作管理作为企业管理的一个重要职能和领域,其理论与应用已经从传统制造型企业的生产管理拓展到服务运作管理、供应链管理和平台服务等当前的前沿领域。运作管理的理论体系以其严谨性和细节导向为显著特征。运作管理提出问题、分析问题和解决问题的方法不仅可以应用到企业管理中,在其他管理与决策领域也有广泛的适用性。

1.1 什么是运作管理

任何企业都要向顾客提供产品和服务。如何提供好的、有用的产品和服务,同时企业能够获得盈利和得到发展,这是运作管理关心的基本问题。在解决这样一个问题的过程中,运作管理能做什么呢? 或者说有什么运作管理方面的问题呢? 下面来看几个简单的例子。

首先,看三轮车的例子(见图 1-1)。

图 1-1 三轮车结构示意

如图 1-1 所示,三轮车是一个结构比较简单的产品。企业若要高效率地制造出高品质的三轮车,需要明确这样一些问题:一是采购策略问题,三轮车的零部件,如轮胎、转向轴、转向龙头、车架和相关配套件是自己加工还是外购,外购的零部件或者配套件该向谁采购、按照何种策略采购;二是生产线设计问题,组装工艺应采用自动化流水线,还是非自动化的手工组装车间方式;三是变化管理问题,当市场对三轮车性能需求发生变化,或者材料的采购价格发生较大变化时，上述决策应该如何调整？

其次，看快递服务的例子。

快递服务是指在向收寄人承诺的时限内，将快件或其他不需要储存的物品，比如封装好的信件和包裹，送到指定地点，递交给收件人，并获得签收的服务形式。

快递服务需要高效的分拣中心和运输工具这些后台的支持设备设施；另外，收件与送件的快递员，作为与客户直接打交道的服务提供者，代表的是快递服务企业的服务质量，是快捷、安全、高效的直观形象代言。因此，快递服务企业对快递员的形象与行为往往有较严格的规范要求，如图1-2所示。

图1-2　UPS快递员的形象与行为规范

再次，看饮料供应链的例子（见图1-3）。

饮料供应链从上游生产到下游零售，是由甜菜种植、糖浆提炼、装瓶、分销和零售等众多企业形成的网链结构，见图1-3。

甜菜种植　　糖浆提炼　　　装瓶　　　　　分销　　　　　零售

图1-3　饮料供应链示意

这些企业服务于共同的最终用户，即饮料消费者。因此，上下游企业间需要在信息流、物流和资金流方面开展协作以降低交易成本，实现供应链整体价值的最大化。

从上述三个例子可以看出，运作管理就是生产与交付产品以及服务系统的设计、运行与改善。这里的系统，又叫运作系统，可以是有形产品的生产系统、无形服务的提供与交付系统，也可以是上下游多企业协同的供应链系统。

运作系统是运作管理的对象,也是运作管理理论的基础与核心概念。虽然有形产品的制造系统、无形服务的提供与交付系统,或者面向共同最终用户的多企业协同供应链系统,从系统的结构、功能和目标等方面来看差异很大,但都可以被抽象概括为将投入的资源转化为期望产出的运作系统。

例如,在图 1-4 所示的蔬菜罐头生产企业的"投入—转化—产出"系统中,投入包括蔬菜、金属(铝)、水、能源、劳动力、建筑和设备等,转化包括蔬菜的清洗、切、煮、制作罐头、包装、贴标签等,产出是罐头成品。

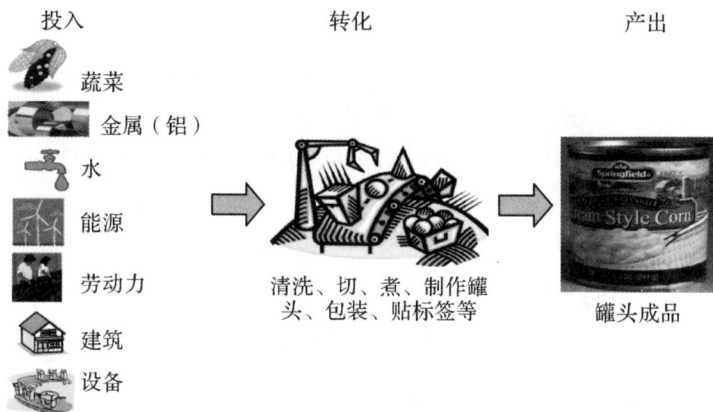

图 1-4 蔬菜罐头生产企业的"投入—转化—产出"系统

又例如,在图 1-5 描述的医院疾病治疗服务系统中,投入包括医生、护士、病人、医院、医疗设备、手术台和药品,转化包括诊断、治疗等,产出是康复的病人。

图 1-5 医院的"投入—转化—产出"系统

比较罐头生产和疾病治疗这两个例子可以发现,有形产品制造与无形服务运作系统之间存在着重要的差别:即顾客一般不参与有形产品制造的转换过程,但参与无形服务提供的服务过程。因此,有形产品制造的投入不包括顾客,但顾客是无形服务系统的重要投入之一;有形产品制造系统的产出是有形的产品,无形服务系统的产出是无形的顾客的需求满足和价值感知。

表 1-1 列出了几种不同行业的"输入—转化—输出"过程。

表 1-1　运作系统中的"输入—转化—输出"举例

系统	输入资源	转化过程	期望输出
汽车工厂	钢板、动力部件、工具、设备、工人	装备和制造汽车	高质量汽车
医院	病人、医生、护士、药品、设备	健康护理、医疗保健	健康的人
航空公司	乘客、货物、飞机、飞行员和机组人员、地勤人员、票务系统	在出发地和目的地之间运送乘客及货物	及时、安全抵达目的地
百货公司	购物者、待售商品、售货员、橱窗	陈列商品、交易、存储、再分销	满意的顾客

从表 1-1 可以看出，无形服务运作系统的顾客参与，包括投入阶段顾客个性化需求的明确与识别，转化过程如疾病诊断、治疗过程中病患与医生护士的各种沟通、协作与配合活动。

制造与服务在顾客参与方面的差异，导致有形产品与无形服务在运作方面表现出很多不同。表 1-2 总结了制造与服务的主要差异。

表 1-2　制造与服务的差异比较

制造	服务
产品是有形的、耐久的	产品是无形的、不可触的、不耐久的
产出可存储	产出不可存储
顾客与生产系统极少接触	顾客与服务系统接触频繁
响应顾客需求的周期较长	响应顾客需求的周期很短
可服务于地区、全国乃至国际市场	主要服务于有限区域范围内
设施规模较大	设施规模较小
质量易于度量	质量不易度量

从表 1-2 可以看出，相对于有形产品，无形服务的特点包括：服务产品的无形性、服务因顾客需求个性化而表现出的异质性、服务因生产与消费同时发生而具有的不可存储性、高参与服务需要专业知识而难以自动化、服务质量因具有主观性而往往难以量化评估等。

尽管制造系统生产有形产品，而服务一般是无形的，但在本书中我们仍将它们都抽象成运作系统，以研究其管理方法。其原因在于：第一，机器与人在工作流程中的操作特性与作用具有很多类似性；第二，一般制造系统中都包含有服务，而无形服务系统中也有有形物品；第三，一个运作系统到底是制造系统还是服务系统，不总是那么黑白分明的，其差异性往往没有那么明显，而往往只是顾客参与程度高低的差异。

1.2　如何改进运作系统的生产率

既然运作管理是对运作系统的管理,即运作系统的设计、运行与改善,而运作系统是将投入的资源通过转化过程转化为期望产出的过程,那么运作管理的核心目标就是要提高运作系统的绩效,即将尽可能少的资源投入,转化为尽可能多的期望产出。换言之,运作管理的核心目标就是不断提升运作系统的生产率。事实上,科技创新与管理进步是提升生产率的两种主要手段,也是推动人类社会经济发展的两个车轮。

要提高运作系统的生产率,首先需要定义并计算生产率,然后通过分析影响运作系统生产率的要素,找到提升生产率的方法。

运作系统的生产率是产出对投入的比值,可以分为单要素生产率和多要素生产率。即

$$生产率 = \frac{产出}{投入}$$

或者

$$生产率 = \frac{生产的产品和服务}{使用的所有资源}$$

单要素生产率计算一种投入资源的产出率,如劳动生产率是指单位劳动时间产出的产品数量。

例如,一家保险公司在本周内员工一共花费 2400 个小时处理了 560 份订单,而上周花费 2000 个小时处理了 480 份订单。我们可以计算出这周的生产率为 560/2400＝0.23,而上周的生产率为 480/2000＝0.24。所以,我们说该保险公司本周的生产率略为降低。

多要素生产率也叫全要素生产率,它是用来计算运作系统所有投入要素对应的产出。由于运作系统的投入通常包括劳动力、原材料、能源和资金等,而这些投入各自的物理单位不同,因此在计算多要素生产率时,通常将投入与产出都转换为货币数量。

虽然运作系统生产率的计算提供了一种运作系统绩效改善的简单量化且可比较的方法,但这种方法在实际应用过程中也往往存在一些局限。这些局限主要表现在以下三个方面。

第一,质量因素。当投入或产出的数量保持不变时,不同情境下投入与产出的质量可能发生了变化。例如,华为 P40 手机的 CPU 为麒麟 990,华为 P50 手机的 CPU 为麒麟 9000。

第二,生产率的增减可能不是系统的管理因素导致的,而是系统外部的偶然因素造成的。例如,工厂供电系统的频繁故障可能导致其生产率下降,夏季气温高引起的设备过热也可能导致其生产率下降。

第三,生产率的计算也许会缺乏足够精确的物理度量单位。无论是投入的资源,还是产出的结果,其规格、型号都可能有很多种。在计算运作系统生产率并进行比较时,往往难以顾及这些细致的规格与型号差异,导致投入与产出计量单位的不准确。

无论是有形产品的制造，还是无形服务的提供，投入的主要资源一般都包括劳动力与资本，对应的单要素生产率分别为劳动生产率和资本生产率。从微观经济学的角度看，劳动与资本相结合可以创造价值，而结合的有效程度取决于企业的管理水平。据统计，发达国家劳动质量的改善平均贡献了每年经济增长的 10% 左右，资本的增加平均贡献了每年经济增长的 38% 左右，而管理平均贡献了每年经济增长的 52% 左右。这里，技术进步的作用已经纳入管理的贡献中。

因此，识别运作系统生产率的主要影响因素，并发现其影响规律是提升运作系统生产率的必然途径。

一般而言，有 10 个战略决策影响运作系统的生产率，下面分别做简单说明。

(1)产品与服务设计。它定义了运作系统的产出内容，也确定了运作系统的投入要求和需要哪些类别的人力资源；决定了产品与服务的转化过程及其质量水平。另外，企业不断适时地推出受到顾客青睐的新产品与新服务，可以保障企业的可持续发展。

(2)对质量的管理。质量管理首先要明确客户对产品与服务的质量期望，然后制定政策和程序规范，以鉴定实际的质量水平，并确保实际的质量水平达到或超过客户的期望。

(3)流程和能力设计。设计形成产品和服务的转化流程，即制造的工艺流程和服务的交付流程。具体的管理与决策包括制造工艺或转化过程技术水平的选择、设备设施的选型、流程关键质量点的识别与管控、流程的自动化程度与物料流动方式的选择，以及需要的资本和投资要求等。

(4)选址战略。选址战略是指确定运作系统的地理空间位置。选择的准则包括接近客户、靠近原材料零部件的供应商或者贴近人才资源集聚地。因此，在具体的选址决策问题中，一般需要综合考虑候选地址的劳动力与材料成本、公共服务与基础设施、物流服务的便利性、地方政府的产业政策与营商环境等。

(5)系统布局战略。系统布局战略是指确定运作系统内部的组成单元及各单元间的相对位置。该决策需要综合考虑能力需求规模、人力资源类别、转化的技术水平和设备特点以及库存数量与类别等因素。决策的依据是确保物料、人员和信息在系统内部各单元间的高效、有序流动。

(6)人力资源与工作设计。人力资源与工作设计是指招聘、激励和留住那些具备运作系统所需要的特长和技能的人员。这是整个运作系统设计中不可分割且非常昂贵的部分，也常常体现在企业的核心竞争力中。

(7)供应链管理。企业首先要确定哪些原材料或零部件需要从外部购买、从谁那里购买以及在什么条件下购买，明确企业的产品与服务是满足哪些最终用户需求的，然后发现并形成企业所处的供应链。供应链管理要求将供应链整合到公司战略中。

(8)库存管理。库存管理主要涉及物资的库存订购和持有决策，包括原材料库存和成品库存。其决策需要考虑客户满意度、供应商能力和企业的生产计划进行综合优化。

(9)排产调度。排产调度是指确定并实施人员、设备、加工中心或服务站的中期和短期计划。编制的依据是，如何适当地利用可用的人员和设备设施，以满足客户需求。

(10)设施设备的维修维护策略。设施设备的维修维护策略是指编制适当的设施设备监测、检查和维修方案，以保持设施设备的可靠稳定运行。制订该方案时必须考虑设施能力、工艺特点、生产需求和人员的可行性的。

如本章1.1所述，反映制造系统与服务系统的关键差别，在于产出形成过程中是否有顾客参与。事实上，不同的服务系统，顾客参与的程度也不同。例如，法律咨询服务通常是高度顾客参与的，又叫高接触系统；快餐服务、银行的支票处理中心等顾客参与度低，被称为低接触系统。高接触系统反映服务系统的典型特征；相对的，低接触系统反映制造系统的典型特征。表1-3总结了顾客参与程度或者接触程度的高低对运作战略决策的影响。

表1-3 高接触和低接触两种服务系统的对比

决策变量	高接触系统	低接触系统
企业地址	贴近顾客	贴近供应、交通和劳力资源
企业布局	适应于顾客的生理、心理期望与要求	生产效率
产品设计	环境和实体产品确定了服务水准	产品具有较少的特性
过程设计	生产过程对顾客有直接、及时的影响	大多数过程和步骤顾客不介入
时间排程	顾客处于生产过程中	顾客主要关心完成日期
生产计划	订货不可存储，平稳生产意味着丢失机会	积压、平稳生产是可能的
员工技艺	现场员工是产品的主要部分，应能与顾客交互	现场员工只需要技术技能
质量控制	标准由接受者确定，是变化的	标准是可测的、固定的
时间标准	依赖顾客需求，是松弛的	是紧的
工资方式	变化的产出要求计时工资	可固定产出，容许计件工资
能力规划	为避免丢失机会，能力应满足高峰需求	平均需求水平

下面分别以汽车制造厂和汽车4S店为例，说明制造企业与服务企业在10个战略决策问题中的联系与差别。

(1)在产品与服务设计方面，像汽车这样的有形产品，产品特征一般可用若干性能参数如动力、百公里油耗等描述；而汽车维修服务的环境、服务流程及其效能，以及服务所包含的实体产品等，确定了服务水准。

(2)在质量方面，汽车的质量标准是可测的、固定的；汽车维修服务的质量标准最终由接受者确定，是变化的。

(3)在流程和能力设计方面，汽车制造的大多数过程和步骤顾客不介入，能力设计可以考虑平均需求水平；汽车维修服务的过程对顾客有直接、及时的影响，为避免丢失销售机会，能力设计应考虑高峰需求。

(4)在选址战略方面，汽车制造企业选址应贴近供应、交通和劳力资源；汽车维修服务企业的选址应贴近顾客。

(5)在系统布局战略方面，汽车制造企业主要从生产效率角度考虑；汽车维修服务企业的布局，要适应顾客的生理、心理期望与要求。

（6）在人力资源与工作设计方面，汽车制造企业强调加工现场员工的技术技能，单件产品产出的时间要求是紧的，其固定产出可以容许计件工资。汽车维修服务企业的现场员工是服务产品的主要部分，应能与顾客交互，员工既需要维修的技术技能，还需要人际沟通技能和营销技能；顾客服务的完成时间依赖顾客的需求，是松弛的；变化的产出要求计时工资。

（7）在供应链管理方面，现有供应链管理理论与方法主要基于有形产品制造系统的需求。无形服务系统由于服务外包和复杂服务的集成，也存在类似于制造供应链的组织形态，并将已有理论应用于服务供应链，但基于场景和顾客所处情境的服务供应链协作机制目前尚处于发展过程之中。

（8）在库存管理方面，汽车可存储，库存策略可优化；汽车维修服务不可存储。

（9）在排产调度方面，汽车制造企业的顾客主要关心完成日期，积压、平稳生产的可能性；汽车维修服务企业的顾客在生产过程中，订货不可存储，平稳生产可能意味着丢失机会。

（10）在设施设备的维修维护策略方面，具体策略与系统布局有关，但设施设备故障对于制造与服务的影响有差别，前者主要影响成本，后者可能还会影响系统的收益。

1.3　为什么要学习运作管理

对于企业而言，运作管理具有提高企业运营效率、发掘竞争优势、提升盈利能力等重要作用；而对于个人来说，学习运作管理也是一件非常有意义的事情。图1-6总结了学习运作管理的四个方面原因。

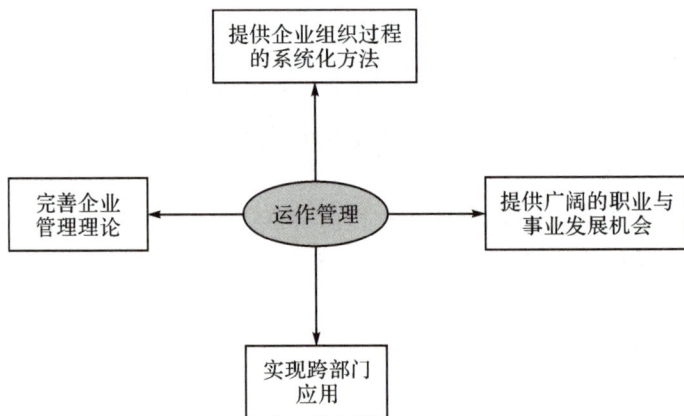

图 1-6　为什么学习运作管理

学习运作管理的这四个方面原因具体如下所述。

原因一：完善企业管理理论。运作管理是企业管理的核心职能，如果缺乏对现代运作管理方法的理解，则商科教育是不完整的。

一个企业的管理包含三大核心职能：运作管理，财务管理，营销管理。其中，财务管理是为企业想方设法筹措优质资金并合理运用。从资金流动的观点看，企业和公司可以被视为是资金汇集的场所,有资金的不断进入,同时也有资金的不断流出。只要进入的资金多于流出的资金,公司的财富就会不断增加。营销则是要发现与发掘企业外部市场中顾客的需求,让顾客认识和了解公司的产品和服务,并愿意购买使用,然后将这些产品和服务送到顾客手中。而生产运作是一切企业最基本的活动,只有通过生产运作活动,企业才能够为社会提供产品和服务,才有赖以生存的基础。企业的大部分人力、物力和财力都被投入生产运作活动之中,以生产出社会所需要的产品和提供顾客所需要的服务。因此,把生产运作活动管理好,是提高企业经济效益的根本。

通过以下三个例子可以了解企业运作管理的主要内容。

例 1 商业银行的运作管理活动包括:银行职员排班,支票结算,交易处理,设施的设计、布局与维护,贵重物品保管,安全系统管理。

财务管理活动包括:投资、证券和不动产管理。

营销管理活动包括:商业贷款、工业贷款、个人抵押贷款等。

例 2 航空公司的运作管理活动(见图 1-7a)包括:地面支持设备的维护,食物及物资供应;机组排班,飞机与航班调度,飞行过程管理,飞行联络;设备更新等。

财务管理活动包括:现金流控制,国际汇兑;应收应付账款与总账。

营销管理活动包括:预订,航线安排和关税折扣商品;促销广告等。

例 3 制造企业的运作管理活动(见图 1-7b)包括:新产品开发及其工艺设计;产品的生产计划与库存控制;质量保障与控制;供应链管理;制造模具并进行产品的加工与组装;应用工业工程方法改善机器、空间和人员的使用效率;安装使用生产工具与设备;帮助进行工艺流程分析等。

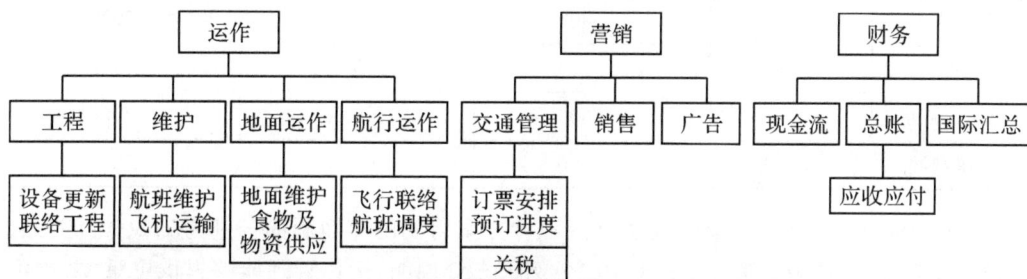

(a)服务企业——航空公司

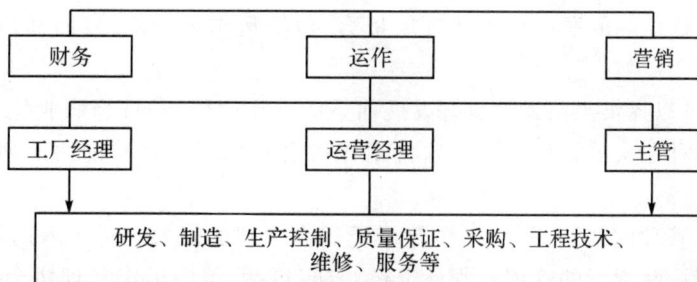

(b)制造企业

图 1-7 组织结构中的运作管理

财务管理活动包括:支付与信用管理,资金管理,资本需求与筹措方法。

营销管理活动包括:促销、广告和市场研究。

原因二:运作管理运用演绎的方法,为企业组织过程的改善与效率的提高,提供了一个系统化的理论与方法。

运作管理以演绎法为主,形成了一套比较完整的"提出问题、分析问题、解决问题"的体系化方法论,对企业组织过程的管理具有非常重要的指导意义,也是极具特色的企业管理方法论。具体包括:系统分析的方法;定量分析的方法,如库存模型、计划排程优化、计算机模拟等;复杂问题的逻辑分析方法,如帕累托最优与权衡分析、约束理论等。

与财务或者营销等职能管理相比,运作管理往往提供了更重要也更可持续的系统绩效改善途径。例如,一家制造型企业当前的年销售收入是 10 万美元,扣除 8 万美元的产品成本、0.6 万美元的财务成本和上交 25％的所得税后,年净利润是 1.05 万美元,见表 1-4。现在考虑三种方案以提高企业绩效:方案 1,通过营销管理增加 50％年销售收入;方案 2,通过财务管理降低 50％的财务成本;方案 3,通过运作管理降低 20％的产品成本。

表 1-4　不同改善方案的效果比较　　　　　　　　　　　单位:美元

项目	当前情况	营销手段 增加 50％销售收入	财务/会计手段 减少 50％财务费用	运营管理手段 减少 20％生产成本
销售收入	100000	150000	100000	100000
商品的成本	−80000	−120000	−80000	−64000
毛利润	20000	30000	20000	36000
财务成本	−6000	−6000	−3000	−6000
小计	14000	24000	17000	30000
扣除 25％的税	−3500	−6000	−4200	−7500
结果利润	10500	18000	12750	22500

经过简单计算可知,方案 1 至方案 3 三种方案得到的年净利润分别为 1.800 万美元、1.275 万美元、2.250 万美元。表 1-4 这个例子充分说明,运作管理能够提供更重要、更可持续的系统绩效改善途径。

原因三:提供广阔的职业与事业发展机会,包括运作工程师、咨询师、各种层次的管理者等。

运作管理可以提供当前最具良好发展前景的工作岗位,并日趋职业化。如运作工程师、咨询师和各种层次的管理者等。这些工作机会和职责分别与前面所列的 10 个战略决策相对应。

当然,运作管理的知识,并不完全等价于运作管理的能力。对于入门者或者初级专业人员,有很多国际通行的管理与服务资格认证,包括:美国运作管理协会 APICS 认证,美国质量协会的 ASQ 认证,国际项目管理协会的 PMI 认证,供应链管理专业协会认证,英国皇家采购与供应学会 CIPS 认证,中国质量认证工程师(含八大员)认证,等等。其主要职责一般是在流程分析的基础上,决定如何更好地设计、维持和运作流程。而资深运作管理人员一般决定企业发展战略,决定应该使用什么技术、在哪里设立生产设施、管理生产设施以生产产品和提供服务。

原因四:实现跨部门应用。运作管理的思路、工具和方法,可广泛地应用于公司其他职能的管理,甚至非营利组织的运作管理。

运作管理的思路、工具和方法可以广泛应用于营销管理和财务管理等其他职能的管理。在科技迅速发展、顾客日益个性化、市场日趋全球化的环境中,企业组织跨部门协作离不开运作管理。本质而言,所有的决策都是跨职能的。不管你从事的是哪种职业,都必须与运作部门共同工作并了解运作管理。所以,从跨职能角度来分析,学习运作管理有助于适应所有的组织类型,包括非营利组织的运作管理。

1.4 运作管理的发展历史与前沿课题

19 世纪末 20 世纪初兴起的科学管理运动,标志着运作管理的正式发展,在一百多年的发展历程中,大量企业管理实践者和学者,为运作管理理论的发展做出了巨大的贡献,推动着运作管理理论的不断更新和进步。表 1-5 列示了运作管理发展历程中具有代表性的事件和时间表。现在我们将再次回顾运作管理的发展历程,重点介绍在运作管理历史中所出现的重大的、有深远影响的理论。

表 1-5 运作管理的发展历程

年代	概念	工具	创始人/团体
20 世纪初	科学管理原理	时间研究和工作研究的概念形成	弗雷德里克·W.泰勒(美国)
	工业心理学	动机研究	弗兰克和莉莲·吉尔布雷斯(美国)
	流水装配线	活动规划表	亨利·福特和亨利·L.甘特(美国)
	经济订货批量生产	EOQ 应用于库存控制	F.W.哈里斯(美国)
20 世纪 30 年代	质量控制	抽样检验和统计表	休哈特·道奇和罗米格(美国)
	工人动机的霍桑试验	工作活动的抽样分析	梅奥(美国)和提普特(英国)
20 世纪 40 年代	复杂系统的多约束方法	线性规划的单纯形法	运筹学研究小组和丹齐克(美国)
20 世纪 50—60 年代	运筹学的进一步发展	仿真、排队理论、决策理论、数学规划、PERT 和 CPM 项目计划工具	美国和西欧的很多研究人员
20 世纪 70 年代	商业中计算机的广泛应用	车间计划、库存控制、预测、项目管理、MRP	计算机制造商领导,尤其是 IBM 公司,约瑟夫·奥里奇和奥里弗·怀特是主要的 MRP 革新者(美国)
	服务和质量生产率	服务部门的大量生产	麦当劳餐厅

续　表

年代	概念	工具	创始人/团体
20 世纪 80 年代	制造策略图	作为竞争武器的制造	哈佛商学院教师
	JIT、TQC 和 工厂自动化	看板管理、计算机集成制造 CAD/ CAM、机器人等	丰田的大野耐一、戴明和朱兰以及 美国工程师组织（美国、德国和 日本）
	同步制造	瓶颈分析和约束的优化理论	高德拉特（以色列）
20 世纪 90 年代	全面质量管理	波里奇奖、ISO 9000、质量工程、 并行工程和持续改进	国家标准和技术学会、美国质量控 制协会（ASQC）、国家标准化组织
	业务流程再造	基本变化图	哈默和主要咨询公司（美国）
	电子企业	因特网、万维网	美国政府、网景通信公司和微软 公司
	供应链管理	SAP R/3、客户/服务器软件	SAP（德国）和 ORACLE（美国）
21 世纪初	电子商务、平台 模式、共享经济	因特网、社交媒体、新媒体、大数 据、人工智能	阿里巴巴、抖音、腾讯、滴滴、亚马 逊网、Airbnb

科学管理兴起于 19 世纪末 20 世纪初，提出者是美国的弗雷德里克·W. 泰勒，他后来被人们称为"科学管理之父"。泰勒以传统的工业工程技术为基础，进行动作研究和时间研究。该管理方法按照标准的操作方法培训工人，实行差别的计件工资制，明确划分管理职能，使管理工作专业化；并对每个工人规定一定的工作量，按其完成的情况确定工资率，解决了工人有组织的怠工问题，提高了劳动生产率。

泰勒科学管理思想的精髓在于：①用科学管理原理确定工人一天的劳动定额；②管理者的职能就是发现这些原理并将其应用于生产系统的运作当中；③工人的职责就是毫无怨言地实现车间经理的意愿。在这一时期，科学管理的代表人物还有弗兰克·吉尔布雷斯和莉莲·吉尔布雷斯夫妇的动作研究及时间研究，以及亨利·L.甘特提出的控制计划进度的甘特图表。

1913 年出现机器时代最大的技术革新——福特公司在汽车制造中应用流水装配线进行生产。在该装配线建成之前，一个工人完成一辆汽车底盘的装配要用 12.5 个小时；装配线建成之后，由于应用了专业分工和底盘可以自动移动，每个底盘的平均装配时间缩短为 93 分钟。这项突破性技术同科学管理一起，成为专业分工的典范。流水装备线带来的重大变革，就是生产能力的极大提高和社会物质产品的极大丰富。

在第二次世界大战期间，数量方法在战场上开始得到广泛的应用。特别是贝尔实验室早期提出的统计质量控制方法在军工产品生产中的广泛应用，以及英国组织专家研究如何发现德国潜艇和飞机，使得运筹学发展起来。第二次世界大战后的 20 世纪五六十年代，运筹学开始广泛应用于企业管理实践的各个领域，发展成为人们现在经常提到的管理科学。

20 世纪 60 年代，IBM 公司的奥利奇等人开发了物料需求计划（material requirement planning，MRP），它把许多公司早就开始使用的数字式计算机所进行的日常会计活动，延伸到制订计划和进行库存控制活动中来。简单地说，MRP就是一种计算物料需求量和需求时间的系统。最初，MRP只是一种需求计算器，是开环的，没有信息反馈，也不存在能力控制。后来，从供应商和生产现场取得了计划执行信息的反馈，形成了闭环MRP系统，这时的MRP才成为生产计划与控制系统。尽管MRP在早期发展很慢，但是当1972年APICS(American Production and Inventory Control Society，美国生产与库存管理协会)发起了"MRP运动"来推动MRP的使用后，MRP开始取得巨大的发展。20世纪80年代发展起来的制造资源计划，简称MRPⅡ，不仅涉及物料，而且涉及生产能力和一切制造资源，更是一种广泛的资源协调系统，代表了当时一种新的生产管理思想和组织生产方式。

20世纪80年代的准时制生产，即JIT(just in time)，是制造思想的重大突破。准时制生产是日本丰田公司率先提出的，它是一整套集成的活动，这些活动可以保持及时按需送达的最少零部件存货而实现大量生产。这种思想与同时代的全面质量控制一样，都积极地发现并避免生产更多的缺陷产品。

运作管理另外一个重大发展，是20世纪80年代末90年代初提出的全面质量管理，代表人物包括戴明、朱兰和克劳斯比。国际标准化组织颁布的ISO 9000认证体系，在全球制造业制定质量标准过程中也发挥了重要作用。

20世纪90年代，出现了全球经济大萧条，为了在全球经济萧条时期继续保持竞争力，许多公司开始寻求对企业运作过程的革新。从迈克尔·哈默在《哈佛商业评论》上发表的非常有影响力的文章——《再造：不是自动化，而是重新开始》中可以体会出企业业务流程再造(business process reengineering，BPR)的思想。与TQM(total quality management，全面质量管理)提倡的持续改进思想不同，BPR强调革命性的变革。业务流程再造，通过重新审查企业现行的所有运作过程，剔除不能带来价值增值的步骤，剩余部分实现计算机集成化，最终获得满意的产出。按照BPR的思想，企业在提高顾客服务效率、争取顾客方面得到了极大改善。

在20世纪90年代出现的供应链管理的核心思想，是集成从原材料供应商，经过加工工厂和仓储仓库，直到最终用户所构成的供应链上由信息、物料、服务组成的流程。近年来出现的外包与顾客个性化需求的趋势，迫使企业寻找能够满足顾客个性化需求的柔性供应链。其关键在于优化调整供应链的核心活动，尽量以最快的速度响应顾客需求的变化。

20世纪90年代后期，随着信息技术的飞速发展和互联网的迅速普及，一种新的商业运营模式——电子商务开始出现。电子商务通常是指在开放的网络环境下，买卖双方通过网络不见面地进行各种商贸活动，实现消费者的网上购物、商户之间的网上交易和在线电子支付以及各种商务活动、交易活动、金融活动和相关的综合服务活动。电子商务的发展，改变了人们收集信息、商务交易和商品流通的方式，也改变了运营经理的职能，即不再仅仅协调生产，还开始承担起分销的职能。

运作管理是一个始终充满活力的领域。进入21世纪后，随着电子商务、工业互联网、社交媒体、新媒体、大数据、人工智能等的快速发展与广泛应用，出现了以阿里巴巴、抖音、腾讯、滴滴、亚马逊网、Airbnb等为代表的新服务和新的业务模式。时代的前进和全球企业所面临的新环境、新挑战引发了运作管理新的前沿课题研究。

当前，运作管理的前沿课题，集中在以下方面：①伦理、社会责任和发展可持续性；②开放网络环境对运作管理理论与方法的影响；③数据驱动的建模与决策。

在伦理、社会责任和发展可持续性方面，相关课题主要涉及碳排放等问题。当前，多个国家明确提出了碳达峰和碳中和的时间表。企业生产将面临环境保护方面硬的和软的约束与机遇，如减排政策约束、碳市场、碳金融和消费者的环保意识等，促使"绿色生产"概念的出现与越来越广泛的应用。在运作管理上，企业需要进行绿色生产，并构造绿色供应链，使任何一个企业所生产出的产品对环境造成的污染都是最小的。绿色生产是一种综合考虑环境影响和资源利用效率的先进制造模式，主要涉及资源的高效利用、清洁生产和废弃物的最小化及再利用。绿色供应链则是在整个供应链中综合考虑环境影响和资源利用效率的一种管理模式，涉及供应链的各个环节：供应商、生产商、销售商和顾客。

开放网络环境对运作管理理论与方法的影响，涉及平台经济与共享经济发展等问题，如平台的优化算法设计、算法管理问题，共享经济是否一定降低社会资源的消耗等。而数据驱动的建模与决策，往往与人工智能和物联网在运作系统中的应用有关。

本章小结

本章主要阐述了运作管理的基本概念，从系统的角度出发介绍了运作的三个基本过程——投入、转化和输出，并介绍了三类重要的系统——生产制造系统、服务系统和供应链系统，比较了它们的运作特点。这三类系统将是本书分析的主要对象。本章重点介绍了运作管理的基本目标和内容，以及运作管理研究的基本问题，从而强调学习运作管理的重要性。本章还回顾了运作管理的发展历史，介绍了运作管理发展历程中最具影响力和代表性的事件。最后，本章就当前运作管理的议题及研究热点进行了探讨。

课后习题

一、思考题

1. 描述一个你所熟悉的转换系统，并指出它的输入、输出和转换过程。

2. 画图说明中国服务业从业人员的比例和服务业占全国 GDP 的比例。

3. 叙述生产运作管理的内容和目标。

4. 举例说明服务型运作和制造型生产的不同。

5. 针对制造型企业和服务型企业的特点及运作管理重点，各举一个成功和失败的例子。

二、选择题

1. 本课程的主要目的是向管理者展示如何去实现以下选项的哪个方面？（   ）

A. 通过降低成本，提高效率   B. 通过创造价值，提高效率

C. 通过降低价格,增加价值　　　　　D. 更好地服务客户

E. 以上都是

2. 在"输入—转化—输出"关系中,下面哪一项是一个百货大楼的典型"输入"?(　　)

A. 陈列的商品　　　　　　　　　　B. 存储的货物

C. 销售员　　　　　　　　　　　　D. 以上都是

E. 以上都不是

3. 质量控制起源于下面哪一年代?(　　)

A. 20 世纪 20 年代　　　　　　　　B. 20 世纪 30 年代

C. 20 世纪 40 年代　　　　　　　　D. 20 世纪 70 年代

4. 下面哪一项不属于价值增值服务?(　　)

A. 解决问题　　　　　　　　　　　B. 销售支持

C. 现场支持　　　　　　　　　　　D. 信息

E. 质量

5. 由迈克尔·哈默和一些主要咨询公司提出的"模式的根本性改变"是指(　　)

A. 全面质量管理　　　　　　　　　B. 同步制造

C. 电子化企业　　　　　　　　　　D. 制造战略模式

E. 业务流程再造

6. 联邦快递公司提供文件和小包裹的隔夜送抵服务。联邦快递公司所证明的主要
转换过程可以描述为(　　)

A. 物理性转换　　　　　　　　　　B. 位置

C. 存储　　　　　　　　　　　　　D. 生理变化

E. 信息

7. 运作管理当前的议题包括(　　)

A. 建立柔性供应链以满足产品和服务的顾客个性化需求

B. 管理全球供应商,生产和分销网络

C. 在企业合并的潮流中,实现运作的有效整合

D. 只有 A 和 B　　　　　　　　　　E. 只有 B 和 C

F. A、B 和 C 都是

8. 管理过程由以下哪些组成?(　　)

A. 计划和组织　　　　　　　　　　B. 人事和领导

C. 控制　　　　　　　　　　　　　D. 以上都是

9. 科学管理之父是(　　)

A. 亨利·福特　　　　　　　　　　B. 伊莱·惠特尼

C. 泰勒　　　　　　　　　　　　　D. 尼尔森·皮奎特

10. 是谁发明了标准化和通用化零部件?(　　)

A. 伊莱·惠特尼　　　　　　　　　B. 亨利·福特

C. 亚当·斯密　　　　　　　　　　D. 戴明

第2章

动作战略与竞争力

站在企业管理者的角度,所谓战略,就是指一家企业如何实现为股东持续地创造价值。当一家企业宣布自己的战略时,这一行为表明它将追求某种特定的发展方向,它已经做出了把企业导向一组特定活动的决策,随后的决策模式也将继续反映出对这种方向的坚持。

企业战略的决策基础是企业的使命,即企业期望达到的目标和存在的理由。而企业经营战略就是在具体的时间和空间下,实现组织使命的一个计划,这个计划的时间跨度一般较长,为3～5年,所以又叫作企业经营战略规划。

2.1 什么是运作战略

运作战略是在企业经营战略的总体框架下,决定如何通过运作活动来满足顾客需求并保持长期竞争优势。企业的战略规划,也称企业经营战略,涉及企业的各个职能部门,如会计、财务、营销、运作等。通过这些具体职能战略的制定,可以形成一个一致的决策模式,以支撑公司总体经营战略的实现,从而保证公司使命的完成。

使命就是一个组织的宗旨,是组织期望达到的目标和存在的理由。没有了明确的使命,组织就缺失了制定战略的方向,以致组织无法实现其真实的潜力。使命的根本问题主要包括:这样一个组织为什么存在? 这个组织存在的价值是什么? 只有确定了组织的使命,明确了企业存在的宗旨和目的,组织才有可能在这个方向的指引下制定正确的战略。可见,明确使命是任何一个组织首先要解决的问题,是制定企业战略的前提和出发点。

从某种意义上说,为社会提供服务、满足顾客是任何一个企业的使命。那么一个组织为社会提供什么样的服务? 为社会上的哪部分人提供服务? 对企业来说,确定其使命就是回答上述两个问题。全球著名的制药公司——MERCK 的使命是:通过创新为社会提供卓越的产品和服务来满足顾客需求并改善人们的生活质量;为员工提供有意义的工作和不断进步的机会;为股东实现较高的投资回报率。而著名的可口可乐公司的使命是:振奋我们的世界——在身体、内心和灵魂里;启迪乐观的时刻——通过我们的品牌和行动;创造价值,创造独特——在我们做的每一件事情中。

从企业使命的角度来看,战略就是在具体的时间和空间下实现企业使命的一个计划。因此,运作战略是一种职能/功能战略,从属于企业的经营战略,即在企业经营战略的总体框架下,运作战略决定如何通过运作活动来满足顾客需求并保持长期竞争优势。

典型的运作战略决策包括:选择合适的技术和工艺,估计流程持续时间,明确库存的作用,确定流程的位置等流程设计方面的决策,建立计划与控制系统的逻辑联系,以及质量保证、控制方法、工作结构和运营职能机构等基础设施方面的决策。

对于企业的运作战略,可以从以下四个方面去理解:

(1)运作战略是对整个企业未来目标的一种自上而下的反映;

(2)运作战略是从运作改善的累计效应中,自下而上产生出来的一个活动;

(3)运作战略是将市场需求转化为运作决策的过程;

(4)运作战略是关于在选定的市场中,如何充分发挥运作资源能力的决策。

下面介绍运作战略的一个决策框架,或者叫作运作战略模型(见图 2-1),以进一步说明运作战略的内涵。

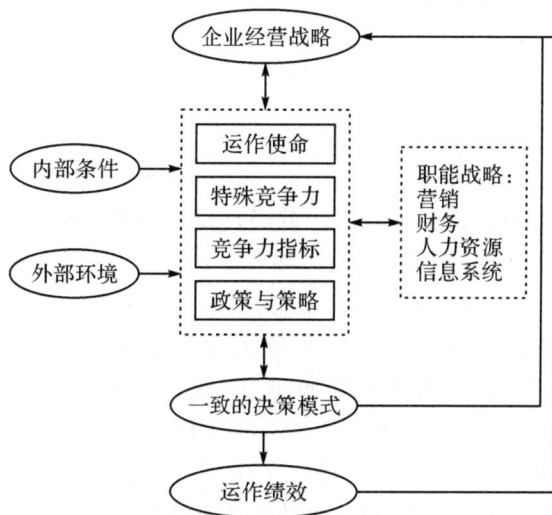

图 2-1 运作战略模型

企业要有一个经营战略。在企业经营战略下面,企业通过内部条件和外部环境分析,形成运作战略。所形成的运作战略当然要反映企业的使命要求,但更重要的是要形成特殊的竞争力。这种特殊的竞争力,需要通过一些运作目标维度来体现,如成本、质量、柔性和交付速度等。

为了实现这些竞争力目标,需要在运作系统中制定一些政策和策略,包括工艺技术、质量体系、能力管理和库存策略等。而上述运作战略的作用在于保持企业各种运作决策模式的一致性,以最终实现企业的经营战略。

这些运作决策模式包括:低成本产品的实现方法,产品线的宽度,相对于主要竞争对手的技术优势和产品的差异性,持续产品创新的实现方法,低价格或者高价值产品的选择,适应消费者需求变化的、高效柔性运作的生产组织方法,工程技术研究与开发方法,企业选址,人员设备的排班与排程等。

这里举一个例子,以说明企业运作战略如何受到其经营战略的影响,见表 2-1。

表 2-1　不同经营战略对运作战略的影响比较

	企业 A	企业 B
经营战略	产品仿制者	产品创新者
外部市场条件	存在一个对产品价格比较敏感的较大市场，该市场顾客可用标准化、大规模生产的成熟期产品来满足其需求	存在一个对产品性能特色比较敏感的新兴市场，该市场的顾客倾向小批量定制化产品
运作使命	强调成熟期产品的低成本生产	强调推出新产品的柔性和灵活性
独特的竞争能力	通过卓越的工艺技术和纵向集成来降低成本	通过产品项目和柔性自动化，快速可靠地推出新产品
运作政策	优越的工艺，刚性自动化，延缓对变化的反应，规模经济，员工参与	优越的工艺，柔性自动化，对变化的快速反应，范围经济，使用产品开发选项
营销战略	大众分销，重复销售，最大化销售机会，广泛分布的促销队伍	选择性分销，新市场开拓，产品设计，通过代理分销
财务战略	低风险，低利润	高风险，高利润

　　假设某制造行业有两家企业。企业 A 的经营战略是成为该行业的产品仿制者，企业 B 的经营战略是成为该行业的产品创新者，如表 2-1 所示。企业 A 面临的外部市场条件是：存在一个对产品价格比较敏感的较大市场，该市场属于成熟期产品的市场，可以标准化、大规模地生产以满足其需求。企业 B 面临的外部市场条件是：存在一个对产品性能特色比较敏感的新兴市场，该市场的顾客倾向小批量定制化产品。

　　企业 A 的运作使命是：强调成熟期产品的低成本生产；企业 B 的运作使命是：强调推出新产品的柔性和灵活性。企业 A 的独特竞争能力是：通过卓越的工艺技术和纵向集成来降低成本；企业 B 的独特竞争能力是：通过产品项目和柔性自动化，快速可靠地推出新产品。企业 A 的运作政策是：优越的工艺，刚性自动化，延缓对变化的反应，规模经济，员工参与；企业 B 的运作政策是：优越的工艺，柔性自动化，对变化的快速反应，范围经济，使用产品开发选项。当然，企业 A、B 在营销和财务战略方面也有相应的差异。

　　表 2-1 所示例子中，企业 A、B 也可以看成是处在产品生命周期不同阶段的同一家企业的运作战略。换句话说，处在产品生命周期不同阶段的企业，其运作战略需要进行调整与改变。

2.2　如何获得运营竞争优势

　　既然运作战略是决定如何通过运作活动以满足顾客需求并保持长期竞争优势，那么竞争战略，即如何在竞争过程中取得竞争优势，就成为运作战略的核心决策目标。

　　竞争战略，又叫竞争力战略。在说明竞争战略之前，首先需要明确什么是企业的竞争力，或者说，要描述一家企业的运作竞争力，有哪些维度。根据哈佛商学院威克汉姆·

斯金纳教授和伦敦商学院特里·希尔教授的研究成果,企业竞争力的指标,或者说企业竞争力的主要维度,包括成本、质量、交货速度与可靠性、制造柔性、处理需求变化的能力等。

下面对其中的四个主要竞争力指标进行详细说明。

在每个行业中,一般都存在一个以低价格作为购物首选因素的细分市场。在这类细分市场中,低价格是竞争的必要手段。企业为了在市场上取得竞争优势,必须以低成本提供产品和服务,但即使这样做也不能总是保证企业获得利润,取得成功。这些行业一般是家用消费品行业,这类行业市场容量大,许多企业被潜在利润吸引,以致竞争异常激烈。制造企业的成本包括制造成本、材料成本、人工成本、能源成本、管理成本、分销/物流成本和库存成本等。

产品或服务的质量可分为设计质量与过程质量两类。产品设计中,产品的质量水平将随着它面对的细分目标市场而有所变化。比如,一般的自行车和职业运动员所用的专业自行车的质量要求就不一样,不同类型的自行车是适应不同的顾客需求而设计的。确定适当的设计质量水平的目标,在于关注顾客需求;但是附带过多特征或设计超过目标顾客要求的产品,又会因为其较高的价格而无人问津。与此相反,质量设计达不到顾客要求的产品,又会将顾客推向价格略高但是性能更好的、具有更高价值的其他产品,因而流失顾客。

过程质量对于产品来说是至关重要的,因为它与产品的可靠性直接相关。不论是一般的自行车,还是运动员使用的专业自行车,顾客要求的都是没有缺陷的产品。因而过程质量的目标,就是生产没有缺陷的产品和服务。因此,质量的内涵包括内部和外部故障成本、平均无故障时间、与性能相关的产品特性以及技术参数、顾客满意度等。

交货速度是指企业能够更快地组织生产、缩短生产周期、减少库存,或者对顾客的需求和订单能够做出快速反应;交货可靠性是指企业在承诺日期之前完成提供产品和服务的能力。

柔性是指企业为客户提供多样化产品的能力,包括对产品组合变化做出反应的能力和对产品数量变化做出反应的能力。例如,企业从制造老产品转换到新产品需要的月数,将生产能力提高20%需要的月数等。

这些竞争力指标之间,有时是相互矛盾和冲突的,这就产生了著名的"功能悖论"(见图2-2)。功能悖论是指企业改善一个指标会损害其他指标的利益。比如,为了降低成本,很多企业就会压低配件供应商的价格,此时,供应商为了获利就可能会在生产过程中降低标准,从而降低所提供的配件质量,这就是成本与质量之间的冲突。企业产品种类多了,交货期就难以得到保证,而为了保证较快的交货速度,企业会以减少产品的多样化为代价,这是柔性与交货速度之间的矛盾。

在服务领域,如果对员工进行交叉培训,培养全能型员工以应对各种事务,那么员工处理一些日常事务的效率就必然比专业化的员工低。这就使得企业面临一个问题,如何认识众多竞争指标对企业的重要性、如何处理它们之间的矛盾关系,以获得竞争优势。

迈克尔·波特认为,有三个途径可以帮助企业提升竞争力,从而实现企业的使命。这三个途径,即差异化、成本领先和快速响应,也被称为竞争的三个维度。

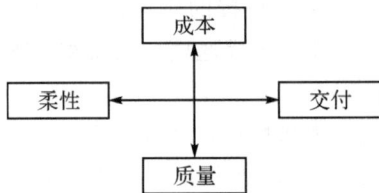

图 2-2　竞争力指标间的"功能悖论"

差异化强调与竞争对手的产品和服务的不同之处，要求企业向顾客提供优质的产品和服务。差异化是新兴企业快速获得竞争优势常用的一种方式。

成本领先是指能以低于竞争对手的价格向顾客提供商品或服务。在每个行业中，通常都存在严格遵循低成本原则的细分市场。当顾客无法区分不同企业的产品时，就把低价格作为交易的首要因素。靠成本领先方式而获得竞争优势的企业，往往是有雄厚实力和悠久历史的大型企业，如著名的零售业巨头沃尔玛、美国西南航空公司等，它们低廉的价格吸引了大量对价格敏感的顾客。

快速响应是指快速生产产品或者提供服务，以便在最短的时间内满足顾客的个性化需求。

企业的 10 个运作战略决策，都将对企业的竞争力和竞争优势产生直接的影响。例如，产品战略影响企业的制造柔性，从而在差异化和响应性方面影响企业的竞争力；好的工艺技术决策和选址决策能降低成本并提高交货速度，最终改善企业的成本领先性和需求响应性；优秀的供应链管理决策和库存策略，能提高质量的一致性和售后服务，从而实现差异化和快速响应。

这里首先以制造企业为例，通过运作战略框架结构，描述运作战略决策与企业竞争力的关系。

制造业运作战略是指制定企业各项主要政策和计划，以利用企业资源，最大限度地支持企业的长期竞争战略。

制造业运作战略具体包括：

- 竞争战略——为创建相对于竞争对手的战略优势而开展活动。
- 技术战略——开发、利用技术资源和技术能力，保持和提高企业竞争力的方式。
- 产品组合战略——针对市场的变化，调整现有产品结构，从而寻求和保持产品结构最优化。

运作战略不能凭空想象，它必须在纵向上与顾客相联结，横向上与企业其他职能部门相关联。图 2-3 显示了顾客需求、产品的性能重点、制造运作要求以及运作和满足其他需求所需的企业资源能力之间的联系。制造业运作战略框架的结构图中包含着企业高层管理人员的战略眼光。这种战略眼光确定了目标市场、企业的产品线以及核心企业和运作能力。

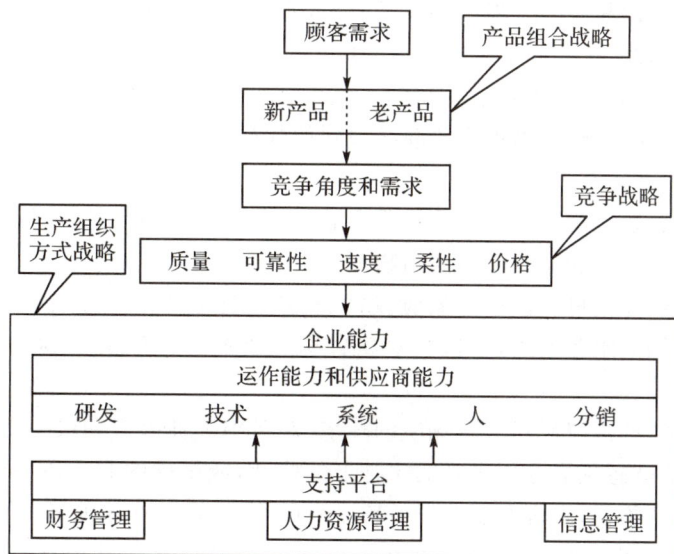

图 2-3 制造业运作战略框架

一般的,企业先按照顾客对新产品或现有产品的要求来确定产品的性能,然后由此确定运作重点。图 2-3 给出了那些与企业能力相关的重点,因为企业运作如果没有对研究与开发的投入,没有直接和间接财务管理的支持,没有人力资源管理以及信息管理,就不可能满足顾客要求。为满足顾客的要求,运作部门运用自身能力(连同供应商能力)去争取订单,这些能力包括技术、系统以及人的水平。

建立制造企业运作战略的主要目标在于:①将顾客所要求的竞争维度转变为运作活动的特定绩效要求;②制订必要的计划以确保运作能力足以实现这些要求。

制造业运作战略制定的步骤是:

(1)根据产品组细分市场;

(2)明确产品要求、需求形式、每组利润率;

(3)确定每组产品的订单资格要素和订单赢得要素;

(4)将订单赢得要素转换为具体的运作绩效要求。

这里,订单资格要素是指允许一家企业的产品参与竞争的资格筛选标准;订单赢得要素是指企业的产品和服务区别于其他企业的产品和服务的评价标准,它可能是产品的成本、质量或其他在早期形成的特点。订单赢得要素也许不是竞争胜利的决定因素,但却有另外的意义。在这些要素上,企业运作表现必须达到一定的水平以上,顾客才可能考虑购买它的产品或服务。

订单赢得要素和订单资格要素会随时间而发生改变。牛津大学的德瑞·黑尔教授认为,企业在运作过程中,必须不断地对拥有订单资格要素的企业进行重新评估。有研究认为:整体上看,质量、速度和产品可靠性通常是绝大多数大制造商的订单资格要素,低成本则是订单赢得要素。这一研究只是总体研究而不涉及具体的某种产品。在确定某种产品的运作策略时,确定该产品的订单资格要素往往是最关键的一步。

服务运作战略是指,确定如何通过服务运作活动,以满足顾客需求并保持长期竞争优势。服务的无形性和服务过程中的顾客参与,使得服务管理者往往难以清楚地描述其所提供的服务。为此,有人提出了服务包的概念。

服务包是指企业在某种环境下,提供的一系列产品和服务的组合,包括以下四个要素。

(1)服务支持性设施,在提供服务前必须到位的物质资源,如医院的医疗设备或航空公司的飞机。

(2)辅助物品,顾客购买和消费的物质产品,或顾客自备的物品,如饭店的食物、汽车修理店更换的汽车配件和医院使用的药物。

(3)显性服务,那些可以被感官察觉到的、构成服务基本或本质性的利益,即能直接被消费者感官感知的服务效用,如医院对患者病痛或不适的解除、消防部门到达火灾现场的时间等。

(4)隐性服务,即消费者对服务场所的环境、服务中人性因素和服务安全等的主观感知,也就是顾客能够感到服务所带来的精神上的收获,或服务的非本质特征,如顾客没有对饭店食物安全的担忧,顾客在服务场所感受到的尊重、信任和体谅等。

所有这些要素都要被顾客经历,并在被服务过程中形成对服务的感知。重要的是,服务运营经理要为顾客提供与他们所期望的服务包一致的整个过程。

服务战略的功能是,将反映服务包要素要求的相关变量进行方向性决策,其框架描述服务战略决策的内涵(要素)及其相互关系。因此,服务运作战略总体上包括两个方面:①关于服务系统的结构要素;②关于服务运作的管理要素。

服务运作战略有如下四个结构要素。

(1)服务交付系统(delivery system),即明确服务的前台和后台,确定服务的自动化程度和顾客参与的程度。服务交付系统能以很多不同的方式来构建,图 2-4 中的服务交付系统设计矩阵给出了六种常见的选择方式。

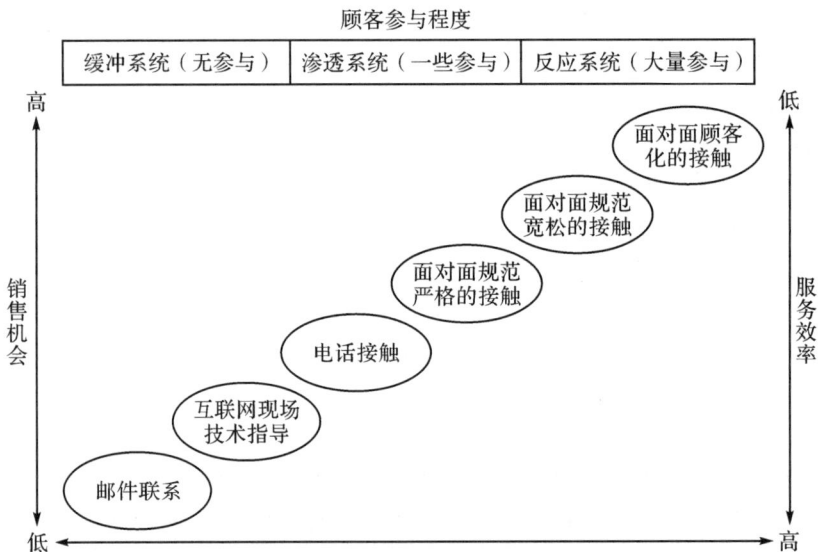

图 2-4 服务交付系统设计矩阵

图 2-4 中矩阵的最上端表示顾客参与程度：缓冲系统表示服务实际上与顾客是分离的；渗透系统表示顾客是通过电话或者面对面进行沟通，顾客接触程度较低；反应系统既要接受又要回应顾客的要求，顾客的参与程度很高。矩阵左边表示一个符合逻辑的市场，即与顾客接触的机会越多，卖出服务的机会也就越高。矩阵右边自下而上表示随着顾客对服务运作活动施加的影响的增加，服务效率由高到低的变化。

矩阵内部列出了服务过程的六种方式。在一端，服务接触可以通过邮件来完成，顾客与这一系统的交流很少；在另一端，通过面对面的接触，顾客按照自己的要求获得服务。矩阵中其他四种方式代表了不同程度的接触。随着顾客参与程度的增加，系统的生产效率会随之降低。但是面对面的接触能提供更多的销售机会，从而卖掉更多的产品或服务，来弥补服务效率降低这一缺点。反之，较低程度的接触可以使服务系统的运作更高效，但是这种方式也降低了卖出更多产品或服务的机会。矩阵中某些条目的位置是可以改变的，特别是信息技术和互联网的快速发展，使得企业可以根据客户的需求来设计网站，从而做出智能的反应，也可以在与顾客较低程度的接触下，获得大量新的销售机会。

（2）设施选址（location），即根据顾客的人口统计特征、服务场所的同业竞争情况和服务场所的环境特征，选择单个或多个服务场所。

（3）设施布局（facility design），即确定设施的规模，设计设施的外观，并确定服务场所设备（设施）的相对位置。

（4）服务能力设计（capacity design），包括服务能力特征的选择和能力规划，即明确排队和管理排队的方法，并根据需求规律确定服务人员的数量、平均接待能力和能力调整的方法等。

从服务过程及其与顾客的总体关系看，服务系统可以看成是一个排队系统。该排队系统可以从需求群体、顾客到达过程、队伍的结构、顾客排队的规则以及服务过程这五个方面来描述。

服务机构可能设有一个或多个服务台，也可能没有服务台（如自助服务），或者包括排成纵列或平行的多个服务台的复杂组合。能力规划是在一定的服务排队方法下，即队的结构和排队规则之下，应用排队理论，分析不同的服务过程，包括服务台的数量及其分布、服务规则、服务机制，在排队等待时间、平均队长等指标上的绩效，从而确定适当的服务人员的数量和排队方法。

服务运作战略框架中有如下四个管理要素。

（1）服务情境（service encounter），它是顾客与服务提供者之间的一种交互过程。在这一过程中，顾客心中形成对服务质量的评价。服务情境的三元组包括服务组织、顾客、与顾客接触的员工。一个服务系统所提供的服务一般需要遵循一定的规范，但是在交互过程中顾客会提出个性化的需求，因此服务情境需要寻求规范（控制）与个性化需求之间的平衡，在提供高质量服务的同时，提高服务效率。三元组表明，它们在交互过程中，规范控制与个性化需求之间需要进行平衡。

（2）服务质量（service quality），即顾客感知与期望之差。

（3）能力与需求管理方法（capacity & demand management），即确定调整需求和控制供应的策略，以提高服务能力的利用率。

服务需求的较大不确定性，导致能力供应与需求管理之间必然不会时时都平衡。企业可以通过调节需求和优化供应，来实现能力供应与需求管理之间的平衡，以提高服务能力的利用率。图 2-5 给出了常用的调节能力供应与需求的策略。

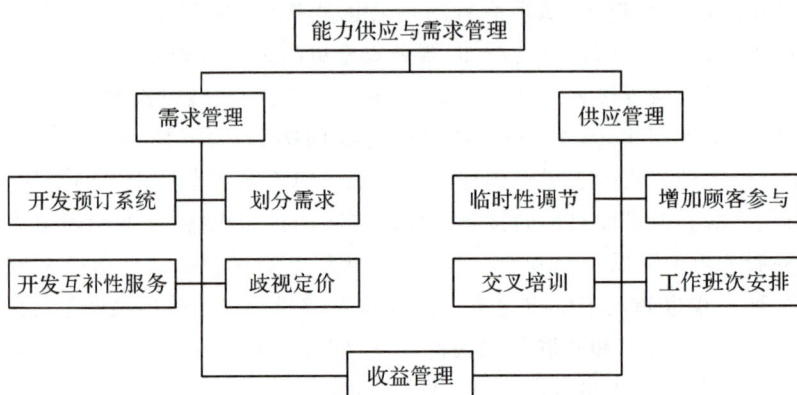

图 2-5　常用的调节能力供应与需求的策略

在需求管理方面，可以开发预订系统，在能力充足的时段提前预订一些服务；也可以开发互补性服务，以对冲一部分对核心服务的高峰需求；采取歧视定价以影响需求，比如通信服务中通信费用在不同时段的差别定价，可以有效降低通信线路的拥堵。

在供应管理方面，能力供需平衡的核心思想是优化供应能力。例如，临时性增加服务员工，或将过剩的服务需求外包，以应对高峰需求；通过交叉培训，培养员工的技能柔性，使员工掌握多种服务技能，比如银行的"全能柜台"，营业员能够办理顾客所要求的多种不同业务，在单个服务柜台上实现全能服务。在某些服务过程中可增加顾客的参与，让顾客充当服务员工的角色，以缩短服务完成的时间；一些大型服务企业合理安排工作班次，是优化供应能力的有效方法。

（4）信息管理方法（information），即确定能够赢得顾客及其需求的信息资源管理方法，以及服务过程数据的收集方法。

企业的竞争战略和侧重的竞争力指标不是一成不变的，往往随着企业的内部条件因素，如人事、财务、技术、产品生命周期，以及外部环境的变化而进行调整与改变。

以产品生命周期为例。不同的产品或服务有着不同的生命周期曲线。按照销售量变动的规律，产品生命周期可依次分为四个阶段：导入期、成长期、成熟期和衰退期（见图 2-6）。

如图 2-6 所示，导入期是指一个产品或服务刚刚面市的时期。在这一时期，产品在设计和功能上有着与众不同的新特点，几乎没有竞争对手推出相同的产品或服务。另外，由于企业对顾客的需求还不能完全把握，产品或服务的设计可能需要频繁地改动。

成长期是指产品或服务销售量快速增长的时期。在这一时期，竞争者也开始研制自己的产品或服务。在市场规模不断扩大的同时，标准化设计开始出现。这时，企业的主要任务就是与需求保持同步，对市场需求做出迅速而可靠的反应，以增强企业的市场利基。

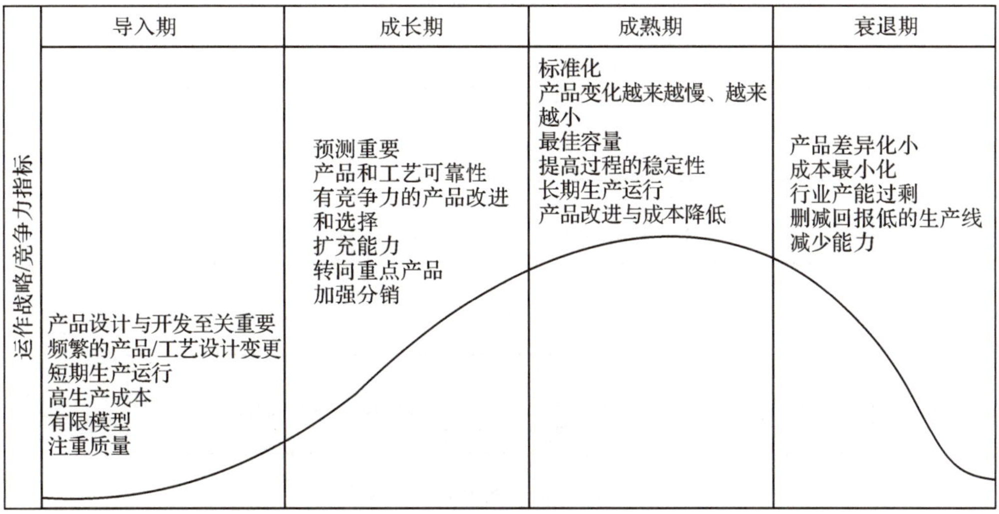

导入期	成长期	成熟期	衰退期

图 2-6　产品生命周期对运作战略或竞争力指标的影响

成熟期是指需求稳定时期。在这一时期,一些早期的竞争者已经退出这一市场,整个行业可能为少数几个规模较大的企业所垄断。产品或服务的设计已经实现高度标准化,设备和工艺已经确定,竞争的焦点是价格或性能价格比。

衰退期是指产品或服务的销售量逐渐下降的时期。面对一个残余的市场,市场上的竞争模式将继续以价格为主导。

因此,处在产品生命周期不同阶段的重要竞争力指标也不同。导入期的主要指标是,小批量生产、限制产品型号、注重质量;成长期的主要指标是,生产能力扩张、重点产品定型、加强分销;成熟期的主要指标是,大批量标准化生产、增加工艺稳定性、降低成本;衰退期的主要指标是,成本最小化、几乎没有产品差异化、删减回报低的生产线。

2.3　如何设计与实施运作战略

制定企业的运作战略,从流程上看,可以分为三个步骤,如图 2-7 所示。首先是分析环境,通过 SWOT 分析识别企业的优势、劣势、机会和威胁,在此基础上理解企业的环境、客户、行业和竞争对手。其次是确定企业使命,即说明企业存在的原因,并确定其希望创造的价值。再次是制定战略,主要是构建竞争优势,即如何通过价格、柔性、质量、交货速度等,建立竞争优势。

具体的战略设计与实施方法有两种,即基于 SWOT 分析的战略设计方法以及卡普兰与诺顿的通用战略系统图方法。

基于 SWOT 分析的战略设计方法,是根据企业的使命,通过 SWOT 分析识别企业的优势、劣势、机会和威胁,在此基础上,按照趋利避害的利益视角,制定企业的运作战略和竞争战略。

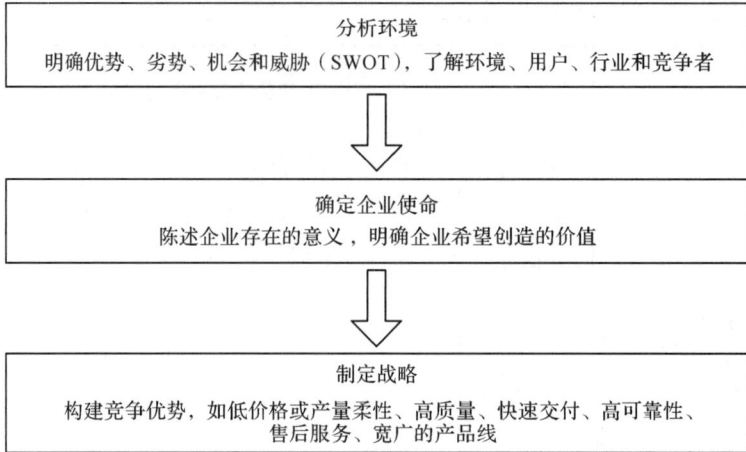

图 2-7　运作战略制定流程

采用 SWOT 分析进行战略设计方法，有一些先决条件和要求，具体包括：①必须了解现有竞争对手和未来可能进入市场的新竞争者的优势和劣势；②能够把握当前和未来的环境、技术、法律和经济等方面的问题；③考虑产品所处的生命周期阶段及其影响；④公司内部和运营管理职能部门内可用的资源；⑤使运作战略与公司经营战略一致，并使运作战略和其他职能战略相配合。

运作战略成功实施的关键因素（critical factors for success，CFS），体现在运作管理 10 个战略决策的选择方面，参见图 2-8。例如，选择定制还是标准化的产品，如何定义客户的质量期望以及如何实现这些期望，设施规模和技术水平的选择，选址方面是贴近供应商还是贴近客户，设施布局是采用加工单元还是采用装配线方式，人力资源方面是雇用专业人员还是多技能员工，供应链管理方面是采用单个供应商还是多供应商，排产方面是希望保持生产率稳定还是使能力随需求波动等。

图 2-8　运作战略实施的 CFS

无论运作战略成功实施的关键因素如何选择,它们都必须得到相关活动的支持,这种活动支持,可以通过绘制活动映射图来实现。活动映射图通过图形联结,描述企业希望获取的竞争优势、运作战略成功的关键因素和支持活动三者之间的映射关系。

这里以美国西南航空公司的运作战略为例,说明活动映射图的画法。

美国西南航空公司是典型的通过低成本获得竞争优势的航空客运企业。

为了实施该竞争战略,西南航空公司识别了六个运作战略成功实施的关键因素,即乘客服务、航线设计、航线排班、飞机选型、飞机利用、员工雇用。然后从这六个方面采取了与竞争战略相一致的活动,以保障公司竞争战略和运作战略的成功实施,如图 2-9所示。

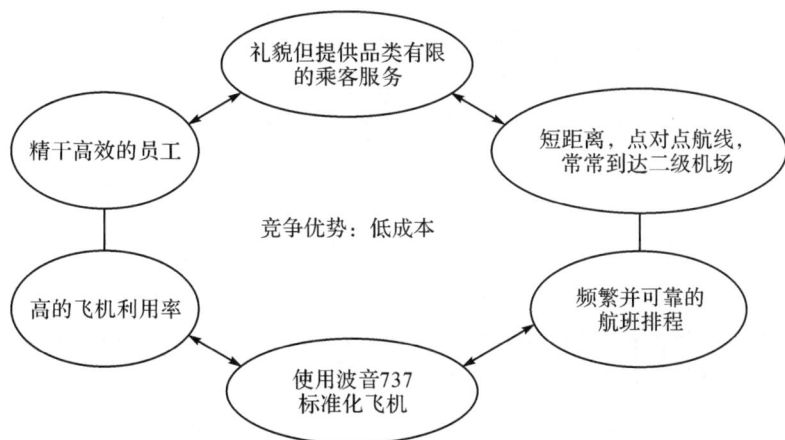

图 2-9 西南航空公司运作战略成功实施的六个关键因素

在乘客服务方面,采用有礼貌但提供品类有限的乘客服务。例如,采用自动售票机售票、没有座位分配、无行李中转服务、没有飞机餐。

在航线设计方面,一般设计短途、二级机场间的直达航线。二级机场的登机口成本较低,而较多的航班数量减少了员工在航班之间的空闲时间。

在航线排班方面,采用频繁并可靠的航班时间表。即到达一个城市的航班很频密,因而降低了去该城市旅行的每位乘客的管理成本(如广告、人力资源等)。

在飞机选型方面,采用波音 737 标准化机队。飞行员培训只需要在一种飞机上进行;而由于只有一种飞机,因此也减少了所需的维修配件库存;另外,与波音公司的良好供应商关系,也有助于西南航空公司的融资。

在飞机利用方面,强调高的飞机利用率。柔性的员工和标准化的飞机机型有助于航班的排程调度;维修人员只需培训一种类型飞机的维修即可,因而 20 分钟可以完成登机口的装卸准备。

在员工雇用方面,雇用精干高效的员工。具体管理措施包括:员工授权;高补偿收入;招收工作态度积极的员工,然后进行严格培训;员工的高持股水平等。

在对上述六个关键因素进行分解的基础上,形成了西南航空公司运作战略的活动映射图,如图 2-10 所示。

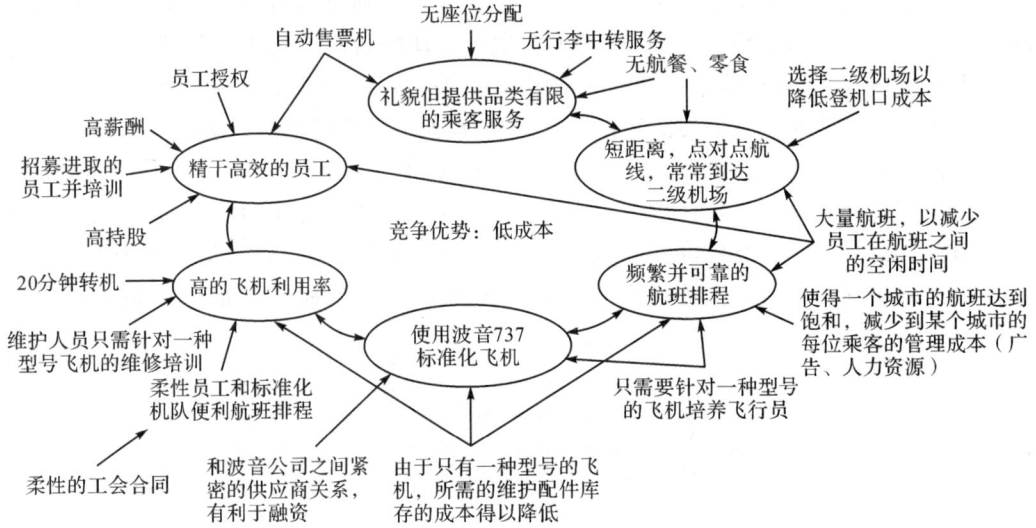

图 2-10 西南航空公司运作战略的活动映射图

宜家（IKEA）也是成功地以低成本获得竞争优势的家具制造企业，其识别的四个运作战略成功实施的关键因素分别是：降低制造成本、模块化家具设计、有限的顾客服务、顾客自选服务。支持这四个运作战略成功实施的关键因素的活动映射图如图 2-11 所示。这里就不再对该图进行详细解释。

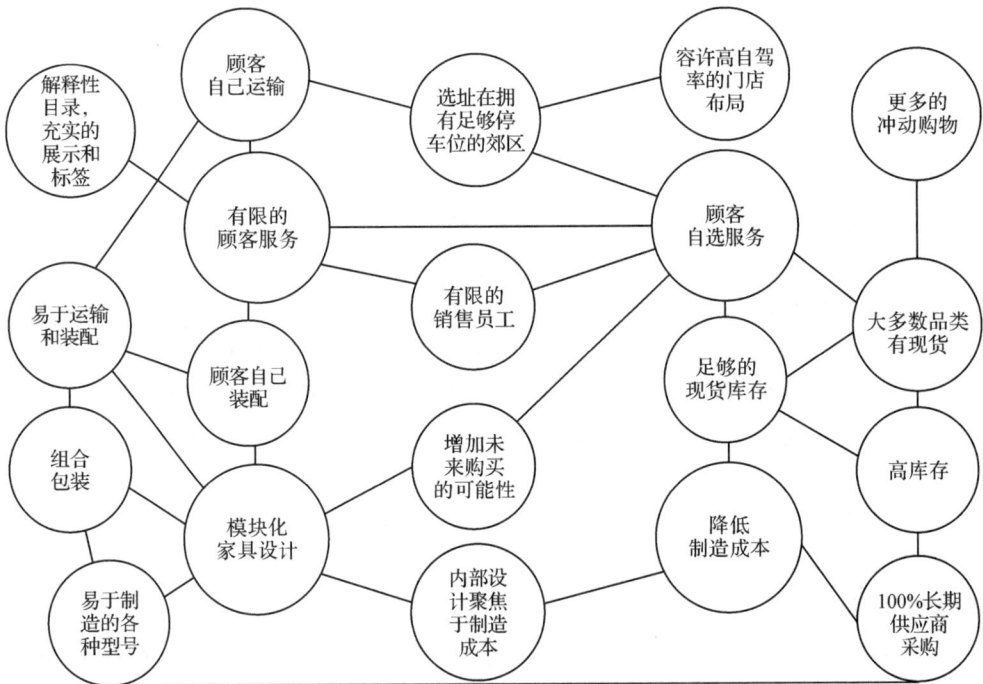

图 2-11 宜家（IKEA）运作战略的活动映射图

根据对世界级企业的调查,在企业获得竞争优势的战略选择中,运作战略的作用比营销战略、品牌战略和金融资源战略等的贡献都大,平均达到28％的贡献率。

下面介绍卡普兰和诺顿的通用战略系统图方法(见图2-12)。美国的卡普兰和诺顿认为,企业运作战略绩效改善主要可以从以下三个方面着手:首先,找出生产率的度量指标,我们不可能改善不能度量的事物;其次,识别瓶颈要素,确定关键绩效指标,从而找出运作改进点;最后,建立改善目标,并且在员工中进行广泛的宣传,使所有员工参与到生产率改善的过程中来。通用战略系统图方法,又叫平衡计分卡方法。其思路是,建立企业利益相关者视角间的因果关系,并将这些因果关系与企业的战略实施联系起来。

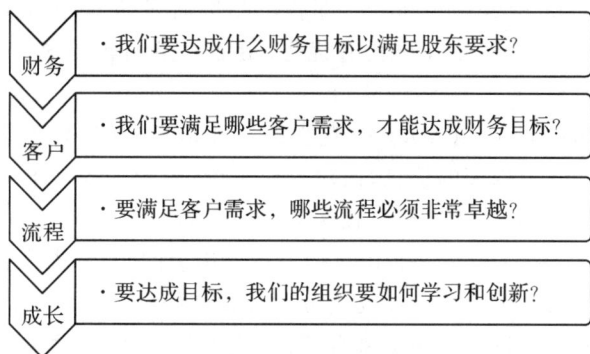

财务	·我们要达成什么财务目标以满足股东要求?
客户	·我们要满足哪些客户需求,才能达成财务目标?
流程	·要满足客户需求,哪些流程必须非常卓越?
成长	·要达成目标,我们的组织要如何学习和创新?

图 2-12　卡普兰和诺顿的通用战略系统图方法

企业的利益相关者主要包括股东、管理者、员工和顾客,他们通过运作系统和运作过程相关联。例如,企业投资回报率的提高与股东价值的改善,取决于客户能够感受到的企业产品质量和价值;同时又取决于企业内部运作过程效率的提高;企业内部运作过程的效率,又取决于员工的技能和工作努力程度。

平衡计分卡方法主要包括四个方面的内容:

(1)从财务的角度来看,我们要达成什么财务目标以满足股东要求?

(2)从顾客的角度来看,我们要满足哪些客户需求,才能达成财务目标?

(3)从管理者的角度来看,要满足客户需求,哪些流程必须非常卓越?

(4)从员工的角度来看,要达成目标,我们的组织要如何学习和创新?

运作战略的目标,是考虑股东、管理者、员工和顾客这些利益相关者的关切,明确他们之间的相互关系,以形成合力,改善企业的运作绩效。

从财务的角度来看,企业有两种基本策略实现财务绩效改善:生产力战略和收入增长战略。

生产力战略(productivity strategy)主要是推进运作活动的有效执行,以支持现有顾客,关注缩减成本和提高效率,包括以下两个方面:

(1)改善成本结构。降低产品或服务的直接成本,缩减间接成本,与其他业务部门共享通用资源。

(2)提高资产利用率。通过提高资源利用率,更谨慎地买入或出售现有资产,以支持现有业务水平所需的固定资产。

收入增长战略（revenue growth strategy）关注并开发收入和利润的新来源，包括以下两个要素。

（1）建立专营渠道。通过发现新的收益增长来源，实现总收益的增长，而不是增加原有渠道的控制度；并且这种新的收益来源是别的企业不能轻易占有和模仿的。

（2）增加顾客价值。扩展现有顾客与企业之间的关系，注重整合顾客和企业组成的系统，令顾客与企业的交流过程变得更为高效。

从顾客的角度来看，企业争取新客户以获得更多市场份额，实现与对手的差异化，并在市场中脱颖而出的方式有三种。

（1）产品领先（product leadership）。即将产品推向未知的、没有尝试的或者需求迫切的领域，企业的产品比其他企业更具有优势，更能满足顾客需求。索尼和英特尔公司是这一战略的成功典范。

（2）顾客亲和（customer intimacy）。这里的亲和是双向的，对于顾客来说，很容易得到企业的产品和服务以及相关的信息；而对企业来说，对顾客的需求把握得好，就能及时了解顾客需求的变化，从而生产出符合顾客需求的产品。

（3）出色的运作（operational excellence）。运作出色的企业，提供其对手无法提供的、便于购买的质量和价格的组合。例如麦当劳、美国的西南航空公司以及戴尔电脑公司。

从管理者和企业内部过程的角度来看，需要关注以下四种过程。

（1）创新过程（innovation process），是指通过创新建立企业的特许经营权，包括创新机会的识别，产品的研发组合；新产品推出的时机选择等。

（2）客户管理过程（customer management process），是指通过客户管理流程增加客户价值，具体包括客户需求的选择，客户的获得、维持和新客户的增加等。

（3）运营与物流服务过程（operations management process），是指通过运营和物流流程实现卓越运营，包括供应、生产、分销和风险管理等。

（4）监管与社会过程（regulatory and social process），是指通过监管和环保过程，成为一家受人尊敬的企业。具体包括对环保的重视，关注安全与健康，促进就业和对所在社区的支持等。

从员工学习与成长的角度来看，三类能力是员工的无形资产，需要着重学习与成长。

（1）战略竞争力（strategic competencies），即要求员工具备支持战略的战略技术和知识；

（2）战略技术（strategic technologies），是指支持战略所需的物料、工艺技术、信息系统、数据库、工具以及互联网等技术；

（3）行动环境（climate for action），是指激励、授权和使员工队伍与战略保持行为一致所需的文化转变。

图 2-13 总结了不同利益相关者视角与关切之间的另外一重因果关系。即员工的学习与成长导致了内部流程的改善，进而导致客户价值的提升，并最终改善股东的投资回报率。

图 2-13 绩效指标之间的因果关系

图 2-12 与图 2-13 的两重因果关系综合起来,形成了平衡计分卡理论。该理论可以帮助人们关注客户价值、内部过程、能力技术与价值定位,并将之相联系。

卡普兰和诺顿在《集中战略组织》一书中设计出了一种通用的战略系统图模板(见图 2-14)。卡普兰和诺顿认为这个模板可以帮助管理者描述他们的战略并大大提高改善后的质量,其目的是培育一种因果联系的思想,促进更多战略实施的创新性方法的产生和发展。

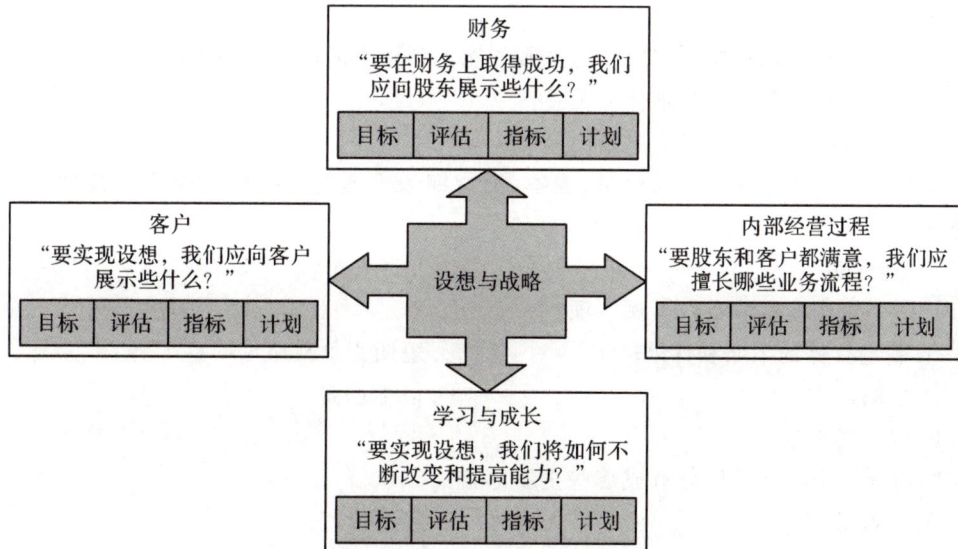

图 2-14 卡普兰和诺顿通用战略系统图模板

📖 本章小结

本章主要介绍了企业运作战略以及如何制定运作战略的问题。首先,介绍了战略和竞争力的概念,然后引出运作战略,指出运作战略是企业战略成功实施的保证。其次,本章就制造业和服务业分别讨论了怎样建立各自的运作战略,以及如何进行竞争战略决策、产品战略决策和生产运作组织方式决策,其中,提出了服务包的概念来描述服务,以及如何在竞争战略决策中考虑产品生命周期的影响。基于运作战略的特点和难点,本章最后定义了运作系统的整体生产率,以此来评价运作战略绩效,并给出了改善运作战略绩效的建议,以使企业在市场竞争中获得竞争优势。

课后习题

一、思考题

1.试分析海尔、联想和德勤咨询的运作战略。

2.列出实施成本领先服务竞争战略的方法,并举出典型实例。

3.允许服务人员在满足顾客需求时行使判断会带来什么管理问题?

4.用服务运作战略要素分析你所熟悉的服务,并说明这些要素是如何帮助确定服务战略的。

5.总结调整需求和控制供应以提高服务能力利用率的所有可能方法。

6.企业战略与运作战略是什么关系?

7.运作战略包含哪些战略决策内容?

8.举三个实例分别说明以质量、成本、交货期为主要竞争指标的企业及其具体的运作方法。

二、选择题

1.一个运作战略涉及以下哪一项?(　　　)

A.制定具体的策略和计划　　　　　B.短期竞争战略

C.协调运作目标　　　　　　　　　D.以上都是

E.以上都不是

2.通常一个战略可以分解成哪些主要部分?(　　　)

A.运作效率　　　　　　　　　　　B.客户管理

C.产品创新　　　　　　　　　　　D.以上都是

E.以上都不是

3.下面哪一项是将一个公司的产品和服务与另一个公司相区分的标准?(　　　)

A.订单资格　　　　　　　　　　　B.订单赢得

C.KPI　　　　　　　　　　　　　D.以上都是

E.以上都不是

4. 一家旅行社第一天由 12 位员工完成对 240 位顾客的业务,第二天由 15 位员工完成对 360 位顾客的业务。第一天和第二天相比,旅行社的生产率(　　)

A. 提高 　　　　　　　　　　　　　　B. 降低

C. 一样 　　　　　　　　　　　　　　D. 无法比较

E. 以上都不对

5. 除了传统的财务措施外,平衡计分卡还可以帮助企业解决哪些关键问题?(　　)

A. 顾客如何看待我们 　　　　　　　　B. 我们必须擅长什么

C. 我们如何持续地改进和创造价值 　　D. 以上都是

E. 以上都不是

6. 有关运作战略,以下哪一项是错误的?(　　)

A. 运作战略就是关注制定广泛的策略和计划以运用企业资源去最大限度地支持企业的长期竞争战略

B. 一个运作战略涉及有关产品设计和支持产品的基础设施的决策

C. 运作战略可以看作是协调运作目标和组织较大目标的计划过程的一部分

D. 运作战略是一个长期的过程,必须应对不可避免的变化

7. 下面哪一个选项不是形成企业竞争地位的主要竞争维度?(　　)

A. 成本 　　　　　　　　　　　　　　B. 产品质量和可靠性

C. 交付速度 　　　　　　　　　　　　D. 应对供应的变化能力

E. 柔性和新产品开发速度

8. 运作战略的主要目标是(　　)

A. 将竞争维度要求转变为具体的运作绩效要求

B. 制订必要的计划以保证运作能力能充分完成它们

C. 将订单赢得要素转变为具体的绩效要求

D. A 和 B 　　　　　　　　　　　　　E. A、B 和 C

9. 下面哪一项不是沃尔玛建立竞争优势的方法?(　　)

A. 通过它们开发的系统管理它们的仓库和库存

B. 地区优势,与大城市地区的领先企业竞争

C. 专注于执行全面质量管理体系

D. 一种支持价值、技能、技术和动机形成的文化

10. 关于生产率的说法,下面哪一项不正确?(　　)

A. 生产率是一种常用来衡量一个国家、行业或企业单位如何使用其资源的方法

B. 为了有意义,生产率必须与其他一些东西比较

C. 多要素生产率用所有产出与所有投入的比率来衡量

D. A 和 B 正确 　　　　　　　　　　　E. B 和 C 正确

F. A、B 和 C 都正确

11. 以下哪一个是企业有效地使用运作管理的功能获取竞争优势的方法?(　　)

A. 快速设计变更 　　　　　　　　　　B. 交付的速度

C. 保持产品的多种选择 　　　　　　　D. 以上都是

12. 产品生命周期的导入阶段，下面哪一项不是运作管理问题？（　　）

A. 产品和流程的频繁改变　　　　　B. 长时间的生产运行

C. 有限的模式　　　　　　　　　　D. 产品成本高

13. 产品生命周期的成熟阶段，下面哪一项不是运作管理问题？（　　）

A. 行业中存在产能过剩　　　　　　B. 长时间的生产运行

C. 标准化　　　　　　　　　　　　D. 流程稳定增加

14. 生产率度量中存在的问题有（　　）

A. 外部因素的影响不明　　　　　　B. 缺乏精确的度量单位

C. 质量随时间的影响　　　　　　　D. 以上都是

15. 当人们重复一种过程时，会从自己的经验中获得技能和效率，这就是学习成长。学习成长是下面哪个选项的特征？（　　）

A. 组织学习　　　　　　　　　　　B. 个体学习

C. 只是学习　　　　　　　　　　　D. 以上都是

E. 以上都不是

16. 一个学生第一次用了 40 分钟打印完一份 15 页的论文，第二次用了 36 分钟打印完。这个例子中学习曲线的单位改善因子是（　　）

A. 95%　　　　　　　　　　　　　B. 46%

C. 90%　　　　　　　　　　　　　D. 88%

E. 以上都不对

第3章

产品与服务设计

企业通过产品来满足顾客的需求并实现自身的目标,对企业而言,产品开发具有十分重大的意义。开发新产品并迅速投放市场是所有企业都面临的挑战。制造型企业和服务型企业如何设计自己的产品是本章的重点。如图 3-1 所示,这些活动包括三个主要职能:市场营销、产品研发、制造。市场营销的职能是为新产品的开发提供新概念,为产品设计研发规范;产品研发的职能是将产品技术概念转移至最终的设计中;制造的职能是选择和构造产品的过程,并制造新产品。

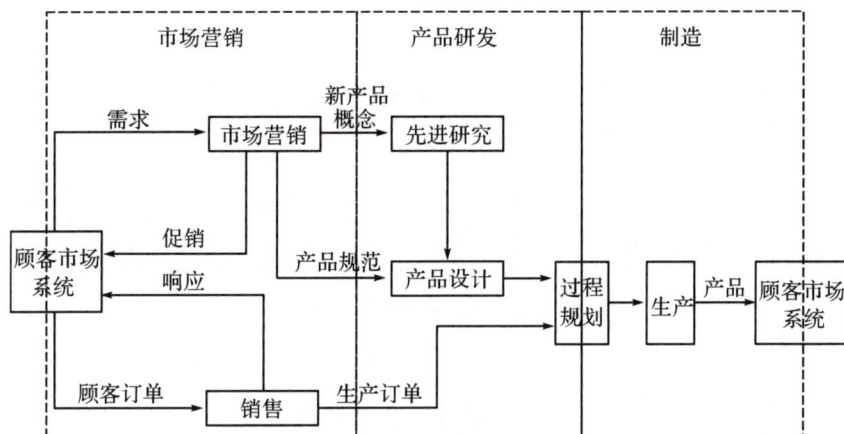

图 3-1　企业职能与产品开发

由图 3-1 可知,产品开发活动将营销与销售和制造产品活动紧密联系在一起。本章将介绍符合现代企业发展需要的产品开发过程,该过程除了必须对变动的顾客期望与技术进步迅速做出响应外,还必须迎合全球化市场范围内不同的地域倾向性。

3.1　制造业产品开发

3.1.1　产品设计过程

新产品开发包括一系列复杂的涉及多职能的活动。图 3-2 展示了一个典型产品开发的各个阶段:概念设计、产品规划、产品和工艺过程的详细设计、试生产和批量生产。在前两阶段,即概念开发与产品规划中,须将有关市场机会、竞争力、技术可行性、生产需求的信息综合起来,确定新产品的框架。这包括新产品的概念设计、目标市场、期望性能的水平、投资需求与财务影响。在决定某一新产品是否开发之前,企业也会用小规模实验对概念、观点进行验证。实验可包括样品制作和征求潜在顾客意见。一旦方案通过,新产品项目便转入详细设计阶段,以完成对产品及其生产工艺的设计。详细设计阶段结束后,企业一般进入小规模的试生产阶段,以完成对产品设计的测试和改善。最后,在组织的决策下建立工厂,实现增量生产,将产品投向市场。

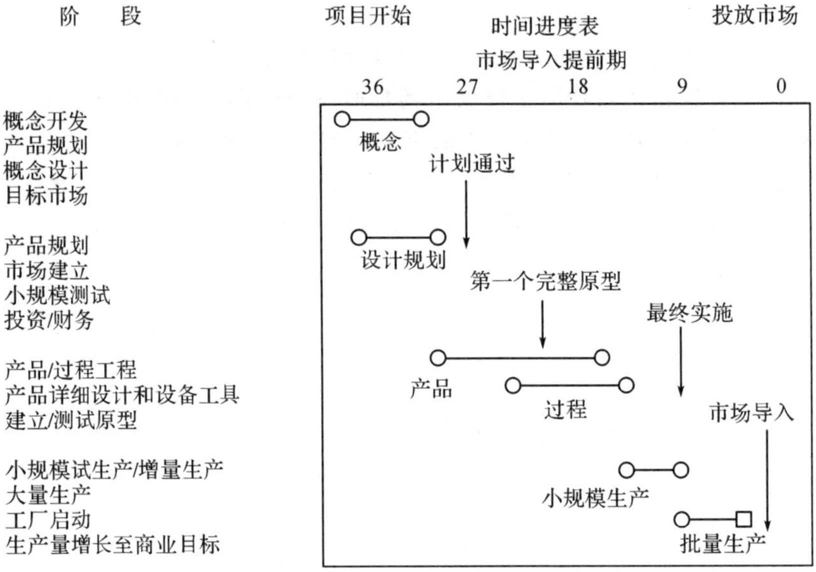

图 3-2 产品开发的典型过程

(1)概念设计

这一阶段是指新产品构想及方案的产生。主要任务是设计出新产品的框架,包括新产品的概念,目标市场,期望性能,投资需求,投资风险,对公司财务的影响以及对公司未来的影响等。

(2)产品规划

新产品的概念确定之后,就进入新产品开发阶段。产品规划是企业产品战略的重要组成部分,它决定着产品的特征、功能和用途。产品的设计注重的是产品的性能和质量,要求在产品设计中充分考虑顾客要求,体现产品的经济价值,并以此为原则,保证高品质设计。特别需要注意的是,产品设计要充分考虑产品的可制造性,基本的原则是易于理解、便于制造和装配、易于使用且安全可靠。

(3)产品和工艺过程的详细设计

该阶段的基本活动是产品原型的设计与构造以及商业生产中使用的工具与设备的开发。详细设计的核心是"设计—建立—测试"循环。所需的产品与过程都需要在概念上定义,而且体现在产品原型中,接着应进行对产品的模拟使用测试(可在计算机中进行或以实物形式进行)。如果原型不能够体现期望性能特征,工程师应寻求设计改进以弥补这一缺陷,重复进行"设计—建立—测试"循环。详细设计阶段以产品的最终设计达到规定的技术要求和建立产品生产所需的工艺过程并得到签字认可作为结束的标志。

(4)试生产和批量生产

这个时期,企业一般可以进入小规模试生产阶段。该阶段中,在生产设备上加工与测试的单个零件已装备在一起,并作为一个系统在工厂内测试。在小规模生产中,应生产一定数量的产品,也应当测试新的或改进的生产过程以应对接下来的商业生产能力。在这个阶段中,所有工具设备都必须到位,所有零部件供应商都必须准备好进行批量生产。正是在开发过程的这一时刻,整个系统(设计、详细设计、工具与设备、零部件、装配顺序、生产监理、操作工、技术员)组合在一起。

新产品开发的最后一个阶段是增量生产阶段。在这个阶段中,开始是在一个相对较低的数量水平上进行生产;当组织对自身和供应商的连续生产能力以及市场销售产品的能力信心增强时,产量开始增加,大量新产品投入市场。

3.1.2　新产品开发过程中职能部门的活动

由前面的介绍可以看出,新产品开发过程的四个阶段涉及企业多个部门,主要包括研发部门、营销部门和制造部门。各个部门在产品研发不同阶段的具体活动如下所述。

(1)概念设计阶段

在概念设计阶段,研发部门提出新技术和新产品的设想,建造样品,进行仿真;营销部门提供需求信息,提出新产品的概念并对其进行市场调查;制造部门提出并调查可能的工艺。

营销部门是新产品开发的主要推动力,而研发部门本身也可以推动新产品开发,它主要是在产品开发关键技术上取得突破或者预期取得突破,也可以提出新产品设想,然后让营销部门判断以这个新技术为核心开发的新产品是否有市场价值,是否值得去做。所以说研发部门的工作是提出新技术,或者依赖新技术提出新产品的设想,建造样品,进行仿真。这种仿真可以是计算机的,也可以是原型的。从技术和市场的角度对新产品开发提出了一些新概念以后,最终产品是要批量生产出来的,通过工艺来实现。所以,制造部门主要工作是提出并调查可能的工艺。

这个阶段的任务是定义产品与工艺的概念,并作为关键决策的概念设计被批准,形成第一阶段的计划。

(2)产品规划阶段

在产品规划阶段,研发部门选择零部件与其供应商交互,构造初步的完整模型,定义产品结构;营销部门定义目标顾客参数(所谓目标顾客参数,是指目标顾客希望新产品有怎样的性能,尤其是关键客户对新产品的看法),估计销售与毛利,建立与顾客的早期联系;制造部门进行成本估计,确定工艺结构,进行工艺模拟,确定供应商。

产品规划阶段的关键任务是确定产品和工艺结构,明确研发项目的参数;关键决策事件是研发项目规划被批准。

（3）产品和工艺过程的详细设计阶段

在产品开发阶段确定了产品和工艺结构以后，本阶段是进行详细的产品和工艺设计。在进行详细的产品和工艺设计时，实际会有很多阶段，为了介绍方便，可以概括为两个典型的子阶段：阶段Ⅰ强调产品设计，阶段Ⅱ注重工艺设计。

阶段Ⅰ——详细产品设计中，研发部门进行产品详细设计并与工艺交互，建造实物模型并进行测试；营销部门进行原型的顾客测试，参与原型评价；制造部门进行详细的工艺设计，设计开发工具与设备，参与建造实物模型。

这个阶段的关键任务是建造并测试完整的模型，验证产品设计；关键决策是详细的产品设计被批准。

阶段Ⅱ——详细工艺设计中，研发部门改进产品设计的细节，并参与面向工艺的原型建造（所谓面向工艺的原型建造，是指一开始确定的产品结构功能很好，可能没有适当的工艺来建造，为了工艺的考虑而调整结构）；营销部门进行第Ⅱ阶段的顾客测试，评价原型，规划首次展出，编制分销计划；制造部门测试与试验工具及设备，构建面向工艺的原型，安装设备，提出新工序。

这个阶段的关键事件是构建并改造面向工艺的原型，验证工艺、工具和设计；关键决策事件是产品及其工艺共同被批准。

（4）试生产和形成规模能力阶段

在试生产和形成规模能力阶段，研发部门进行试生产，评估试生产的结果并解决可能的设计问题；营销部门准备首次展出，培训销售与服务人员，准备订货接单系统；制造部门按商业程序进行试生产，根据经验改善工艺，培训人员，落实供应渠道。

这个阶段的任务是进行测试性生产，运作和测试完整的商业系统；关键决策是批准第一批商业销售。

（5）投放市场阶段

在投放市场阶段，研发部门根据销售服务的体验评估产品；营销部门给分销渠道供货，开始销售与促销，关注关键客户并与其交互；制造部门使生产增加到目标产量，使质量、产出和成本达到设计目标。

这个阶段的任务是成批量地生产，实现最初的商业目标，最终使得新产品的全面商业化被批准。

以上是新产品开发过程五个主要阶段中各个职能部门的主要活动以及各个阶段的任务和关键事件。在新产品开发过程中，每个阶段都需要不同职能部门间的密切配合，互相联系，才能开发出满足顾客需求的新产品。表3-1、表3-2总结了各部门之间的这种交叉活动。

3.1.3　并行工程

新产品的开发是一个周期长、过程复杂的活动。对机械产品来说，一般的开发周期为三年，而现今产品的生命周期一般较短，这就产生了一个产品开发周期长而生命周期短的矛盾。解决这个矛盾的方法主要有两种：一种是同时开发出很多新产品，以期望其

表 3-1　交叉职能的集成活动

职能部门 活动	研发的阶段	
	概念设计	产品规划
研发部门	提出新技术和新产品的设想,建造样品,进行仿真	选择零部件与其供应商交互,构造初步的完整原型,定义产品结构
营销部门	提供需求信息,提出新产品的概念并对其进行市场调查	定义目标顾客参数,估计销售与毛利,建立与顾客的早期联系
制造部门	提出并调查可能的工艺	成本估计,确定工艺结构,进行工艺模拟,确定供应商
阶段任务	定义产品与工艺的概念	确定产品和工艺结构;明确研发项目的参数
阶段结果	概念设计被批准	研发项目规划被批准

表 3-2　交叉职能的集成活动(续)

研发的阶段			
产品和工艺过程的详细设计		试生产和形成 规模生产能力	投放市场
阶段Ⅰ(产品设计)	阶段Ⅱ(工艺设计)		
产品详细设计并与工艺交互,建造实物原型并进行测试	改进产品设计的细节,并参与面向工艺的原型建造	试生产,评估试生产的结果并解决可能的设计问题	根据销售服务的体验评估产品
进行原型的顾客测试,参与原型评价	进行第Ⅱ阶段的顾客测试,评价原型,规划首次展出,编制分销计划	准备首次展出,培训销售与服务人员,准备订货接单系统	给分销渠道供货,开始销售与促销,关注关键客户并与其交互
进行详细的工艺设计,设计开发工具与设备,参与建造实物原型	测试与试验工具及设备,构建面向工艺的原型,安装设备,提出新工序	按商业程序进行试生产,根据经验改善工艺,培训人员,落实供应渠道	生产增加到目标产量,使质量、产出和成本达到设计目标
建造并测试完整的模型;验证产品设计	构建并改造面向工艺的原型;验证工艺、工具和设计	测试性生产;运作和测试完整的商业系统	成批量地生产,实现最初的商业目标
详细的产品设计被批准	产品及其工艺共同被批准	批准第一批商业销售	全面商业化被批准

中有一种或几种能满足市场需求;另一种是缩短新产品的开发周期,通过加强对新产品开发的管理,加速产品开发过程,尽量避免开发过程中的无谓反复和浪费。第一种方法是目前大部分企业的做法,缺点是开发成本太高,因为新产品开发过程涉及企业各个部门的活动,很多复杂的问题需要协调和配合。那么最终解决这个矛盾的突破点就在于如何缩短新产品的开发周期,目前许多公司开始应用的一个方法就是并行工程(concurrent engineering,CE)。

3.1.3.1 并行工程的概念

传统的新产品开发是一种串行的方法，新产品的开发是分阶段按照前后顺序进行的，而且各阶段之间相互独立。开始阶段形成新产品的概念之后，只是由设计工程师开发和设计新产品，然后转给制造工程师制定生产工艺方法和技术，进行试制，生产供应人员准备材料配件和组织生产，最后由销售人员负责产品销售。这种串行过程存在很多问题。首先，整个产品的开发周期延长；其次，修改反馈比较频繁，在产品设计阶段往往缺乏考虑生产实际，而引起许多返工，结果浪费了大量开发成本和时间，甚至给以后的生产带来沉重负担；最后，所开发的产品甚至可能并不是适合市场需要的最佳设计，而不得不重新开发。一般来讲，没有哪一个开发项目会独立进行，它们大都相互影响，而且必须适应于运作的组织机构，才能行之有效。开发项目可共享零部件，并可以利用相同的项目小组，而且，可能要求新产品与现有产品的功能兼容。

一种新的产品开发方法——并行工程(CE)能够很好地解决上述这些问题。

并行工程(CE)，又称并行设计，是指集成地、并行地设计产品及其零部件和相关过程的一种系统方法，产品设计过程的四个阶段计划同步展开。并行工程不是由一个阶段进入另一个阶段的简单系列方法，而是侧重于交叉职能的集成、产品的同步开发及相应的实现过程(见表3-1)。这种方法要求开发小组的成员之间进行有效的沟通和组织，从而达到缩短新产品开发周期、降低新产品开发成本、提高新产品开发的质量和可靠性的目的。因此，并行设计实际上是一种团队工作方式，强调设计过程的系统性、平行性。并行设计的方法让新产品开发的各个阶段几乎同时开始(由于产品的设计有先后顺序)，可以大大缩短产品开发周期，有效地解决新产品开发周期与产品生命周期之间的矛盾。

可以看出，团队是并行工程中很重要的组织形式，它是并行工程最基本的综合机制。团队并不是把企业的所有人员都涵盖进去，主要包含以下三种常见形式：项目管理团队、技术研发团队和若干个设计制造团队。由于开发过程的复杂性，也许需要一个综合性团队以协调不同的设计制造团队的工作。团队之间的有效沟通是实现并行工程目标的基本条件。

3.1.3.2 并行工程的工作原理

新产品开发过程中的串行方法和并行方法的工作原理如图3-3所示。

串行方法是先进行概念设计，然后进行结构设计、过程设计、原型制造与设计、生产制造。这个新产品开发过程是合理的，但是在实际开发过程中，由于各阶段之间的独立性，在后一阶段的设计中会发现前一阶段设计中的问题，这时就需要进行修改反馈，因此修改反馈的频率比较高，而且反馈的周期也比较长。

并行设计中产品的开发阶段几乎是同时开始的，如同时进行市场概念开发、产品设计、制造过程与产品辅助系列的开发。因此，反馈的周期会大大缩短。由于并行设计要求所有相关的技术人员都参与到产品的开发设计中，而且是几乎同时参与到产品开发团队中，其中一个阶段的设计发生变化，其他阶段的设计人员也能几乎同时得到相应的信息，因此，反馈的次数也会大大少于串行设计。

串行开发流程

修改反馈频繁

概念设计 → 详细设计 → 过程设计 → 原型制造与测试 → 生产制造

并行开发流程

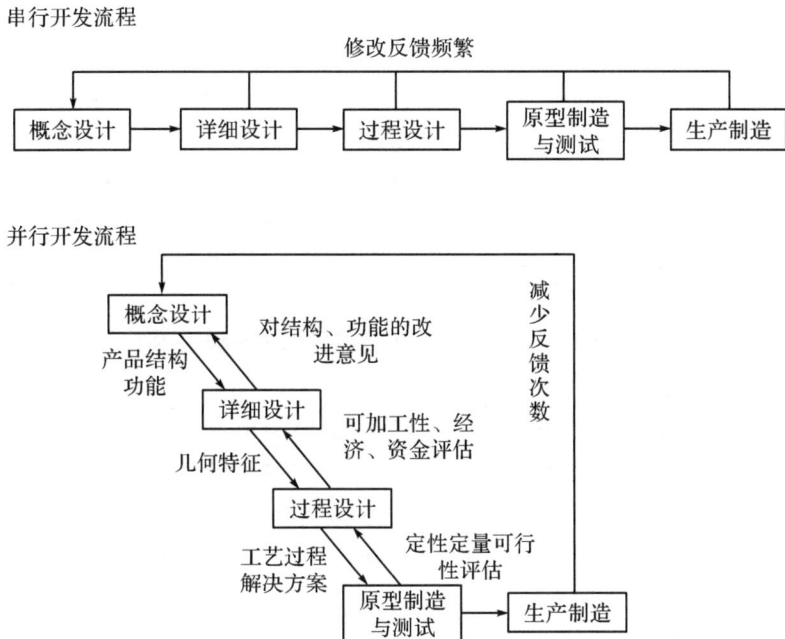

图 3-3 并行工程的实现过程

并行工程的优点主要是节约了完成项目的时间。利用现代发达的信息技术或面对面的会议进行实时信息交流，并共享整体设计数据库，这是并行工程成功的关键。并行工程明显消除了不同阶段之间的"隔墙问题"，能够缩短产品开发和生产准备时间，加快新产品上市，降低成本，提高质量，保证产品功能的可靠性。

3.1.3.3 并行工程的支撑技术

在并行设计实现的过程中，需要很多关键技术，主要有以下几种。

（1）过程管理与集成技术

过程管理与集成技术主要包括过程建模、过程管理、过程评估、过程分析、过程集成。

过程建模是指对具体产品开发过程的抽象描述，用于分析、优化和建立产品开发活动流程，最终用来辅助整个产品开发的管理和监控。过程管理是指对具体产品开发过程进行监督和控制，用于把设计者从设计过程的计划和数据的管理中解脱出来，它使得设计者能够集中精力进行创造性和开拓性设计，实现设计过程的自动化，提高产品的质量和开发进度。

（2）团队技术

团队技术主要包括企业组织演变，多功能产品开发团队（integrated product team，IPT）的概念、组建、角色定义、管理模式、决策模式等。

（3）协同工作环境

一个团队能否正常、高效地运作，协同工作环境是一个至关重要的因素。这里的环境不仅是指通常所说的硬环境，还包括软环境。硬环境主要是指团队内的信息能准确顺畅交流的硬件设备支撑系统，其为团队工作的运行提供了物质上的支持和最基本的保证。一般来说，团队工作的硬件设施主要包括计算机设备、数据库设备机器管理系统、网络设备及其协议、信息交流环境等。软环境是指团队内的文化氛围，是团队成功的关键。

3.1.3.4 并行工程的应用实例

美国 Lockheed 公司的新型号导弹开发

背景分析

美国洛克希德（Lockheed）导弹与空间公司（LMSC）于 1992 年 10 月接受了美国国防部（DOD）用于"战区高空领域防御"（Thaad）的新型号导弹开发计划，经费 6.88 亿美元，要求在 DOD 规定的两年内完成任务，而该公司的导弹开发一般需要五年时间。该项目不仅是设计和开发一种新型导弹，而且要显示和论证一些可用于其他 DOD 项目的工程应用技术。面对这一挑战，LMSC 采用并行工程的方法，最终将产品开发周期缩短 60%，完成了合同规定的目标。

Thaad 项目的关键是采用并行工程方法，即 LMSC 所称的集成产品开发（integrated product development，IPD）。要把导弹开发周期从五年缩短到两年时间，LMSC 就必须改变其原有的导弹设计和制造方式。

Thaad 项目是 LMSC 第一次将 IPD 应用于产品开发中，并取得了极大的成功。

组织综合的产品开发团队

在 Thaad 项目中，LMSC 采用并行的集成化产品开发方法（IPD），建立了以项目开发小组方式的集成产品开发团队，负责开发导弹的前锥、中间舱段、结合部以及推进器。每一小组都包含飞行、动力装置、导航、电子组装、通信、质量控制、润滑、采购和制造等方面的人员。这种多学科开发小组之间的相互渗透，在提高产品质量和降低成本的同时，大大减少了设计和工艺过程中可能出现的错误和返工现象。这种方法最直接的结果就是缩短了项目的开发周期，加快了产品设计和制造的进度，并成功地将设计基本单元集成为一个整体的过程。

项目管理者通过向每个小组成员发送 E-mail 的方式来进行设计检查。在各成员提供的优先时间的基础上，从自己的工作站出发，以电子化的方式一项一项地进行检查、评论和表决，避免了过去传统方法中频繁的出错和无谓的时间消耗。到为期两年的 Thaad 项目开发阶段的最后，进行了这种正式的和非正式的 6000 次左右的设计检查。

改进产品开发流程

在项目工作的前期，LMSC 花费了大量的精力对 Thaad 开发中的各个过程进行分析，并优化这些过程和开发过程支持系统。LMSC 采用集成化的并行设计方法，使已有的产品开发过程发生了很大的变化。

（1）供应商集成

因为需求会经常发生变化，为了使供应商能够在 LMSC 需要支持的时候提供相应的支持,必须让供应商参与到开发小组中来。这个小组中的成员在一个环境下共同工作,从画草图开始,开发每一个模型。这一模型允许人们登记进入、检查、做修改标记,以及在一个集成产品开发环境中传送文件。

(2)设计评审

在传统的开发过程中,一套工程图样被贴在一块公告板上,让相关工程师进行检查并在上面做修改标记。在2~3周的时间内,设计者将这些更改汇总,对初始设计进行修改,然后再次进行上述过程,直到图样最终没有被改动,说明该设计是可以接受的。这样的设计检查时间一般需要两周。

在Thaad项目中,采用了一种新的设计评审检查方法。LMSC开发了支持Thaad项目的管理信息系统TIMS,该设计评审及检查系统建立在工作站、网络和电子文件基础上,因此它能支持在线检查,可以将图样以一定方式分发给检查人员。检查人员在需要的时候可以在各自的终端上查询和检查设计文件。这样就大大缩短了设计评审与检查的时间(一般情况下仅需3个小时),并且提高了检查和设计的质量。Thaad项目中以这种方式进行了4000多次的设计检查。

(3)建立设计过程的知识档案

记录一个完整的检查、评论和表决的设计过程相关档案资料,在设计修改或再次设计导弹系统的主要部件时,不需要重新从头进行开发,而只要花费几个小时将服务器上的数据文件重新调出就可以了。这样,在这一轮的设计循环中,工作量就大为减少,设计进度加快。对于项目经理来说,该记录档案有助于他们详细了解项目当前状况,根据所掌握的最新项目进展情况进行相应决策,使一些设计活动提前开始。

实现信息集成与共享

Thaad项目中采用了很多应用软件,如文档处理应用软件Microsoft Word,表处理应用软件Microsoft Excel和演示软件PowerPoint等,工程设计和制造应用软件包括PTC的Pro/Engineer、SDRC的IDEAS以及各种Formtek软件模块,这些软件支持过程控制,应用通信(在网络层和应用层)以及文件索引、注释、浏览、画线、扫描、绘图、格式转换和打印。

在线数据中,大约20%是文本信息,包含合同文件、设计评注、产品或过程说明,以及其他经过字处理的资料,它们均以原来的方式或以Post Script的形式存储。大约75%的数据是以光栅形式存储的工程图样,剩余的5%在线数据包含从用户提供的硬拷贝中获取的扫描图像,通常这些用户不愿意通过电子方式来传送图样和有关资料。为了实现并行化产品开发,各应用系统之间必须达到有效的信息集成与共享。

工程设计一直是开发工作的重点。但工程设计数据必须支持后续的制造过程和维护阶段,即实现产品数据在整个开发周期的信息集成。为此,在设计和实验阶段,随着项目的不断进展,一些设计、工程变更、试验和实验等数据,都要进入数据库。

利用产品数据管理系统辅助并行设计

LMSC采用了一个成熟的工程数据管理系统辅助并行化产品开发。这个系统能够按照一定的方式将工程文件发送给工作在各平台上的工程师,并获取他们在工程检查过程中的评审和输入信息。LMSC通过支持设计和工程信息及其使用的七个基本过程,来有效地管理它的工程数据。这七个关键的工程数据管理系统(EDMS)的基本过程是:数据获取、存储、查询、分配、检查和标记、工作流管理及产品配置管理。

为群组工作提供网络通信环境支持异地的电子评审

LMSC 在以前的导弹开发项目中，一直依赖其基于 IBM3090 的计算机集成工程的制造系统。然而这种方法很快就暴露出问题，其一是主机服务的费用超出了原计划客户/服务器体系的预算，更重要的问题是原有的主框架系统只适用于局部地区的工作小组，而不能支持 Thaad 项目中这一高度保密的、地理位置上分散的开发小组。

LMSC 选择了 Formteck，它提供基于 Pittsburgh 的工程文件管理系统。为使这一复杂的项目尽可能简单，LMSC 只是将 Formtek 的工程数据管理软件安装在自己的网络和基础桌面设施上，用于支持 Thaad 项目。这样得到的系统将支持 Mac、Silicon Graphics、DEC、Hewlett-Packard、IBM RS/6000 和 PC 工作站，以及 Thaad 项目中所具有的信息环境和数据类型。用户主要借助 FDDI（光缆分布式数据接口）中网络支持的工程应用软件来进行数据传递，借助 Ethernet LAN 进行用户连接。另外，还有一道"数据防火墙"来防止对项目信息资源的非法入侵。

CE 在 LMSC 新型号导弹开发中的应用效果

LMSC 采用 CE 的方法大幅度缩短了新型号导弹的开发周期。将导弹开发周期由过去的五年缩短到两年，产品开发周期缩短 60%，取得了很好的经济效益。

Thaad 项目是 LMSC 第一次将并行工程应用于导弹型号的开发中。自从 1992 年 10 月 LMSC 签署了 Thaad 合同以来，这个项目就很大程度上依赖于方法论和过程的结合，来保证在两年内完成一个完全新型的导弹的设计、开发和原型制造。该项目不仅是设计和开发一种新型导弹，而且要显示和论证一些可用于其他 DOD 项目的工程应用技术。面对这一挑战，LMSC 采用并行工程的方法，改进产品开发流程、实现信息集成与共享、组织综合的产品开发队伍、为群组工作提供网络通信环境，完成了预定的目标。

一些新的技术如产品数据管理、异地网上电子评审、设计者的信息集成与共享等，在 Thaad 项目的实施过程中均得到了成功应用。

3.1.3.5 并行工程实施的制约因素

并行工程在美国洛克希德导弹与空间公司（LMSC）的导弹项目上取得了成功，典型的例子还有很多，例如柯达公司的新型相机，波音 777 飞机的设计。但国内并行工程的开展并不乐观，成功的案例鲜见报端。并行工程在实际应用过程中会受到很多因素的制约，主要体现在以下两个方面。

（1）在管理和人力方面

①需要采用跨功能、多专业小组，以促使产品设计和相关过程的集成；

②应采用基于过程的组织模式；

③对这种组织模式进行领导和工作支持；

④授权小组去实施这种组织模式。

（2）在技术方面

①计算机辅助设计、制造和仿真方法的使用，通过共享产品和过程的模型及数据库来支持设计的集成；

②优化产品设计、制造和支持过程的各个方法的应用,如 DFM(可制造性设计)、DFA(可装配性设计)、QFD(质量功能展开)等;

③信息共享、通信技术以及系统整合技术的应用;

④供应链内部的共同协议、标准和术语的制定和采用。

3.1.4 新产品设计原则

新产品设计的原则是为了解决为谁设计新产品和为什么设计新产品的问题,主要包含三个方面:面向顾客的设计、面向可制造性的设计以及面向制造和装配的设计。

3.1.4.1 面向顾客的设计

(1)面向顾客的产品设计概念

为顾客设计产品的原则,简单地说,就是设计出来的产品应该能够满足顾客的需求,这是企业进行新产品设计的根本动力。

面向顾客设计新产品实际实施起来会面临很多困难。例如,一个企业的产品研发部门要设计一款新型 MP5 来满足顾客需求,经过初步调查以后确定目标市场为中学生。那么,如何来满足中学生的需求?可以通过市场调查的方法,如采用问卷调查、顾客意见回访、销售维修人员意见综合、销售观察等手段。了解到顾客需求以后,就要进行产品概念设计,并且使设计出来的新产品要满足根据市场调查而确定的顾客需求,这个过程主要包括两个方面的主要思想:首先是了解产品的一些功能,如联网、收音等,以及这些功能和顾客需求之间的对应关系。顾客可能有很多需求,产品功能仅仅只是其中的一种,它是顾客对产品的主观要求,由一些技术参数决定。企业研发部门要解决的问题就是尽可能地满足顾客需求,使技术上的性能与顾客需求一致,功能上的参数也应该和顾客需求一致,并且这种对应性越高越好。其次是在产品的价值分析方面。实现产品的性能参数有很多不同的工艺方法,而且不同的工艺生产出来的产品的质量也具有差异性。企业采用哪种工艺来生产关键要看对顾客的价值提升程度,而不仅是看产品的性能。站在顾客角度来看,顾客需要的产品功能应该是恰到好处,而不是产品的功能越多越好。

(2)面向顾客的产品设计方法

面向顾客的产品设计目前主要有三种方法(见图 3-4):质量功能展开(quality function deployment,QFD)、质量屋(house of quality)以及价值分析与价值工程(value analysis and value engineering,VA,VE)。

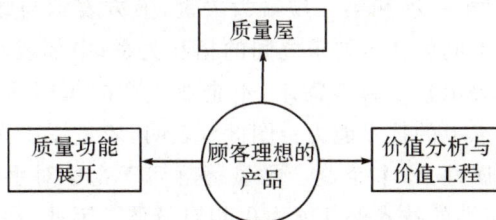

图 3-4 面向顾客的产品设计

①质量功能展开

质量功能展开是一种将顾客心声引入产品设计中,以市场为导向、以用户需求为依据的计划方法。这种方法需要来自市场营销部门、设计部门和制造部门团队的职能交叉。

质量功能展开产生于日本,在 20 世纪 60 年代,随着全面质量控制(total quality control,TQC)的深入,日本人开始考虑能否在产品的设计阶段就确定制造过程中的质量控制要点,以减少生产初期大量错误的发生。1972 年,三菱重工有限公司神户造船厂首先使用了 QFD。而丰田公司使用 QFD 大幅度缩短了设计时间,降低了 60% 的汽车成本。美国随后引入了 QFD 技术,并在汽车工业和国防工业领域进行推广,进一步提高了 QFD 技术。

质量功能展开从研究和倾听顾客的需求入手,以确定一个优良的产品特征为起点。通过市场研究,将顾客对产品的需求和偏好定义下来并进行分类,也就是顾客的需求。确定顾客的需求之后,根据这些需求的重要程度,分别赋予它们权重。接下来,请顾客对企业及其竞争者的产品进行排序,这个过程有助于企业了解顾客所希望的产品特征并衡量自己的产品与其他企业产品的相对关系。最终结果是使企业更好地理解和关注那些需要改进的产品特征。质量功能展开能够较好地实现"顾客的呼声→产品研发的工程技术语言→制造资源配置→制造要求与顾客服务要求"这一流程,能够真正体现以顾客为中心、让顾客满意的宗旨。

②质量屋

把顾客的需求信息和产品的性能参数用特定的交叉矩阵形式表示出来,此矩阵称为质量屋矩阵。通过构造一个质量屋矩阵,交叉职能团队能够用顾客反馈的需求信息进行技术开发、营销和设计决策,矩阵帮助团队将顾客的需求转换为具体操作或技术目标,包括:把顾客对产品的需求对应到产品的工艺要求,然后根据这些工艺要求来确定产品制造要求,再将这些要求对应到售后服务上来。这种方法叫作顾客需求的瀑布式分解。

质量屋的方法主要应用于新产品的设计过程。企业产品最终到顾客手中,主要经过以下环节:先进行市场调查确定顾客需求,接着根据这些需求进行产品的概念设计、结构设计、工艺设计,最终进行测试和批量生产。在这些环节中,质量屋的作用就是把前一阶段的需求和后一阶段的性能进行系统化的联系,进而得出后一阶段性能的参数要求,类似于 QFD 中的瀑布式分解方法。

从产品设计质量的角度来看,质量屋是提高新产品设计质量的一个工具。那么,质量屋是如何提高新产品设计质量的呢? 如图 3-5 所示,参考一个汽车车门研发的质量屋。质量屋左边是顾客需求及其重要性评价,这些要求是根据市场调查而得出的一些定性的要求,显然顾客需求中以第一项和第二项最为关键;上方表示与顾客的需求相对应的技术要求。顶部表示各个不同的技术要求之间的相互关系;中部表示顾客要求与相应技术之间的相互关系。右侧表示基于顾客需求,本企业生产的车门的相对竞争地位;下方表示本企业在不同技术要求上的技术能力。图 3-5 表明,质量屋中车门的"易关性"是其主要性能参数。在该质量属性上,本企业产品显著落后于竞争对手的产品,从运作的角度看,运作系统对该质量属性的技术保证能力也相对较弱。因此,在本轮研发中,解决车门的"易关性"是研发重点。

相关性
◎ 强相关
○ 相关
× 不相关
❊ 强不相关

技术特征 / 对顾客重要程度 / 顾客需求		关车门所需能量	门密封阻力	水平路面刹车力	开门所需能量	声音传播，窗户	水阻力	竞争性评价 X=自己 A=竞争者A B=竞争者B（5分最优） 1 2 3 4 5
易关	7	◎	○					X AB
停在坡道仍保持打开状态	5			◎				X AB
易开	3		○		◎			XAB
不漏雨	3		◎				◎	A XB
无路面噪声	2		○			○		X A B
权重		10	6	6	9	2	3	重要度 强=9 中等=3 小=1
目标价值		能量水平降至7.5ft/lb	维持现有水平	力降至9ft	能量减至7.5ft/lb	维持现有水平	维持现有水平	
技术评价（5分制）								

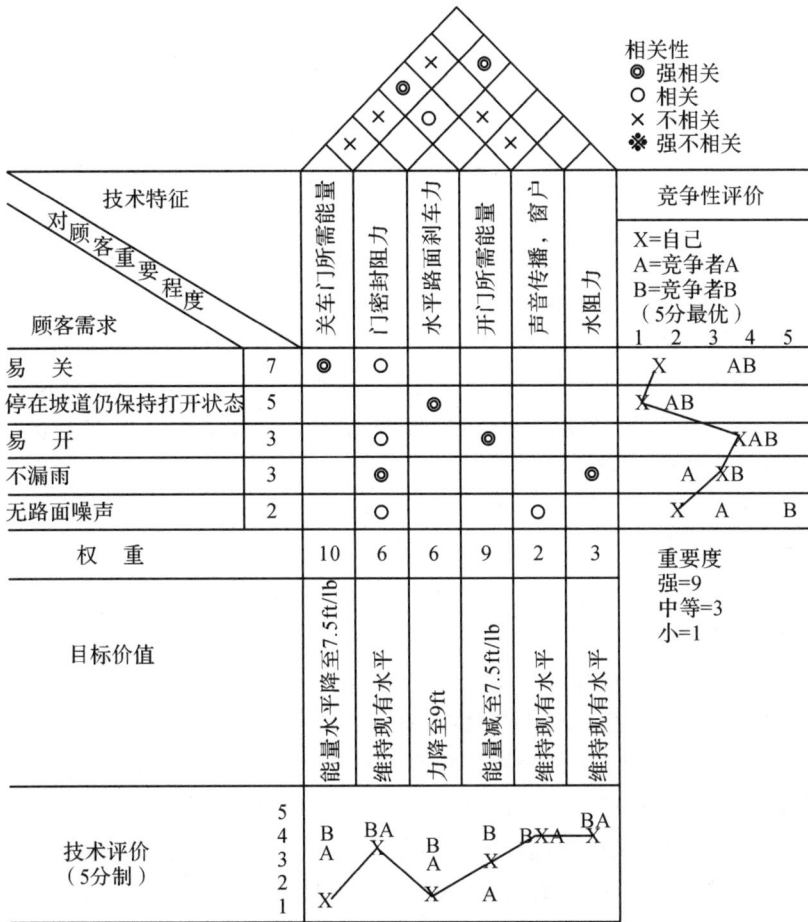

图 3-5 汽车的车门质量屋矩阵

质量屋是如何帮助提高产品质量呢？主要是从与竞争对手的比较中来确定企业目标。在图 3-5 中质量屋的右边部分和下面部分，列出企业的主要竞争对手 A 和 B，并对竞争对手在满足顾客这些需求方面的情况给出评价，然后结合本企业对自己的评价，确定本企业目标值，确定本企业做得不足的地方、自身的能力缺陷、在市场竞争中需要重点满足的顾客需求方面，以及能改善或者需要改善的幅度，然后根据这些幅度的要求在每个性能指标上面标注相应的参数要求，主要是产品技术设计的性能参数。性能指标的确定首先要看是否与满足顾客需求有关，如果某些性能与满足顾客需求无关或关系不大，则不需要重点考虑。性能指标的确定同时还要看与竞争对手的差距，与竞争对手差距比较大的时候也要加以重视，但是不能一味将某些目标定得太高。从短期来说，比竞争对手做得好一点就能赢得竞争优势，要求过多会产生相应的成本。当与竞争对手差距太大时，可以逐步确定目标。在图 3-5 中，在"关车门所需能量"性能方面，本企业的指标评价值是 1，竞争对手 B 的指标评价值是 4，那么可以先确定性能目标值为 3，而不是直接以 5 为指标值。质量屋的顶部表示性能指标之间的自相关性，当性能指标之间负相关时就不能同时获得改善，这时就需要综合考虑。

上述质量屋是应用在新产品开发的概念设计阶段。实际上,质量屋还可以应用于新产品开发过程的其他阶段。例如,在产品规划阶段,质量屋矩阵的左边(纵向)输入的是产品的性能参数,上面(横向)是产品的结构参数,画出两者对应关系的质量屋矩阵,根据概念设计阶段设计的性能参数的指标来确定产品的结构参数指标;在工艺设计阶段,对应的是产品的结构参数与工艺参数的质量屋矩阵;在工艺设计与制造过程阶段,表示质量控制的关系时也可以用质量屋来表示,左边是工艺参数,上面是质量管理要求,从而得出质量控制的目标值;因为产品的设计和制造过程有缺陷,就产生了售后服务,把制造过程参数和售后服务要求的对应关系表示成质量屋矩阵,从而得出售后服务的具体要求。企业根据市场调查而获取顾客的需求信息,通过这种质量功能的瀑布式分解,得出产品的性能参数指标、结构参数指标、工艺指标、制造过程质量控制指标以及售后服务指标,最终生产出来的产品能最大限度地满足顾客需求,实现面向顾客开发新产品的目标。

③价值分析与价值工程

考虑顾客需求的另一个途径是在设计产品时分析最终产品的"价值"。价值分析与价值工程,就是设计出的目标产品从顾客价值的角度进行分析,在保证顾客的需求都被满足的前提下以更低的成本创造出相同甚至更高的价值。价值分析和价值工程的核心思想就是简化产品的生产过程,目标是以最低的成本获得同样甚至更好的性能。价值分析与价值工程主要通过发现并除去不必要的成本来实现这一目标。采购部门通常将价值分析作为降低成本的途径。在生产之前,价值工程被看作是降低成本的方法。然而实际上,对于一个既定的产品,价值分析与价值工程之间存在一个循环。因为采用新材料、新工艺等情况下,对已经应用过价值工程的产品需要再次应用价值分析技术。价值分析与价值工程主要考虑的问题是:设计的产品某一部件的一些性能是不是必要的,某些部件是否可以合并,如何减轻产品的重量,哪些非标准化的部件可以剔除等。

3.1.4.2 面向可制造性的产品设计

新产品设计的另外一个原则是为可制造性来设计,它要求设计部门设计出来的新产品一定要使制造部门能够方便有效地制造出来。

在传统新产品开发中,把设计部门和制造部门分离出来,两个部门独立地完成各自的操作。设计部门只注重新产品的概念、性能、结构以及流程的设计,而不关心具体的制造过程;制造部门只根据设计部门提交的工艺设计,来购买设备和原材料进行产品的生产,而不关心工艺流程是如何设计的。这样就导致了一个矛盾:设计部门追求完美,给出的结果在理论上是可行的,能够很好地满足顾客需求;而制造部门则更多地从实用角度考虑,很可能制造出来的产品与设计出来的不一致。计划部门与执行部门的这种矛盾在管理上由来已久,计划部门依赖于理论与方法追求完美,而执行部门追求可执行性。很多企业试图解决这个问题,但本质上都采用这种"隔墙抛砖法"(设计者在墙的这边,把设计扔过墙,交给那边的制造工程师),根本矛盾还是无法解决。

并行工程的方法应用于新产品开发中,能够有效解决产品设计部门和制造部门的矛盾,使新产品设计过程的四个阶段工作几乎同步展开,缩短了新产品开发周期,增加了各部门沟通和反馈的次数,使得新产品在结构和工艺上实现统一。

3.1.4.3 面向制造和装配的产品设计

制造和装配新产品也是新产品设计的基本原则,它的基本要求是简化、规范化和标准化,这也是价值分析与价值工程的核心思想。具体开发过程需要考虑:产品运转过程中,某一个部件和已经装配的其他部件之间是否发生位移;某一个部件与已经装配的部件是否可以合并;因为要进行调整和维护而需要拆卸新产品时,某一个部件是否可以和其他部件分离开来;等等。

制造和装配新产品关注的是新产品开发的最终用途,即用于制造和装配。制造和装配的基本要求是:整个过程要容易执行和很少出现质量问题。正因为制造和装配的要求,从而设计过程中需要简化,简化产品结构,从而降低质量问题出现的可能性。摩托罗拉公司的一个管理人员说过:一个没有部件的产品就不会出现任何质量问题。产品的质量问题可能出现在产品设计的每一个过程中,当每个部件的缺陷率一定时,整个过程出现问题的可能性与部件数成正相关的关系,因此,产品设计时要尽可能简化产品,减少零部件。

3.1.5 全球化产品设计策略

产品市场全球化是当代企业面临的挑战。全球化与为本国以外的其他地区开发、生产产品的能力有关。一个企业"走向全球"的目标是扩大企业规模与知识广度,为新市场生产更多的产品。由于产品长距离运输的成本问题,企业往往会选择在新市场地区进行生产,而不在本国生产。

具有一定复杂程度的产品一般由一系列模块构成。因此,对于全球销售的产品,其重点是开发适用于所有产品的一系列标准模块。标准计算机辅助设计(CAD)数据库、公差及其他设计要素就是为这些模块制定的。当全球化要求,尤其是特殊要求(如散射标准)变得在全世界通用时,可以对更多的产品进行标准化生产。根据这些标准模式,可以开发相关的通用转化过程,对这些通用转化过程的投资可以根据生产规模进行调整。通用转化过程及设备来源的全球化也许是选择供应商的一个重要考虑因素。而适应当地需求的产品顾客化原则是通过另一套模式实现的。独特的国家特征,如语言要求、外形或设计偏好、包装标准、电能和能源的可用性、当地品味倾向性,都需要用这些模式加以调整。

一家企业靠自身力量进行全球化一般是很困难的,企业通常组成合资公司加速全球化。合资公司是由两家企业共同创建的第三家独立公司,这两家企业为第三家公司提供资产和其他专项技术,并且共享利益。

3.1.6 产品开发的绩效评估

大量证据显示,不断生产新的产品投放市场,对企业竞争能力的提升是非常重要的。为了获得成功,企业必须对不断变化的顾客需求和竞争对手的行动做出反应,把握机遇、加快发展力度以及提高为市场提供新产品和新工艺的能力至关重要。由于新产品和新工艺的数量增加，产品生命周期缩短，企业必须比以往开发出更多的产品，同时大幅削减每个产品的设计成本。

评价产品开发是否成功的标准见表 3-3。总的来说，时间、质量和生产效率决定了开发绩效，外加其他活动，包括销售、生产、广告和顾客服务，决定了新产品的市场影响力和盈利能力。

表 3-3　新产品开发的绩效评估

绩效指标	评价标准	对竞争力的影响
市场时间	新产品推出的速度和频率 从开始构想到产品推向市场的时间 项目开发数量和完成的数量 实际与计划的比较 新产品的销售份额	对顾客和竞争者反应的敏感程度 设计的质量——贴近市场 项目的频率——模型的寿命
生产率	每个项目的工程时间 每个项目的原材料成本和制造工具成本 实际与计划的比较	项目数量——设计的新颖程度和推广度 项目的频率——开发的经济性
质量	使用中的实用性——可靠性 设计——绩效和顾客满意度 产量——工厂和地区	商业信誉——顾客忠诚度 对顾客的吸引力——市场占有率 盈利能力——售后服务的成本

3.2　服务型企业的新服务开发

3.2.1　服务的特性

通过对已有研究的总结，服务的特性可以概括为以下七个方面。

（1）每一名顾客都是服务方面的专家。服务过程的顾客化程度比较高，由于顾客的介入和接触，每一名顾客对服务都有自己的见解和观点，服务的顾客化程度对服务开发和运作都有重要影响。

（2）服务有其特色。同一类型的服务如果针对不同的顾客群，要求是不同的。例如，在餐饮业中，法国餐馆和一般快餐店在服务环境、时间等方面的参数要求显然是不同的。在快餐店吃饭的时间少于半小时会使你感觉良好，然而，如果在豪华的法国餐馆里，半小时的用餐时间是完全不可以接受的。

（3）工作的质量不等于服务的质量。服务的一个很重要的特性叫作服务的时间性。工作的质量是指工作基本要求的完成情况，而服务质量是一种对服务过程全方位的要求。如果工作质量很高，可是耗费的时间太多，就不能叫作服务质量高。例如，一家饭店的烧菜水平虽然很高，可是如果顾客进入饭店点菜很长时间后才上菜，那么顾客就不会认为该饭店服务质量高。

（4）大部分服务都是有形服务和无形服务的混合体，它们共同组成一个服务包。该服务包需要采用不同的生产方式进行设计和管理，有时候有形的部分重要，有时候无形的部分更为重要。

（5）顾客高度接触的服务是被顾客体验的，而商品则是被消费掉的。

（6）有效的服务管理要求服务提供者对市场、个人以及服务运作等方面有深刻的理解。

（7）服务通常采取一种"境遇循环"的形式，通过面对面、电话、互联网和邮件等实现相互交流。境遇是顾客与服务提供者之间的一种交互过程。在这一过程中，顾客心中形成对服务质量的评价，因此服务境遇也被称为"关键时刻"。

3.2.2 新服务的开发

3.2.2.1 现代服务管理理念——以顾客为中心

现在人们认识服务的角度同原来看待质量的角度是一样的：顾客是服务型组织所有决策和行动的中心。图3-6中的服务三角很好地展示了这种观点。在这里，顾客是服务战略、支持系统和雇员三者的中心。从这个角度去看，组织是为了服务顾客而存在的，支持系统和雇员则是为了实现服务流程而存在的，他们最终决定了顾客如何享受服务。

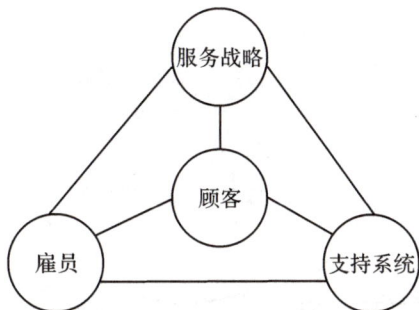

图 3-6 服务三角

在服务三角中，服务组织考虑的是需要满足顾客需求的哪些方面以及满足这种需求的程度；支持系统包括服务流程、服务技术、服务设备和设施等，要求选择适当的流程、技术和设备来帮助服务过程有效完成；雇员在服务三角里有关键作用，也有一种观点认为服务组织是为了全体员工而存在的，因为员工决定了顾客如何享受服务。根据这种观点，顾客所能得到的服务是与企业对员工的管理相匹配的，即企业如何管理员工决定了员工怎样对待顾客，如果员工得到了良好的培训，并且积极主动，那他们就会为顾客提供良好的服务。

3.2.2.2 服务设计的三个维度

在新服务设计中有三个重要的维度：服务的标准化程度、顾客接触程度、有形产品和无形服务的组合。

服务的标准化程度，主要关注的问题是对顾客的个性化需求是否应该在新服务中有所体现，也就是说，对于某一个具体服务，是用同一种、标准化的服务来满足所有顾客需求，还是用不同的服务形式来满足。

顾客的接触程度，主要是确定在服务交付过程中顾客的介入程度，如在高级时装的设计过程中，顾客应高度介入，而在快餐店在服务过程中，顾客介入程度就很低。

有形产品和无形服务的组合，需要明确新服务主要是以有形的物品为主导，还是以无形的服务占优势。例如，裁缝店在给顾客制作服装的过程中，不仅大小、款式要使顾客满意，更重要的是要选择优质的布料，而评价一所大学则主要取决于无形的人才培养过程。

3.2.2.3 新服务的开发过程

新服务的开发过程是一种循环的模式，如图 3-7 所示。开发和分析的部分代表了服务战略匹配和市场分析决策的计划阶段；有利于服务流程的团队、工具和组织环境都是有效部分；而最终的产品由人员、技术和系统三种元素共同定义。

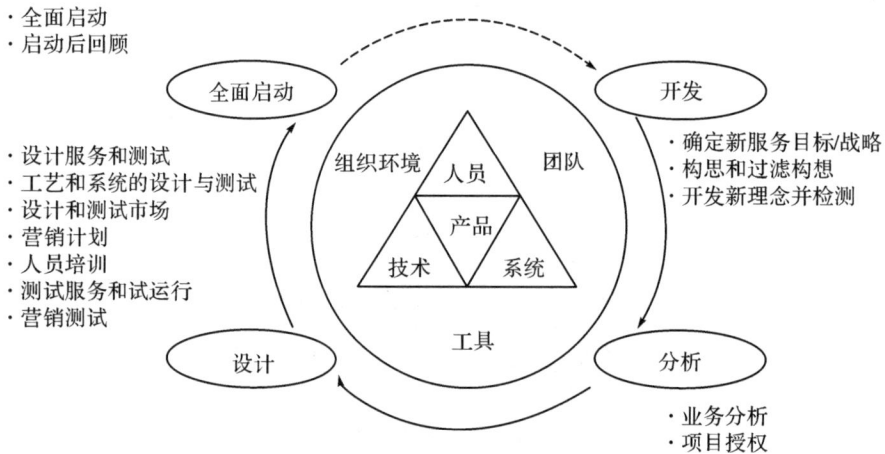

图 3-7　新服务开发循环过程

服务型企业新服务的开发过程也可以分为四个阶段：概念设计、概念分析、服务流程的详细设计以及全面启动。这四个阶段与制造型企业的新产品开发过程是有区别的，主要是服务型企业的新服务设计和服务流程设计是一体化同步进行的，当一个新服务设计结束后，与之相对应的服务流程也设计完成。为了与制造型企业新产品开发和工艺流程设计相对应，本章主要介绍服务企业的新服务开发过程，下一章将重点介绍服务流程的选择。

在概念设计阶段，需要确定新服务的目标和战略以及新服务在企业总体框架中的位置，然后考虑如何实现新服务的目标，提出新的理念，从中选择并进行组合评估，从而形成新服务的思路。这种思路与完整的新服务还有一定的距离，在与所有开发团队成员讨论,得到团队认可,并进一步对理念丰富和完善之后,最终才形成新服务的概念。在概念分析阶段,对新服务的概念进行分析,主要是进行商业业务分析和项目授权;在服务流程的详细设计阶段,对整个新服务的工艺和结构进行详细的设计和测试,包括新服务流程所需要的系统和设备的设计、营销计划的设计和测试、有关服务人员的培训等;在全面启动阶段,对市场进行测试以后,如果新服务与顾客的需求相一致,则把新服务全面推向市场。

3.2.2.4 新服务概念的产生

(1)新服务概念的形成途径

新服务概念的形成可以通过以下方式:拓展现有服务,对现有服务升级改造,把现有服务变成新的服务或者采用不同的服务形式;增加顾客接触度,把有形产品变成无形服务;应用产品被多种用户共享的生态设计理念形成新的服务,以创造产品共享式的服务(服务包);在与顾客接触中形成与顾客需求相关的新服务理念;由新的技术进步产生灵感而提出与之相关的新服务。

(2)新服务概念的形成方法

新服务概念的形成方法主要有:逻辑分析的关键事件法;用户组和聚焦组的方法;观察交互方法;市场调查和问卷方法;隐喻和比喻的方法(从一个行业引用到别的行业或从一个系统借鉴到别的系统);通过从别的角度进行创造性的设想的方法。

(3)新服务概念的选择

新服务概念的选择主要通过以下几种途径:从业内显现的服务模式中识别新的核心服务;从用户需求以及需求的支持条件方面来考虑;新服务理念所需要的支持条件的复杂程度;新理念初步量化的成本效益分析;与现有服务的整合程度。

3.2.3 服务组织设计

在服务组织设计中,我们必须谨记服务的一个重要特征——服务的不可存储性。在制造业中,我们可以在销售淡季存储一些库存,以满足销售旺季时的需求,从而保持雇员数量与生产计划的相对稳定,而在服务业中,我们必须时常回升需求,因此服务能力成为一个占主导地位的因素。在服务业中一个重要的设计参数就是"目标服务能力是多少"。过剩的能力导致过高的成本,能力不足则导致市场份额降低。在这些情况下,企业需要市场营销部门的协助,这就是人们常常见到的机票打折、旅馆周末提供特别服务等的理由。这就导致服务型企业的运作管理职能和市场营销职能很难分离。

服务组织的设计需要确定以下四个主要因素。

(1)确认目标市场,识别目标顾客。

(2)服务概念,即如何做才能使企业的服务在市场中与众不同。

(3)服务策略,确定企业的服务包以及企业服务运作的着眼点。制定服务策略首先要确定服务运作的核心,这些核心就是服务企业竞争的焦点。它们包括:

• 友好地对待顾客并为他们服务;

• 服务的速度和质量;

- 服务的价格；
- 服务的可变性；
- 作为服务的中心或伴随服务提供的有形商品的质量；
- 构成服务的特殊技能。

（4）服务传递系统，企业采用什么样的流程，使用什么样的员工和设施来完成服务。

选择目标市场和确定企业的服务包是首要的管理决策问题，以便为后来确定服务的运作策略以及设计服务系统制定各自的范围。

3.2.4 服务系统设计矩阵

3.2.4.1 服务系统设计矩阵的特征

与顾客接触的服务事件能以多种不同的方式形成。图 3-8 中的服务系统设计矩阵给出了常见的六种方式。

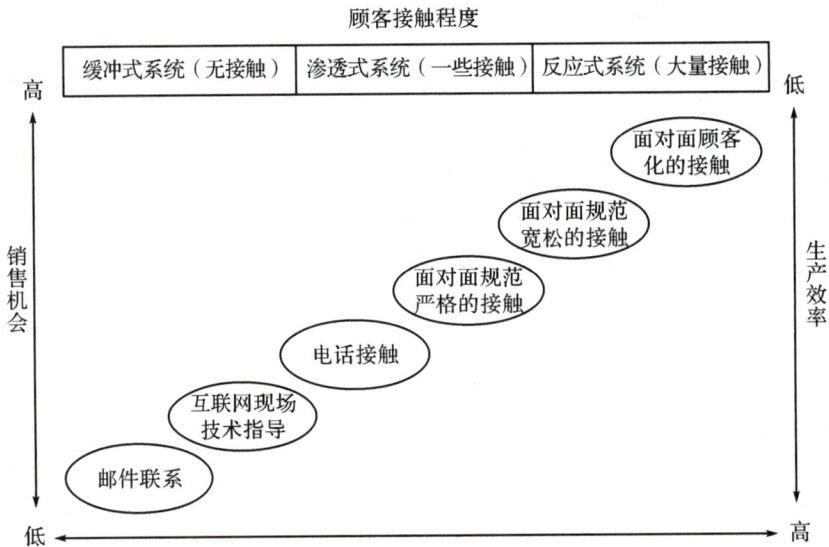

图 3-8 服务系统设计矩阵

在图 3-8 中，矩阵的最上端表示顾客与服务接触的程度，从左到右，顾客接触程度逐渐升高。我们把服务提供者和消费者面对面接触、随顾客兴趣而变化交流主题、双向或补充交流内容的服务系统称为反应式服务系统；把模式固定的，即只通过邮件、互联网接触这种一对多非实时的标准化服务系统称为缓冲系统；两种服务系统交叉的部分称为渗透式系统。缓冲式系统表示服务实际上与顾客是分离的；渗透式系统表示顾客是通过电话或者面对面进行沟通，顾客接触程度较低；反应式系统既要接受又要回应顾客的要求，顾客的参与程度很高。矩阵左边表示一个符合逻辑的市场，即与顾客接触的机会越多，卖出服务的机会也就越高。矩阵右边自下而上表示随着顾客对服务运作活动施加的影响的增加，服务效率由高到低发生变化。

矩阵内部列出了服务过程的六种方式。在一端,服务接触可以通过邮件来完成,顾客与这一系统的交流很少;在另一端,通过面对面接触,顾客按照自己的要求获得服务。矩阵中其他四种方式代表了不同程度的接触。随着顾客参与程度的增加,系统的生产效率会随之降低。但是面对面的接触能提供更多的销售机会,从而卖掉更多的产品或服务,来弥补服务效率降低这一缺点。反之,较低程度的接触可以使服务系统的运作更高效,这是因为顾客不能对这一系统施加明显的影响,但是这种方式也降低了卖出更多产品或服务的机会。

矩阵中某些条目的位置是可以改变的,特别是随着信息技术和互联网的快速发展,使得企业可以根据客户的需求来设计网站,从而做出智能的反应,也可以在与顾客较低程度的接触下,获得大量新的销售机会。当然在科学的管理方法下或者某些特殊的情形下,矩阵条目的位置也会发生改变。图3-8中的"面对面规范严格的接触",该条目表示那些在服务过程中很少有变化的情况——在创造服务的过程中顾客和服务者都没有态度的随意性,如麦当劳快餐店和迪士尼乐园,它们在实现高生产效率的同时也获得了高的销售机会。"面对面规范宽松的接触"则表示另外一些情况,即人们已经大致了解了服务的内容,但是可以选择如何进行服务或提供哪些具体的服务,全天候营业的饭店或者汽车销售代理商都具有这个特点。"面对面顾客化的接触"是指必须通过顾客与服务者之间的相互交流来建立服务规格的服务接触,法律和医疗服务都属于这一类型。同时,服务系统资源的集中程度决定了这一系统是反应式的或者仅仅是渗透式的系统,例如,广告公司动用资源准备迎接一位大客户的正式访问,或者一个手术团队准备进行一次紧急的外科手术。

在新服务的设计里,服务系统设计矩阵还帮助企业设计与服务的接触程度相关的服务人员的要求、运作关注的重点以及技术革新方面的要求,具体见图3-9。

图3-9表明,随着顾客与服务系统接触程度的变化,服务人员要求、运作焦点以及技术革新方面都发生了变化。从对服务人员的要求来看,书写技能、辅助技能、口头表达技能等之间的关系是不言而喻的。"面对面规范严格的接触"标准特别需要程序技能,因为服务人员必须遵循一般的标准程序;"面对面规范宽松的接触"标准常常需要交易技能来设计服务;"面对面顾客化的接触"标准则需要能判定顾客需要的专业技能。

顾客与服务系统接触的紧密度

低 ←————————————————————→ 高

服务人员要求	书写技能	辅助技能	口头表达技能	程序技能	交易技能	判断技能
运作焦点	文件处理	需求管理	记录电话内容	流程控制	管理能力	综合委托人（意见）
技术革新	办公自动化	常规方法	计算机数据库	电子辅助设备	自助服务	委托人与员工队伍

图3-9 服务人员要求、运作焦点以及技术革新与顾客和服务系统接触程度的关系

3.2.4.2　矩阵的应用策略

图 3-8 和图 3-9 中的矩阵都可以应用于服务型企业的运作和战略两个方面。运作方面的应用包括员工需求的识别、运作核心的确定和技术创新。战略方面的应用则包括：

（1）实现运作和市场营销系统的集成。这样就能使交易变得更加清晰和重要，出于分析的目的，至少要将一部分主要设计变量进行具体化，如矩阵指出如果企业计划采用严格的服务标准，则在销售方面就可以投入较少的员工，尤其是能力较强的员工。

（2）详细说明企业提供的服务组合的类型。当企业将矩阵对角线上的服务方式进行组合时，其运作流程就会变得多样化。

（3）有助于突出竞争优势，企业应当仔细研究其他企业是如何提供特殊服务的。

（4）指出企业在发展过程中会出现的变革或生命周期的变化。与制造型企业的生产流程不同，服务型企业可以沿着对角的任一方向发展，以实现服务量和服务效率的平衡。

3.2.5　行为科学在服务设计中的应用

有效的服务要求管理者不仅要掌握服务流程的技术特点，而且更要懂得理解顾客的感受。应用行为科学的概念要从顾客接触的三个方面：服务流、时间流和对服务接触的评价来加强顾客的感知。行为科学能为服务境遇的设计和管理提供以下六个方面的行为准则：

（1）服务境遇的开始和结束并不是同等重要的。大量的研究表明，在服务的开始便达到让顾客满意的程度，以使顾客愿意继续接受这项服务，是非常必要的。但是，相对较差的开端，逐渐上升的服务质量更能令消费者满意。这与行为理论的两个发现有密切联系：一是人们对服务改进的偏好；二是服务结果支配着顾客的印象。从结果造成的影响中可以获得一条规则，即结束重于开始。

（2）分割满意，整合痛苦。把满意分成小的部分能够使这种感觉更为长久。这就意味着将愉快的经历分成若干阶段，而把不愉快的体验合并在一起。

（3）让顾客来控制服务流程。把某些服务的实施交给顾客控制可以加强他们的满意度。如对于某些修理工作，顾客更倾向于自己确定修理的时间，而不是马上开始修理服务。

（4）注重规范和礼节。对于那些过程和结果都不易被顾客所了解的专业服务来说，坚持规范是评估的中心。

（5）人比系统设备更容易受到指责，很多时候应尽量用机器来代替人。当服务出错时，顾客最容易责备服务人员，而不是服务系统和制度。对于那些顾客很难了解的系统的具体操作过程的复杂服务，这种情况尤为突出。

（6）服务过程中出现的问题需要及时地善后恢复，需要适当的奖励和惩罚措施。一个失败的服务任务需要物质补偿，而糟糕的服务过程则需要道歉。颠倒这些补偿行动不能得到善后恢复的效果。

3.2.6　新服务设计和开发与典型制造业新产品开发的区别

新服务设计和开发与典型制造业新产品开发的区别在于：

第一，除非企业的服务取决于有形产品，否则服务开发一般不需要工程设计、测试和原型开发。

第二，服务企业的服务流程必须与服务设计同时进行，事实上，在服务中流程即是产品。许多制造企业目前使用并行工程设计以及面向制造的设计概念作为设计手段，以实现产品设计与流程设计的紧密结合。

第三，虽然支持服务的设备和软件受到专利和版权的保护，但服务运作过程缺乏像产品生产那样常见的法律保护。

第四，服务包和确定的产品不同，它构成了服务开发过程的主要成果。例如，认证服务包的许多部分通常用于训练那些尚未加入服务组织的个体，特别是律师事务所和医院这样的专业服务组织，雇用职员首先要进行资格认证。

第五，很多服务组织提供的服务是全天候的，而且随时可以改变。日常服务组织，如理发店、零售店及餐馆都有这样的灵活性。

📖 本章小结

本章主要分为两大部分：第一部分介绍传统制造业的产品设计过程；第二部分介绍服务设计过程。在制造业产品设计过程中，介绍了产品开发的典型过程，以及各个设计阶段的活动；重点介绍了并行工程这种新产品开发方法的概念、原理、所需的支撑技术，以及具体的应用过程；还讨论了制造业产品设计的原则以及如何把顾客的需要融合到产品设计过程中去。在服务设计中，强调了以顾客为中心这一思想；重点介绍了服务系统设计矩阵及其在服务设计过程中的应用策略。本章还介绍了全球化产品设计策略和行为科学在服务设计中的应用。最后，就新服务设计和开发与典型制造业新产品开发进行了比较。

课后习题

一、思考题

1. 说明 R&D 和新产品开发的关系。

2. 讨论面向顾客的设计思想的重要性。

3. 举例说明产品工艺矩阵在生产工艺流程选择决策中的作用。

4. 分析并比较并行工程与传统产品开发组织的区别。

5. 并行工程的工作原理是什么？为什么并行工程能实现产品开发过程多阶段的工作？

6. 分析并行工程在 LMSC 新型号导弹开发应用中取得成效的原因。

7. 结合你对中国企业目前管理现状的了解，说明 LMSC 新型号导弹开发案例中的哪些方法和思想具有较强的借鉴意义，为什么？

8. 并行工程可以应用在新服务设计中吗？为什么？

9. 试总结产品制造和服务运作的主要不同点。

10. 在提供服务的过程中顾客参与有哪些缺点？

二、选择题

1. 下面哪一项是一个典型产品开发过程的第一阶段？（　　　）

A. 产品/工艺工程　　　　　　　　B. 产品规划

C. 概念发展　　　　　　　　　　　D. 试生产

E. 增量生产

2. 下面哪一项主要用来加快完成产品开发项目？（　　　）

A. 并行工程　　　　　　　　　　　B. 作业车间

C. 价值分析　　　　　　　　　　　D. 盈亏平衡分析

E. 价值工程

3. 下面哪一项主要关注如何将顾客心声引入产品设计规范？（　　　）

A. 并行工程　　　　　　　　　　　B. 价值工程

C. 面向制造与装配　　　　　　　　D. 质量功能展开

E. 以上都不是

4. 在产品开发中建立质量屋的第一步是（　　　）

A. 列出顾客对产品的需求　　　　　B. 概念发展

C. 试生产/增量生产　　　　　　　 D. 并行工程

E. 以上都不是

5. 通过减少零部件的数量进而简化了产品，使得产品得到最大的改进源于下面哪一个概念？（　　　）

A. CE　　　　　　　　　　　　　　B. DFMA

C. QFD　　　　　　　　　　　　　D. VA/VE

E. CAD

6. 下面哪一项描述了服务的一般属性？（　　　）

A. 服务包含有形性　　　　　　　　B. 服务是被体验的

C. 服务通常采取接触的形式，包括面对面的交流

D. 以上都是　　　　　　　　　　　E. 以上都不是

7. 下面属于服务型企业的是（　　　）

A. 法律事务所　　　　　　　　　　B. 银行

C. 医院　　　　　　　　　　　　　D. 零售商店

E. 以上都是

8. 下面属于内部服务的例子是（　　　）

A. 财务部门　　　　　　　　　　　B. 营销部门

C. 运营部门   D. 以上都是

E. 以上都不是

9. 顾客高度接触的服务系统是( )

A. 通常比较容易控制   B. 通常难以控制

C. 控制难度适中   D. 通常不太需要关注控制活动

D. 以上说法都正确

10. 制定服务策略首先要选择下面的哪一项作为运作的核心或优先绩效指标?( )

A. 价格   B. 质量

C. 可变性   D. 待遇

E. 以上都是

11. 依据服务系统设计矩阵,下面哪一种方式"生产效率"最低?( )

A. 面对面规范宽松的接触   B. 电话接触

C. 互联网和现场技术   D. 面对面规范严格的接触

E. 邮件联系

第4章

流程分析与选择

什么是流程？流程是指一个组织将输入转化为输出过程的任何一个环节。对于一个组织来说，输出的价值应该比输入的价值高，这样的流程才是有效的。本章主要介绍如何进行流程分析和选择。首先介绍流程描述和分析的一般方法，然后就制造流程和服务流程分别展开，说明制造型企业和服务型企业如何进行流程分析与选择，最后本章还引入了制造加工车间流程分析实验，通过实验分析和改进产品在制造加工车间的工艺流程。

4.1　一般的流程描述与分析方法

4.1.1　流程分析专用术语

(1)流程(process)

所谓流程，就是指一个组织将输入转化为输出过程的任何一个环节。一个完整的流程可能拥有多个环节，也可能只有一个环节。

(2)周期时间(cycle time，CT)

一个重复运转的流程的周期时间是指前后两个部件或工作单元完成的平均时间间隔，即前一个工作单元完成的时间点到后一个工作单元完成的时间点之间的平均时间。

(3)利用率(utilization)

利用率是指一项资源的实际使用时间和总的可用时间的比率。

(4)缓冲区(buffer)

缓冲区是指每两个环节之间用于存储的区域，存放在其中的上一个环节的产出优先用于下一个环节。缓冲区使得各个环节可以独立运行。如果一个环节的产出直接用于下一个环节，中间没有缓冲区，我们就认为这两个环节是直接相连的。如果流程中没有设计缓冲区，最易发生的问题就是阻塞和缺省。

(5)阻塞(blocking)

若一个流程有多个前后相连的环节，当其中某一个环节因为产出的产品无处存放而导致流程中的活动必须停止的状态就叫阻塞。阻塞状态可以是设备的阻塞也可以是人员的阻塞。设备的阻塞是由于产出的零部件没空间存放而必须停止；人员的阻塞是由于工作人员在处理工作时由于其下游环节还没处理完而导致不能继续工作必须停工，直到下游环节处理完成。

（6）缺省（starving）

因为没有待加工的零部件而使得流程的某一个阶段必须处于停工的状态，叫缺省。发生缺省是因为流程中的环节无工作可做，所以只好停止。

缺省可以是机器，也可以是流程中的人。当上一段工序没处理完，而现阶段工序的工作已经完成，这时就处于缺省状态，只有等待前一道工序的完成。

（7）瓶颈（bottleneck）

在流程中某一个环节因为能力的限制导致工作出现堆积，这个环节就称为瓶颈。

瓶颈出现在流程各个阶段能力不均匀的情况下，有些环节的能力强，有些环节的能力弱，能力弱的那些环节因为能力限制从而出现了任务的堆积，产生瓶颈。

（8）节拍（pacing）

节拍是指在流程处于正常工作状况时，整个流程流动的时间间隔是一定的，或者是指产品或部件通过流程的时间是固定的。节拍也指在流程中每一道工序所用的时间都是固定的。在连续的流程中，为了和整个流程相协调，每一项活动往往是以机械的方式进行的，以保证流程时间的固定性。

4.1.2　流程图

流程图，就是用一些规范的符号来描述流程的一些主要环节和过程。这些环节和过程主要包括：任务或者运作过程、流（物流、顾客流、信息流等）、决策点、存储点以及队列等（见图 4-1）。

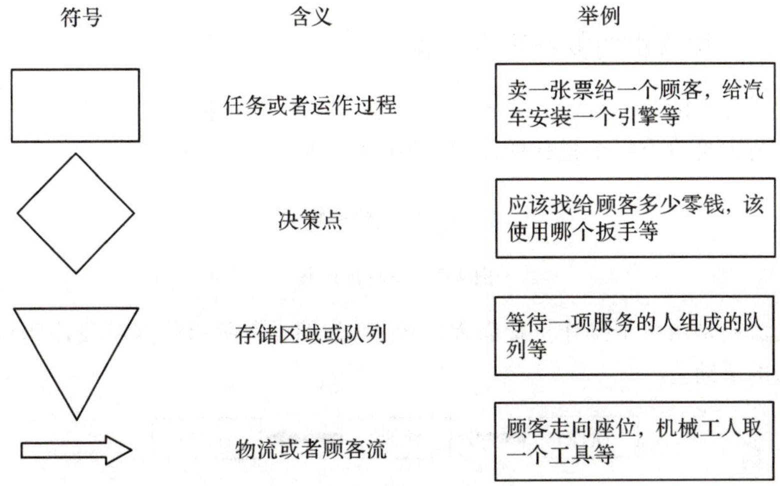

符号	含义	举例
▭	任务或者运作过程	卖一张票给一个顾客，给汽车安装一个引擎等
◇	决策点	应该找给顾客多少零钱，该使用哪个扳手等
▽	存储区域或队列	等待一项服务的人组成的队列等
⇨	物流或者顾客流	顾客走向座位，机械工人取一个工具等

图 4-1　常用的流程图符号

画流程图是开始进行流程分析的最基本方法，例如，在咨询公司中，画流程图是员工的基本技能。咨询公司在给企业进行业务咨询时必然要了解企业现行的流程，特别是企业进行信息系统设计和实施的时候，最基本的工作即为画出企业的业务流程图。

在流程图中，"任务"以矩形来表示，"流"以箭头来标出。在某些时候，流程中的"流"

根据具体情况的不同会指向多个方向。产品或其他物品的存储区用倒三角形画出,决策点一般以菱形表示,有许多的"流"从这样的菱形中流出。图 4-2 是有关一个学生去上学的简单流程图。

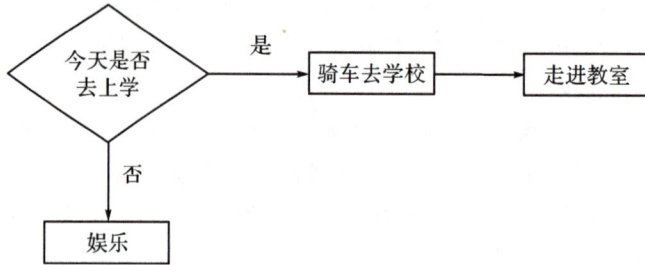

图 4-2　流程图举例

实际中,企业由于生产过程的复杂性,其流程图比这个例子复杂很多。前面介绍的流程图画法仅仅是众多画法中的一种,不同企业的流程图都有自己的规范,必要时还要引入其他一些符号,比如逻辑连接符号"⊕"等。一些绘制流程图的绘图工具软件应用十分简单,比如 Word、Excel 和 PowerPoint 等。

4.1.3　流程类型及其管理重点

在介绍如何设计和选择流程之前,需要先将流程进行分类。通过不同的方式对流程进行分类,就能看出流程之间的相同点和不同点,从而确定不同流程的管理重点。

4.1.3.1　按流程的复杂程度分类

进行流程分类的第一步就是确定它是一个单阶段流程还是多阶段流程。

单阶段流程是只有一个操作的流程,如图 4-3 所示。

图 4-3　单阶段流程

多阶段流程是由多个操作连接起来的流程,如图 4-4 所示。多阶段流程包括许多组与流程相关的活动。

图 4-4　多阶段流程

图 4-4 表示的是最简单的直接型连接的流程。现实中多个操作之间的连接顺序很少出现直接连接,多阶段流程内也许需要设立缓冲区,使得各个阶段可以独立地运行。

设置缓冲库存的优点在于实现了阶段间的柔性连接,降低了流程内的阻塞和缺省。如果不加缓冲库存,流程间的连接是刚性连接,刚性连接的缺点是流程中任何一台机器发生故障将会导致整个生产线的瘫痪。加了缓冲以后,若一台机器出了故障,生产线在一段时间内不会瘫痪,因为缓冲库存中存储的产品可以用于后一个阶段继续生产直至用完。图 4-5 就是一个有缓冲的多阶段流程。

图 4-5 有缓冲的多阶段流程

4.1.3.2 按生产方法和工艺流程的性质分类

按生产方法和工艺流程的性质分类,可以将流程分为连续型流程和离散型流程,离散型流程又可分为制造型和制造装配型流程。

连续型流程是指物流经过流程的各个阶段是连续、不间断的流动。连续型流程通常用于化工、石化、纺织、烟草、酿酒、饮料、造纸等流程型企业。离散型流程是指物流经过流程的各个阶段是有时间间隔的,主要包括两种:一种是制造流程,比如钢板切割、打孔等工艺,另外一种是制造装配流程。离散型流程通常用于机械、电子设备、家用电器、家具、服装等制造装配型企业。

表 4-1 和表 4-2 分别展示了流程型企业(连续型流程)和制造装配型企业(离散型流程)的特点对比。

表 4-1 产品性质与经营对比

产品性质与经营对比	流程型	制造装配型
顾客数量	少	多
产品品种个数	少	多
产品标准化程度	高	低
顾客化定制程度	低	高
顾客需求的变化	相对稳定	不断变化

表 4-2 设备与制造性质对比

设备与制造性质对比	流程型	制造装配型
生产要素密集性	资本密集型	人力和材料密集型
自动化程度	高	较低
物流的流动方式	连续	断续
生产能力的核定	清楚	模糊
设备故障的影响	大	一般
设备预防性维修的要求	极高	一般
原材料品种数量	较少	多

续　表

设备与制造性质对比	流程型	制造装配型
能源消耗	高	低
在制品库存	低	高
产成品存货	高	低
产量的灵活性	低	高
产品结构的灵活性	低	高
生产作业信息的收集难度	较容易	较难

密集型是指企业更依赖于投入要素里人力和资金的哪一方面。总的来说，有三种类型的密集型：劳动密集型、设备（资金）密集型和知识密集型。流程型企业一般是资金密集型，而制造装配型企业一般是劳动密集型。

从以上的比较中可以看出制造装配型企业的生产运作管理远比流程型企业复杂，一般情况下，研究制造装配型企业的生产运作管理更具有一般性，制造装配型企业适用的方法同样可以应用于流程型企业。

从管理重点上看，流程型企业的管理重点主要是设备维护、人员的出勤管理、综合生产计划（通常是年度计划）；制造型装配型企业管理较为复杂，各个环节间的协调很困难，因而管理生产环节之间的协调、生产过程的同步更为重要，综合或者年度生产计划只具有指导价值，更有实际意义的是短期计划如月计划、周计划、日计划。

4.1.3.3　按组织所需资源的形式分类

按组织所需资源的形式对流程进行分类，可以分为产品对象专业化和工艺对象专业化。

（1）产品对象专业化

产品对象专业化主要应用于产品连续流动的流程型企业中，而工艺对象专业化主要应用于流水线程度不高的制造装配型企业中。

（2）工艺对象专业化

工艺对象专业化具有产品制造顺序有弹性、有利于充分利用设备和工人的工作时间、便于进行工艺管理等优点；但是存在着可能形成能力瓶颈、生产连续性差、工艺线路复杂、运输时间与成本高、在制品库存大、管理难（计划、库存、质量管理等）等缺点。产品对象专业化的优缺点和工艺对象专业化则刚好相反。

4.1.3.4　按产品根据顾客要求定制的程度分类

一种十分有用的流程分类方法是按产品根据顾客要求定制的程度分类，可以分为面向库存生产流程和面向订单生产流程。

（1）面向库存生产流程

面向库存生产流程是在对市场需求进行预测的基础上，有计划地进行生产，要求标准化、大批量轮番进行生产。面向库存生产流程的生产效率高，生产的前提是准确预测需求、强化推销工作,其管理重点是供、产、销之间的衔接,按"量"组织生产过程各环节之间的平衡。通常,面向库存生产的流程终止于成品的库存,然后根据顾客的订单从库存中调出成品。企业可以基于实际和预期的成品库存量来控制面向库存生产的流程,比如,企业可以设定目标库存量,周期性地进行生产以维持这个目标库存量。面向库存生产的流程也常用于季节性需求的商品。在这种情况下,可以在淡季时提高库存量以供旺季时使用,以使流程在全年中保持稳定的运行速度。

(2)面向订单生产流程

面向订单生产流程是在收到顾客订单后再按其要求组织生产,进行设计、供应、制造、出厂等工作,库存(在制品和产成品)控制在最低程度,产品大多非标准化(例如汽车改装厂),在规格、数量、质量和交货期等方面可能各不相同。理论上,面向订单生产流程的响应时间很长,因为产品交付之前,必须一步一步完成所有的活动,所以面向订单生产流程的管理重点是确保交货期,按"期"组织生产过程各环节之间的平衡。

面向订单生产流程按定制程度又分为订单组装方式、订单制造方式和订单工程方式。

①订单组装方式

订单组装方式是预先生产出半成品存货,然后按顾客要求组装成不同的产品。该生产方式的特点是生产效率高、成本低、顾客化程度高,代表了产品设计和制造综合改进的方向(产品设计模块化)。其管理的重点是预测和零部件的模块化、通用化。

②订单制造方式

订单制造方式是产品预先设计好,原材料的采购和外协件的加工按照预测进行。这种方式有利于缩短交货期(从接到订单到订单得到满足的时间间隔),但是可能导致原材料、外协件的库存积压。因此,其管理的重点是准确预测和缩短采购提前期与生产周期。

③订单工程方式

订单工程方式是按顾客要求进行设计制造。这种方式的生产周期长、响应速度慢,因此管理的重点是提高零部件标准化和通用化的水平。

订单制造方式的定制程度要比订单组装方式的定制程度高,但是从长远来看,订单组装方式的前景更为广泛。

目前面向库存与面向订单的界限逐渐模糊。比如订单装配方式,就是一种综合了面向库存与面向订单的生产方式特点的新型生产方式,对零部件标准化、模块化,通过其中一些环节定制程度的降低来进行标准化生产,提高效率和竞争力。还有一些辅助措施,比如"延迟"战略,指的是不同的产品有很多相同点和不同点,对于某一类产品来说,相同部分比较多,流程安排时将相同部分安排在前面,进行标准化生产,将不同部分安排在后面。延迟的意思就是把不同的部分延迟到后面加工,这样有助于提高企业的生产效率,满足顾客的个性化需求。

4.1.3.5　按加工过程中材料的流动方式和集中处理程度分类

工艺流程按加工过程中材料的流动方式和集中处理程度分类,可以分为单件小批量生产方式、装配线生产和连续流动生产方式、成批轮番生产方式。

（1）单件小批量生产方式

单件小批量生产是在接受单件或小批量订货后才开始组织生产活动的生产方式。如造船、大型电机、桥梁、大型建筑等。它的特点主要是：产品品种多，且其规格与加工过程不同；每次订货数量少，且交货期长短不一；大部分加工设备为通用设备，其调整时间长，加工效率低；对员工操作技能要求高；作业计划复杂，实施与控制难度大。因此，其管理重点主要是生产、销售、设计、工艺部门的有效配合与整体协作；缩短生产周期，确定合理的交货期；提高制造系统的柔性；提高零部件的通用性；改进生产过程的组织形式。

单件小批量生产方式的一个简单的例子是复印中心只复印一个同学的成绩单。还有雷达的制造，也是一种单件小批量生产，雷达的订货量一般很低，而每一台的价格很高，工艺过程相对复杂，每一个制造环节都是按工艺来集中，按照工艺专业化方式进行生产。

（2）装配线生产和连续流动生产方式

装配线生产和连续流动生产都可以看成是一种大量流水生产方式，是在较长时间内重复进行一种或少数几种相似产品的大量连续生产。例如，大多数的汽车制造厂是装配线生产方式，石化厂是连续流动生产。大量流水生产方式具有生产效率高、员工操作熟练程度高、作业计划简单、能够确保产品质量、生产成本低等优点，其管理的重点是原材料供应、设备维修、工人出勤管理和质量控制。

（3）成批轮番生产方式

成批轮番生产方式介于大量流水生产方式与单件小批量生产方式之间，生产的产品种类少，但每类产品的生产量比较大。它的特点是：批量大小取决于作业更换时间；批量大小影响在制品库存和生产周期。因此，其管理重点是缩短作业更换时间，合理确定经济订货批量，控制零部件数量与产品安装数量的比例，逐步改进生产过程组织，实现准流水生产方式。

成批轮番生产方式的一个简单例子是复印中心为一家企业生产 10000 份广告单。又如美菱冰箱厂的生产方式可以看作是成批轮番生产方式，其主要产品有不同的型号，每类型号的产品按照一定量进行生产。它的制造过程的主要环节是保温材料的生产，通过成型模具的更换来生产不同型号的冰箱。当一种冰箱生产到一定数量满足需求以后切换模具，就可以进行另一种型号冰箱的生产。

4.1.3.6 服务流程的不同分类

（1）顾客高接触的服务流程和顾客低接触的服务流程

按顾客是否参与运作过程，可将服务流程分为顾客高接触的服务流程和顾客低接触的服务流程。顾客高接触的服务流程是指提供服务的一方与顾客之间在服务过程中发生的接触程度很高，如理发、保健、旅游、客运、学校、咨询等。此类系统注重服务的质量和适应性，即根据具体顾客的需求来提供服务，而不过于追求效率。顾客低接触的服务流程是指在服务过程中顾客与服务者的接触程度低，如修理，邮政，货运等，顾客高接触的服务流程更能体现服务的基本特点。

（2）基于设备的服务流程和基于人员的服务流程

按运作系统特性可将服务流程分为基于设备的服务流程和基于人员的服务流程。一般来说，技术密集型的服务都是基于设备的服务，比如航空、运输、银行、医院、通信等；而人员密集型的服务如百货商店、餐饮、学校、咨询公司等都是基于人员的服务。

基于设备的服务管理重点是注重合理的技术装备的投资决策、技术管理、控制服务交货进度与准确性。

基于人员的服务流程，其管理重点是设施选址和布置，员工的聘用、培训和激励，工作方式的改进。

顾客高接触、低接触服务流程和技术密集型、人员密集型服务流程可以相互组合，如表 4-3 所示。

表 4-3　服务流程的两种分类方法

分类		按顾客参与程度分	
		高接触	低接触
按运作系统特性分	技术密集	医院、汽车修理、技术服务	航空、运输、金融、旅游、娱乐、邮电通信、广播电视
	人员密集	咨询、建筑设计	零售、批发、学校、机关、餐饮

4.1.4　流程绩效的衡量

在实际中，绩效指标的计算方法有许多种。在本章中，我们用普遍应用在实践中的方式来定义这些指标。指标可以显示企业是否在不断改进，类似于会计使用指标来衡量财务绩效，流程性能指标为生产经理提供了一个标准，能衡量流程的改进效果和不同阶段生产率的变化。生产经理经常需要提高流程的性能，或衡量改进的绩效。

4.1.4.1　流程绩效衡量指标

（1）利用率（utilization）

利用率是指资源实际使用的时间与其可以使用时间的比值。利用率是最常使用的流程指标，多用于衡量某些资源的使用情况，比如直接劳动力的利用率或者设备的利用率。

$$利用率 = \frac{工作时间}{可用时间}$$

（2）生产率（productivity）

生产率是指产出和投入之间的比率。前面已经介绍过生产率有"全要素生产率"和"部分要素生产率"之分。衡量"全要素生产率"通常以各要素的货币价值表现为途径；相应的，衡量"部分要素生产率"则使用单独的投入，比如劳动力就是最常用的单独投入。

$$生产率 = \frac{产出量}{投入量}$$

（3）效率（efficiency）

效率指的是与一些标准相比，流程实际产出的比率。比如，一台打印设备的标准工作速度设定为 100 页/分，如果在一段时间内打印机的实际工作速度为 90 页/分，那么打印机的效率就是 90%。效率还可以用来衡量流程的得失，例如，一个流程的投入是 100 单位资源，用于转化为其他形式的资源，而流程只产出了 70 单位的新资源，那么流程的效率就是 70%。

$$效率 = \frac{实际产出量}{标准产出量}$$

（4）运行时间（run time）

运行时间是指生产一批产品（零部件）所用的时间。这个指标使用单个产品（零部件）的生产时间乘以这批产品（零部件）的数量得到。

（5）安装时间（setup time）

安装时间是指生产特定产品的设备所需的准备时间。安装时间较长的设备通常是用于批量生产的。

（6）运作时间（operation time）

运作时间是指一台设备生产一定批量的产品所需的运行时间和安装时间（准备时间）的总和。

$$运作时间 = 运行时间 + 准备时间$$

（7）产出时间（throughput time）

产出时间是指单位产品在系统中通过的时间。产出时间包括产品的实际加工时间和在队列中的等待时间。

（8）周期（cycle time）

周期时间是指一项工作从开始到完工所需的时间。周期时间也可以用两个成品之间的平均间隔时间来衡量。

（9）产出率（throughput rate）

产出率也叫生产速率，是指在单位时间内流程的期望产出。产出率是周期时间的倒数。

$$产出率 = \frac{1}{周期}$$

（10）增值时间

增值时间是指在产品上投入的真正有效工作的时间。假如流程中的所有活动都是增值活动，那么增值时间就是流程中所有活动时间的总和。

（11）流程周转率

流程周转率也称产出效率，是指产出时间和增值时间的比值。

$$周转率 = \frac{产出时间}{增值时间}$$

在使用上述各指标时，最重要的一点是，我们必须详细了解每一个特定的公司或行业在做出决定之前是如何计算这些指标的。所以，如果一位经理说他的利用率是 80%，或他的效率是 120%，我们肯定要问："你是如何计算出来的？"指标通常是针对特定流程的各个工序而言的。实际中,我们需要根据具体环境来分析指标如何运用。图 4-6 展示了上述各生产过程绩效衡量指标之间的相互关系。

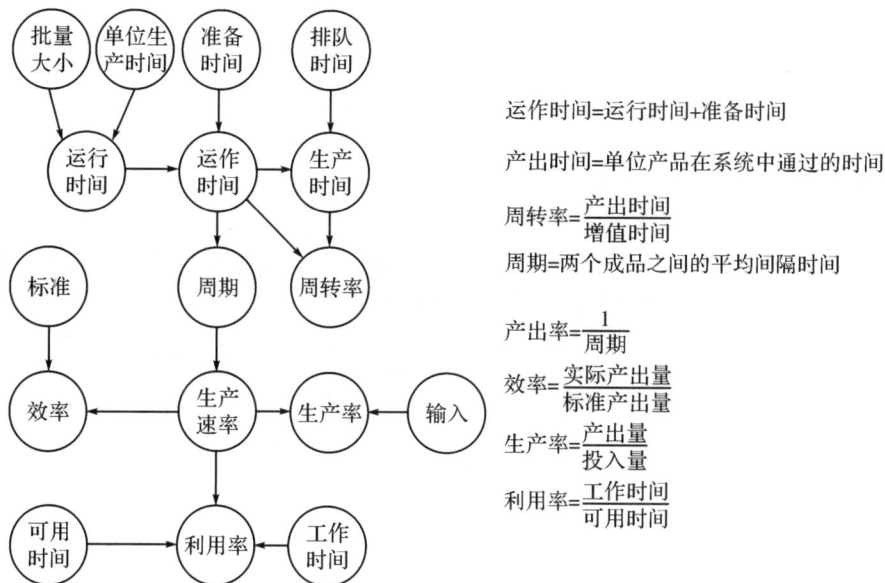

运作时间=运行时间+准备时间

产出时间=单位产品在系统中通过的时间

$周转率=\dfrac{产出时间}{增值时间}$

周期=两个成品之间的平均间隔时间

$产出率=\dfrac{1}{周期}$

$效率=\dfrac{实际产出量}{标准产出量}$

$生产率=\dfrac{产出量}{投入量}$

$利用率=\dfrac{工作时间}{可用时间}$

图 4-6　流程绩效衡量指标

4.1.4.2　缩短流程的产出时间

"时间就是金钱"这句话用来形容重要的流程是非常恰当的。例如,顾客等待的时间越长,就越有可能转向另外一个商家。原材料的库存时间越长,占用的投资成本就越多。但是,重要的流程通常依赖于一些有限的特殊资源,这就导致了瓶颈的产生。以下是几种减少产出时间的方法。

(1)并行操作流程中的活动。流程中的环节大多数是按顺序进行的。所有环节的时间加总就是流程的产出时间,其中包括:每个环节的运行时间、环节之间的传输时间和等待时间。有研究表明,使用并行操作的方法至少可以使产出时间缩短 80%,并且还能发挥更好的效果。一个典型的例子就是上一章所介绍的新产品开发,目前的发展趋势就是使用并行工程。并行工程极大地缩短了开发时间,并能在开发过程中明确所有的需要。

(2)调整活动的顺序。部件和产品经常需要在设备、车间、办公楼间来回传递。例如,一份文件为了审查和签字,可能要在两个办公室之间传递多次,如果能够调整这些活动的顺序,使得文件仅需在两个办公室之间传递一次,则可以节约大量时间。

(3)减少中断或降低流程的变异性。许多流程的各项活动之间的时间间隔相对较长,提高流程的效率能减少很多产出时间。

上述三种方法是业务流程再造的基本方法,不需要通过购买新的先进的设备来减少产出时间。

4.1.5 制造流程分析的原则

4.1.5.1 制造系统及其参数

（1）制造系统的基本概念

制造系统是由一些工艺过程组成的网络，其目的是通过一系列零部件（原材料）流经网络来生产出产品，并在现在和未来持续地获得利润。

制造系统（网络）由一些工厂组成，每个工厂都有一系列的生产线，并且每一条生产线都由若干个工艺组成。图 4-7 是一个制造网络示意图。

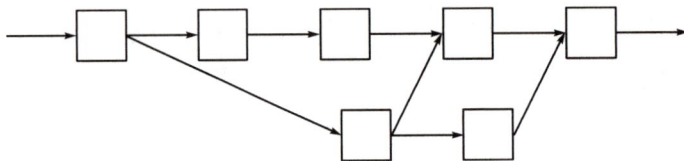

图 4-7　制造网络

（2）串行网络的基本参数

制造过程流程设计原则取决于由工艺组成的制造系统（网络）以及流进网络的零部件的绩效和性能由哪些因素决定，简单地说，就是分析由工艺组成的制造系统的特性。

首先来分析一个最简单的串行系统，如图 4-8 所示。

图 4-8　一个简单的串行系统

描述一个串行系统的主要参数如下：

①瓶颈生产率（r_b），从长期角度来看，一个工艺过程（网络）所能达到的最高生产率，叫瓶颈生产率。

②总流程时间（T_0），在系统里面，最长的工艺路线上的所有工艺加工过程的时间的总和叫作网络的总流程时间。在一些情况下，生产线各加工中心加工时间之和，不考虑各加工中心之间的衔接时间和管理中的协调时间就是总流程时间。

③临界在制品库存（W_0），是指一条没有阻塞的生产线达到最大瓶颈产出率时的最小在制品库存（WIP）。并且有：

$$W_0 = r_b T_0 \qquad (4-1)$$

式（4-1）是运作管理中很重要的律特（Little）定律的一种特殊情况。

律特定律认为，从长期的角度看，WIP（在制品库存）、CT（周期时间）和 TH（产出率）之间的基本关系为：

$$WIP = TH \times CT \qquad (4-2)$$

这个定律对加工中心、生产线、生产单位以及生产系统都适用，被称为"运作管理的牛顿定律"。

④阻塞系数(α),是描述由多个环节组成的生产线的顺畅程度,它是一个无量纲的数。阻塞系数有很多种定义方法,这里给出其中的一种定义:

$$\alpha = \frac{W_0}{W_0 - 1}\left[\frac{c(W_0)}{T_0} - 1\right] \tag{4-3}$$

其中:W_0是临界在制品库存;T_0是总工艺时间;$c(W_0)$是指当制造系统在制品库存为W_0时的平均生产周期。

阻塞系数(α)与某一个给定在制品库存水平下的生产周期成正比,零部件流经系统的时间越短,阻塞系数越低;反之越高。阻塞系数(α)可以用来描述系统的通畅程度。并且:

当$\alpha = 0$时,系统为零变异性,系统达到最佳情形;

当$\alpha = 1$时,系统达到实际最坏情形;

当$\alpha = W_0$时,系统达到最坏情形。

(3)一个简单的制造系统的例子

例 4-1:硬币制作 I

假设一个硬币制造厂 I ,其硬币制作总共由四道工序串行组成,并且每道工序只有一台机器,每台机器完成对一个硬币加工的一部分任务需要 2 小时。假设存在零变异性,并且是恒定在制品库存,计算该硬币制造厂的主要参数。

解:$r_b = 0.5$ 个/时

$T_0 = 4 \times 2 = 8$(时)

$W_0 = 0.5 \times 8 = 4$(个)

$c(W_0) = 8$ 时

$\alpha = \frac{W_0}{W_0 - 1}\left[\frac{c(W_0)}{T_0} - 1\right] = 0$(零变异性,最佳情形)

4.1.5.2 制造系统的三种绩效情形

(1)最佳情形

继续以例 4-1 为例,例 4-1 中所描述的系统就是最佳情形的情况。此时,系统没有变异性和阻塞。最佳情形对应着最小的周期时间(CT)和最大的产出率(TH)。图 4-9 是硬币制造过程示意。

图 4-9 硬币制造过程示意

在最佳情形下,WIP、CT 和 TH 之间的关系见表 4-4。

表 4-4　WIP、CT 和 TH 之间的关系

WIP	TH	CT	TH×CT
1	0.125	8	1
2	0.250	8	2
3	0.375	8	3
4	0.500	8	4
5	0.500	10	5
6	0.500	12	6
7	0.500	14	7
8	0.500	16	8
9	0.500	18	9

图 4-10 和图 4-11 分别展示了最佳情形下 TH、CT 和 WIP 之间的关系。

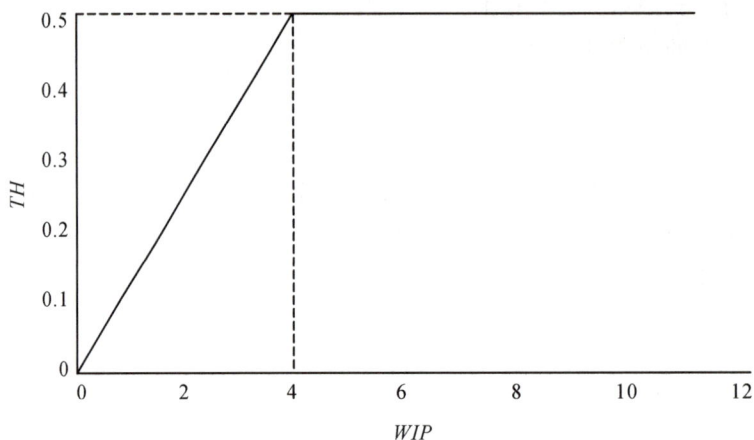

图 4-10　最佳情形下 TH 与 WIP 的关系

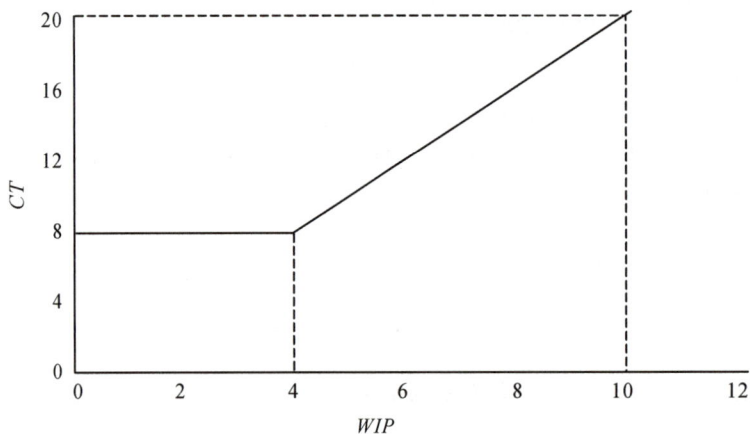

图 4-11　最佳情形下 CT 与 WIP 的关系

通过例 4-1 可以总结出最佳情形下的绩效规律。

对于一定的 WIP 水平为 w，最小的周期时间（CT_{best}）为：

$$CT_{best} = \begin{cases} T_0 & \text{如果 } w \leqslant W_0 \\ w/r_b & \text{否则} \end{cases} \tag{4-4}$$

最大的产出率（TH_{best}）为：

$$TH_{best} = \begin{cases} w/T_0 & \text{如果 } w \leqslant W_0 \\ r_b & \text{否则} \end{cases} \tag{4-5}$$

例如，例 4-1 中：$r_b = 0.5, T_0 = 8, W_0 = 0.5 \times 8 = 4$，则：

$$CT_{best} = \begin{cases} 8 & \text{如果 } w \leqslant 4 \\ 2w & \text{否则} \end{cases} \tag{4-6}$$

$$TH_{best} = \begin{cases} w/8 & \text{如果 } w \leqslant 4 \\ 0.5 & \text{否则} \end{cases} \tag{4-7}$$

式（4-6）和式（4-7）正分别对应前面图 4-11 和图 4-10 所描绘的曲线。

（2）最差情形

在一定的 WIP 水平下，最佳情形对应的是最小的 CT 和最大的 TH。那么在哪种情形下会导致流程出现最大的 CT 和最小的 TH 呢？以下这种情形就是最差情形。

同样以例 4-1 硬币制造为实例，保持 $r_b = 0.5$ 和 $T_0 = 8$ 不变，硬币的加工过程如图 4-12所示。

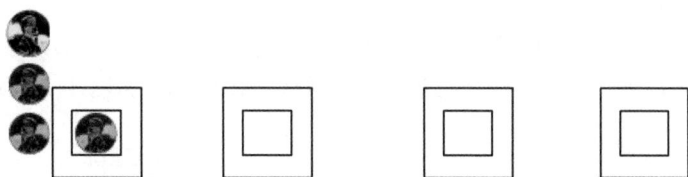

(a) $t = 0$ 小时

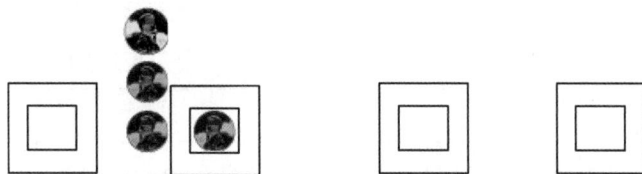

(b) $t = 8$ 小时

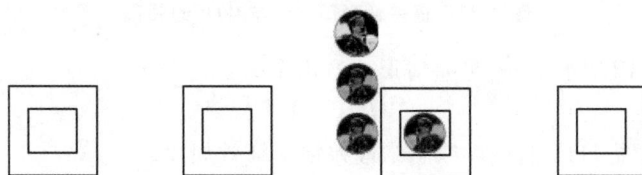

(c) $t = 16$ 小时

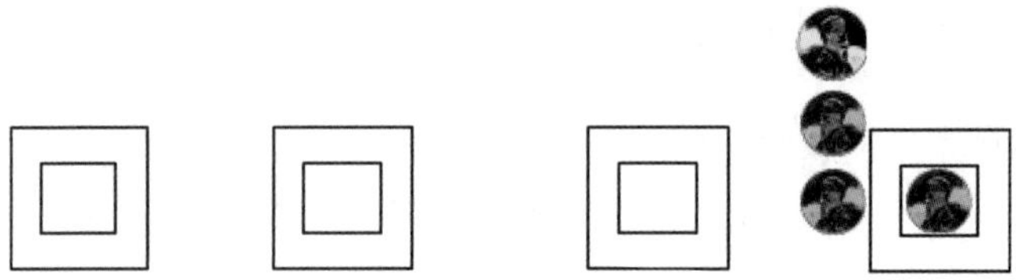

(d) $t=24$ 小时

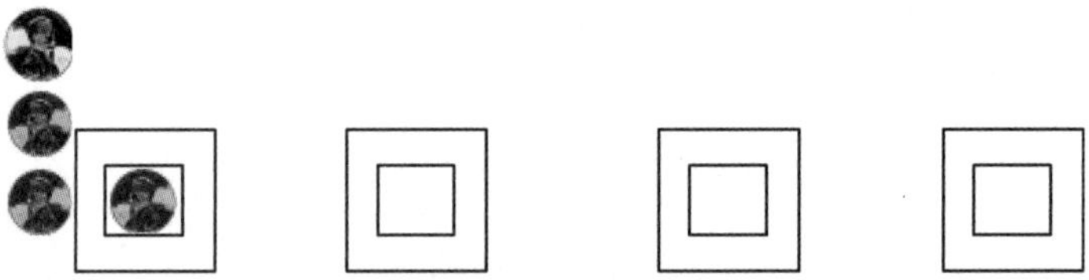

(e) $t=32$ 小时

图 4-12 最差情形下硬币的加工过程

4 个硬币从图 4-12(a)过渡到(b)用了 8 小时，每个硬币经过第一台机器处理完了以后暂时不进入第二台机器，而是 4 个硬币全部在第一台机器处理完后再一起进入第二台机器，耗时 $2×4＝8$ 小时。同样依次经过其余各台机器，故总耗时为 32 小时。

即：$CT＝32$ 小时 $＝44$ $8＝wT_0$

$TH＝4/32＝1/8＝1/$ T_0

最差情形下，TH、CT 和 WIP 之间的关系分别如图 4-13 和图 4-14 所示。

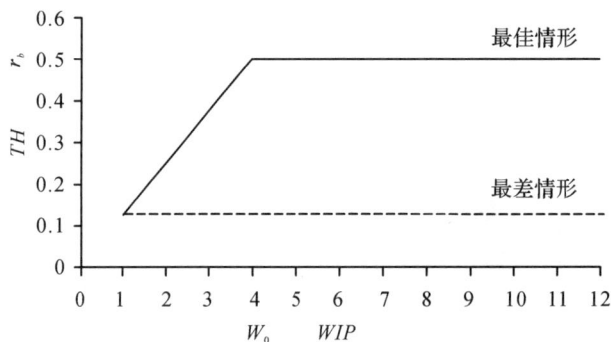

图 4-13 最差情形下 TH 与 WIP 的关系

对于一定的 WIP 水平 w，最差情形的产出率为：

$$TH_{worst}＝1/T_0$$

由图 4-13 和图 4-14 曲线可以总结最差情形绩效规律。

对于一定的 WIP 水平 w，最差情形的周期时间为：

$$CT_{worst}＝wT_0$$

上述的最差情形并没有考虑系统的变异性，仅是工作站的流动方式做了变动。最差情形说明在没有任何随机性的制造系统中，因为管理安排的不合理，可能会使系统的绩效变得很差。

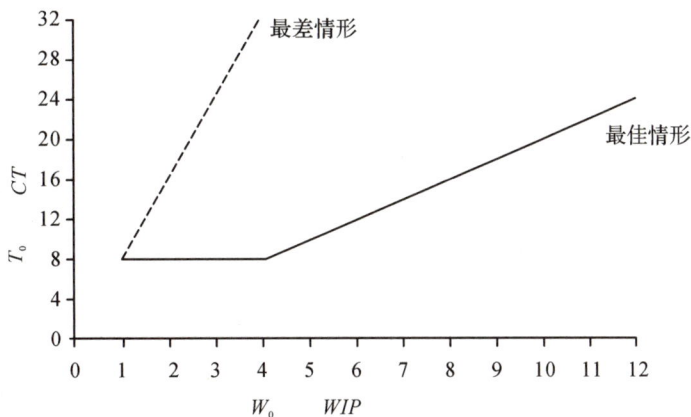

图 4-14　最差情形下 CT 与 WIP 的关系

（3）实际最差情形

我们发现在最佳情形和最差情形绩效之间存在很大的"空隙"。在实际中通常通过计算实际最差情形，将实际流程绩效划分为"好"和"差"两个区域。

例 4-2： 假定这样的一个系统，给定 r_b 和 T_0，每个工作站只有单个机器，单线生产流程，每个工作站的 WIP 的变异性是均等的，即在制品在不同工作站之间各种可能状态所出现的概率都相同。

考虑 3 个在制品在 4 个工作站之间流动的一个系统，在制品在不同工作站出现的每种情况概率是相同的，一共有 20 种情况，每种情况出现的概率均为 1/20（见表 4-5）。

表 4-5　3 个在制品在 4 个工作站间的加工情形

状态	向量	状态	向量
1	(3,0,0,0)	11	(1,0,2,0)
2	(0,3,0,0)	12	(0,1,2,0)
3	(0,0,3,0)	13	(0,0,2,1)
4	(0,0,0,3)	14	(1,0,0,2)
5	(2,1,0,0)	15	(0,1,0,2)
6	(2,0,1,0)	16	(0,0,1,2)
7	(2,0,0,1)	17	(1,1,1,0)
8	(1,2,0,0)	18	(1,1,0,1)
9	(0,2,1,0)	19	(1,0,1,1)
10	(0,2,0,1)	20	(0,1,1,1)

则每个工作站的平均在制品库存水平为 15/20＝0.75。

令 w 表示系统中的 WIP 水平，N 表示生产线上的工作站数目，t 表示每个工作站的运行时间。则有如下结论：

$$CT(\text{单个工作站})=(1+(w-1)/N)t$$
$$CT(\text{整条生产线})=N[1+(w-1)/N]t$$
$$=Nt+(w-1)t$$
$$=T_0+(w-1)/r_b$$
$$TH=WIP/CT$$
$$=[w/(w+W_0-1)]r_b$$

得出实际最差情形的绩效规律如下：

对于一定的 WIP 水平 w，实际最差情形的周期时间为：

$$CT_{\text{PWC}}=T_0+\frac{w-1}{r_b} \tag{4-8}$$

对于一定的 WIP 水平 w，实际最差情形的产出率为：

$$TH_{\text{PWC}}=\frac{w}{W_0+w-1}r_b \tag{4-9}$$

实际最差情形下，TH、CT 和 WIP 之间的关系分别如图 4-15 和图 4-16 所示。

图 4-15　实际最差情形下 TH 与 WIP 的关系

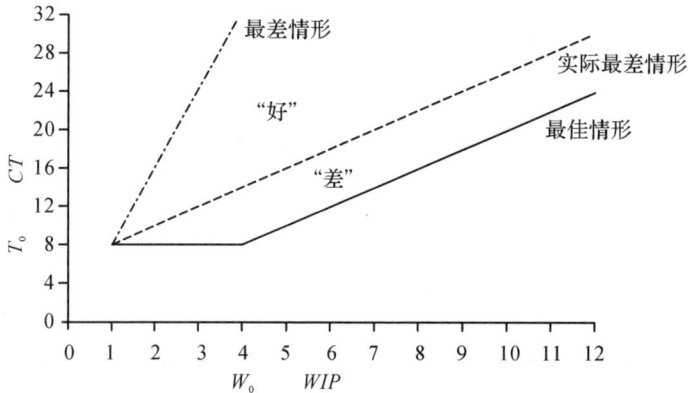

图 4-16　实际最差情形下 CT 与 WIP 的关系

实际最差情形为企业管理者提供了一个评价企业流程绩效的方法。当企业流程的现实绩效水平处于最佳情形和实际最差情形之间时,此绩效状态是一个"好"的状态;当企业流程的现实绩效水平处于最差情形和实际最差情形之间时,此绩效状态是一个"差"的状态。

4.1.5.3 流程绩效评价实例

下面我们用两个例子来说明本章中介绍的概念和方法。

(1)复杂硬币制造流程的绩效分析

例 4-3:硬币制作 Ⅱ

一个硬币制造厂 Ⅱ 的加工过程示意如图 4-17 所示,共有 4 个工作站,每个工作站拥有不同数量的机器,表 4-6 给出了各个工作站的相应参数。

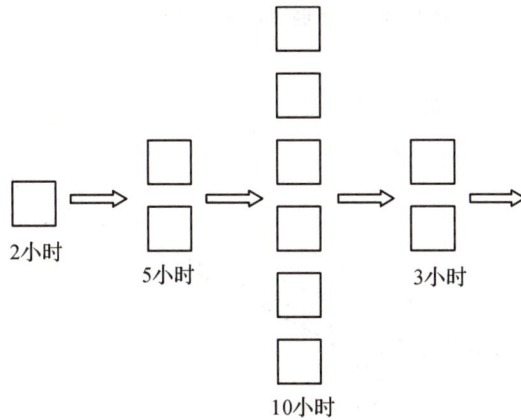

图 4-17 硬币制造厂 Ⅱ 的加工过程

表 4-6 硬币制造厂 Ⅱ 工作参数

工作站编号	机器台数/台	运行时间/时	工作站产出率/(个/时)
1	1	2	0.50
2	2	5	0.40
3	6	10	0.60
4	2	3	0.67

可计算出硬币制造厂 Ⅱ 的各相关参数如下:

$$r_b = 0.4 \text{ 个/时}$$

$$T_0 = 2+5+10+3 = 20(\text{时})$$

$$W_0 = 0.4 \times 20 = 8(\text{个})$$

实际生产中,硬币制造厂 Ⅱ 的 TH、CT 和 WIP 之间的关系分别如图 4-18 和图 4-19 所示。

图 4-18　硬币制造厂Ⅱ的产出率绩效

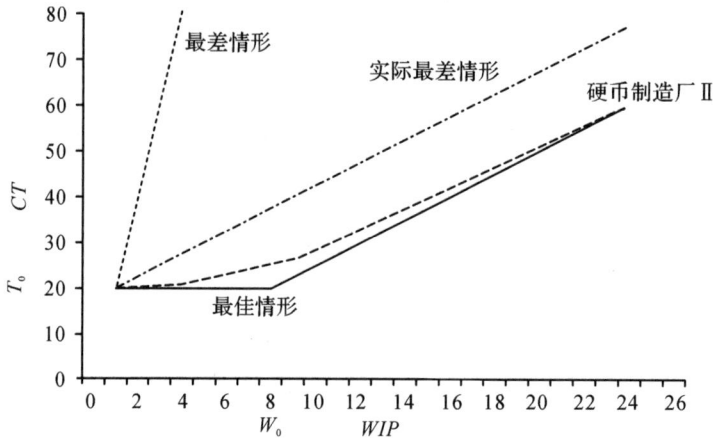

图 4-19　硬币制造厂Ⅱ的周期时间绩效

图 4-18 和图 4-19 显示,在实际生产过程中,硬币制造厂Ⅱ的产出率和周期时间最靠近最佳情形。因此,这个硬币制造厂Ⅱ的制造流程是一个出色的系统。

(2)一个现实系统的绩效分析

例 4-4:集成电路板的生产

表 4-7 显示的是一个生产集成电路板企业的工艺环节,以及各个环节的产出率和运行时间。

现实生产过程中,该企业的流程相关数据为:

$$CT = 34 \text{ 天} = 816 \text{ 时}$$

$$WIP = 37400 \text{ 个}$$

$$TH = 45.5 \text{ 个/时}$$

表 4-7　集成电路板制作工艺流程参数

工艺流程	产出率/(个/时)	运行时间/时
压薄	191.5	1.2
机械加工	186.2	5.9
安装电路	150.5	6.9
光效应测试/修理	157.8	5.6
钻孔	185.9	10.0
嵌入铜板	136.4	1.5
刷涂料	146.2	2.2
量尺寸	126.5	2.4
EQL 测试	169.5	1.8
r_b , T_0	$r_b = 126.5$	$T_0 = 33.1$

试分析该企业的流程绩效。

解：

临界在制品库存水平：$W_0 = r_b T_0 = 126.5 \times 33.1 = 4187$

现实生产过程中，产出率是标准值的 36%（45.5/126.5），实际在制品库存是临界值的 8.9 倍（37400/4187），实际生产周期是计划总运行时间的 24.6 倍（816/33.1）。

对上述结果在实际最差情形下做进一步分析：

①在实际最差情形下，假定该企业的产出率 $TH = 0.36 r_b$，计算 WIP 水平。即：

$$TH = \frac{w}{w + W_0 - 1} r_b = 0.36 r_b$$

$$w = \frac{0.36}{0.64}(W_0 - 1) = \frac{0.36}{0.64} \times (4187 - 1) = 2355（个）$$

在这种情形下的 WIP 水平为 2355 个，远低于现实中的 WIP 水平——37400 个。

②在实际最差情形下，假定该企业的 WIP 水平为 37400 个，计算产出率（TH）。即：

$$TH = \frac{w}{w + W_0 - 1} r_b = \frac{37400}{37400 + 4187} \times 126.5 = 113.8（个/时）$$

在这种情形下的 TH 为 113.8 个/时，远高于现实生产过程中仅为 45.5 个/时的产出率。

图 4-20 显示了该企业现实生产流程绩效水平与实际最差情形的这种差距。

因此，得出这样的结论：该企业现实生产过程比实际最差情形还要差很多。说明这个生产流程的绩效水平很差，还有待进一步改进。

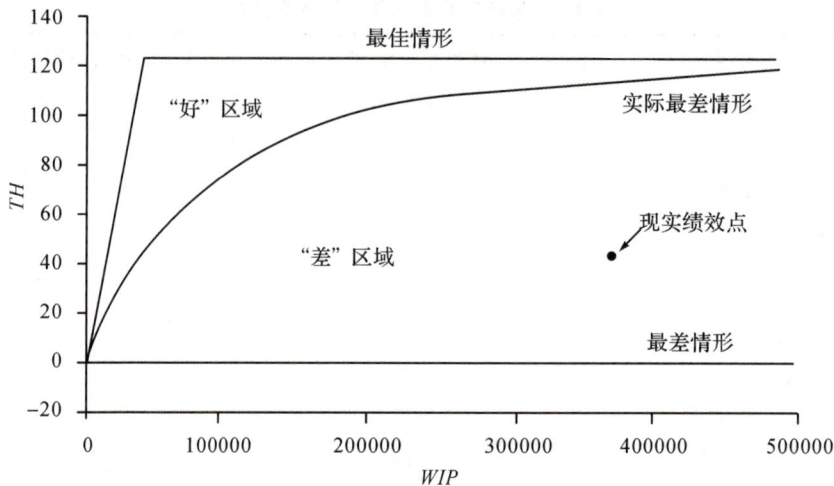

图 4-20　集成电路板生产企业的流程绩效水平

4.2　制造流程的分析与选择

　　第 3 章在介绍制造型企业新产品开发过程时指出，设计部门根据顾客需求，利用质量屋矩阵提出一系列工艺流程的选择方案。正如本章 4.1.3 中指出的，工艺流程按加工过程中材料的流动方式和集中处理程度可分为单件小批量生产方式、装配线生产和连续流动生产方式、成批轮番生产方式。那么在这些方案中选择应用何种工艺流程来生产新产品，这就是流程选择决策的基本问题。

　　制造工艺流程选择决策的主要考虑因素有三个方面：一是考虑产品生产时的批量大小和产品的多样性；二是考虑使用这种工艺流程时所需要的投资需求；三是考虑经济因素方面的问题，即使用何种工艺流程获利更多，主要分析工具有：成本分析、损益平衡点分析和财务分析。

4.2.1　依据产品多样性和生产批量大小进行生产工艺流程选择

　　依据产品多样性和生产批量大小来选择生产工艺流程选择通常使用的工具就是产品—工艺矩阵（见图 4-21）。

　　在图 4-21 中，纵轴表示批量大小，由下而上表示批量增大；横轴表示产品种类，自左向右表示产品种类增多。在这个二维矩阵中，不同的区域表示使用不同的工艺。当产品种类很少，但批量很大的时候，采用面向产品的技术，应用专有生产系统进行大规模的流水线式生产；当产品种类很多，但批量很小的时候，采用工艺专业化的生产方式，单件小批量生产。在这两种生产方式之间，还有面向产品的批量轮番生产方式和面向工艺的成组单元式生产方式。

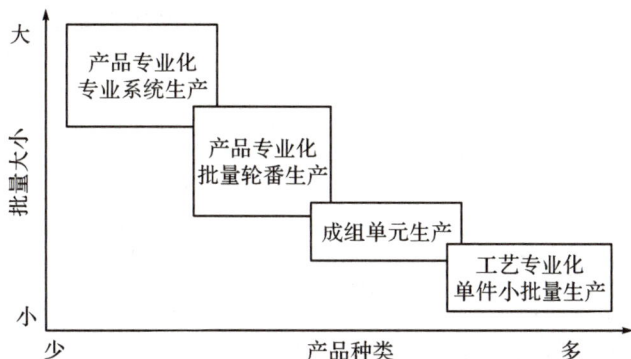

图 4-21　产品—工艺矩阵

矩阵中所列出的产业是理想化的类型,它们都能在矩阵中找出与其结构相对应的位置。但是,企业也可以相对灵活地自行选择矩阵中的其他位置。

4.2.2　流程选择的投资需求分析

选择不同的工艺设备,投资要求是不同的。一般来说,面向产品的专用生产系统的设备投资要求最高,面向工艺的单件小批量生产设备投资要求最低。同时,企业现有的可用于投资的资本总额和资本的成本也是投资需求分析时需重点考虑的因素。

4.2.3　流程选择的经济因素分析

4.2.3.1　成本分析

工艺流程的成本一般是由固定成本和可变成本组成的。固定成本是维持系统运转的基本费用,也就是在不进行任何生产任务时的年度消耗费用,包括建筑物、设备购买和固定资产添置等的初始成本;可变成本是随着产品产量变化而变化的成本,包括劳动力、原材料以及其他间接费用。

图 4-22 显示了一个企业在不同的生产工艺流程下,年度成本与产品年产量之间的关系。

图 4-22 显示了不同工艺选择下的成本函数。当产量为 0 时,年成本即为固定成本,直线的斜率即为单位可变成本;当年产量在 0～100000(含 100000)时,采用单件小批量生产方式的年度成本最低;当产量在 100000～250000(含 250000)时,采用成组单元式生产方式的年成本最低;当产量大于 250000 时,采用自动装配线的生产方式年成本最低。因此,企业在进行工艺选择的时候,根据市场调查确定顾客需求量,进而选择合适的生产工艺流程。

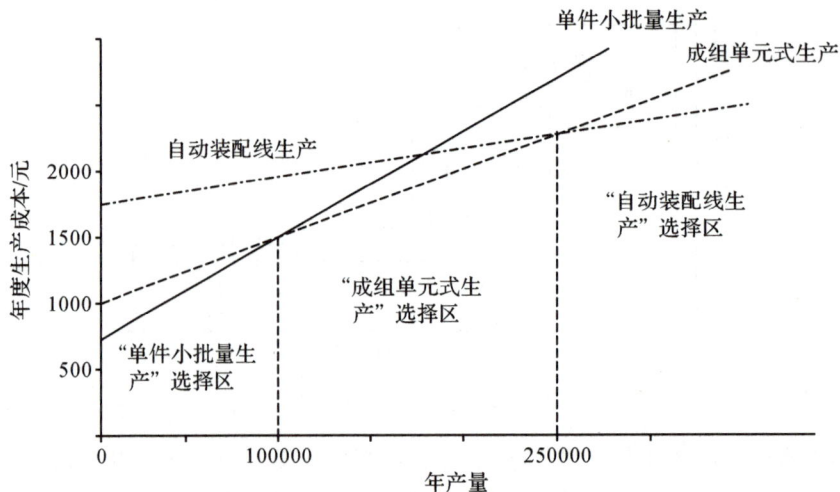

图 4-22　不同工艺流程选择成本分析实例

例 4-5：成本分析

一个企业有三种可供选择的工艺流程：A、B、C，它们的成本结构如表 4-8 所示。

表 4-8　三种工艺流程的成本结构

工艺	年固定成本/元	可变成本/(元/单位)
A	120000	3.00
B	90000	4.00
C	80000	4.50

假设该企业的产品年度需求量为 8000 单位，试分析选择哪个流程是最经济的。

解：

由于总成本等于固定成本加可变成本，即：$TC = FC + v(Q)$

则：

A：$TC = 120000 + 3.00 \times 8000 = 144000$（元）

B：$TC = 90000 + 4.00 \times 8000 = 122000$（元）

C：$TC = 80000 + 4.50 \times 8000 = 116000$（元）

可见，工艺 C 的年度总成本最低，该企业选择流程 C 来安排生产。

4.2.3.2　盈亏平衡分析

盈亏平衡分析是工艺或者设备选择的一种标准方法。盈亏平衡点即企业保本点，是企业收回投资时的产量。显然，盈亏平衡点越低越好，即企业收回投资的时间越短越好。在进行工艺选择的时候，可以把不同工艺下的盈亏平衡点进行比较，选择损益平衡点最低的工艺流程。

在例 4-5 中，我们假设产品的价格为 $p = 6.95$ 元，那么 A、B、C 三种工艺的盈亏平衡点为：

$$Q = \frac{FC}{p - v}$$

其中：FC 为固定成本，p 为价格，v 为单位可变成本。

　A：$Q = 120000/(6.95 - 3.00) = 30380$（元）

　B：$Q = 90000/(6.95 - 4.00) = 30509$（元）

　C：$Q = 80000/(6.95 - 4.50) = 32654$（元）

可见，工艺 A 的盈亏平衡点最低，应选择工艺 A。这与成本分析的结果就不一致了。

利用盈亏平衡分析来进行工艺选择时，也存在很多缺陷，例如，盈亏平衡点计算的不确定性。首先，由总成本等于总收益计算出损益平衡点的前提是：两者都是确定的，而实际市场的需求和技术本身都具有风险，因而得出的结论也有很大的不确定性。其次，不同工艺盈亏平衡点产量的发生时间有差异。盈亏平衡是整个流程过程的平衡，不同工艺的盈亏平衡点发生的时间是不同的，因而不太好做直接比较。当然，盈亏没有考虑货币时间价值，当时间间隔较长时，由于货币所具有的时间价值，比较结果就失去了实际意义。

4.2.3.3　财务分析

在工艺和设备购买的过程中，资金投入量大，使用时间长，资金的时间价值是一个很重要的考虑因素。进行财务分析时主要考虑以下参数：资本的回收期、净现值、内部回报率和营利性。这是财务管理课程所要研究的主要内容。

4.2.4　制造流程分析与选择小结

在企业进行流程选择时，除了要进行一系列的相关分析以外，同时还要考虑两个重要的因素：装配图和工艺流程图。装配图主要包括：从企业的角度来看原材料是如何组织的；指出了关于工厂设施布局的需求、设备需求和人员培训需求等一些考虑要素。工艺流程图主要包括：每个流程如何构造产品、原材料的需求、产品流经的流程种类、产品在流程中每一步流动所需的时间，等等。

下面总结了制造型企业在工艺流程选择时的一些经验：

(1)加快产品推向市场的速度；

(2)设计出来的产品能便于生产；

(3)能够很好地预测市场需求；

(4)注重企业核心竞争力，尽可能少的纵向整合，尽量横向整合；

(5)消除生产过程中的浪费；

(6)柔性生产，满足多样化需求；

(7)通过技术手段和管理手段进行单件小批量生产；

(8)管理信息流，使之自动化和简单化，没有信息孤岛和死角。

4.3 服务流程的分析与选择

4.3.1 服务蓝图

同制造流程设计的情况一样，服务流程设计的标准工具也是流程图。人们把服务流程图也称为服务蓝图，以强调服务流程设计的重要性。服务蓝图的特点之一就是区分了与顾客直接接触的方面和那些顾客无法看见的方面。

创建服务蓝图的主要步骤有：

(1)识别和分析服务流程的主要过程和阶段；

(2)找出服务可能出现问题和故障的关键环节以及出现问题后的处理方法；

(3)提出服务过程每一个阶段和环节的时间框架；

(4)按照上述时间框架分析服务的营利性。

图 4-23 是一个典型的擦皮鞋过程服务蓝图。

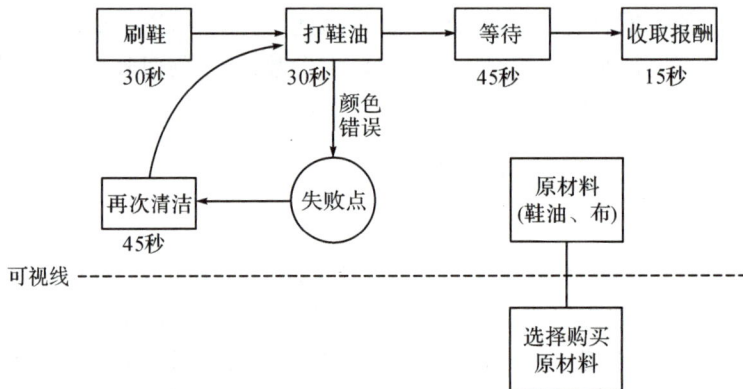

图 4-23 擦皮鞋过程服务蓝图

组成一个典型服务平台的每一项活动都标注在流程图中。刷皮鞋的主要活动是先刷鞋，然后是上鞋油、缓冲等待，最后是收取报酬。其中，可能出现故障的环节是上鞋油，可能会选择错误的颜色。当上错鞋油颜色时，需要对鞋进行再次清洗，然后重新上鞋油。每一个过程所需的时间分别为刷鞋 30 秒、上鞋油 30 秒、缓冲等待 45 秒、收取报酬 15 秒、上错鞋油时清洗过程需要 45 秒。所以，标准的流程运行时间是 2 分钟。以上是擦皮鞋流程中顾客可见的部分，同时还有一些顾客不可见的部分，即后台，主要是选择购买原材料（如鞋油、擦鞋布等）。

4.3.2 服务故障的预防和恢复

服务蓝图描述了服务设计的特点,但并没有提供任何直接的指导信息以帮助流程与设计相互吻合。当新服务设计时,要采取一些措施来预防和避免服务失败的发生;同时,当服务已经失败时,要有一些方法来恢复,使这种失败不会成为服务的缺陷。解决此问题的方法之一就是防故障程序(Poka-yoke)———一种主动式预防失败的方法。Poka-yoke 在工厂中的应用非常普遍,它包括确保零件组装的设备、故障发生时自动关闭设备的电子开关、确保装配数量正确的装置、保证后续步骤顺序正确的检查表。

Poka-yoke 在服务业同样具有非常广泛的用途。大致可以分为:警告方式、物理或可视的接触方式以及所谓的 3T 法(任务 task,措施 treatment,可接触特征 tangible features)。3T 法(见图 4-24)具体包括:将要完成的任务(汽车组装是否正确)、根据顾客需求所采取的措施(服务人员是否谦虚有礼)以及服务设施的可接触特征或环境特征(等候区是否干净而舒适)。

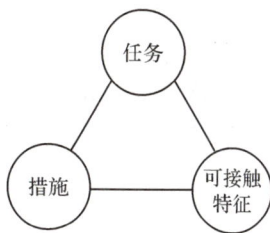

图 4-24 服务故障预防的 3T 法

显然,不同于制造业的情况,服务业的防故障程序必须经常应用于顾客反应的故障预防,而不仅仅是服务人员的故障预防。例如,美国一家制药公司生产和销售心脏病药,患者购买了该药品以后,可以把每天吃几次、每次吃几片以及何时吃药的信息输入到药瓶瓶盖附带的小芯片里面。这样,当患者到规定的吃药时间而忘记吃药时,瓶盖会发出提示声音来提醒患者吃药,这样就可以避免错过吃药的时间。

图 4-25 说明了一个应用了防故障程序的汽车维修服务蓝图。

总之,既可以从硬件的角度也可以从程序的角度来预防服务的失败,但这都很难保证服务过程中的错误不发生。对任何服务操作过程中的失误都应该有实时补救措施,具体补救措施是由服务当时的情境决定的。服务失败恢复的时候有一些如下总体要求:

(1)对任何服务的故障都需要有实时的反映,不管是顾客还是提供者所发现的。

(2)任何一个服务应画出服务蓝图,把蓝图里面任何可能导致服务故障的问题列出来,给出对应的补救措施,以指导服务失败恢复计划的制订(见图 4-25)。

(3)服务失败恢复计划涉及对服务提供者尤其是前台人员的培训,以应对各种情形,如超额预定问题、行李丢失问题、饭菜质量差的问题等。

最后需要指出的是,尽管这些程序不能确保达到企业防止出现错误的目标,但其的确减少了服务环节中的一些错误。

故障：顾客找不到服务区
Poka-yoke：明确的提示标志指引顾客

故障：顾客难以将问题讲清
Poka-yoke：设检修顾问，帮助顾客澄清问题

1.准备活动　　　　　　　　　　　　　　　2.问题诊断

客户电话预约维修服务　→　客户同待修车辆到来

客户讲明问题　→　客户赞同维修

迎接客户　→　获取车辆信息

初步诊断，问题是否明确

可视线

维修部门安排时间

否

详细诊断问题　→　报价和估计用时

是

故障：不准确的估计
Poka-yoke：以常见的维修类型罗列费用清单

3.执行工作　　　　　　　　　　　　　　　4.付账和车辆取回

客户等待或暂离

客户付账　　　客户离开

等候室或往返接送服务　→　通知客户　→　车辆取回

安排和执行维修工作　→　工作校验　→　车辆清洗

准备票据

故障：汽车未被合理清洗
Poka-yoke：要求车主检查，必要时打蜡

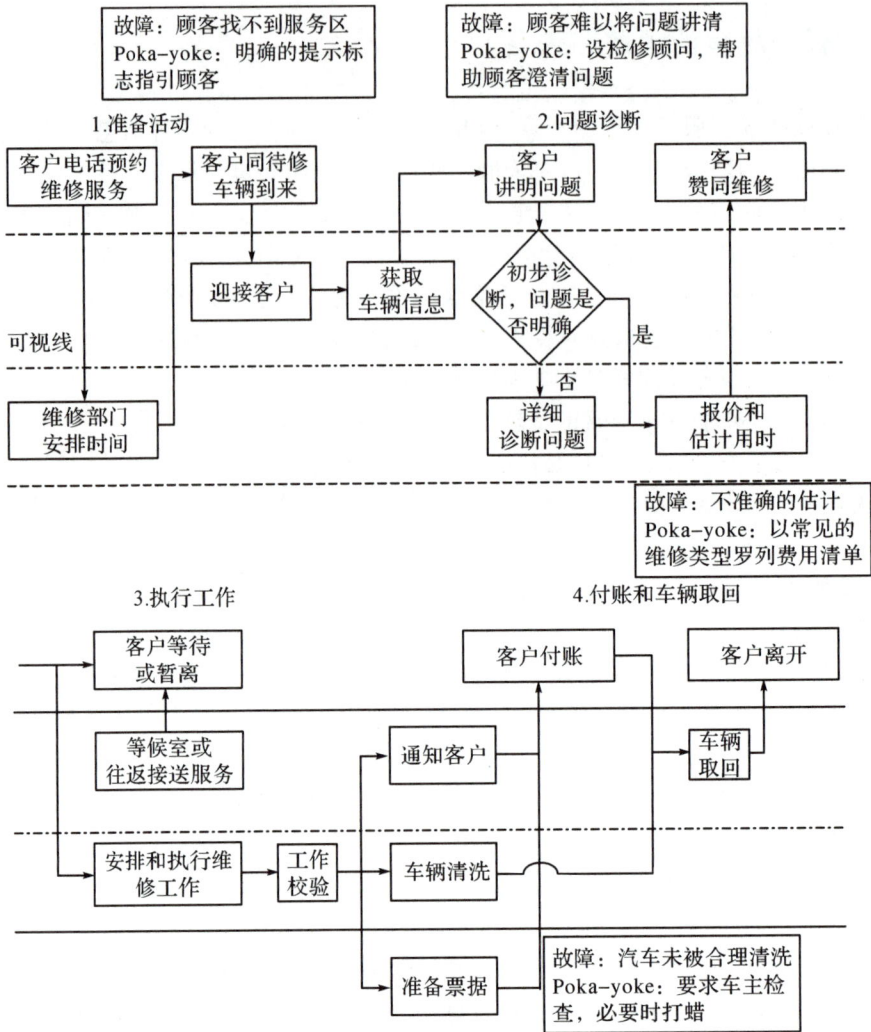

图 4-25　汽车维修服务中的故障预防

4.3.3　服务流程设计方案

4.3.3.1　服务流程设计的重要因素

那些在制造流程设计过程中非常重要的因素在服务流程设计过程中同样重要，主要包括：

- 顾客需求的特性，指顾客需求的水平和模式；
- 纵向一体化程度，哪些服务由企业自己完成，哪些服务依赖于外部服务型企业；
- 生产柔性，对顾客需求变化的响应速度，适应市场变化的能力；
- 自动化程度，采用各种自动控制、自动检测和自动调整装置，对服务过程进行自动

测量、计算、控制、监视等;

- 服务质量,服务工作能够满足被服务者需求的程度。

4.3.3.2　服务流程设计的三种方式

接下来要介绍的三种服务方式,都是可对比的现场服务方式:由麦当劳公司提出的生产线法,因 ATM 和加油站而闻名的自助服务法,以及因 Nordstrom 百货公司和丽嘉酒店而闻名的个体维护法。

(1)生产线法

生产线法类似制造型企业的流程设计方法,就是按照制造型企业新产品开发的方法来设计新服务的流程,主要适用情形是服务包的组成中有形产品占主导地位,有形产品通过生产线来生产。这种类似制造型企业的流程设计的主要特点是:服务流程是高度自动化的,而且在流程设计过程中几乎没有顾客介入,几乎不考虑与顾客的关系。例如,著名的麦当劳和肯德基等服务型企业就是应用类似于制造型企业的生产线法来设计服务流程的。

(2)自助服务法

这种方法通常适用于服务包的组成中有形的产品可能占很重要的一部分的情形。这种服务可以是标准化的,也可以按照顾客要求来做,在服务过程中顾客高度介入。顾客作为参与者,本身是服务的一个部分。在服务系统设计矩阵中通过互联网接触和采用现场技术的服务系统,就是自助服务方式。很多顾客喜欢自助服务,因为自己可以掌控服务过程。例如,ATM、自助加油站等都是自助的服务设计方式。克里斯托弗·H.洛夫洛克为自助服务法提出一系列建议,包括提高顾客的信任度、降低成本、提高速度和便利性、提供说明从而保证正确的操作程序。

(3)个体维护法

这是一种高度顾客关注的服务设计方式,对服务没有太多的规范性或者程序化的要求,顾客决定具体的服务过程。个体维护方式中顾客处于组织的顶端,下面是服务人员,然后才是经理。应用个体维护法设计服务流程时,整个流程设计的中心是顾客,一切以顾客的意见为导向,以顾客的需求为核心。例如,医疗诊所、发廊的发型设计、酒店的服务等,很多优秀的服务企业(比如丽嘉酒店)不仅以顾客为中心,而且对顾客尤其是老顾客的关注非常深入,应用客户关系系统把顾客行为的细节、兴趣等方面记录下来,作为下次服务的依据,能够很好地维持顾客的高忠诚度。这种服务设计方法是未来服务设计发展的方向。

4.3.3.3　通过流程结构进行服务战略定位

为了在竞争激烈的市场中进行准确定位,准备服务蓝图是建立服务流程结构的第一步。服务型企业可在流程结构的基础上进行战略定位,以确定其服务的复杂性和多样性。

服务的复杂性由服务蓝图反映的步骤和顺序通过服务传递结构中的复杂程度以及步骤的数量所决定。例如,在快餐店里准备一份外卖要比在一个高级的法国餐厅中准备一顿晚餐简单得多。

服务的多样性由需要服务的人员自行判断的程度或可以定制服务的自由度决定,这在服务流程的每个步骤中都涉及。例如,与一般的法律服务相比,辩护工作室是高度多样化的,因为与当事人的交互需要判断力、谨慎性并与所处的环境相适应。

如图 4-26 所示,利用复杂性和多样性的程度,可以为金融服务行业创建一个市场战略定位图。

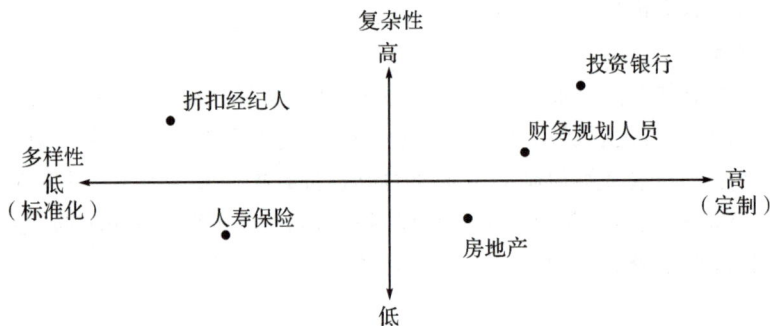

图 4-26　金融服务的市场战略定位图

4.3.4　一个设计良好的服务系统的特征

一个设计良好的服务系统的主要特征如下:

(1)每个服务系统的元素都必须与企业的运作重点相一致。

(2)服务必须是服务者对顾客友好的服务。

(3)服务的品质必须是稳定的,不随环境变化而变化。

(4)服务系统是结构化的,以有效保持服务人员和服务系统的持续运转。

(5)服务系统的前台和后台是紧密联系和配合的,不会出现前后台之间联络不畅和沟通问题。

(6)服务系统能够提供一种证据以使顾客能够感受到服务的质量和价值,加深顾客的印象,提高顾客的忠诚度,使顾客再次光顾服务。

(7)服务是值得的,让顾客感到物有所值。

制造加工车间流程分析实验简介(实验 1)

实验平台介绍

制造加工车间流程分析实验基于 AnyLogic 仿真平台。AnyLogic 是由 The AnyLogic 公司开发的一款集成了多类仿真模型的系统开发与仿真工具。它同时支持基于智能体系统、离散事件系统、系统动力学系统的仿真建模等,也可以在不同操作系统如 Windows、MacOS、Linux 等跨平台运行。AnyLogic 软件的底层编译语言是 Java SE,第

1 版发布于 2000 年,目前最新版本是 AnyLogic 8.6 Professional（发布于 2020 年 8 月）。

AnyLogic 软件已经被广泛应用在生产与服务系统的仿真建模中,常见的应用场景包括市场分析建模、医疗运营系统建模、生产制造系统建模、供应链与物流系统建模、零售系统建模、商业流程建模、项目管理建模以及针对特定行业的系统分析与建模等。从建模方法分类,AnyLogic 主要利用系统动力学模型模拟连续型生产与服务系统,利用离散事件系统或基于智能体系统模拟离散型生产与服务系统（根据本教材的介绍,运作管理主要考虑离散型生产与服务系统的仿真建模与优化）。

AnyLogic 软件是一款非常适合自学的仿真软件,它提供了丰富的学习资料,并且有活跃的技术讨论社区,例如 AnyLogic 软件包自带了若干系统仿真案例的教程以及视频介绍。更多有关 AnyLogic 软件的下载和学习资料如下:

AnyLogic 软件下载网址:https://www.anylogic.cn/downloads/。

《三天学会 AnyLogic》：https://www.anylogic.cn/resources/books/free-simulation-book-and-modeling-tutorials/。

Borschchev A. The big book of simulation modeling. Multimethod modeling with AnyLogic，2013.6。

基于 AnyLogic 的系统仿真实验与建模

基于 AnyLogic 仿真平台,制造加工车间流程分析实验将分析产品/服务任务在制造加工车间/服务站的流动过程,评估不同流程参数下的系统绩效,训练分析和改进产品/服务工艺流程的能力。

首先要熟悉使用 AnyLogic 仿真软件,在此基础上学习搭建简单的产品制造加工流程仿真模型,并通过更改组件和组件属性等分析不同配置下的系统性能,实现科学的流程分析和流程优化技能,提升生产与服务系统的使用效率。制造加工车间流程分析实验 AnyLogic 仿真建模的主要步骤如下。

1. 实验元素与系统组件

AnyLogic 仿真模型通常由可视化组件和逻辑组件构成。可视化组件定义了仿真系统的图形化呈现,其参数可以设置为个性化的图片、形状、尺寸和位置等;逻辑组件定义了仿真系统运行背后的逻辑关系,其参数可以设置为个性化的容量参数、服务时间参数等。

制造加工车间流程分析实验仿真模型中涉及的主要组件包括运输卡车、来料进入通道、来料堆放台(缓冲区)、搬运叉车、加工堆放台(缓冲区)、加工机器、操作工人、产品堆放台(缓冲区)、产品运出通道等。

2. 流程实验设计与仿真逻辑模型

制造加工车间的基本流程如图 4-27 所示。加工原料首先由运输卡车运到,然后由搬运叉车经由通道运输到来料堆放台(堆放台有容量限制),之后继续由搬运叉车经由通道运输到加工堆放台(堆放台有容量限制),之后由加工机器和操作工人进行加工,加工后的产品先堆放到加工堆放台(堆放台有容量限制),再继续由搬运叉车经由通道运输到产品堆放台(堆放台有容量限制),最后由运输卡车将产品运出车间。

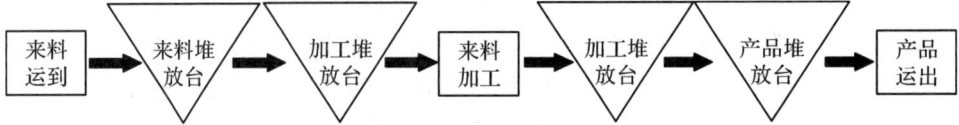

图 4-27　制造加工车间基本流程

在确定制造加工车间流程之后，可以进一步明确仿真系统的组件数量和参数，例如，来料运到的时间间隔和批量大小、来料堆放台的容量大小、搬运卡车的数量和运输速度、加工堆放台的容量大小、加工机器和操作工人的数量及服务时间分布（确定型或随机型）、产品堆放台的容量大小、产品运走的时间间隔和批量大小等。

同时，在建立仿真逻辑模型之前还应该明确加工流程的运作规则或使用优先级等，例如，搬运卡车的搬运优先级、同一个操作工人是否同时要兼顾多台加工机器以及他管理的机器优先级、加工堆放台是优先提供给来料还是产品等。当确定这些组件数量、参数以及加工车间运行的逻辑次序后就可以建议对应的仿真逻辑模型。图 4-28 给出了 AnyLogic Job Shop 示例中的仿真逻辑模型举例。

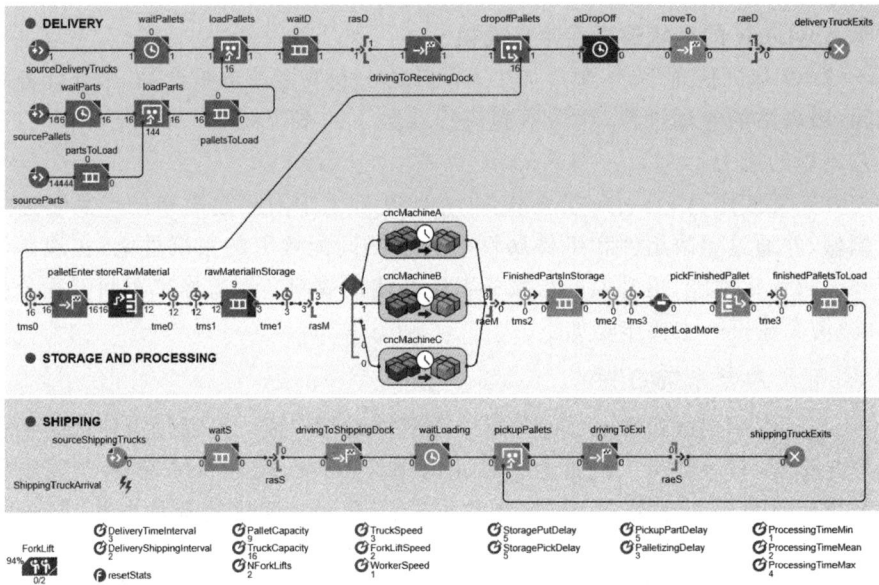

图 4-28　制造加工车间流程仿真逻辑模型举例[1]

3. 实验过程的可视化

仿真逻辑模型可以单独运行，但是为了增强制造加工车间流程的直观性，可以进一步建立仿真对应的可视化模型。其基本操作是为逻辑模型中的每个逻辑组件设置对应的个性化的图形化展示元素，并设置各个图形化元素之间的相对尺寸和位置等参数。图 4-29给出了 AnyLogic Job Shop 示例中的 3D 可视化模型举例。

---

[1]　资料来源：AnyLogic Job Shop 仿真模型运行界面截图。

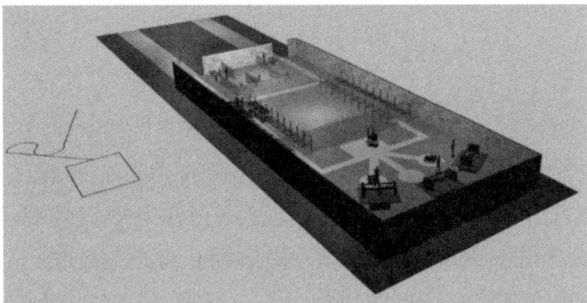

图 4-29　制造加工车间流程仿真 3D 可视化模型举例①

实验结果分析与优化设计

系统仿真建模的最终目的除了系统运行的可视化呈现,也包括分析结果并用于系统的优化设计(后者对于运作管理更加重要)。在制造加工车间流程仿真模型运行结束后,AnyLogic 会自动生成部分统计结果,例如不同缓冲区(来料堆放区、加工堆放区、产品堆放区)的容量利用率、搬运叉车的利用率、加工机器的利用率等。除此之外,还可以自定义指标来监控制造加工车间系统的运作效率,通常可以包含以下指标:

- 产品加工的周期时间(cycle time,CT);
- 缓冲区、搬运叉车、加工机器、操作工人的利用率(utilization);
- 经常出现阻塞(blocking)的环节和阻塞概率;
- 经常出现缺省(starving)的环节和阻塞概率。

根据以上性能指标,可以进一步分析出改善制造加工车间流程的关键节点和指标等,并通过对关键节点上的流程改善来提升系统整体的运作效率,例如,可以分析以下指标:

- 瓶颈(bottleneck):是指在流程中因能力限制导致工作出现堆积的环节。
- 节拍(pacing):是指在流程处于正常工作状况时,整个流程流动的时间间隔是一定的,或者是指产品或部件通过流程的时间是固定的。

优化设计:在找出制造加工车间现有系统的瓶颈环节后,可以围绕改善瓶颈环节进行加工车间的流程改善,例如,调整搬运卡车的服务优先级、调整来料在不同加工机器间的分派流程等。当然,在改善某个瓶颈环节的运作效率后又可能出现新的瓶颈,因此,基于仿真建模的优化设计是一个不断迭代的过程。另外一类思路是先确定好合适的节拍,然后调整来料堆放区和产品堆放区各个环节的流程,使得整个制造加工车间的物料(来料和产品)流动时间间隔尽量与节拍保持一致。

竞赛环节:因为优化设计的方案并不是唯一的,在实验过程中,同学们可以分组进行讨论和实验,确定每个小组最终优化后的流程方案。同时也可以给出一些可使用资源的约束限制,例如可用叉车数、可用加工机器台数等,在这些约束下,各小组设计出最合理的制造加工车间流程方案参与竞赛。竞赛指标可以是单位产出率最高或者产出量与在制品数量的比率最高等。

---

① 资料来源:AnyLogic Job Shop 仿真模型运行界面截图。

本章小结

本章主要阐述制造业和服务业的流程分析与选择。首先介绍了流程的概念和描述流程的一般方法；然后介绍了流程的六种分类方式和各类型流程的管理重点，并讨论了典型制造流程绩效分析的原则和衡量指标，提出评价流程绩效的三种情形——最差情形、最佳情形和实际最差情形。在制造流程分析与选择中介绍了如何使用产品—工艺矩阵进行流程选择，讨论了如何从成本、盈亏平衡、财务三个角度对制造流程进行分析；在服务流程分析与选择中提出服务蓝图的概念，介绍了生产线法、自助服务法、个体维护法三种服务流程的设计方式，以及如何通过服务流程进行服务战略定位。最后本章还介绍了制造加工车间流程分析实验（实验1）的设计与分析方法。

课后习题

一、思考题

1. 请给出在最差情形下可能改善绩效的建议。
2. 画出打开多媒体教学系统的流程图。
3. 简要说明生产周期与制造提前期的区别与联系。
4. 说明面向订单和面向库存生产方式下顾客服务水平分别适用何种表达方式？
5. 试绘制计算机清洗的服务蓝图。
6. 服务设计汇总使用生产线法的限制有哪些？
7. 一条非均衡生产线由 4 个多机器加工中心组成。作业经过加工中心 1、2、3、4 依次处理，所有的多加工中心的机器都是并行的，其生产线有关参数如下：

加工中心序号	机器数/台	每台机器平均加工时间/分
1	1	2
2	4	20
3	2	8
4	12	30

（1）若 WIP 水平为 20 个作业，分别计算在三种不同绩效（最佳情形、最差情形和实际最差情形）下的生产周期（不考虑变异）。

（2）如果在临界 WIP 水平下生产周期为 130 分钟，计算阻塞系数。

8. Procoat 公司的流程和布局如下表所示：

流程名	加工时间/分	标准差	传送时间/分	机器数	修复前平均时间/分	平均修复时间/分	可用性	准备时间/分	速率/（板/天）	时间/分
清洗	0.33	0	15	1	80	4	0.95	0	3377	37
涂层1	0.33	0	15	1	80	4	0.95	0	3377	37
涂层2	0.33	0	15	1	80	4	0.95	0	3377	37
曝光	103	67	—	5	300	10	0.97	15	2879	118
显影	0.33	0	2.67	1	300	3	0.99	0	3510	23
检测	0.5	0.5	—	2	—	—	1.00	0	4680	1
烘板	0.33	0	100	1	300	3	0.99	0	3510	121
制造检验	161	64	—	8	—	—	1.00	0	3488	161
检修	9	0	—	1	—	—	1.00	0	7800	9

根据表中所列的参数,计算该系统的 r_b、T_0 和 W_0,并绘出该公司的运作绩效评价图。

二、选择题

1. 下面哪些属于"周期时间"?（   ）

A. 每台电视机通过装配线的时间   B. 购买股票的时间

C. 制造一辆汽车的时间   D. 教师为一次考试打成绩的时间

E. 以上都是

2. 下面哪些符号标志运用在流程图中?（   ）

A. 决策点   B. 阻塞

C. 缺省   D. 瓶颈

E. 以上都是

3. 以下流程属于哪一种类型?（   ）

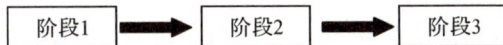

阶段1 ➡ 阶段2 ➡ 阶段3

A. 单阶段流程   B. 多阶段过程

C. 面向库存生产流程   D. 面向订单生产流程

E. 以上都正确

4. 下面哪一种工艺流程属于是连续型流程的例子?（   ）

A. 快餐店   B. 杂货店   C. 医院

D. 化工厂   E. 以上都不是

5. 当装配线上的工人等待工作单元从装配线上下来时,他可以休息然后再回去工作。这种情形属于（   ）

A. 缓冲   B. 阻塞   C. 缺省

D. 瓶颈   D. 以上都是

第二篇 运作系统运行

第5章 运作系统的计划体系

运作管理所面对的一个主要问题是在一个企业（制造型或者服务型）运作过程中做相关的决策和计划，以获得高效率的运作活动。本章主要对一个运作系统在运作过程中所涉及的计划、协调、决策和控制活动做出概括性介绍，其具体的方法和原理将在后面各章分别展开。

5.1 运作计划的基本框架

5.1.1 企业运作计划层次体系

图 5-1 是企业运作计划的基本框架。该框架描述了企业运作计划工作的主要活动，描述了不同层级运作计划工作的主要内容及其相互关系，同时显示了运作计划不同工作内容之间的相对地位。

图 5-1 显示，一个企业有很多相关的计划和决策，形成一个层次系统，可分为三个不同层次：战略、战术和控制层次。

在图 5-1 所示的企业计划层次系统中，灰色的矩形框表示企业需要做的主要计划和决策，圆角矩形框表示的是计划和决策的相应结果，椭圆形框表示的是计划和决策过程中需考虑的参数和环境变量。

在战略层次上，企业主要做以下计划和决策包括：首先是做预测，预测是一切决策的基础，接着就企业能力、设备和人力资源做相应的规划，然后制订综合运作计划。在战术层次上，主要进行以下计划：在制品库存和批量定额的设定，并根据需求管理和设定的在制品库存及批量编制出主生产计划，然后对主生产计划进行作业排程。在控制层次上，由于作业排程的结果可能不是最优的，需要进行实时的模拟和现场控制，然后对整个生产计划的执行情况进行跟踪，跟踪的结果既可以重新调整生产作业计划，也可以作为进一步战略规划的基础。

另外，从图 5-1 所示的企业运作计划的基本框架来看，制造业与服务业的运作计划并没有太大的区别，主要在战术层次计划内容上有所不同。对大多数服务型企业来说，几乎不需要专门制订中期运作计划。而制造型企业需要通过制订中期运作计划，合理规划企业各项制造资源，安排各生产环节投料与产出。

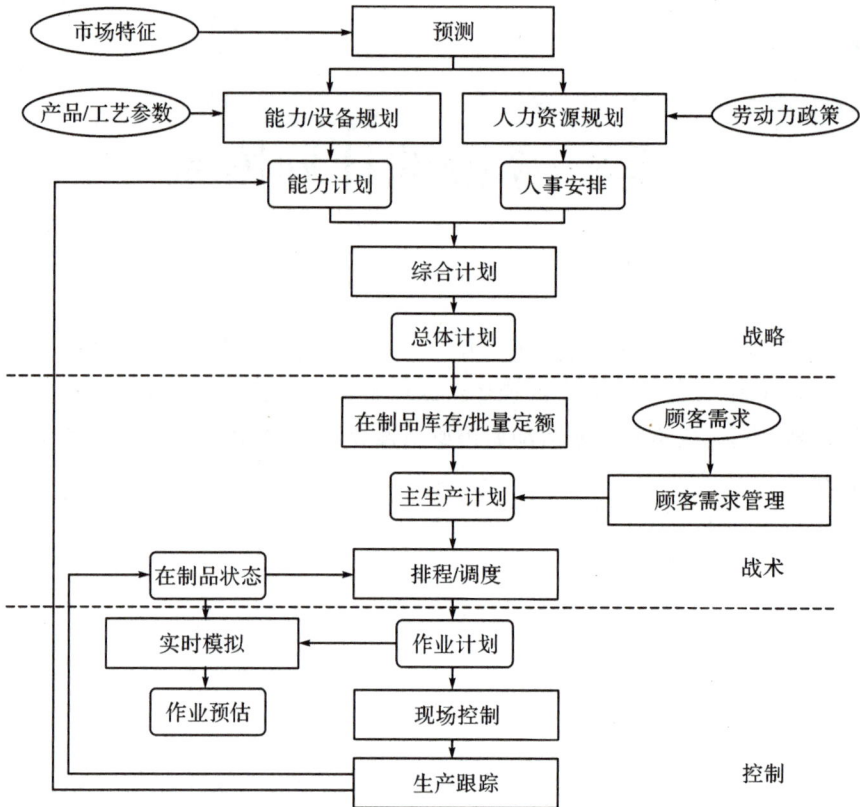

图 5-1　企业运作计划的基本框架

5.1.2　时间尺度下的企业运作计划

从计划的时间范围来看,运作计划的三个层次——战略层次、战术层次和控制层次,分别对应了企业的长期、中期和短期计划。

长期计划的时间跨度范围是 1～3 年,或更长的时间。长期计划由企业高层制订,以年为单位,按年度制订或修改。企业具体的长期计划主要包括:财务决策、营销战略、产品设计、工艺和技术决策、能力决策、设施布局、供应商合同决策、员工发展规划、工厂控制方法、质量保证策略等。例如,质量保证策略,它的计划期可以很长,也可以 1 年左右,它给出了如何保证企业产品质量合格的一些方法,企业通常在较长时间内应用同一种质量策略。又如企业的能力决策,由于新产品开发的周期一般是 3 年,直接决定了企业在做能力决策的时候,其计划期要大于新产品开发周期,一般是 3～5 年。

中期计划的时间跨度从 1 周到 1 年不等,但以 1 年左右居多。中期计划以长期计划为指导,对未来 1 年的需求、资源要求与利用进行筹划与安排,计划具有较高的综合性,一般由企业中层制订。企业具体的中期计划主要包括:工作排程、员工指派、设备预防性的维修、促销计划、采购决策等。例如,化工企业在制定物料采购决策时,煤炭一般在年底集中采购,采购计划以年为单位,而其他一些物资的采购如一些非必需品的采购计划可以是以季度为单位,也可以是以月或周为单位。

短期计划的时间跨度一般是 1 周以下,可以是天、小时、分钟,甚至到秒。短期计划需要对运作活动进行详细安排,由企业基层制订。企业具体的短期计划包括:物流控制、工人指派、机器设备调整决策、流程控制、质量改善决策、紧急设备抢修等。

表 5-1 对企业运作计划体系的层次性结构做了简要的归纳与总结。

表 5-1　考虑时间范围的企业运作计划体系

计划期	时间跨度	标志性决策
长期 (战略)	1～10 年	财务决策 营销战略 产品设计 工艺技术决策 能力决策 设施布局 供应商契约 员工发展规划 工厂控制方法 质量保证策略
中期 (战术)	1 周～1 年	工作排程 员工指派 设备预防性维护 促销计划 采购决策
短期 (控制)	1 小时～1 周	物流控制 工人指派 设备调整决策 流程控制 质量合格决策 紧急设备维修

5.2　预测

5.2.1　预测与计划

预测是企业制定其他一切计划和决策的基础,企业预测的基本问题是对需求的预测。只有根据预测得出有关未来的需求,才能做计划,尤其是长期和中期计划,几乎都是以预测的需求作为依据来制订的,但短期计划的制订可以不按照预测的需求,可依赖于客户的订单,这是确定需求下的计划。

5.2.2　预测的基本规律

预测一般有如下规律：

（1）预测的结果总是错误的。这就是说，任何预测都会发生偏差，很难完全准确，因为未来的需求总是不确定和变化的，如果某一次预测完全准确，仅仅是巧合而已。错误具有不同的程度，有的预测结果错误程度低，与实际情况接近，有的预测结果与实际情况相差很远，企业预测时关键就是要寻求一些能够使预测的错误相对较少的方法。

（2）预测总是变动的。预测一般是应用现有模型来进行的，而这些模型的适用范围有限，且随时间不断变动。例如，一次预测应用某个数学模型，这个模型要求以当前的市场需求为输入参数，那么随着时间的变化，需求是变动的，导致预测的结果也是不断变动的。

（3）预测的时间跨度越长，预测可靠性越低。预测通常都要有预测期，一般来说，预测期大于计划期，只有预测了需求才能做计划，而且预测时间越长，预测精度和可靠性越差。

5.2.3　预测的主要方法

预测的方法主要有两类：定性预测的方法和定量预测的方法。

定性预测是一种较为主观的判断，它基于估计和评价。定性预测的方法有很多，如德尔菲法（Delphi method）、历史类推方法等。定量预测主要基于数据，通过建立模型分析数据。定量预测的方法主要包括两类：时间序列模型和因果模型。有关预测的各种方法，下一章将重点介绍。

5.3　能力/设备规划

在一个企业中，能力/设备规划是带有战略性质的重要决策，其解决的基本问题是：企业需要怎样的设备以及每种设备的数量，以实现生产目标。

能力/设备规划所涉及的主要问题包括如下方面。

（1）企业基本能力的计算

在计算时，需要考虑单台设备能力和阻塞的影响。任何一个企业都有相应的工艺和流程，每一个工艺可能会涉及某种设备，而每一种设备所拥有的能力，称作单台设备能力。当把单台设备组成生产线时，整个生产线的能力通常不等于单台设备能力之和，主要原因是阻塞的存在以及设备之间的相互关联，因而计算一条生产线的能力时需要考虑阻塞效应的影响。计算企业基本能力得出的结果，不能只看数值的大小，计算平均能力意义也不大，需要把设备的可靠性、设备的布局等因素综合起来考虑。

（2）企业能力战略

企业能力战略主要是解决企业应该购买什么设备,每种设备购买多少台来实现企业目标,这也是企业能力/设备规划的基本问题。一般来说,企业设备的投资比较大,设备周转周期较长,常见的是 3～5 年。在市场需求具有很大的不确定性下,企业进行能力规划时,有两种典型策略:领先策略和延迟策略,如图 5-2 所示。

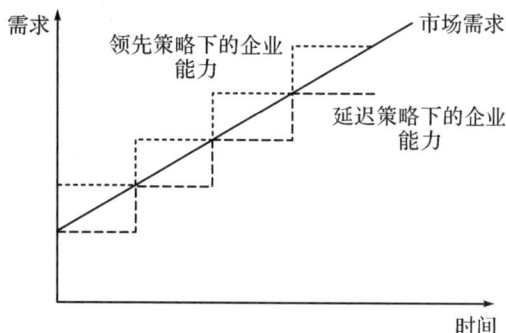

图 5-2　企业能力与市场需求

在图 5-2 中,横轴表示时间,纵轴表示需求,假定需求随时间呈线性变化。在市场需求随时间线性增加时,企业应当扩充能力,购买设备。企业购买设备的时间点的选择,可以采取领先策略,也可以采取延迟策略。领先策略就是当企业预测要增加,就先购买设备,扩充能力,其目的是提前做好充分准备,在实际需求增加时,能够及时占有因需求增加所带来的新的市场。领先策略具有一定的风险性,因为实际需求是不断变化的,预测具有不确定性,而且预测的精度随着预测期的增大而降低,所以企业在扩充能力的时候不会一步到位,而采取渐进式扩充能力的方法。延迟策略是当实际需求已经增长,企业才购买设备,扩充能力。这种方法的风险小,但缺点也很明显,由于市场中有很多同类型竞争的企业,增加的那部分需求必然会被众多企业瓜分,本企业采取延迟策略就会处于不利地位。总之,最终如何选择能力策略取决于企业的风险承担能力和竞争对手的情况,也是一种博弈的过程。

（3）制造或购买(make-or-buy)决策

制造或购买决策,就是有关产品或部件是企业自己制造还是从外部购买。当市场需求增长的时候,由于企业本身不具有购买设备和扩充的能力,企业可以把这种需求外包出去,让别的企业来生产。这种选择主要应用于以下情形:企业由于资金调用困难而导致能力不足,无法自己生产;当需求的增长是短期增长时,企业也会选择外包策略。而当需求的增长是长期稳定增长时,企业一般会选择自己扩充能力进行生产制造。

（4）柔性

柔性是指一个生产系统能够有效地生产多种产品,应对产量的变化和产品组合的变化。企业柔性的主要问题有:在购买设备的时候是购买专用的设备还是购买用来生产多种产品的设备;这种设备是否能够应对不同产量的需求,能否同时产出不同的产品组合。在现实的市场需求情况下,单一品种的大批量的生产方式一般很难实现,必然要在产品生产过程中满足多样化、个性化的需求,这时就需要考虑柔性的能力和设备,培训柔性的员工(又称多技能的员工)。可见,多用途的设备和多技能的员工是柔性的两个基本方面。

(5)速度

速度是指当需求或者预测需求变化以后,企业通过购买设备、扩充能力或者采取外包的方式满足这种需求的效率。市场需求是不断变化的,企业选择购买设备来扩充能力的时候,需要对员工进行教育和培训,使员工的技能不断熟练,提高运作系统的效率,以更快地满足这些需求。

5.4　人力资源规划

5.4.1　人力资源规划的基本问题

与企业能力决策相关的决策有设备能力的决策和人员能力的决策,其中人员能力的决策就是人力资源规划的问题。人力资源规划要解决的基本问题是:企业为了实现生产目标需要具有何种能力的员工以及所需要的数量。

企业人力资源规划所涉及的主要问题如下。

(1)基本员工数量的计算

员工数量计算的时候,需要把生产过程按要求折算成需要的工作小时数,然后把工作小时数根据员工工作和休息日计划转换成需要人员的个数。例如,一个生产过程每天需要100个工作小时,员工的工作时间每天8小时,100除以8取整以后,得到需要的员工个数是13个。实际人员数量计算的时候还要考虑一些紧急情况如员工生病缺席等,需要作具体安排。

(2)工作环境

员工的工作环境直接影响了员工的工作效率,一个好的工作环境通常包含以下特征:首先,这个工作环境是稳定的。如果员工的工作环境经常变化,工作地点时常变动,员工必然需要花更多的时间去适应新环境。然后,一个好的工作环境必然是员工士气高昂、学习型气氛浓厚的环境。

(3)柔性和灵敏性

员工的柔性和灵敏性与设备柔性类似,要求员工具有多方面的技能,能够适应不同的岗位工作,并能够应对长期和短期的环境变化。

(4)质量

员工质量即员工素质,就是员工能够完成企业要求的操作程序的能力,高质量的员工必然要求是高灵活性的员工,具有多方面的能力。

5.4.2　人力资源规划的制订

人力资源规划制订的核心思想是在一个计划期内,如何确定一个最有效的雇用和解雇政策来满足生产的要求。

制订这样一个有效率的计划,主要是通过对雇用/解雇、加班和库存之间的权衡来满足需求。当需求(预测需求)增加的时候,企业可以再雇用员工,也可以通过现有员工加班的方式,还可以在淡季的时候把多余的产品进行库存存储,到旺季来销售。采取何种方式最有效,需要根据对需求的预测情况来确定。同时,由于问题自身的复杂性,当环境条件变化之后,开始采取的最优方式已经不再是最优,就需要重新进行权衡和选择。

人力资源规划的主要输入方面有:预测的需求(为简化,预测单一产品的需求),每个小时的生产数据、产出的数据、劳动力数据、能力方面的局限、雇用/解雇成本、加班成本、库存成本、单位产品利润等。人力资源规划的输出是使总效益最高的员工政策(雇用/解雇、加班和库存)。

5.5 综合计划

企业在完成能力/设备计划和人力资源计划以后,接下来的任务就是在此基础上制订综合计划,又叫作经营计划或年度经营计划。

5.5.1 综合计划的基本问题

综合计划的基本问题是制订一个与能力设备规划和人力资源规划相一致的长期生产计划,这个长期计划包含确定一个粗略的产品组合并预计生产环节可能出现的瓶颈等内容。可以看出,年度经营计划的对象是产品或者产品组合。年度经营计划的时间跨度一般是 1~2 年。

综合计划的主要问题有如下方面。

(1)综合程度

由于企业的产品一般具有多样性,在编制综合计划的时候,根据企业当前的环境,考虑把哪些产品作为一个产品组来综合编制计划,以及每个产品组的产量,同时还要考虑每种产品组计划的时间跨度。

(2)协调性

综合计划在整个企业计划体系中起着协调的作用,它上面承接的是预测和能力/设备规划,下面承接主生产进程、批量计划和作业计划,因此具有承上启下的作用。综合计划在不同类型的企业所起的作用是不同的。对于流程型企业,综合计划是需要严格执行的,如化工类企业综合计划的制订是很受企业重视的,虽然有时会在季度或月份等时间点上有小的调整,但制订的年度经营计划企业仍需严格执行。某些加工装配型企业,实现自动化生产线以后,类似于流程型企业,其生产也是按照年度生产计划来执行的。对于一般的制造装配型企业,如汽车机械企业,综合计划一般只具有指导意义,执行率不高。总之,综合计划在面向库存生产中是需要严格执行的,而在面向订单生产中只有指导意义。

（3）期望执行的结果

综合计划通常是确定性的，而产品生产过程是在一个相对随机的环境中进行的，所以预期计划的执行结果是综合计划要考虑的一个问题。

（4）线性规划

线性规划方法在制订年度经营计划和其他一些最优化问题时是非常适用和有效的技术。线性规划方法作为一个数学工具，是一种辅助性方法，在制订具体的综合计划的时候还要综合分析企业内部和外部因素，因为年度经营计划的制订会涉及很多复杂的因素，有些因素的影响往往是线性规划方法所不能反映的。例如，中期生产计划面临多种环境，要综合很多影响因素，包括内部因素和外部因素，见图5-3。

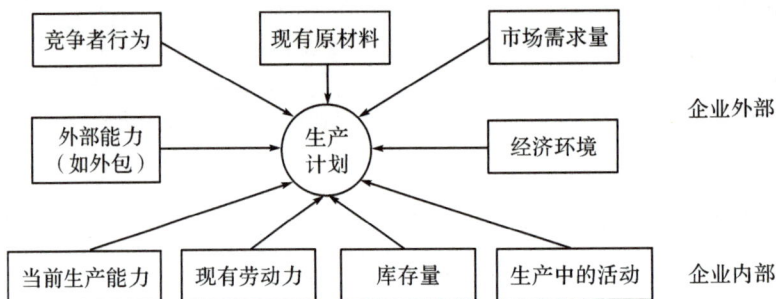

图 5-3　生产计划的环境与输入

总体来说，外部环境超出计划制订者的直接控制范围，但是在某些企业中，对产品的需求可以被有效地管理，例如，通过营销和运作部门的密切合作，促销和降价可以在淡季创造需求；反过来说，当对产品的需求比较旺盛时，可以减少促销或者提高价格，使企业在能力范围内可以提供的产品或服务所获得的收益最大化。通常，在制订生产计划时，内部因素一般被视作可以控制的变量，例如当前的实体生产能力、目前的劳动力水平、存货水平以及生产需要的活动等。

5.5.2　基本年度经营计划

基本年度经营计划的任务是在计划期内编制单一产品的生产计划，这是一种中期计划，制订该计划时需要考虑企业外部和内部两个方面的因素（见图5-3）。企业外部因素主要有：市场需求量、原材料供应及供应商因素、竞争对手行为、企业的外部能力、经济环境状况等；内部因素主要有：当前设备和生产能力、现有劳动力、库存量、生产中的活动等。

基本年度经营计划的主要输入方面有：在计划期内的预测需求、企业能力的限制、单位产品的收益、库存的持有成本等。基本输出即计划的结果是决定每种产品在预测期内一系列单位时间点上的产量，也就是说，确定产品的生产进度计划和总量计划，如确定每个季度分别生产多少、年产量是多少等。

5.5.3 产品组合规划

产品组合规划,就是在计划期内寻找一个最佳产品组合来获得最大的收益。产品组合规划的制订,需要把营销/促销和物流联系起来,了解瓶颈出现的位置,因为在不同的产品组合下瓶颈的位置会发生变化。

产品组合规划的主要输入有:对产品/产品组需求的预测(可能是一个范围)、单位时间内的数据、企业设备能力的限制、产品的单位收益、库存成本等。

5.5.4 年度经营计划的相关结论

年度经营计划的主要结论如下:

(1)一个年度的经营计划不可能普遍用于所有情形。年度经营计划需要考虑的因素很多,由于环境因素的多变性,计划也要随之改变,企业的工作就是对某一个相对确定的环境做一个相应年度的经营计划。

(2)简化能够促进理解。年度经营计划考虑的因素很多,而且各因素之间的关系也很复杂,如果全部细节都加以考虑,所带来的成本必然很高。因此,模型不一定是越复杂越好,有时候简化更能抓住本质,更好地理解所处的环境。

(3)线性规划的方法是制订年度经营计划的一个非常重要的工具,可以借助于线性规划这样一个辅助工具,结合具体问题进行分析,以制订相应的计划。

(4)鲁棒性比精确性更重要。年度经营计划不一定都能够确定出最优解,而求出的最优解在实际应用中不一定是最好的,还需要考虑灵敏度问题。在最优解条件下,如果稍微变动变量条件,目标值就发生很大的变动,那么可以认为这不是最优解。在实际管理中,不可能所有的条件都能达到既定目标,常常会发生偏差,如果求出的最优解对这种偏差灵敏度不高,可以认为这个最优解是有意义的,反之,要重新求解。所以说,鲁棒性比精确性更重要。

(5)制订计划和执行计划不是独立的活动。生产计划的制订和执行是密切联系在一起的,完善的计划需要在执行过程中不断反馈,实时改进。

5.6 批量定额

5.6.1 拉式系统与推式系统

企业的生产系统可以分为推式系统和拉式系统两种类型。

推式系统的主要运作过程是:根据已经明确的市场需求(订单),企业制订一个集中的生产计划来满足已知的需求。例如,一个企业接到 A、B、C 三个订单,企业需要做一个完整的生产计划,主要是安排具体每个工厂和车间的任务以及每种产品产量的时间进度等,以能够在交货期之前按时交货,然后按照计划进行生产,最终交付给顾客。这种根据需求信息制订集中计划,然后再去执行计划的生产系统的控制方式称为推式模式,相应的系统叫作推式生产系统,典型的推式系统如 MRP、ERP 系统等。

拉式系统的主要运作过程是:企业接到订单以后,不是先制订集中的计划,而是把订单按交货期排优先序(即出厂计划),根据这个优先序来安排生产,从最终的出厂阶段开始逐步向生产过程的前一阶段发出需要零部件和原材料的指令,这种指令相当于订单,然后重复这一过程。例如,一个企业接到 A、B、C 三个订单,排优先序的结果是 A 的优先序最高,因而先安排 A 的生产,最后一个工序要完成对 A 的出厂计划,需要 A 的生产过程的一些零部件和原材料,假设生产 A 的最后一道工序是组装测试工序,完成一批 A 产品的组装测试就会向上游阶段发出要组装零部件的指令,然后把这些组装零部件的指令看成新的"订单",重复组装测试工序的过程,向其上游要待加工零部件和原材料,直至整个产品完成。拉式系统没有集中的计划,下游一旦出现空闲状态,即要求上游提供原材料以进行加工生产。所以说,拉式系统是一种分布式系统,通过每一个工位和车间的空闲状态来改变和发布指令,而不像推式系统通过集中编制计划下发到各个车间工位来安排生产,典型的拉式系统如看板系统,CONWIP 系统等。

拉式系统里每次完成一批产品的生产,每一批完成一定单位产品后再向上游发出原材料需求的指令就是所要讨论的批量设定问题。

5.6.2　拉式系统中的批量设定

在拉式系统中,后一工序完成一定量产品的生产就会向前一工序发出零部件和原材料的需求指令,这里所描述的"一定量"具体值的确定就是批量设定问题。批量可以有两种理解:一种是生产的量,即每生产一种产品或调整一次设备所生产产品的最大量;另一种是确定批量之后,设备每调整一次可以生产批量整数倍的产量。批量设定问题主要存在于拉式系统中。

5.6.3　批量大小设定

批量的设定带有一定的权衡性,批量的大小各有其优缺点,批量设定就是权衡这些优缺点,找到一个最佳批量,以满足企业的实际生产情况。

大批量的优点主要是与规模效应相关,主要包括:设备调整次数少、产出率高、设备利用率高、单位劳动时间低、管理费用低、管理协调工作简单等。缺点主要是与短期绩效相关,包括:由于大批量的生产周期长,对需求的预测准确率较低;加班可能性高;在制品库存多;在质量控制方面因为批量大而难以控制等。大批量定额的这些缺点与库存管理一些规律相关联,还有一些与准时化生产方式相关联,例如,批量设定过大会导致质量控制难度加大,每次生产一个批量以后向上游要零部件和原材料的规模就大,发现缺陷的难度就越大,质量控制就越难。另外,批量大了以后在制品库存水平高,所以对市场的反应性和服务水平就差,生产周期长。

所以说,在批量设定的时候要综合考虑设备、在制品库存、成本、生产周期、质量控制等要素,权衡不同批量定额下这些要素的优缺点,确定适合本企业的最佳批量。在库存管理中有批量设定的方法,更多的是从成本的角度考虑,实际应用上可以根据具体情况选择考虑角度,如提前期与在制品库存等。选择的角度不同,目标往往不一致,得出的批量大小往往也不一致,所以,批量定额的设定只能侧重于某一个角度。

正如前面所述,批量设定问题一般存在于拉式系统中,如看板系统,批量就是标准容器的量。拉式系统中批量大小对系统运转影响很大,而推式系统中,一般来说与批量大小关系不大。少数情况下如批量大小对系统的运行机制产生较小的影响,推式系统才会涉及批量设定问题。

5.7 排程

5.7.1 排程问题概述

(1)排程的概念

计划一般是面向产品或者零部件的,而排程是面向短期性的作业。排程对象可以是零部件的出厂计划,也可以是工位的工序的安排计划。零部件出厂计划,如 MRP 制订了很多的零部件计划,把这些计划都集中安排到车间和工位上,这时,车间和工位在不同时间点上就会接到很多加工要求(相当于小的"订单"),这些"订单"完成的先后顺序,就是典型的排程问题。也有把部件的完成出厂计划叫作排程计划,涉及各个车间和工位的出厂要求也叫排程问题。排程问题从大的角度来说,可以把产品的出厂顺序作为排程对象,从小的角度来说,把对应于每个车间和工位上所加工不同零部件的小"订单"的安排顺序作为排程对象。排程问题常见于推式系统中。

(2)排程的目标

排程的目标通常包含以下几个方面:保证准时交货,提高顾客服务水平;在制品库存和成品库存水平不能太高,维持低库存成本;设备不能空闲,保持设备较高利用率。但是这三个目标之间往往存在不一致性,如高顾客服务水平与低库存就存在矛盾,因为必须有一定的库存以保证顾客的需求立即被满足。所以说,排程问题是一个比较复杂的问题,其复杂性主要在于计算过程的复杂性和排程目标的多样性与不一致性。

(3)排程问题的相关术语

①服务水平(service level)

服务水平通常用于面向订单生产的系统,是用订单被准时交付(即在承诺的交货期之前完成订单)满足的程度来衡量服务水平的高低。

②满足率(fill rate)

满足率通常用于面向库存生产的系统,用顾客需求立即被满足的百分比来衡量服务满足率水平的高低。

③延期与延误(lateness & tardiness)

这两个概念通常与排程问题中的现场控制有关，反映了排程的结果，并作为排程的目标指标。延期是指承诺的交货期与实际完成的时间的差值，可能是正的，也可能是负的。所以，如果订单所要求交货期大于实际交货期，延期是正值，反之，延期是负值。多种订单的延期结果的平均意义不大，通常在反映排程结果是否有效时，可以用延期的方差或标准差来表示实际交货期与承诺的交货期的偏离程度。延误是在当实际的交货期晚于承诺的交货期时出现的，如果实际交货期早于承诺的交货期，可以定义此时的延误为 0。通常排程的目标是延误要少，订单要被按时满足，这也是反映服务水平高低的基本要素。

5.7.2 经典排程问题

(1)MRP/ERP

MRP/ERP 是经典的排程方法，本质上是一种物流编制方法，这种方法的思路很简单，是一种分层次和按层展开的方法。概括起来讲，MRP/ERP 方法有如下特征：固定提前期，不考虑现场的情况，对提前期设定过长，计划的协调性差，一种极端情况是提前期无限长，没有协调性。

MRP/ERP 方法在某种意义上是一优化过程，这种优化是有前提的，如固定提前期，给定批量等。所谓优化，是指在给定目标下的最优排程法，这种排程法的假定性很强，通常包含以下假定：在排程的开始阶段所有工作同时到达、有确定的加工时间、不考虑设备调整时间、机器不会出现故障、不允许抢先、一个订单一旦开始加工直至完工不能终止等。目前很多的研究从运筹学的角度来考虑抢先、订单加工中断等条件下的排程问题，过程更为复杂。

(2)单机器排程问题

企业完成年度经营计划、批量计划或者 MRP 计划以后，每个车间和工位在生产过程中的每个时间点可能会接到很多加工指令，当要求把这些加工指令进行排序，如果仅从一个车间或者一台机器上来考虑这种排序问题，就是单机器排程问题。

单机器排程问题优化的目标可能是不同的，通常有以下目标：最小化平均生产周期，可以使用"最短流程时间"的订单处理顺序；最小化最大延期(延误)，可以使用"最早交货期"的订单处理顺序；最小化平均延误，此时没有一个简单的规则来处理，问题的复杂性呈指数增长。单机器排程问题有时候很难有最优解，只能使用一些启发式规则或经验式规则，先排出一个顺序，看整个流程的表现，然后根据实际情况进行调整。

(3)多机器排程问题

一批订单先后要经过多个加工工序和车间，而且这些多个工序和车间之间存在有序关系，这批订单到底先完成哪一个，后完成哪一个，即安排订单加工的先后顺序时，需要将多个工序车间、多台机器同时考虑，这就是多机器排程问题。

多机器的排程问题通常目标相对简单(如使整个制造周期最短)，在两台机器的情况下，一般有最优解，但三台及以上机器就没有最优解，只有启发式或近似解。多机器排程问题的一些启发式规则主要有：FIFO（先进先出法）、SPT（最短流程时间法）、EDD（最早交货期法），等等。如果是有多个订单，每个订单在多台机器之间的加工路线相同，这就是多机器流程的流水车间（flow shop）排程问题，这是多机器排程的一种相对简单情况。如果有多个订单，而且每个订单在多台机器之间的加工路线不同，此时，这种多机器排程问题就变得更为复杂。

5.7.3　现实中的排程问题

对于现实中的排程问题，一般来说，发现最优的排程几乎是不可能的，只能通过设计一些近似的或启发式的规则来实现排程，然后根据实际情况进行调整。这些启发式规则通常是针对其中一台或者若干台机器的，当针对一台机器的时候，这些启发式规则又叫调度规则，如 FIFO、SPT、EDD 等，这些经验性规则求出的肯定不是最优解，在现实中，有时能够很好地解决实际问题，有时效果会很差。经验规则一般是从一台机器或者多台机器之间相同的部分来考虑的，所以是一种局部优化。多台机器的排程问题，在运筹学和运作管理等领域都有研究，其调度问题和排程问题是非常复杂的，计算复杂度很高。

实际排程问题的计算几乎都是 NP 问题（随着问题规模的增加，计算量呈指数增长），例如整数规划问题，随着约束的增加和变量个数的增加，计算量呈指数增长，仅仅依赖计算机技术的发展是不能解决问题的。目前的计算机技术与 20 年前相比，处理整数规划问题的能力有了很大的提高，但其增长速度远远跟不上现实问题复杂性的增长。

所以说，现实排程问题由于其复杂度高，计算规模很大，往往采用一些启发式的方法来求解，而且这种解并不是唯一的。实际排程问题还可以通过一些软件来给出一些启发式的近似解，如固定提前期的排程方法（MRP/ERP）、基于规格的排产（FACTOR）、专家系统方法（MIMI）、瓶颈环节计划编排（OPT）、启发式方法（MADEMA/PROMIS）、基于特征的排序方法（MRP-C）、考虑动态环境扰动的方法等。

5.8　现场控制

5.8.1　现场控制的概念

所谓现场控制，是指通过一系列相关决策来直接影响工厂物流的决策过程。现场控制包含的工作主要有：产出的追踪、整个工作绩效的预测、质量控制、能力的反馈、生产系统状态的监控和 WIP 的跟踪等，如图 5-4 所示。

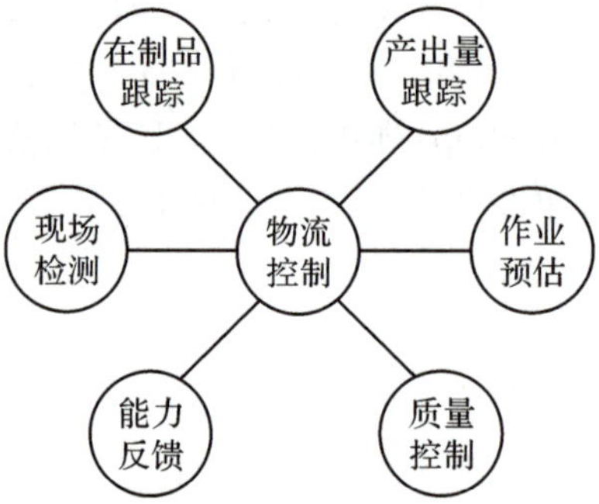

图 5-4 现场控制活动

5.8.2 现场控制计划

与现场控制计划有关的内容包括：

（1）粗能力控制，就是使得生产线和需求能够匹配。通常使用的方法包括：改变员工、改变工作时间的长度或使用外部设备来加强生产能力。

（2）瓶颈的计划。尤其是在多产品生产环境中，瓶颈可以由产品组合改变，可以通过组合变化作为手段来进行干预，稳定的瓶颈更容易管理。

（3）现场控制的幅度。根据生产系统，整个企业的现场涉及很多方面，根据物流或逻辑上的独立性将现场分解成若干部分。通常对现场员工的控制，一般幅度在 10 人左右；流程的控制与技术相关，一般的，应将技术关联性较强的流程放在同样的监控环节里面。

现场控制的活动，除了对实际的生产状态监控外，还包括以下很多方面的监控：在制品库存状态，产出率情况，整个系统状态，未来加工情况的预测，等等。通过现场控制，使整个生产计划系统组成完备的循环，形成反馈系统，使计划更加高效和准确。

📖 本章小结

本章主要就运作过程中所需要做的计划、协调、决策和控制活动体系进行相应的概括性介绍。重点介绍了企业运作计划的层次体系，讨论了企业在短期、中期和长期运作计划的重点，指出预测是制定一切计划和决策的基础。然后就企业能力/设备规划、人力资源规划、综合计划、批量定额、排程、现场控制等内容进行了简单阐述。

课后习题

一、思考题

1. 什么原因限制了经理对一定数量的下属或制造工艺的管理控制范围？这会对企业计划协调带来哪些问题？

2. 什么是计划管理？企业计划的层次如何划分？各种职能计划之间有什么联系？

3. 总体来说，预测的精确性是如何与综合计划的实际应用相联系的？

二、选择题

1. 对于采用备货型生产方式（make-to-stock, MTS）的企业，反映其服务水平的适当指标是（　　）

A. 生产周期小于提前期的概率　　　　B. 需求被立即满足的比率

C. 订单不被拖延的概率　　　　　　　D. 生产计划不被延误的比率

2. 制造型企业的计划层级中，下列哪一种计划是企业制造功能与市场需求的界面（指反映市场需求的最低层次的计划）？（　　）

A. 长期资源计划　　　　　　　　　　B. 中期生产计划

C. 主生产进程　　　　　　　　　　　D. 物料需求计划

第6章

预测

对任何一个企业来说，预测是至关重要的。正如上一章所说，预测是实施一个长期计划的基础。财务、营销、运作等，企业的各个职能部门都需要通过预测来制定其他关键决策。如生产和运作人员使用预测来制定周期性决策，包括工艺流程的选择、生产负荷计划以及设备布置，也包括产品计划、调度和库存等方面的连续性决策活动。

进行预测的时候，最重要的是预测方法的选择，一个好的策略需要两三种预测方法。但需要牢记的是，在一般情况下要得到一个精确而完美的预测是不可能的。所以不断地对预测进行评估和用一系列的新数据进行更新是成功预测的基础。本章将首先介绍预测的基础知识，然后重点介绍几种常见的定性和定量预测方法。此外，本章还将讨论预测精度的测量以及如何选择恰当的预测方法。最后，本章在末尾部分还引入了呼叫中心资源配置管理实验，通过实验分析不同需求预测方法对于资源配置和服务系统的运营效率的影响。

6.1 需求管理

企业需求管理的目的是协调和控制所有需求来源，从而有效地利用生产系统并能按时发送货物。

产品或服务的需求有两个基本来源：独立需求和非独立需求（见图6-1）。独立需求是指由市场所决定的需求，非独立需求是指由其他需求所引发的对诸如原材料、零部件、组装件等的需求。

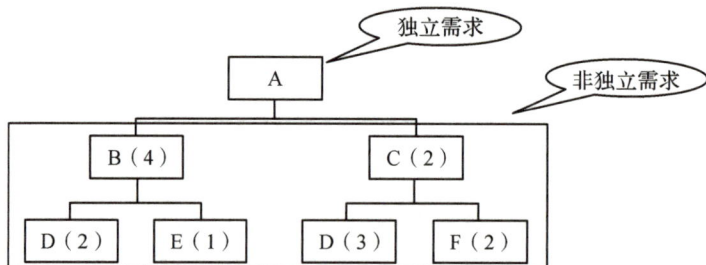

图 6-1　独立需求与非独立需求

图6-1中是以制造型企业的产品为例，产品A由部件B和C组成，部件B和C又分

别由零部件 D、E 和零部件 D、F 组成。市场对产品 A 的需求就是独立需求,而由 A 的需求所引发的对部件 B、C、D、E、F 的需求就是非独立需求。又比如,市场对汽车的需求量是独立需求,而根据汽车的产品结构图,由汽车的需求所计算出来的构成汽车零部件的需求就是非独立需求,这种需求是由对汽车的需求所决定的。零部件的需求量等于汽车的需求数乘以汽车的产品结构图中该零部件对应的系数。本书后面将分别针对独立需求和非独立需求介绍计划、决策和协调的方法。

一般情况下,独立需求是对产成品的需求,但某些特定情况下也可以是对零部件的需求。例如,汽车零部件的需求一般是非独立需求,但一些零部件的维修需求是独立需求,如轮胎,一辆汽车有四个轮胎,除此之外,也可以单独采购轮胎用来作为维修使用。这时,对维修所使用轮胎的需求就是独立需求。

对于独立需求,企业应对的方法有多种。常见的两种方法是:积极主动式的应对需求的方法和被动式的响应需求的方法。

(1)积极主动式的应对需求的方法是指企业采取一些适当的行动和策略影响需求,目标是使需求更平稳,企业收益更大。采用积极主动式的应对需求的方法以使需求更加平稳,这是营销学常用的方法,如营销学中的歧视定价理论。以中国电信通话费为例,白天话费高,夜间则低,因为电信的带宽能力有限,白天的需求量大,而夜间的需求量小,所以通过歧视定价,积极主动地影响需求,把白天的一部分需求调整到晚上,使需求更平稳。采用积极主动式的应对需求的方法,可使企业的收益增大,是收益管理中增大收益的常见方法,如折扣策略和定价策略,常用于航空、旅馆等行业,通过对市场需求充分了解的基础上,判断能否通过价格和折扣来影响需求,以使需求相对确定,此时可以应用优化的方法来达到最大收益。此外,企业还可以采取的办法有:向销售人员施加压力、奖励销售人员、对顾客进行有奖促销、发动销售战和降低价格等,这些措施会使需求增加。反之,抬高价格或降低销售力度都会使需求减少。总之,虽然需求具有不可控性和多变性,但由于企业的行为可以对市场产生作用,可以设计一些方法使得市场的反应向企业所期望的方向变动。

(2)被动式的响应需求的方法,就是假定需求由外部环境决定,企业无法控制,企业通过对需求变化的规律和需求特性的了解和掌握,根据自己的决策来很好地接受并满足这种需求。如企业的生产能力已经满负荷运作,企业也许就不想去改变需求状况。诸如竞争、环境、法律、道德伦理等因素也会使得企业只能被动地接受市场需求。

对于非独立需求,企业一般没有太多可做的。因为非独立需求一般必须得到满足,不论是内部生产还是通过外购。所以,本章介绍的需求管理和预测均是针对独立需求而言的。

6.2 预测及其重要性

6.2.1 预测的概念

预测是用来预计未来世界和未来行为的过程和方法，是对未来可能发生的情况的预计和推测。预测不仅是长期的战略性决策的重要输入，而且是短期的日常经营活动的重要依据。任何组织都应当通过预测来指导自己的生产活动，比如服务行业，其服务一般是不能存储的，因此，必须尽可能准确地估计未来的需求，以配置适当的服务能力。如果员工太多，势必造成浪费；如果员工太少，就可能失去生意、丧失顾客，或者加重员工的工作负担。

在组织内部，预测为各部门编制计划提供了基础。显然，当各部门基于相同的预测结果开展工作时，它们的步调是一致的，它们之间的活动是相互支持的。比如在一个制造企业中人事部门雇用适当数量的具有不同技能的员工；采购部门签订各种各样的原材料、零部件购销合同；财务部门在对销售收入和资金需求的估计基础上，决定在适当的时间以适当的数量筹措资金。这些都是以共同的预测为基础开展各自的业务的。

6.2.2 预测的基本特征

一般而言，预测总是要发生偏差的，与未来情况完全一致的预测几乎不可能出现。由于未来情况有很大的不确定性，预测不可能是绝对准确的。即使是十分周密的预测，也可能与未来事实不完全相符，甚至相差很远。然而，"凡事预则立，不预则废"，尽管预测不可能百分之百准确，但它仍具有不可忽视的作用。企业就是要找到一些方法来尽量减少这种预测误差，因此预测本身也是一门科学的依据。

通常组合预测比单因素预测更为准确，因为组合数据更为稳定，受随机因素影响较小，不同数据产生的预测误差可以相互抵消。组合预测的组合可以是多个影响因素的组合，也可以是多个预测模型的组合。

预测精度随着预测期的增长而降低。一般来说，短期预测比长期预测的不确定性因素要少，因而短期预测更为准确。

预测是需要成本的，而且一般来说越复杂的预测方法成本越高，但预测精度也越高，预测风险也越低。

6.2.3 影响需求预测的因素

对企业产品或服务的实际需求是市场上众多因素作用的结果。其中有些因素是企业可以影响甚至决定的，而另外一些因素则是企业无法控制的。一般来讲，某产品或服务的需求取决于该产品或服务的市场容量以及该企业所拥有的市场份额，即市场占有率。图 6-2 给出了影响需求的各种因素,其中,框框中的因素是企业可以努力做到的。在众多因素中,主要介绍以下两种因素。

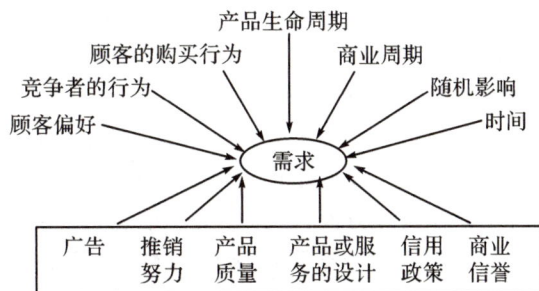

图 6-2　影响需求的因素

（1）商业周期

商业周期,即整个经济环境。在市场经济条件下,整个经济环境呈现周期性波动的规律,从复苏到高涨到衰退到萧条,周而复始。在这个周期性过程的不同阶段,需求情况是不同的。中国的市场是不完全的市场,在经济处于高速增长的同时,很多方面出现了衰退迹象,但政府可以通过一些政策对经济进行干预使之维持高涨的状况,避免由于经济增长过热而导致的衰退。西方经济学对经济的研究也是如此,在保证公平和竞争的前提下采取一些政策性措施来干预市场经济,防止经济衰退和萧条的出现。

（2）产品生命周期

任何成功的产品都有导入期、成长期、成熟期和衰退期四个阶段。四个阶段对产品的需求是不同的。在导入期,顾客对产品了解得不多,销售量不会很大,但呈逐步上升趋势;到了成长期,产品需求急剧上升,一般会出现仿制品,将影响销售量上升的速度;到了成熟期,每个希望拥有某种产品的人都能买到这种产品,销售量达到最高点;到了衰退期,产品销售量下降,若不进行更新换代或改进,产品就不再会有销路。

6.2.4　预测的误差

这里所说的误差指的是预测值与实际值之间的差别。我们已经知道一个产品或服务的需求是通过一系列复杂的因素交互作用产生的,这些因素太复杂以至于不能在一个模型中精确描述,因此,所有的预测肯定都会包含某些误差。误差可能有各种来源,一种常见的来源就是将过去的趋势直接外推至未来,而预测人员却往往没有意识到这一点。误差可以分为偏移误差和随机误差。偏移误差出现在连续产生错误之时,其来源一般有:未包含正确的变量,变量间关系定义错误,趋势曲线使用不正确,季节性需求偏离正常轨迹,存在某些未知的长期趋势等。随机误差可以看作是无法由现有预测模型解释的误差项。

当然企业的运作和管理会涉及很多环节,而且各个环节之间相互联系,预测误差会呈现逐层放大效应。这种预测误差的放大效应不仅在企业中会发生,而且在供应链上也会发生,如"牛鞭效应",把市场需求的波动理解为一种误差,这种误差沿着供应链从下游向上游传递,而且误差会越来越大,对企业的影响也越来越大,误差在多个环节相关联的企业中有逐层放大的效应。

预测误差而引起的预测精度低,可能导致的后果主要包括:供应商不能按期供货;由于对市场需求预测错误,使得对能力的调整是一种无效调整,导致企业能力的损失;因为不准确的预测会导致缺货,这时企业对顾客的服务水平就低,导致顾客对企业的好感度下降和企业销售机会的丧失,损害企业的信誉;在人力资源计划的预测方面,由于对企业人力资源的需求预测不准确,导致企业的培训策略、雇用策略和财务策略都发生偏差,会造成很大的损失和浪费;在库存管理方面,因为预测不准确,会导致库存积压,包括成品、半成品和原材料的积压,这种库存积压会引起库存成本,如库存保管成本、仓储费用、物资本身的损失、在保管过程中的损失以及保管物资所需的保险和税方面的成本。

6.2.5 预测的重要性

(1)预测在发现市场机会方面有很重要的作用。

(2)预测误差往往是库存增加的重要原因,最优的库存要求做精确的预测。

(3)库存通常是用来预防未被计划到的一些不可预知的需求,这些需求可能是由一些可以预知的和不可预知的事件引起的,也可能是由提前期的不确定性、运输成本等因素引起的。

其中,那些可以预知的事件就是那些可以用来预测的事件;那些不可预知的事件就是那些利用现有可行的工具不能够有效预测需求的事件。

提前期是生产周期的一种形式,它依赖于生产周期和排程函数,并且提前期越长,不可预知的事件出现的概率越高,预测的精度就越低。在企业中,很多管理问题都依赖于预测,而且预测值期望越准确越好。所以,在企业和供应链中,不同的企业依据各自对利益的追求,对提前期和预测值都有各自的目标导向行为。比如,对于分销商来说,他期望的提前期或交货的时间窗(可以理解为要求交货的提前期)对于他的上游(供应商)总是希望时间越长越好,对于下游(顾客)总是希望时间越短越好。这样,提前期在分销商的上下游之间会产生矛盾(见图6-3)。

图6-3 分销商的困惑

在推式系统中,上游供应商将会把他的一些产品"推"给下游的分销商,而分销商将他的库存推向市场和顾客,主要都是通过折扣的形式。而在拉式系统中,分销商总是希望保存的库存越少越好,需求能够很快地从供应商处得到满足,而顾客期望他的需求从分销商处马上得到满足。在这样一个活动中,现实权衡的结果是把压力集中到分销商手中,对于分销商来说,下游顾客要求交货的时间尽可能短,上游供应商要求供货的时间尽可能长,导致矛盾比较尖锐,见图 6-4。

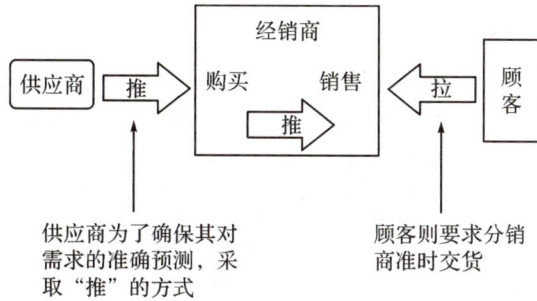

图 6-4 周期与预测——不幸的现实

6.3 预测的分类

预测按照不同的特征和角度可以分为不同的类型。按照主客观因素在预测中起的作用可以分为定性预测和定量预测,而定量预测又可以分为时间序列分析、因果关系以及模拟三种类型。

定性预测基于估计和评价,预测人员仅仅依靠主观判断和个人意见做出预测。时间序列分析是本章重点介绍的预测方法,它的核心理念是:与过去相关的历史数据可以用来预测将来的需求。历史数据可能包括诸如趋势因素、季节因素、周期因素等。因果关系假定需求与某些内在因素或周围环境的外部因素有关,我们将用线性回归方法对此加以讨论。常用的预测方法模拟模型则允许预测者通过对预测环境的一系列假设来运行。表 6-1 列举了基本的预测模型类型。

表 6-1 常见的预测方法

预测方法		具体描述
定性方法:基于估计与评价;主观性、判断性	经理判断	基于组织管理人员的直觉。依据经理们的个人直觉和经验来做出判断,主要应用于长期规划和新产品开发
	基层预测	分层结构中处于最低层,直接从所要预测的对象的相关人员中搜集信息,把这些信息输入汇总,得到预测结果。例如,通过汇总每一个销售人员的信息(他们是对这一销售领域最为了解的人),便可以得到对总销售额的预测
	市场调研	通过各种不同方法(如问卷调查、电话或上门访谈等)收集数据,检验市场假设是否正确。这种方法通常用于长期预测和新产品销售预测
	小组共识	通过会议自由而坦率地交换意见。这种方法的指导思想是群体讨论将得出比个人所能得到的更好的预测结果。会议参加者可以是高级管理人员、销售人员,甚至是顾客

续　表

预测方法		具体描述
定性方法：基于估计与评价；主观性、判断性	历史类比	将所预测的对象与类似的产品相联系。利用类似产品的历史数据进行预测，这在设计开发新产品时很重要
	德尔菲法	由一组专家分别对问卷进行回答。由组织者汇集调查结果，并形成新的调查问卷，再由该组专家重新回答。由于接受了新的信息，这对这组专家而言也是一个学习的过程，而且不存在诸如群体压力或者某些主导性个体对预测结果的影响
时间序列分析：基于过去的事件随时间的出现而形成的历史记录，可以用于预测未来	简单移动平均	对某一包含一些数据点的时间段求平均，即用该段时间所含数据点的个数去除该段时间内各点数据值之和，这样一来，每一点对平均值都有相同的影响力
	加权移动平均	个别点的权重可能比其他数据点要高或者低一些，可根据预测经验而定
	指数平滑	最新数据的权重高于早期数据，此权重因子随着数据的老化而呈指数下降
	时间序列分解	基于这样的假设：各种时间序列成分单独地作用于实际需求，而且过去和现在起作用的机制将持续到未来。从时间序列值中找出各种成分，并在对各种成分单独进行预测的基础上，综合处理各种成分的预测值，以得到最终的预测结果
因果关系：试图弄清预测对象的基础和环境系统情况，例如，销售量可能会受到广告、质量和竞争对手的影响	回归分析	回归分析的基础是其他事件的发生影响了预测结果。可以是一个变量，也可以包括多元变量，最常用的拟合方法是最小二乘法
	计量经济模型	试图用一组相互联系的方程来描述经济中的某些因素
	投入产出模型	关注每一家企业对其他企业以及政府的销售情况。它给出的是由于一家企业的采购变化导致的某一生产企业预期销售量的变化情况

模拟：以计算机为模型的动态模拟模型。预测人员可以对模型中的内部变量和外部环境进行假设。根据模型中的变量，预测人员可以分析诸如如果销售价格上涨 10%，预测结果将如何变化？一次全国性的经济轻微衰退将对预测带来什么影响？等等

6.4　定性预测方法

6.4.1　经理判断法

经理判断法是指由一些高层经理人员或组织的负责人聚集在一起进行集体研究，依据经理们的个人直觉和经验来做出判断。这种方法简单易行，缺点是依赖于个人的主观意见，缺乏科学性。同时，个别权威的观点可能左右他人的观点，而且预测的责任分散会导致经理们意见的草率，预测结果质量得不到保证。这种方法主要应用于长期规划和新产品开发。

6.4.2　基层预测法

基层预测法也叫草根法。由于销售人员和售后服务人员与顾客直接接触,他们一般是最了解产品未来需求情况的。基层预测法通常先由各地区的销售人员根据个人的判断或者与地区有关部门交换意见并进行判断后做出预测,然后将最低一层的预测结果汇总后送至上一级。这种方法的优点是容易开展,销售和售后服务人员参与预测,提高了他们的工作积极性,数据采样分布广,预测结果稳定,可靠性较高。缺点是会受到当前销售情况的影响,而且会朝着对自己有利的方向预测。这种方法主要应用于销售区域分布广、各区域情况差异大的产品的需求预测。

6.4.3　历史类比法

历史类比法就是找到历史上过去已经销售过的有类似性的产品或服务,通过它的销售需求规律类比到企业当前需要预测的产品上的一种预测方法。这种方法首先要找到历史上已经销售过的类似产品的销售需求规律,需要一些准则来判断,判断当前产品与历史上的哪些产品比较相像。这种方法常用于新产品规划过程的商业分析,新产品没有推向市场,直接预测相当困难,往往需要借助历史上的类比产品来分析。

6.4.4　市场调研法

市场调查法是通过各种不同的手段来收集与需求有关的数据,然后利用这些数据进行有关的市场需求的一些假设检验,根据这些假设检验,来预测需求变动的趋势和规律,通常应用于长期预测或者对新产品的需求预测。这样一种研究方法参与的人员通常可能是高层经理,也可以是销售人员,而且其中可能会用到一些定量的数据分析,但预测的结果是一种定性的判断,如需求会增长还是会下降,与历史上某种产品是否具有类似性等。

6.4.5　小组共识法

在小组共识法中,"三个臭皮匠胜过一个诸葛亮"的思想被广泛应用。即相较于由背景范围比较狭窄的成员组成的小组而言,由来自不同职位、背景更加广泛的成员组成的小组所做的预测更加可靠。小组预测法是通过开放式的会议来进行的,会议中,来自不同级别的管理者和职员自由交换意见。这种开放形式的会议的一个难点是:低级别的员工会被高层管理者的意见所左右。

6.4.6　德尔菲法

德尔菲法又称专家调查法，是 20 世纪 40 年代末由美国兰德公司首先提出，很快就在世界上盛行起来的一种调查预测方法。与小组共识法不同，德尔菲法隐去了参与研究的各成员的身份，参与研究的每个人的重要性都相同。

德尔菲法的主要步骤如下：

(1)选择一些专家来参加预测，这些专家具有不同的知识和专业背景。

(2)通过一些问卷(这些问卷可以是纸质的也可以是电子的)收集每一个专家的预测结果。

(3)把每一个专家的预测结果进行汇总，把汇总结果以及不一致的程度概括出来，可以形成新的问题和问卷，再把新问卷重新分发给各个参与的专家。

(4)重新收集专家对新的问题的回答和看法，汇总以后形成新的预测，并且再次提出新的问题。

(5)重复第(4)步，直到所有专家都对这个问题达成共识，或者问题已经变得无关紧要。最后把预测结果分发给所有的参与专家。

经过上述三轮预测，德尔菲法通常能得到满意的结果。该方法所需的时间取决于专家组成员的数量、进行预测所需的工作量，以及各个专家的反馈速度。

6.5　定量预测方法

定量预测方法，包括确定型的定量预测和随机型的定量预测，本章介绍的重点是确定型的定量预测方法。在确定型的定量预测方法中，经典的方法是时间序列分析法和因果关系模型。

无论是确定型的还是随机型的定量预测方法，都是基于如下假定：那些导致过去需求情况的原因或者作用的因素在未来仍然会按照相同的模式产生影响，未来会按照一定规律重复过去，历史会重复自己。

6.5.1　时间序列分析

时间序列模型以时间为独立变量，利用过去需求随时间变化的关系来估计未来的需求。时间序列分析方法主要包括：简单移动平均法，加权移动平均法，指数平滑法，时间序列分解方法等。这些模型的共同特点都是通过平滑和平均消除由于随机因素的影响而导致的需求偏离平均水平。

6.5.1.1　时间序列的构成

时间序列是按一定的时间间隔和事件发生的先后顺序排列起来的数据构成的序列。

每天、每周或每月的销售量按时间先后所构成的序列,是时间序列的典型例子。通常,一个时间序列可以分解成趋势、季节、周期、随机波动四种成分,如图 6-5 所示。

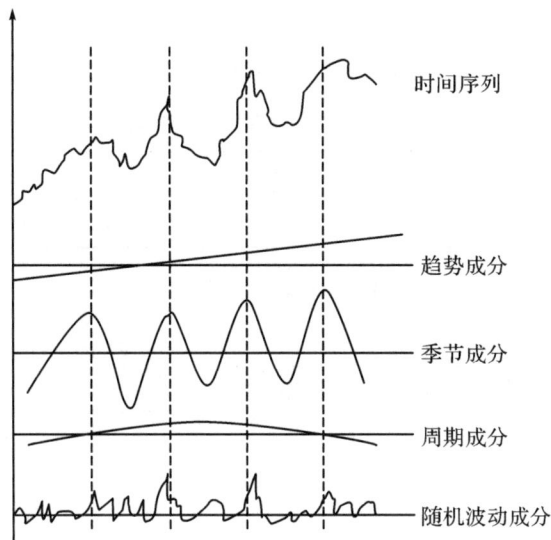

图 6-5 时间序列及其构成

(1)趋势成分:数据随着时间的变化表现出一种趋向。它按某种规则稳步地上升或下降,或停留在某一水平。

(2)季节成分:在一年里按通常的频率围绕趋势做上下有规则的波动。

(3)周期成分:在较长的时间里(一年以上)围绕趋势做有规则的上下波动。这种波动常被称作经济周期。它可以没有固定的周期。一般需要数十年的数据才能描绘出这种周期。

(4)随机成分:由很多不可控因素引起的、没有规则的上下波动。

本章只讨论趋势成分和季节成分。

6.5.1.2 简单移动平均法

简单移动平均模型认为,把历史上若干的数据加起来平均,就是对未来很好的预测。当产品需求既不快速增长也不快速下降,而且不存在季节性因素时,移动平均法能有效地消除预测中的随机波动。

简单移动平均法的公式是:

$$F_t = \frac{A_{t-1} + A_{t-2} + A_{t-3} + \cdots + A_{t-n}}{n} \tag{6-1}$$

其中:F_t ——对第 t 期的预测需求;

n ——选择被平均的时期的期数;

A_{t-n} ——第 $t-n$ 期的实际值。

虽然移动平均值通常是居中的,但直接利用历史数据预测下一期却更为方便。例如,要用 5 个月的移动平均值去预测 6 月份的需求,我们可以利用 1 月、2 月、3 月、4 月和

5 月的平均值。当 6 月的数据发生时，7 月份的预测值就是 2 月、3 月、4 月、5 月和 6 月的平均值。

例 6-1：简单移动平均法 I

一个企业某产品 1～12 周的市场实际需求如表 6-2 所示。

表 6-2　某产品 1～12 周的市场实际需求

周	1	2	3	4	5	6	7	8	9	10	11	12
需求	650	678	720	785	859	920	850	758	892	920	789	844

分别用平均期数 $n=3$ 和 $n=6$ 来预测各周的需求。

解：

$n=3$ 时，预测第 4 周和第 5 周的需求量为：

$$F_4 = \frac{A_1 + A_2 + A_3}{3} = \frac{650 + 678 + 720}{3} = 682.67$$

$$F_5 = \frac{A_2 + A_3 + A_4}{3} = \frac{678 + 720 + 785}{3} = 727.67$$

依次可以预测剩余 6～12 周的需求。

$n=6$ 时，预测第 7 周的需求量为：

$$F_7 = \frac{650 + 678 + 720 + 785 + 859 + 920}{6} = 768.67$$

同理，可以预测 8～12 周的需求，计算结果见表 6-3。

表 6-3　8～12 周的需求

周	实际需求	预测值（$n=3$）	预测值（$n=6$）
1	650		
2	678		
3	720		
4	785	682.67	
5	859	727.67	
6	920	788.00	
7	850	854.67	768.67
8	758	876.33	802.00
9	892	842.67	815.33
10	920	833.33	844.00
11	789	856.67	866.50
12	844	867.00	854.83

从表 6-3 中可以看出，预测值与简单移动平均所选的时段长 n 有关。n 越大，对干扰

的敏感性越低,预测的稳定性越好,但响应性就越差。图 6-6 显示了简单移动平均各种不同时间长度的效果。

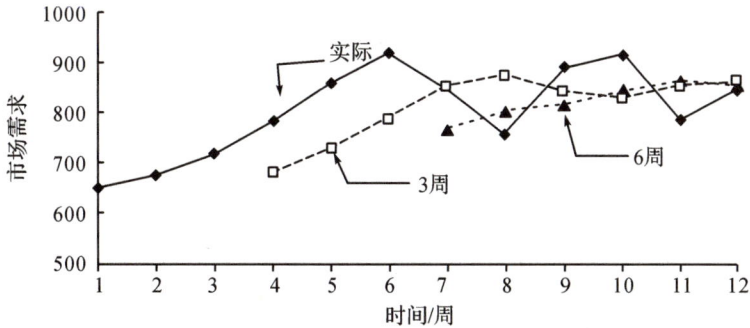

图 6-6   3 周与 6 周的移动平均预测与实际值的对比

从曲线图中可以看出,$n=3$ 时预测需求的变动趋势与实际需求较为接近,但是有明显滞后,而且平均的时间段越长,这种滞后越大。如果选择平均的时间段很短,其优点是预测值可以紧随实际历史需求而变动,但缺点是随机因素影响大,如果某种因素是随机因素,它的干扰效果会马上显现出来;如果选择平均的时间段长,会抵消部分随机因素,得出更为平滑的响应,但预测值滞后性比较大。因此,简单移动平均法中,选择最佳区间很重要,需要进行权衡。

例 6-2:简单移动平均法 Ⅱ

某企业产品的 1~7 周的市场实际需求如表 6-4 所示。

表 6-4   某企业产品 1~7 周的市场实际需求

周	1	2	3	4	5	6	7
需求	820	775	680	655	620	600	575

应用简单移动平均法,在 $n=3$ 和 $n=5$ 时,预测结果如表 6-5 所示。

表 6-5   预测结果

周	实际需求	预测($n=3$)	预测($n=5$)
1	820		
2	775		
3	680		
4	655	758.33	
5	620	703.33	
6	600	651.67	710.00
7	575	625.00	666.00

6.5.1.3 加权移动平均法

简单移动平均法给数据库中的每个组成部分赋予相等的权重,而加权移动平均法则允许每个因素有不同的权重,当然,这些权重之和等于1。加权移动平均法相比简单移动平均法的优势是它可以对以往数据的效应做出不同的估计。

加权移动平均法的公式是:

$$F_t = w_1 A_{t-1} + w_2 A_{t-2} + w_3 A_{t-3} + \cdots + w_n A_{t-n} \tag{6-2}$$

$$\sum_{i=1}^{n} w_i = 1$$

其中:w_1——第 $t-1$ 期实际值的权重;

w_2——第 $t-2$ 期实际值的权重;

w_n——第 $t-n$ 期实际值的权重;

n——预测的总期数。

加权移动平均法对历史数据赋予不同的权重,可以在一定程度上解决简单移动平均法出现的滞后性与随机性的矛盾。需要记住的是,尽管可能忽略了许多期(也可以说,权重为0),并且加权方案可能以任何顺序进行,但是所有权重的总和必须等于1。

例 6-3:加权移动平均法 Ⅰ

某企业产品 1～3 周的市场实际需求情况如表 6-6 所示。

表 6-6　某企业产品 1～3 周的市场实际需求

周	1	2	3	4
需求	650	678	720	

假如该企业认为,在为期 3 周的期间当中,最好的预测办法是使用上周需求值的 50%,两周前需求的 30%,三周前需求的 20%。

那么对第四周需求量的预测即为:

$$F_4 = 0.5A_3 + 0.3A_2 + 0.2A_1 = 0.5 \times 720 + 0.3 \times 678 + 0.2 \times 650 = 693.4$$

例 6-4:加权移动平均法 Ⅱ

某企业产品 1—4 月的市场实际需求如表 6-7 所示。

表 6-7　某企业产品 1—4 月的市场实际需求

月	1	2	3	4	5
需求	820	775	680	655	

假如该企业认为,在为期 3 个月的期间当中,最好的预测办法是使用上个月需求值的 70%,两个月前需求的 20%,三个月前需求的 10%。

那么对 5 月份需求量的预测即为:

$$F_5 = 0.7A_4 + 0.2A_3 + 0.1A_2 = 0.7 \times 655 + 0.2 \times 680 + 0.1 \times 775 = 672$$

加权移动平均法预测的关键是选择权重。根据经验和计算是选择权重最简单的方法。根据一般规律,距今最近的时期对当期的预测最为重要,因此,它的权重应该相对较高。然而所预测的数据具有季节性时,权重必须做出相应的调整。例如,对北半球国家泳衣销售量的预测,7月份的销量要比11月份销量的权重要高。

6.5.1.4 指数平滑法

前面介绍的预测方法中,主要的缺点在于需要持续输入大量的历史数据。因为预测过程中需要不断增加新的数据、舍弃旧的数据来计算新的预测值。在许多预测当中,最近的数据比距今最远的数据更有指示性。在这个假设下,指数平滑法可能就是最符合逻辑和最简单实用的预测方法。

在现实中,指数平滑法是人们使用最多的预测方法,它被广泛应用于零售公司存货的订购、批发公司以及各种服务机构当中。现在计算机预测程序中就内置了这种预测方法。

在指数平滑法中,只需要三种数据就可以预测下一期:最近一期的预测值、最近一期的实际发生值以及平滑常数 α,该常数决定了平滑的水平以及对于预测值和实际值之间差异的反应速度。平滑常数由两方面因素构成:一方面是所预测产品的特性;另一方面是经理们对于如何形成好的反应速度的理解。

简单指数平滑法(一次指数平滑法)的公式是:

$$F_t = F_{t-1} + \alpha(A_{t-1} - F_{t-1})$$
$$= \alpha A_{t-1} + (1-\alpha)F_{t-1} \tag{6-3}$$

其中:F_t ——对第 t 期的预测值;

F_{t-1} ——对第 $t-1$ 期的预测值;

A_{t-1} ——第 $t-1$ 期的实际值;

α ——平滑系数。

这个公式表明,新的预测等于旧的预测加上部分误差。

例 6-5:简单指数平滑法 I

某企业产品1~9周的实际需求情况如表6-8所示。

表6-8 某企业产品1~9周的实际需求情况

周	1	2	3	4	5	6	7	8	9	10
需求	820	775	680	655	750	802	793	689	775	

假定 $F_1 = A_1$,分别对 $\alpha = 0.1$ 和 $\alpha = 0.6$ 时应用简单指数平滑法来预测2~10周的需求。

解:

$\alpha = 0.1$ 时:$F_2 = \alpha A_1 + (1-\alpha)F_1 = 0.1 \times 820 + (1-0.1) \times 820 = 820$

$F_3 = \alpha A_2 + (1-\alpha)F_2 = 0.1 \times 775 + (1-0.1) \times 820 = 815.5$

其余计算方法相同,其结果见表6-9。

表6-9 预测结果

周	实际需求	预测值（$\alpha=0.1$）	预测值（$\alpha=0.6$）
1	820	820.00	820.00
2	775	820.00	820.00
3	680	815.50	820.00
4	655	801.95	817.30
5	750	787.26	808.09
6	802	783.53	795.59
7	793	785.38	788.35
8	689	786.64	786.57
9	775	776.88	786.61
10		776.69	780.77

将预测值和实际值进行比较，结果如图6-7所示。由图6-7可以看出，用简单指数平滑法进行预测，当出现趋势时，预测值虽然可以描述实际值的变化形态，但预测值总是滞后于实际值。当实际值呈上升趋势时，预测值总是低于实际值；当实际值呈下降趋势时，预测值总是高于实际值。比较不同的平滑系数对预测的影响，当出现趋势时，取较大的 α 得到的预测值与实际值比较接近。

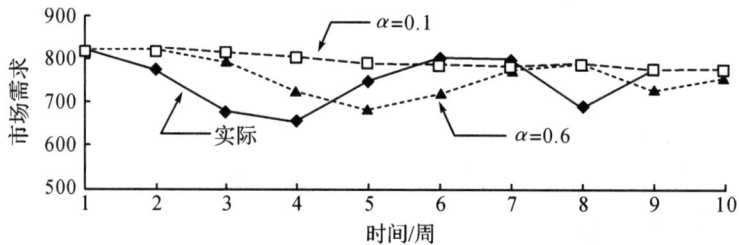

图6-7 $\alpha=0.1$ 和 $\alpha=0.6$ 时预测值与实际值的对比

例6-6：简单指数平滑法Ⅱ

某企业产品1～4周的实际需求情况如表6-10所示。

表6-10 某企业产品1～4周的实际需求情况

周	1	2	3	4	5
需求	820	775	680	655	

假定 $F_1=A_1$，当 $\alpha=0.5$ 时应用简单指数平滑法来预测2～5周的需求。

其计算结果如表6-11所示。

表 6-11　计算结果

周	历史需求	$\alpha = 0.5$
1	820	820.00
2	775	820.00
3	680	797.50
4	655	738.75
5		696.88

综上可知,预测值依赖于平滑系数 α 的选择。一般来说,α 选得小一些,预测的稳定性就比较好;反之,其响应性就比较好。在有趋势的情况下,用一次指数平滑法预测,会出现滞后现象,而取较大 α 时得到的预测值和实际值比较接近。面对有上升或下降趋势的需求序列时,就要采用二次指数平滑法进行预测;对于出现趋势并有季节性波动的情况,则需要用三次指数平滑法预测。下面介绍二次指数平滑法。

二次指数平滑法的公式如下:

$$FIT_t = F_t + T_t \tag{6-4}$$

$$F_t = FIT_{t-1} + \alpha(A_{t-1} - FIT_{t-1}) \tag{6-5}$$

$$T_t = T_{t-1} + \delta(F_t - FIT_{t-1}) \tag{6-6}$$

其中:F_t——对第 t 期的简单指数平滑预测值;

T_t——第 t 期的指数平滑趋势;

FIT_t——第 t 期的二次指数平滑预测值;

FIT_{t-1}——第 $t-1$ 期的二次指数平滑预测值;

A_{t-1}——第 $t-1$ 期的实际值;

α——平滑系数;

δ——平滑系数。

二次指数平滑预测的结果与 α 和 δ 的取值有关。α 和 δ 越大,预测的响应性就越好;反之,稳定性就越好。α 影响预测的基数,δ 影响预测值的上升或下降的速度。

人们接受指数平滑法,主要是由于指数平滑预测法具有以下六个主要优点:

(1)指数模型的精确度较高;

(2)指数模型的构造相对来说比较简单;

(3)使用者可以理解模型是如何工作的;

(4)计算量较小;

(5)因为使用的历史数据量较小,所以对计算机的存储要求较低;

(6)容易计算其精确性。

但在实际应用指数平滑法进行预测时,一个关键的问题是如何选择适当的 α。指数平滑法要求常数 α 在 $0\sim1$ 之间取值。如果实际需求稳定,可以选用较小的 α 来减弱短期变化或随机变化的影响;如果实际需求增减幅度较大,应该选择较大的 α,以跟上这些变化。但是还有两个原因使得 α 的选择比较困难:一是要确定最符合实际数据的 α 需要一些时间,这在执行或修改时非常麻烦;二是由于需求的确随时在变化,所以本次选用的 α 可能在不久的将来就需要修改。

一般来说，α 的选择都是要使某种预测误差最小化。第 i 期的预测误差定义为第 i 期的实际需求与第 i 期的预测需求之间的误差量。关于预测误差的指标有多种选择，如平均绝对偏差（MAD）、平均平方误差（MSE）、平均绝对百分比误差（MAPE）等。可以通过极小化这些误差指标，应用特殊方法计算具体的 α 值。

6.5.1.5 时间序列分解法

正如前面所述，时间序列包含一个或多个需求的影响因素：趋势、季节性、周期性、随机性。时间序列分解法企图从时间序列之中找出各种成分，并在对各种成分单独进行预测的基础上，综合处理各种成分的预测值，以得到最终的预测结果。时间序列分解法基于这样的假设：假定各种成分单独地作用于实际需求，而且过去和现在起作用的机制持续到未来。

时间序列分解有两种模型——加法模型和乘法模型：

$$TF = T + S + C + I \tag{6-7}$$

$$TF = T \cdot S \cdot C \cdot I \tag{6-8}$$

其中：TF——总趋势；

$\quad T$——趋势成分；

$\quad S$——季节成分；

$\quad C$——周期成分；

$\quad I$——随机波动成分。

乘法模型比较通用，它是通过将各种成分相乘的方法来求出需求预测值；加法模型则是将各种成分相加来预测的。对于不同的预测问题，人们常常通过观察其时间序列值的分布来选用适当的时间序列分解模型。在实际中，识别趋势和季节性因素相对容易一些，但要确定周期和随机性因素却有一定的困难。

下面将以实例说明，当需求同时包含线性趋势和季节波动效应时，时间序列分解法的使用步骤。

例 6-7：时间序列分解法

某旅游服务公司过去三年各季度快餐的销售记录如表 6-12 所示，试预测该公司未来一年各季度的销售量。

表 6-12　某旅游服务公司过去三年各季度快餐的销售记录

季度	季度序号 t	销售量 A_t	4 个季度销售总量	4 个季度移动平均	季度中点
夏	1	11800			
秋	2	10404			
冬	3	8925			
春	4	10600	41729	10432.3	2.5
夏	5	12285	42214	10553.5	3.5

季度	季度序号 t	销售量 A_t	4个季度销售总量	4个季度移动平均	季度中点
秋	6	11009	42819	10704.8	4.5
冬	7	9213	43107	10776.8	5.5
春	8	11286	43793	10948.3	6.5
夏	9	13350	44858	11214.5	7.5
秋	10	11270	45119	11279.8	8.5
冬	11	10266	46172	11543.0	9.5
春	12	12138	47024	11756.0	10.5

解：求解可分三步进行。

（1）求趋势直线方程——$T_t = a + bt$

首先根据表 6-12 给出的数据绘出曲线图形（见图 6-8），然后用简单移动平均法求出 4 个季度的平均值（见表 6-12），将它们标在图上（用黑色圆圈所示）。为求趋势直线，可采用最小二乘法。这里为简单起见，采用目测法，让直线穿过移动平均值的中间，使数据点分布在直线两侧，尽可能地各占一半，则图 6-8 中的直线就代表着趋势。

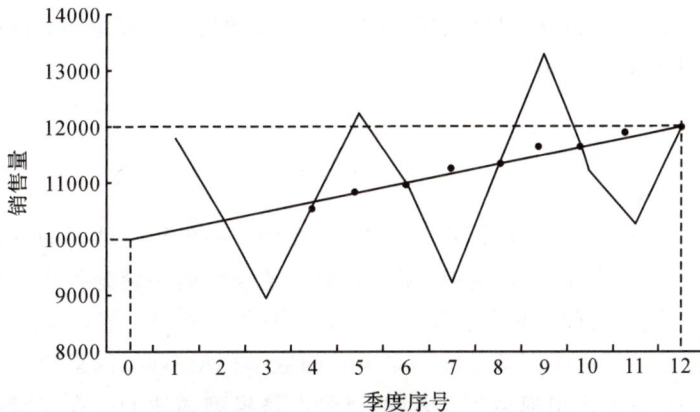

图 6-8　目测法预测趋势

趋势直线在 y 轴的截距为 a，此时 $a = 10000$（份）。

在 $t = 12$ 时，趋势直线上的销售量为 12000（份）。故 b 的值为：

$$b = (12000 - 10000)/12 = 167$$

由此得到趋势直线方程为：$T_t = 10000 + 167t$

（2）估算季节因子——SI

所谓季节因子，就是在时间序列中用于修正季节影响的量。季节因子用实际值与趋势值的比值的平均值来表示。例如，对季度 1，$SI = A_1/T_1 = 11800/10167 = 1.16$。

类似的，可以求出各个季度的 A_t/T_t，如表 6-13 所示。

表 6-13　各个季度的 A_t/T_t

t	1	2	3	4	5	6	7	8	9	10	11	12
A_t/T_t	1.16	1.01	0.85	0.99	1.13	1.00	0.82	1.00	1.16	0.95	0.87	1.01

由于季节 1、5、9 都是夏季，应求出它们的平均值作为季节系数：

$SI(夏)=(A_1/T_1+A_5/T_5+A_9/T_9)/3=(1.16+1.13+1.16)/3=1.15$

同样可得：

$SI(秋)=1.00$；　$SI(冬)=0.85$；　$SI(春)=1.00$。

需要指出的是：随着数据的积累，应该不断地对季节系数进行修正。

(3)预测

在进行预测时，关键是选择正确的 t 值和季节因子。在这里，该旅游公司未来一年的夏、秋、冬、春各季对应的 t 值分别为 13、14、15、16，对应的季节因子分别为 $SI(夏)$、$SI(秋)$、$SI(冬)$、$SI(春)$。因此该公司未来一年的预计销售量分别为：

夏季：$(10000+167\times13)\times1.15=13997$

秋季：$(10000+167\times14)\times1.00=12338$

冬季：$(10000+167\times15)\times0.85=10629$

春季：$(10000+167\times16)\times1.00=12672$

由例 6-7 可以看出，对线性趋势、相等的季节性波动类型可以用周时间序列分解预测方法，它应用起来比较简单方便。

6.5.2　因果关系模型

因果关系，即一种事情会导致另一种事情的发生。如果作为动因的事件在事先就可以肯定地预见，则可用它作为预测的依据。因果关系预测的关键是找出那些真正可以成为原因的事件。其实，时间序列分析法就是把时间看作一种独立的影响需求的因素。

由于反映需求及其影响因素之间因果关系的数学模型不同，因果模型又分为回归模型、经济计量模型、投入产出模型等。其中，计量经济模型描述的是在一定条件下一些经济因素之间的关系；投入产出模型是把一个经济系统、一个国家或地区的经济看成各个部分之间相互联系的一个系统，然后通过了解系统各个部分之间的联系，确定投入和相应的产出，然后通过投入产出矩阵描述投入产出之间的关系。

本章将只介绍回归模型。回归可以定义为两或两个以上相互关联的变量之间的函数关系，这种函数关系通常从数据中找出。回归模型根据一个已知变量去预测另一个变量。常见的回归模型有：一元线性回归模型、多元回归和逻辑回归模型等。下面将重点介绍一元线性回归模型，并对多元回归和逻辑回归模型也做简单的讨论。

6.5.2.1　一元线性回归模型

线性回归是指变量间呈现直线关系的一种特殊回归形式。一元线性回归模型的函数形式为：

$$Y_T = a + bx \tag{6-9}$$

其中：Y_T——一元线性回归预测值；

　　a——截距，即自变量 $X = 0$ 时的预测值；

　　b——斜率。

a 和 b 的值一般应用最小二乘法来确定。最小二乘法试图让直线与那些使得每个数据点和它在直线上的对应之间的垂直距离的平方和最小的数据相对应。在最小二乘法中，a 和 b 的计算式为：

$$b = \frac{n \sum XY - \sum X \sum Y}{n \sum X^2 - (\sum X)^2} \tag{6-10}$$

$$a = \frac{\sum Y - b \sum X}{n} \tag{6-11}$$

其中：X——自变量的取值；

　　Y——因变量的取值；

　　n——变量数。

可以看出，当因变量随时间而变化时，一元线性回归模型则为时间序列分析。下面用实例来详细介绍一元线性回归分析。

例 6-8：一元线性回归模型

某公司一种产品过去 5 周的销售额如表 6-14 所示。

表 6-14　某公司一种产品在过去 5 周的销售额

周	1	2	3	4	5
销售额	150	157	162	166	177

试确定该公司此种产品的回归预测模型。

解：

采用一元线性回归模型，首先计算 a 和 b 的值。这里 X 为周，Y 为销售额，计算如表 6-15 所示。

表 6-15　计算结果

X	X^2	Y	XY
1	1	150	150
2	4	157	314
3	9	162	486
4	16	166	664
5	25	177	885

由式 6-10 和 6-11 可得：

$$b = \frac{n \sum XY - \sum X \sum Y}{n \sum X^2 - (\sum X)^2} = \frac{5 \times 2499 - 15 \times 812}{5 \times 55 - 15^2} = 6.3$$

$$a = \frac{\sum Y - b \sum X}{n} = \frac{812 - 6.3 \times 15}{5} = 143.5$$

则一元线性回归模型为：

$$Y_T = 143.5 + 6.3X$$

参照这个模型，各周的预测结果见表 6-16。

表 6-16　各周的预测结果

周	1	2	3	4	5		
实际销售额	150	157	162	166	177		
预测值	149.8	156.1	162.4	168.7	175	181.3	187.6

预测值和实际值的比较见图 6-9。

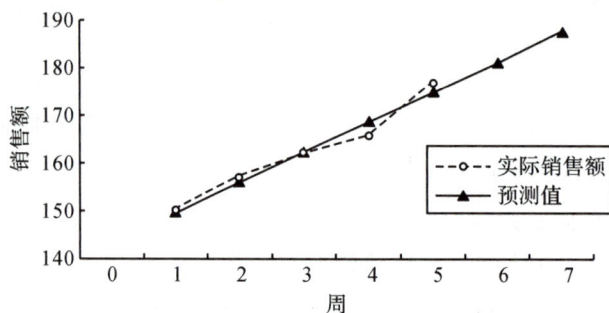

图 6-9　一元线性回归直线

衡量一元线性回归模型的偏差，可用两个指标：线性相关系数 r 和标准差 S_{yx}。

$$r = \frac{n \sum xy - \sum x \sum y}{\sqrt{\left[n \sum x^2 - \left(\sum x \right)^2 \right] \left[n \sum y^2 - \left(\sum y \right)^2 \right]}} \tag{6-12}$$

$$S_{yx} = \sqrt{\frac{\sum (Y - Y_T)^2}{n - 2}} \tag{6-13}$$

r 为正，说明 Y 与 X 正相关，即 X 增加，Y 也增加；r 为负，说明 Y 与 X 负相关，即 X 减小，Y 增加。r 越接近1，说明实际值与所做出的直线越接近。S_{yx} 越小表示预测值与直线的距离越接近。

6.5.2.2　多元回归模型

另一种回归预测方法是多元回归分析。该方法考虑许多变量，以及每个变量对于所要预测变量的影响。

多元回归分析的模型为：

$$\hat{Y} = a + b_1 X_1 + b_2 X_2 + \cdots + b_n X_n + \hat{e} \tag{6-14}$$

其中：$\hat{Y}$——待预测变量；

X_i——多个自变量；

b_i——影响系数；

a——常数；

$\hat{e}$——误差项。

多元回归分析中，待预测的量是多个自变量的函数。假定待预测的量与 N 个自变量之间有线性关系，则需要找到一些方法估计 a 和 b_i 这些参数，最小二乘法也是常用的一种参数估计的方法。

6.5.2.3 逻辑回归模型

在逻辑回归中，因变量可以是连续也可以是离散的，如果 Y 取 $0,1$ 叫 $0\sim1$ 逻辑回归，它通常用来预测是非关系。Y 也可以取多个值，其中如果存在序关系（例如 1 好于 2 等定性的关系）就叫作多类有序逻辑回归，如果不存在序关系，则叫作多类无序逻辑回归。逻辑回归模型的求解是基于变量与历史观测值的拟合关系，其公式如下：

$$p(x) = p\big[y = 1 \,|\, x = (x^1, \cdots, x^m)\big] = \frac{1}{1 + \exp\big[-(\alpha + \sum\limits_{j=1}^{s} \beta_j x^j)\big]} \tag{6-15}$$

根据拟合误差最小原则，求出逻辑回归模型的参数 β。该参数能够解释哪些因素在 Y $=1$ 或 0 时起的作用大小。因为逻辑回归对结果的可解释性，它成了现实中使用最广泛的回归模型。同时，逻辑回归在预测时候也需要做一些检验，例如检验是否可以用逻辑回归模型进行预测、建立的统计模型是否可信等。现有的统计软件都有现成程序包实现这些功能。

6.6 预测精度

由于需求受许多不确定的因素影响，不可避免地存在预测误差。现在我们定义预测误差是实际值 Y_t 与预测值 $\hat{Y}_t$ 之间的差异，显然误差有正有负。平均误差是评价预测精度的重要指标，它常被用来检验预测与历史数据的吻合情况，同时也是判断预测模型能否继续使用的重要标准之一。在比较多个不同预测模型的优劣时，也经常要用到平均误差。

本节将介绍平均绝对偏差（MAD）、平均平方误差（MSE）、贝叶斯误差（BISE）和平均绝对百分比误差（MAPE）这四个常用的评价指标。

（1）平均绝对偏差（mean absolute deviation，MAD）

平均绝对偏差就是整个预测期内每一次实际值与预测值的绝对偏差（不分正负，只考虑偏差量）的平均值，用公式表示为：

$$MAD = \frac{1}{n} \sum_{t=1}^{n} |Y_t - \hat{Y}_t| \tag{6-16}$$

MAD 的作用与标准偏差相类似，但它比标准偏差容易计算。如果预测误差是正态分布，则 MAD 约等于 0.8 倍的标准偏差。这时，1 倍 MAD 内的百分比约为 58%，2 倍 MAD 内约为 89%，3 倍 MAD 内约为 98%。

MAD 能较好地反映预测的精度，但它不容易衡量预测模型的无偏性。

（2）平均平方误差（mean squared error，MSE）

平均平方误差就是对误差的平方和取平均值，MSE用公式表示为：

$$MSE = \frac{1}{n} \sum_{t=1}^{n} (Y_t - \hat{Y}_t)^2 \tag{6-17}$$

MSE与MAD相类似，虽然可以较好地反映预测精度，但无法衡量无偏性。

（3）贝叶斯误差（BISE）

贝叶斯误差是指预测误差的和的平均值。用公式表示为：

$$BISE = \frac{1}{n} \sum_{t=1}^{n} (\hat{Y}_t - Y_t) \tag{6-18}$$

如果预测模型是无偏的，则BISE应接近于零，因而BISE能很好地衡量预测模型的无偏性，但由于正负误差的相互抵消，它不能够反映预测值偏离实际值的程度。

（4）平均绝对百分比误差（mean absolute percentage error，MAPE）

MAPE用公式表示为：

$$MAPE = \frac{1}{n} \sum_{t=1}^{n} |(Y_t - \hat{Y}_t)/Y| \tag{6-19}$$

平均绝对偏差（MAD）、平均平方误差（MSE）、贝叶斯误差（BISE）和平均绝对百分比误差（MAPE）是几种常用的衡量预测误差的指标，但任何一种指标都很难全面地评价一个预测模型，在实际应用中应将它们结合起来使用。

6.7 预测方法的选择

制定一个预测系统是异常困难的工作，但是企业也必须要做这一步工作，因为预测是任何计划制订的基础。从短期来看，企业需要通过预测来指出对物料、产品、服务或者其他与需求相关的资源的需求。预测允许对计划进行调整并且做出改变。从长期来看，预测是战略变革的基础，例如开发新市场、研发新产品或服务、扩张或者开办新工厂。所以企业在制定预测系统时必须慎重，预测方法选择的原则主要是：

（1）预测的时间跨度，预测期是多少，有些适合长期预测，有些适合短期预测，与方法本身有关。

（2）有哪些数据，如果数据很多，可以用复杂方法，精度高；如果数据少，复杂方法反而做不到精确（因为过拟合等原因）。

（3）预测的精度要求，有的时候需要高精度。

（4）预测的预算。

（5）预测针对什么样的人，如果是不太专业的人，则需要简单一点.

选择模型从以上角度来综合考虑。同一个预测问题可以用多种预测方法，以上方法仅是其中的一部分，实际模型很多，可以进行模型选择。

呼叫中心资源配置管理实验简介（实验 2）

实验平台介绍

呼叫中心资源配置管理实验（实验 2）基于 AnyLogic 仿真平台,有关 AnyLogic 仿真平台的介绍和使用说明见第 4 章。

基于 AnyLogic 的系统仿真实验与建模

基于 AnyLogic 仿真平台,呼叫中心资源配置管理实验将研究如何动态预测顾客需求,并根据顾客的时序需求信息搭建呼叫中心的需求应答系统,实现优化配置资源（例如不同时段的服务者数量等）,进而提高呼叫中心系统的响应速度和运作效率。

首先要学习使用 AnyLogic 仿真软件搭建简单的呼叫中心应答服务仿真模型,并通过更改组件数量和属性等分析不同资源配置下的系统性能,实现科学动态的呼叫中心资源配置方案,提升呼叫中心系统的运作效率。呼叫中心资源配置管理实验 AnyLogic 仿真建模的主要步骤如下。

1. 实验元素与系统组件

呼叫中心资源配置管理实验仿真模型中涉及的主要组件包括呼叫达到（可以是区分不同类型服务的呼叫）、服务者（可以是区分主、次服务类型的服务者）等。

2. 流程实验设计与仿真逻辑模型

呼叫中心的服务流程如下:顾客打电话呼叫服务,如果当前有空闲的服务者,则该呼叫会被立即服务,否则,呼叫进入等待队列。顾客在呼叫等待过程中可能会中途退出。顾客的呼叫有类别区分,例如业务咨询、下订单、投诉等;服务者的技能也有类型区分,例如某个服务者更加擅长提供业务咨询服务（表现为平均服务时间比其他服务者更短）,但是不擅长投诉服务（表现为平均服务时间比其他服务者更长）。

服务者的工作有班次约束,例如每个服务者每天连续上班 8 个小时,而呼叫需求的到达是随时间而变化的（通常按照分钟计算）,即不同时间段会出现呼叫需求量的高峰或低谷。呼叫需求量是可以根据历史信息进行预测的（见本章的预测模型）,例如根据加权移动平均法公式,在 t 阶段的呼叫需求量是关于前 n 期实际需求量的线性函数:

$$F_t = w_1 A_{t-1} + w_2 A_{t-2} + w_3 A_{t-3} + \cdots + w_n A_{t-n}$$

$$\sum_{i=1}^{n} w_i = 1$$

其中: w_1、w_2 和 w_n 分别是第 $t-1$ 期、第 $t-2$ 期和第 $t-n$ 期实际值的权重。当然,在建立预测模型时还可以考虑不同类型的需求量,以及不同类型的需求量之间的耦合关系等,这些都可以统一表示为线性加权函数。

根据呼叫需求量的预测信息,以及兼顾服务者的工作班次约束,可以进一步设定呼叫中心系统的资源配置方案,即在不同时间段、面向不同类型的服务者分别设置多少名,以及这些服务者针对不同类型需求的服务时间分布情况等。当确定这些呼叫达到组件和服务者组件的数量和参数之后就可以建立对应的仿真逻辑模型。图 6-10 给出了 AnyLogic 呼叫中心资源配置示例中的仿真逻辑模型举例。

图 6-10　呼叫中心资源配置管理仿真逻辑模型举例[1]

3. 实验过程的可视化

为了增强呼叫中心资源配置管理实验过程的直观性，可以进一步建立仿真对应的可视化模型。其基本操作是：为逻辑模型中的每个组件设置对应的个性化的图形化展示元素，例如添加时钟、电话图标等，同时设置各个图表之间的相对位置信息。图 6-11 给出了 AnyLogic 呼叫中心资源配置示例中的 2D 可视化模型举例。

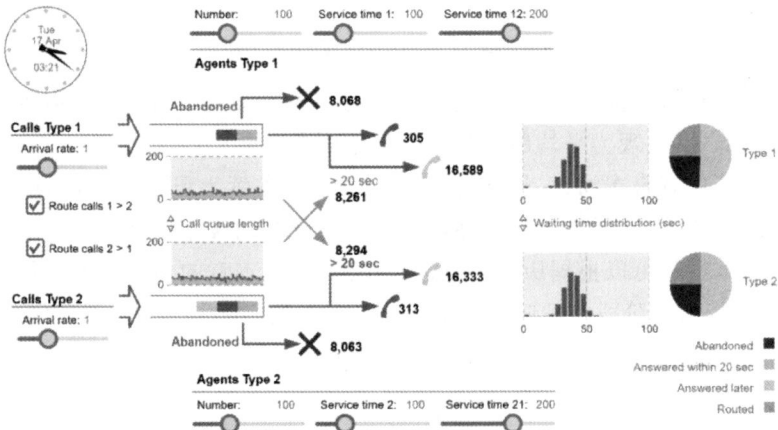

图 6-11　呼叫中心资源配置管理仿真 2D 可视化模型举例[2]

---

① 资料来源：AnyLogic 呼叫中心资源配置仿真模型运行界面截图。
② 资料来源：AnyLogic 呼叫中心资源配置仿真模型运行界面截图。

实验结果分析与优化设计

系统仿真建模的最终目的除了系统运行的可视化呈现外，也包括分析结果的呈现及系统的优化设计（后者对于运作管理更加重要）。在呼叫中心资源配置管理仿真逻辑模型运行结束后，AnyLogic 会自动生成部分结果统计，例如不同类型呼叫的等待时间分布、不同类型呼叫顾客中途退出的概率、交叉服务（由非主营业务的服务者服务）的比例等。除此之外，还可以自定义其他指标来监控呼叫中心系统的运作效率，通常可以包含以下指标：

服务系统的产出率（throughput，TH）；

服务者的利用率（utilization）；

最大等待队长（queue length，QL）。

根据以上性能指标，可以进一步分析改善呼叫中心运作管理的关键参数和指标等，并通过对服务资源的优化配置来提升呼叫系统整体的运作效率。

优化设计：很明显，当呼叫中心的服务者数量增加时，呼叫者的等待时间和中途退出量会减少，服务系统的产出率会增高，但是服务者的利用率会降低；反之，当呼叫中心的服务者数量减少时，呼叫者的等待时间和中途退出量会升高，服务系统的产出率会降低，但是服务者的利用率会升高。所以说，资源优化配置的关键在于实现供需关系的动态平衡。因此，在实验中可以围绕以下问题展开：

• 如何更好地动态预测不同类型的呼叫需求？实验中可以尝试使用不同的预测模型，考虑不同类型的特征信息进行预测等。

• 如何利用预测需求信息更好地实现服务资源的动态配置？实验中可以尝试不同的资源配置规则，例如服务者数量（服务能力）要能够满足未来一定时间段内 90% 的需求量等。

竞赛环节：因为优化设计的方案并不是唯一的，在实验过程中，同学们可以分组进行讨论和实验，最终确定每个小组呼叫需求量预测模型以及对应的动态资源配置方案。同时，也可以给出一些可使用资源的约束限制，例如一段时间内总的可用工作时数等，在这些约束下，各小组设计出最合理的预测模型和动态资源配置方案参与竞赛。竞赛指标可以是服务系统的产出率最高或者顾客等待时间最短等。

📖 本章小结

本章主要介绍预测的基本知识。本章所介绍的预测主要是针对独立需求而言的。第一节阐述了需求管理的概念，介绍了两类需求——独立需求和非独立需求，独立需求是本章讨论的对象。第二节介绍了预测的概念及其特征，对影响需求预测的主要因素进行了分析，讨论了预测误差的影响，并指出精确预测的重要性。第三节从不同角度对预测和预测方法进行了分类。第四节介绍了常用的六种定性预测方法，包括经理判断、基层预测、市场调研、小组共识、历史类比和德尔菲法等。第五节介绍了两大类定量预测方法，时间序列分析和因果关系模型。在时间序列分析模型中，介绍了时间序列的构成，重点介绍了简单移动平均法、加权移动平均法、一次指数平滑法和二次指数平滑法，以及时间序列分解模型。在因果关系模型中，重点介绍了一元线性回归模型，简单介绍了多元回归模型和逻辑回归模型。第六节介绍平均绝对偏差、平均平方误差、贝叶斯误差和平均绝对百分比误差这四个常用的评价指标来衡量预测精度。本章还提出了预测方法选择的建议。最后，本章还介绍了呼叫中心资源配置管理实验（实验2）的设计与分析方法。

课后习题

一、计算题

1.由于慢跑运动者对立体声耳机和CD播放机需求的增长，尼纳公司今年的销售比去年增长了近50％。因此，尼纳公司预计立体声耳机的需求量还会上升，因为毕竟还没有安全法令规定慢跑时能不能戴耳机。去年立体声耳机需求量如下表所示：

月份	需求量	月份	需求量
1	4200	7	5300
2	4300	8	4900
3	4000	9	5400
4	4400	10	5700
5	5000	11	6300
6	4700	12	6000

（1）利用最小二乘法，预测明年各个月份立体声耳机的需求量各是多少？

（2）使用 Excel 求解，并与（1）中的结果进行比较。

（3）为确保满足需求，尼纳公司必须使用三倍标准差作为估计标准误差。为达到安全水平，该公司还需存储多少单位的立体声耳机？

2.某产品的历史需求数据如下表所示：

月份	需求量	月份	需求量
1	12	4	12
2	11	5	16
3	15	6	15

（1）应用加权移动平均法，预测7月份的需求量，权重分别为 0.60、0.30、0.10。

（2）应用以3个月为区间的简单移动平均法，算出7月份的预测值。

（3）应用一次指数平滑法预测7月份需求量，已知 $\alpha = 0.2$，6月份的预测值＝13，可自行设定条件。

（4）应用一元线性回归分析确定需求预测数据的回归方程。

(5) 应用由(4)得到的回归方程预测 7 月份的需求量。

3. 下表是某企业最近 10 个月对某产品的需求情况:

月份	实际需求量	月份	实际需求量
1	31	6	36
2	34	7	38
3	33	8	40
4	35	9	40
5	37	10	41

(1) 取 $\alpha = 0.3$,初值 $F_1 = 31$,试用一次指数平滑法进行预测。

(2) 取 $\alpha = 0.3$,趋势初值 $T_1 = 1$,指数平滑初值 $F_1 = 30$,试用包含趋势性预测的指数平滑法预测。

(3) 计算上述两者预测的平均绝对偏差(MAD),并比较哪一种更好?

4. 基于去除季节性因素需求量使用回归分析,对 2022 年夏季的需求量进行预测,历史需求数据如下表所示:

年份	季节	实际需求	年份	季节	实际需求
2020	春季	205	2021	春季	475
	夏季	140		夏季	275
	秋季	375		秋季	685
	冬季	575		冬季	965

5. 假设你正在决定使用何种预测方式,基于下表的历史数据,计算如下预测,并且详细说明你所使用的程序。

月份	实际需求量	月份	实际需求量
1	62	7	76
2	65	8	78
3	67	9	78
4	68	10	80
5	71	11	84
6	73	12	85

(1) 计算 4~12 期的 3 个月简单移动平均法预测量;

(2) 计算 4~12 期的加权 3 个月移动预测量,权重分别为 0.50、0.30、0.20;

(3) 计算 2~12 期的一次指数平滑预测量,初始预测量(F_1)为 61,而 $\alpha = 0.3$;

(4) 计算 2~12 期的趋势指数平滑预测量,初始趋势预测(T_1)为 1.8,初始指数平滑预测（F_1）为 60，α 为 0.30，δ 为 0.30；

（5）计算使用每种技术所得出的 4~12 期的预测量的平均绝对偏差（MAD），你更倾向于使用哪一种预测方法？

6. 某公司市场部给出了过去 5 个月中产品的销售量与广告费用的调查数据，如下表所示。市场部经理宣布下个月公司的广告费为 1750 美元。请试用线性回归法确定预测数据的回归方程，并预测生产部下一个月的生产安排量。

月份	销售量/千个	广告费/美元
1	246	2500
2	116	1300
3	165	1400
4	101	1000
5	209	2000

7. 下表是某城区居民平均每季猪肉消费量。试选用恰当的模型预测该区居民下一年各季平均猪肉消费量（单位：千克）。

年份	春	夏	秋	冬
第一年	3.05	1.45	1.96	4.54
第二年	5.11	3.42	3.89	6.62
第三年	7.03	5.51	5.95	8.52
第四年	9.14	7.55	7.88	10.56

二、选择题

1. 下面哪一个是"时间序列分析"预测技术或模式的一个例子？（　　　）

A. 模拟　　　　　　　　　　　　B. 指数平滑

C. 小组共识　　　　　　　　　　D. 以上都是

E. 以上都不是

2. 下面哪一个是企业应该选择一个特定的预测模型的原因？（　　　）

A. 预测的时间范围　　　　　　　B. 数据可用性

C. 精度要求　　　　　　　　　　D. 预测预算的大小

E. 以上都是

3. 下面哪些方法可用来选择加权移动平均预测模型的权重？（　　　）

A. 成本　　　　　　　　　　　　B. 经验

C. 反复试验　　　　　　　　　　D. 只有 B 和 C

E. 以上都不是

4. 下面哪些是指数平滑法成为广为接受的预测方法的原因？（　　　）

A. 它是精确的　　　　　　　　　B. 它易于使用

C. 计算机存储要求小　　　　　　　　D. 以上都是

E. 以上都不是

5. 在指数平滑法中，α 的值应满足（　　　）

A. 1～10　　　　　　　　　　　　　　B. 1～2

C. 0～1　　　　　　　　　　　　　　 D. 1～1

E. 可以取任意值

第7章 库存管理

近年来,供给侧结构性改革在中国已取得了显著进展,为经济的持续健康发展提供了新的动力和支持。党的二十大报告强调"把实施扩大内需战略同深化供给侧结构性改革有机结合起来"。供给侧结构性改革,是指"三去一降一补",即去产能、去库存、去杠杆、降成本、补短板。显然,有效的库存管理能够促进供给侧结构性改革的实施。本章致力于解决生产制造系统中的库存管理与控制问题。首先介绍了库存及库存系统的概念、目的,库存的不同分类和相关作用;其次,针对独立需求讨论了处理不同库存问题的模型与方法。本章的目标在于帮助企业提高库存的效率,即帮助企业管理层设计满足企业生产要求并同时保持低成本的库存系统。

7.1 库存与库存系统

库存是指组织中的一些部件或资源的存储,这些部件或资源包括原材料、产成品、零部件、在制品、设备配件等。

从一般意义上来说,库存是为了满足未来需要而暂时闲置的资源。资源的闲置就是库存,与这种资源是否存放在仓库中没有关系,与资源是否处于运动状态也没有关系。如汽车运输的货物处于运动状态,但这些货物是为了未来需要而暂时闲置的,这就是一种在途库存。这里所说的资源,不仅包括工厂里的各种原材料、毛坯、工具、半成品和成品,而且包括银行里的现金、医院里的药品病床、运输部门的车辆等。一般来说,人、财、物、信息等各方面资源都存在库存问题。

库存系统是指对库存进行管理和监控的一些策略,并决定库存应当被保持在什么水平,需要订购的时间点,以及订购批量。也就是说,通过一些方法对库存进行管理和监控,使得库存系统能够有效地服务于整个生产和运作过程,而这样的一些管理和控制的主要要素包括库存的水平、再次采购的时间点、补充采购的批量。

7.2 库存的目的

库存既然是资源的存储,就有可能会造成浪费,也一定会增加企业的开支。那么,企业为什么还要维持一定量的库存呢? 库存有其特定的目的。概括起来,库存主要有以下五个方面的特定目的。

（1）维持运作的独立性，使得一些工作中心在运作过程中具有一定程度的柔性

例如，生产装配线需要工作中心独立性运作。即便是相同的操作，在不同的部件上所耗费的时间也是不同的。因此，在一些工作中心保持一定数量的某些零部件是有必要的。这样一来，用较短的部件更换时间就可以弥补那些较长的加工操作时间，从而维持稳定的平均产出水平。

（2）应对产品需求的不确定性

由于企业无法完全准确地把握产品的需求，因此，企业必须持有安全库存或者缓冲库存以应对需求变化。

（3）使企业整个生产过程的计划和排程具有一定的柔性和灵活性

库存可以缓解生产系统要尽早制造出产品的压力，这可以使得生产提前期延长，进而使生产计划可以考虑平稳流量和通过较大规模的生产实现较低成本的运作。例如，若生产准备成本较高，企业希望的情形是：一旦准备完成就能生产较大批量的产品。

（4）预防原材料供应不及时而导致的缺货

当企业从卖方订购原材料后，可能由于种种原因发生交货延迟，如运输时间的正常变动、卖方工厂原料不足导致无法完成生产、卖方工厂或个别运输公司发生意外事故、货物丢失或发送错误、收到不合格的原材料等。如果企业拥有一定量的原材料库存，就可以避免因上述情形的出现对企业自身生产所造成的影响。

（5）可使订购行为具有规模效益

我们知道，订货是需要成本的，包括人工、物流、包装等。因此，每次订购量越大，订单数量就越少，所发生的订货成本也就越低。此外，从运输成本方面考虑，企业也偏好较大的订单，运货量越大，单位运输成本就越低。

7.3 库存分类

生产制作系统中的库存主要可以分为五种类型：原材料库存、在制品库存、成品库存、备件库存和废弃库存。

7.3.1 原材料库存

原材料库存是指从工厂外部购买的，在工厂内的制作或装备过程中使用的零部件、组件或材料。

如果原材料的供应商能够按照"准时制"交货，就不需要原材料库存，但实际中几乎不可能出现（只有在某些特定条件下才有可能，这也是目前供应链管理研究的重点）。所以，原材料就需要用采购的模式，这就出现了原材料库存问题。

影响原材料库存量的因素主要有以下方面。

（1）批量

原材料采购时，每次的采购量越大，相应的单位采购成本越低。其原因一方面是数

量折扣,另一方面是由于采购过程本身具有规模效益,每次采购成本是一定的,因而采购量越大,单位原材料的采购成本就越低。同时,采购环节中的运输和物流环节也有规模效益,运输的量越大,单位运输成本就越低。另外,采购部门的能力限制也是批量采购的一个原因。所以说,每次大批量采购而导致成本节约,但原材料库存就会上升。这种由批量采购而导致的库存,称为"周期库存"。

（2）随机性

采购过程需要一定的时间,在这个时间内需求一般是不确定的,采购的时间长度也具有不确定性。例如,平均3天能到达的货物,实际可能需要4天或者2天就到达;甚至由于运输途中出了某种故障,1个星期也到不了货。由于需求的不确定性和订购提前期的不确定性而导致的原材料缺货,意味着企业服务水平的下降,从而导致对企业信誉的极大危害。此外,生产过程的消耗也具有不确定性,无论是加工装配型企业还是流程型企业,可能会出现各种质量事故,即使需求不变,因为加工过程具有不确定性,原材料消耗量也不确定。另外,供应商所供应的原材料的质量水平也有一定的不确定性,这也是需要原材料库存的一个原因。为了应对上述不确定性,原材料需要多采购一些。为了应对生产计划、供应商或质量等不确定性因素而设立的库存,通常叫作"安全库存"。

如何改善原材料库存的管理,以提高原材料库存管理的效益,就要从影响原材料库存的两个基本因素方面着手。

（1）从批量着手:对订购批量的大小进行利弊权衡。大批量采购的利在于折扣和规模经济效益,弊在于库存增加和库存成本增加。这也是很多库存模型的出发点,就是综合考虑变量的效益使之最佳。

（2）从随机性着手:把随机性描述成具有规律的模型,根据管理的需要设计适当的目标,来确定相应的库存决策。

这两种改善方法在实际操作中会遇到很多问题,主要是企业财务上的制约,企业需要综合考虑这些制约因素,制定合适的原材料库存策略。

7.3.2　在制品库存

在制品库存（WIP）是指进入生产系统且尚未离开生产系统的未完工的产品或部件。在企业中,在制品库存通常表现为以下五种形态中的一种。

（1）排队:当工作等待资源时（如人员、机器、运输、设备）;

（2）加工:工作正由一种资源进行加工时;

（3）等待成批:一项工作须等待其他工作的完成以成批,与原材料库存类似,需要综合考虑批量大小;

（4）运动:当工作实际上在资源之间流动时;

（5）等待匹配:当部件在某装配运作前等待相配部件到达以使装配进行。

其中,加工和运动两种形态的 WIP 通常很小（一般小于总水平的 10%）,WIP 主要为排队、等待成批和等待匹配三种等待状态,占据了在制品库存所处状态的绝大部分。造成这三种等待的原因是不同的。排队的原因是设备的利用率太高,设备利用率越高,排队时间就越长,设备等待的时间或者部件/原材料等待加工的时间与设备利用率呈指数增长关系。也就是说,如果设备运转很快,加工时间很短,但随着利用率越来越高,加工时间越来越长,等待时间也越来越长。一个极端的情况是设备利用率是100%,等待时间将无穷大。例如,有1台设备,其额定加工能力是100个,但实际处理了200个,利用率为100%。其中,如果有一个出了差错就会导致等待时间越来越长,需要进行人工干预,让设备空闲;如果不进行人工干预,就会出现无穷等待队列。同时,设备利用率太低也会造成浪费,设备的投资一般比较高,如果设备利用率太低,大部分时间设备都处于空闲状态,就会造成浪费,设备的投资回报则需要更多的时间。国际上通行的设备利用率是90%,特别是对稳定性好的设备,一般是在85%~92%之间。等待成批是由装配过程或运输的定批导致的;等待匹配则是由装配过程所需零部件的到达不同步导致的。

7.3.3 成品库存

成品库存(finished goods inventory,FGI)是指已经加工完成而尚未出售的产品。保持成品库存的原因有以下几种:

(1)顾客响应,又称顾客服务水平。顾客服务水平用需求被立即满足的百分比来衡量,通常服务水平越高越好,成品库存通常是备货生产方式的库存。由于需求是不确定的,所有的需求被百分百满足,成品库存将会无穷大,导致企业难以承受库存成本,在实际中没有企业会这样做。所以企业要在顾客服务水平和库存成本之间进行权衡,设置合适的成品库存量,同时更好地提高顾客服务水平。

(2)成批生产。对流程型企业备货生产方式来说,其生产批量大,需要成品库存。成批生产结合库存模型进行管理,是基本的库存技术和管理问题。

(3)预测失误。预测会有误差,就需要成品库存来预防这种误差,企业需要探索如何使预测失误尽可能地小。

(4)生产的变化性。生产过程中可能会出现很多不确定因素,如产品或设备的质量问题,因而产出率也是不稳定的,为了预防这种变化性,需要成品库存。在实际管理中,这种变化性是可以消除和降低的,但需要结合一些技术手段。

(5)需求的季节性。需求具有季节性波动的特点,如在冬天,白酒的销售会很火爆,而空调则在夏天的销售会比较旺盛。现实情况是,企业在需求增长了以后才开始生产,但是由于生产能力的限制将不能满足这些增长需求,所以必须有一定的成品库存,在需求旺季时销售。

7.3.4 备件库存

备件库存是用以维修或维护生产设备的部件。与成品库存类似,备件库存的根本原因有:①服务。当需要备件的时候能够立即有备件满足。②采购/生产提前期。保证在备件采购提前期内不缺货就需要有备件库存。③成批补充。考虑批量折扣和规模效益等因素需要备件库存。

当设备出现问题或故障需要进行维修的时候,要保证有现成的备件以供更换,如何才能保证呢？备件库存的大小,主要是看设备在整个生产线中是否重要,如果是辅助设备,则备件库存不要求太高,如果是很重要的关键设备,必须保证在出现故障的时候有可更换的备件。备件库存的服务率通常要比成品库存高,尤其是对关键设备备件,服务率甚至要求高达 99% 以上。

7.3.5　废弃库存

由于需求或设计变化而导致某些材料不再需要,称为废弃库存。有些企业的废弃库存量也很大,它们本为周期库存而订购,但现已不再需要,需尽快处理和注销。在目前环境保护和法律的限制下,企业废弃库存管理成为越来越重要的课题。

上述五类库存与企业库存的目的具有一些对应关系。在企业运作过程中,维持独立性的主要是在制品库存,应对需求的主要是成品库存,也有可能是在制品库存;使企业的计划和排程具有一定柔性的一般是成品库存或者在制品库存,一定的成品库存,使计划具有柔性,在制品库存可使排程更加灵活;预防缺货主要是原材料库存。原材料、成品和在制品库存都可以获得规模效益,当然,备件库存也可以获得规模效益。

7.4　库存成本

我们在采用经典的买卖采购方式时该如何设置各种库存,这需要找到解决的方法。其中,最重要的目标是成本问题,首先需要明确库存管理中有哪些成本以及如何核算。库存成本主要包括以下方面。

（1）保管（持有）成本:库存的物品放在仓库所导致的费用,如仓储实施费、搬运费、保险费、管理费、失窃、破损、过期作废、贬值、税收和资金占用的机会成本等。显然,高保管成本使企业倾向于低库存水平和频繁供给。

（2）生产准备（调整）成本:为了生产某种产品需要进行设备调整和更换而导致的成本。在生产过程中,与在制品库存有关。如果从生产一种产品转换到另一种产品不产生任何成本或时间损耗,企业将会进行许多小批量生产,这将降低库存水平,从而节省成本。现实的挑战是要在较小批量生产的情况下最大限度地降低这些生产准备成本。

（3）订购成本:为了准备采购或生产订单而花费的管理及人工成本,如调研、沟通、谈判等成本,与订购量无关。

（4）短缺成本:因为缺货而导致的成本。如果是订货模式,不能满足订单时,取消订单会面临罚款,如果是面向库存的方式,缺货会导致信誉损失,顾客只能购买别的企业的产品,对企业信誉会产生影响,会直接反映到未来的需求上。持有存货以满足需求与缺货导致的成本,两者之间需要权衡。有时候两者很难均衡,因为可能无法估计损失的利润、顾客流失的影响或者后来的惩罚。

上述四种独立成本的综合即为库存的总成本,确定向供应方订购的正确数量或是确定企业生产线的正确批量,需要寻求库存总成本的最小化。

7.5 独立需求与非独立需求

在上一章中,我们介绍了预测中独立需求和非独立需求是有差异的。在库存管理中,了解独立需求与非独立需求之间的差异同样很重要。原因在于,整个库存系统中存在与最终产品本身直接相关的需求,也存在与最终产品间接相关的需求。

我们已经知道,用户对企业产品和服务的需求称为独立需求,独立需求是指市场决定的需求,一般是成品需求。独立需求最明显的特征是需求的对象和数量不确定,只能通过预测方法粗略估计。相反,我们把企业内部物料转化各环节之间所产生的需求称为非独立需求。非独立需求也称相关需求,它可以根据对最终产品的独立需求精确地计算出来。我们仍以第 6 章图 6-1 为例,其可以看作产品 A 的物料清单图,某企业年产 A 产品 10 万个,这是通过预计市场对该企业产品的独立需求来确定的。一旦 10 万个 A 产品的生产任务确定之后,对构成该种产品的零部件和原材料(如 B、C、D、E、F)的数量和需要时间是可以通过计算精确地得到的(见图 7-1)。

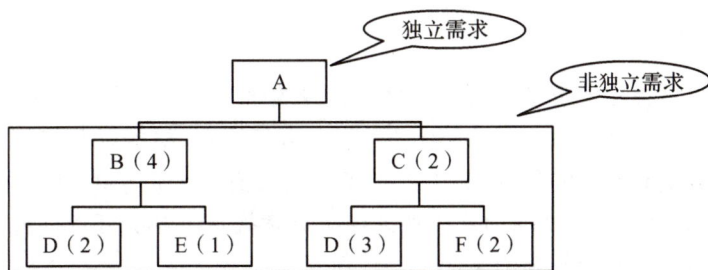

图 7-1 产品 A 的物料清单

独立需求库存问题和非独立需求库存问题是两类不同的库存问题。企业中成品库存的控制问题属于独立需求库存问题,在制品库存和原材料库存控制问题属于非独立需求库存问题。另外,非独立需求和独立需求都是多周期需求,对于单周期需求,是不必考虑相关性与独立性的。非独立需求库存问题将在后面章节做专门介绍,独立需求库存问题则是本章讨论的重点。

独立需求的库存控制策略,是指按照某种模式和思路来管理库存,而且这种模式和思路在很多情况下是最优的。常见的主要库存控制策略有以下方面。

(1)(Q, r)策略:连续监控库存水平,如果小于库存水平 r 就开始订货,每次订购量为 Q。

(2)(s, S)策略:连续监控库存水平,一旦库存水平小于 s 就开始订货,使库存水平达到 S 为止。

(3)(T, s, S)策略:不连续监控库存水平,每隔周期 T 监控一次,如果库存水平小于 s,就订到 S。

(4)(R, S)策略:每隔规定的时间 R 检查库存,按照一定策略订到 S。这种策略某种意义上与(T,s,S)策略类似，是非平稳需求常采用的方法，即在预先给定的时间点（可能间隔不同）去检查库存水平，每次检查要求达到的库存水平不同，但在问题解决思路上具有类似性。

(Q,r)策略与(s,S)策略在平稳需求的时候具有一定的等价性。对于单周期问题，(Q,r)策略可以转化为(s,S)策略。1959年，有学者证明在平稳需求下(Q,r)策略是一种最优策略（在一个给定时间段，期望总成本最小的策略）。在非平稳需求下(s,S)策略最优，这一策略会使得整个订购变动较小，稳定性高。非平稳需求下(s,S)策略相关研究比较多。

库存策略与库存模型的关系：策略是一种做法和思路，具有很多参数，在一定策略下，确定策略参数的模型叫作库存管理模型。泛泛谈库存管理模型意义不大，必须结合具体的库存策略，策略的参数需要一定的模型来确定。模型优化的目标可以是期望成本或服务水平，模型通常是将成本或者期望成本作为目标，有时候兼顾服务水平。下面将讨论主要的库存管理模型。

7.6　经济订货批量模型（EOQ 模型）

早在1913年，福特·哈里斯就提出"每次需要生产多少部件"的问题，开始引出经济订货批量模型（economic order quantity，EOQ）。人工工资、材料以及其他费用开支对每次生产的部件数量有最大的限制，而生产准备费用又有一个最小的限制，管理者就要寻求一个最优的制造策略，来决定每次生产的经济订货批量。经济订货批量模型也是将数学建模应用到科学管理中较早的实例。

经济订货批量模型有如下基本假设：

（1）生产是瞬时的——生产没有能力限制，整个份额的生产是瞬时完成的。

（2）交付过程是瞬时的——生产出来的产品能立即满足需求，中间没有时间间隔，即提前期为零。

（3）需求是确定的——需求量和需求的时间性方面不存在不确定性。

（4）需求是常数——在整个生产期间内，对产品的需求保持一致。例如，如果年度需求为365单位（假定一年有365天），则每天的需求就是1单位。

（5）一次生产准备（订购）成本是确定的——不论工厂生产批量的大小或者位置的差异，一次生产的准备成本是固定的。

（6）产品可以被单独分析——不论是只有一种产品，还是有其他条件存在，产品都是可以分离开来的。

下面我们将经济订货批量模型中的一些参数用规范化的符号来表示：

D——产品年度需求率（单位/年）；

c——单位产品成本，不包括设备调整成本和库存成本；

A——每次的订购（或生产准备）成本；

h——单位年度保管成本，如果库存保管成本仅仅是存货占有资金的利息，则$h=ic$

（这里 i 是年利率）；

Q——（未知的）订货批量。

图 7-2 显示了经济订货批量模型中库存与时间的变化关系，呈现出一种"锯齿效应"。图 7-2 表明，当库存水平降至 0 时发出订单，订单量为 Q，订货瞬时收到。

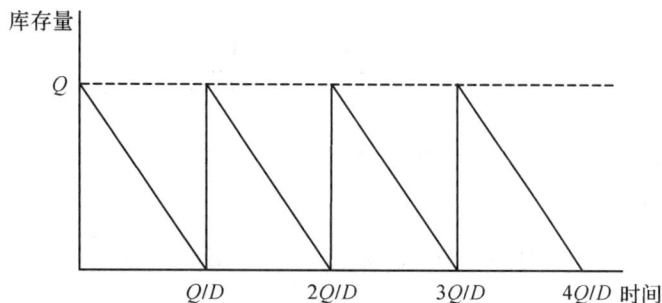

图 7-2 经济订货批量模型

现在我们建立经济订货批量模型，首先要在决策变量与效益指标之间建立起一种函数关系。在库存模型中我们关注成本，下面给出各种成本的计算：

保管成本：平均库存 $= \dfrac{Q}{2}$

$$年度库存保管成本 = \frac{hQ}{2}$$

$$单位产品年度保管成本 = \frac{hQ}{2D}$$

订购成本：订购成本 $= A$

$$单位产品订购成本 = \frac{A}{Q}$$

产品成本：c /单位

则，单位产品的成本函数为：

$$Y(Q) = \frac{hQ}{2D} + \frac{A}{Q} + c \tag{7-1}$$

年度总成本函数为：

$$C(Q) = \frac{hQ}{2} + \frac{AD}{Q} + cD \tag{7-2}$$

将式(7-1)对 Q 求导，并令一阶导数为零，计算经济订货批量模型的经济订货批量，可得：

$$\frac{\mathrm{d}Y(Q)}{\mathrm{d}Q} = \frac{h}{2D} - \frac{A}{Q^2} = 0$$

故：

$$Q^* = \sqrt{\frac{2AD}{h}} \tag{7-3}$$

由于这个简单模型假设需求是确定的，且提前期为零，所以不需要安全库存就可以快速地计算出在经济订货批量下，再次订购的时间间隔（订购周期）和最优年度总成本。

订购周期：$T^* = Q^*/D = \sqrt{\dfrac{2A}{hD}}$ （7-4）

最优单位产品成本：

$$Y^* = Y(Q^*) = \frac{hQ^*}{2D} + \frac{A}{Q^*} + c$$

$$= \frac{h\sqrt{2AD/h}}{2D} + \frac{A}{\sqrt{2AD/h}} + c$$

$$= \frac{2A}{\sqrt{2AD/h}} + c$$

最优年度总成本：

$$C(Q^*) = Y(Q^*) \cdot D = \sqrt{2ADh} + cD$$ （7-5）

例 7-1：经济订货批量模型

某农副产品经销商，其市场需求恒定且需求率为 100 吨/周，进货单价为 750 元/吨，补货启动费用 500 元/次，假设资本的年度回报率为 30%，试求该经销商的经济订货批量。

解：首先将所有变量的量纲换算到以年为事件单位的量，假设 1 年 = 52.14 周。

则年度需求量 $D = 5214$ 吨/年；

单位库存保管成本 $h = 750 \times 30\% = 225$ 元/(吨·年)。

由此得出经济订货批量为：

$$Q^* = \sqrt{\frac{2AD}{h}} = \sqrt{\frac{2 \times 5214 \times 500}{225}} = 152.23 \text{（吨）}$$

经销商的年度总成本为：

$$C(Q^*) = \sqrt{2ADh} + cD$$

$$= \sqrt{2 \times 500 \times 5214 \times 225} + 5214 \times 750$$

$$= 3944751.28 \text{（元/年）}$$

7.6.1　EOQ 模型的基本原理

上面结果中很明显的含义就是最优订货批量随着准备成本或需求量的平方根的增加而增加，随着持有成本的平方根的增加而减少。然而，在批量和库存之间存在着一个权衡：增加批量就会增大库存的平均持有量，但是会减少订购的频率。

因为每年的补给频率 F 为：

$$F = \frac{D}{Q}$$

并且总的库存投资为：

$$I = \frac{cQ}{2} = \frac{cD}{2F}$$

我们可以简单地画出库存投资 I 作为补给频率 F 的函数曲线。我们令 $D = 1000$、

$c=250$ 美元,图 7-3 画出了这样的曲线。注意,图 7-3 向我们表明,当每年生产或者订购的次数从 10 次增加到 20 次时(即将批量的大小从 100 改为 50),库存投资减少了一半(从 12500 美元到 6250 美元)。然而,如果我们每年补给次数从 20 次增加到 30 次(即把批量的大小从 50 减少到 33),库存只从 6250 美元减少到 4125 美元,减少 34%。

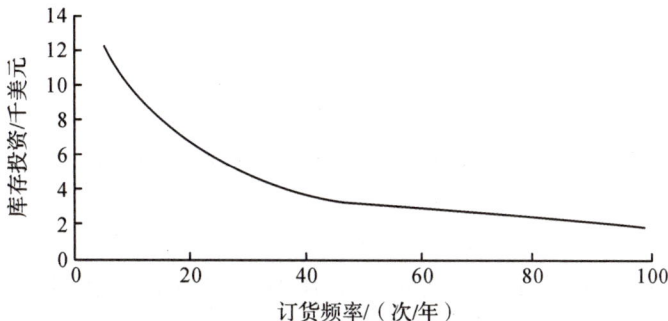

图 7-3 库存投资与每年订购频率

这个分析表明,增加补给次数产生的效果是边际递减的。如果我们可以给生产次数或者采购次数也对应一个数值(即准备成本 A),那么我们可以使用 EOQ 公式计算出最优订货批量。然而,如果成本是未知的(很有可能如此),那么图 7-3 的曲线至少让我们认识了增加补给次数对于总库存所能产生的影响。理解了这一个权衡,管理者就可以选择一个合理的切换次数或者采购次数,进而确定批量的大小。

7.6.2 EOQ 模型的灵敏度分析

有时候按照 EOQ 模型计算出来的经济订货批量不是一个整数,在实际中应用不是很方便,使用 2 的幂次方订购区间规律可以重新设置产品的经济订货批量和订购周期。

假设企业某种产品的订购量为 Q',由式(7-2)得知,其年度库存总成本为:

$$C(Q') = \frac{hQ'}{2} + \frac{AD}{Q'} + cD$$

采用经济订货批量 Q^*,由式(7-5)可知年度总成本为:

$$C(Q^*) = \sqrt{2ADh} + cD$$

由于产品成本(cD)部分在不同经济订货批量下都是相同的,故不做考虑。则两种批量下,年度总成本的比率为:

$$\frac{C(Q')}{C(Q^*)} = \frac{hQ'/2 + AD/Q'}{\sqrt{2ADh}} = \frac{1}{2}\left(\frac{Q'}{Q^*} + \frac{Q^*}{Q'}\right) \tag{7-6}$$

例如:

(1)假设 $Q' = 2Q^*$,则实际成本和最优成本之间的比率为:$1/2 \times (2/1 + 1/2) = 1.25$;即,批量上一个 100% 的误差导致了成本上 25% 的误差。

(2)假设 $Q' = \sqrt{2}Q^*$,则实际成本和最优成本之间的比率为:$1/2 \times (\sqrt{2}/1 + 1/\sqrt{2}) = 1.06$。

由于需求是确定的，订单间隔时间完全是由订单数量所决定的，因此我们无法通过 EOQ 模型来进行更为深入的灵敏度分析了。我们可以将订单间隔时间 T 作为分析对象。下面分析订购周期，假设企业实际的订购周期为 T'，则：

$$T' = \frac{Q'}{D}$$

经济订货批量下，最优订购周期为：

$$T^* = Q^*/D = \sqrt{\frac{2A}{hD}}$$

所以，实际订购周期 T' 和最优订购周期 T^* 的年成本比值为：

$$\frac{T' \text{ 间隔下的年成本}}{T^* \text{ 间隔下的年成本}} = \frac{1}{2}\left(\frac{T'}{T^*} + \frac{T^*}{T'}\right) \tag{7-7}$$

当实际订购周期为最优订购周期的 $\sqrt{2}$ 倍时，实际成本和最优成本之间的比率为：

$$\frac{1}{2} \times \left(\sqrt{2} + \frac{1}{\sqrt{2}}\right) = 1.06$$

2 的幂次方订购区间原则：最优订购时间间隔必须在 2 的幂次方和其 $\sqrt{2}$ 倍之间（见图 7-4）。因此，利用 2 的幂次方订购原则，最大误差为 6%。

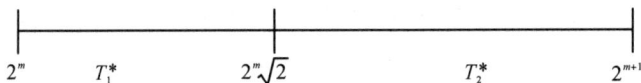

图 7-4　2 的幂次方订购区间

在实际中，把最优订购周期进行调整，使调整后的订购周期均为 2 的幂次方。也就是，令订购间隔为 1 周、2 周、4 周、8 周，依此类推（见图 7-5）。由 2 的幂次方订购原则可知，这样调整后的成本与最优成本之间的差异不会超过 6%。

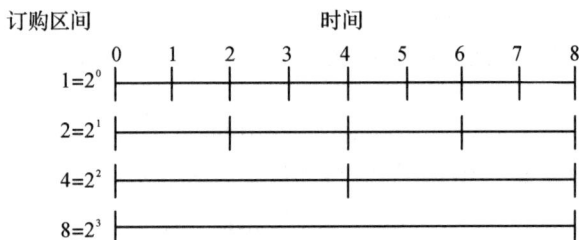

图 7-5　订购区间的调整

例 7-2：2 的幂次方订购区间

设 3 个产品的最优订购周期分别为：1 个月、3 个月、5 个月，试用 2 的幂次方订购区间原则，重新设置这些产品的订购周期。假设这些产品所有的成本参数都相同，试计算上述订购周期调整成本增加的百分比。

解： 三种产品的订购周期 T_1、T_2、T_3 和成本增加的百分比 δ_1、δ_2、δ_3 计算如下：

$$T_1^* = 1, 2^0 \leqslant T_1^* < 2^0\sqrt{2}, T_1 = 1, \delta_1 = 0\%$$

$$T_2^* = 3, 2^1 \sqrt{2} \leqslant T_2^* < 2^2, T_2 = 4, \delta_2 = [1/2(3/4 + 4/3) - 1] \times 100\% \approx 4.2\%$$

$$T_3^* = 5, 2^2 \leqslant T_3^* < 2^2 \sqrt{2}, T_3 = 4, \delta_3 = [1/2(4/5 + 5/4) - 1] \times 100\% = 2.5\%$$

7.6.3 有价格折扣时 EOQ 模型的应用

为了刺激需求,诱发更大的购买行为,供应商往往在顾客的采购批量大于某一值时提供优惠的价格,这就是价格折扣。有价格折扣下的 EOQ 模型也叫作批量折扣模型,主要有两种类型:全量折扣模型和增量折扣模型。

7.6.3.1 全量折扣模型

全量折扣模型中,其他假设与 EOQ 模型一致,而单位产品成本(价格)与订购批量大小有关,不同的批量给定不同的价格。

全量折扣模型的单位产品成本(价格)可表示为:

$$c(Q) = c_i \quad (其中: N_{i-1} \leqslant Q \leqslant N_i) \tag{7-8}$$

图 7-6 表示有三种数量折扣的情况。当采购批量小于 Q_1 时,单价为 c_1;当采购批量大于或等于 Q_1 而小于 Q_2 时,单价为 c_2;当采购批量大于或等于 Q_2 时,单价为 c_3。

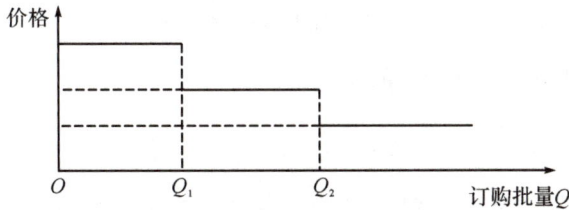

图 7-6 有折扣的价格曲线

全量折扣模型年平均总成本函数为:

$$C(Q) = AD/Q + c_i D + Ic_i Q/2 \quad (其中: N_{i-1} \leqslant Q \leqslant N_i) \tag{7-9}$$

其中:N_i——批量设定值;

I——资本报酬率或利息率。

全量折和模型年平均总成本函数是 Q 的不连续函数,如图 7-7 所示。

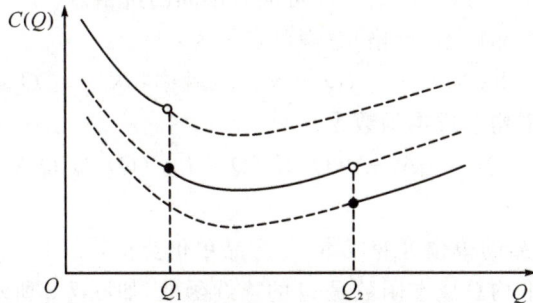

图 7-7 全量折扣模型的成本曲线

全量折扣模型的求解过程如下：

(1)首先分别求 Q_i^*；

(2)其次分别求 $K_i(Q_i^*)$；

(3)最后比较求最优值。

例 7-3：全量折扣模型

某农副产品经销商，其市场需求恒定且需求率为 100 吨/周，补货启动费用 500 元/次，资本的年度回报率为 $i=30\%$，假设进货单价与经济订货批量的关系如下：

当 $0 \leqslant Q_1 < 100$ 吨时，进货单价为 $c_1 = 780$（元）；

当 $100 \leqslant Q_2 < 200$ 吨时，进货单价为 $c_2 = 750$（元）；

当 $Q_3 \geqslant 200$ 吨时，进货单价为 $c_3 = 720$（元）；

试计算经济订货批量。

解：先计算不同价格区段下的经济订货量：

$$Q_1 = \sqrt{\frac{2 \times 5214 \times 500}{0.3 \times 780}} = 149.27（吨），Q_1^* = 99（吨）$$

$$Q_2 = \sqrt{\frac{2 \times 5214 \times 500}{0.3 \times 750}} = 152.23（吨），Q_2^* = 152.23（吨）$$

$$Q_3 = \sqrt{\frac{2 \times 5214 \times 500}{0.3 \times 720}} = 155.37（吨），Q_3^* = 200（吨）$$

然后比较不同经济订货批量下的总成本：

$$C(Q_1^*) = \frac{5214}{99} \times 500 + 5214 \times 780 + \frac{99}{2} \times 0.3 \times 780 = 4104836.33（元/年）$$

$$C(Q_2^*) = \frac{5214}{152.23} \times 500 + 5214 \times 750 + \frac{152.23}{2} \times 0.3 \times 750 = 3944751.28（元/年）$$

$$C(Q_3^*) = \frac{5214}{200} \times 500 + 5214 \times 720 + \frac{200}{2} \times 0.3 \times 720 = 3788715（元/年）$$

因此，经济订货批量为 $Q^* = 200$（吨）。

7.6.3.2 增量折扣模型

增量折扣模型是指对于超过规定的批量的部分享受价格折扣。增量折扣模型与全量折扣模型的差异在于：一次订购的产品可能有不同的价格。

增量折扣模型的产品成本（价格）总额可表示为：

$$V(Q) = V(N_{i-1}) + c_i(Q - N_{i-1}) \quad （其中：N_{i-1} \leqslant Q \leqslant N_i） \tag{7-10}$$

增量折扣模型年平均总成本函数为：

$$C(Q) = [A + V(Q)]D/Q + I[V(Q)/Q]Q/2 \tag{7-11}$$

其中：$N_{i-1} \leqslant Q \leqslant N_i$；

$V(Q)/Q$ 表示产品的单位可变成本（与产品单价类似）。

增量折扣模型年平均总成本函数是 Q 的连续函数，如图 7-8 所示。

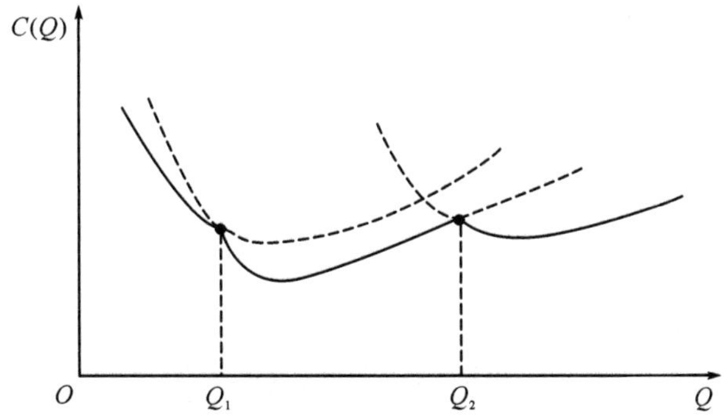

图 7-8 增量折扣模型的成本曲线

增量折扣模型的求解过程与全量折扣模型类似,求解过程是:

(1)首先分别求 Q_i^*;

(2)其次分别求 $K_i(Q_i^*)$;

(3)最后比较求最优值。

例 7-4:增量折扣模型

某农副产品经销商,其市场需求恒定且需求率为 100 吨/周,补货启动费用 500 元/次,资本的年度回报率为 $i=30\%$,假设进货单价与经济订货批量的关系如下:

经济订货批量中 $0 \leqslant Q < 100$ 的部分,进货单价为 $c_1 = 780$(元);

经济订货批量中 $100 \leqslant Q < 200$ 的部分,进货单价为 $c_2 = 750$(元);

经济订货批量中 $Q \geqslant 200$ 的部分,进货单价为 $c_3 = 720$(元);

试计算经济订货批量。

解:首先计算等价进货单价:

$$V(Q) = \begin{cases} 780Q & 0 \leqslant Q < 100 \\ 750Q + 3000 & 100 \leqslant Q < 200 \\ 720Q + 9000 & Q \geqslant 200 \end{cases}$$

再计算不同等价可变价格区段下的经济订货批量:

$$Q_1 = \sqrt{\frac{2 \times 5214 \times 500}{0.3 \times 780}} = 149.27(\text{吨}),\quad Q_1^* = 99(\text{吨})$$

$$Q_2 = \sqrt{\frac{2 \times 5214 \times (500 + 3000)}{0.3 \times 750}} = 402.76(\text{吨}),\quad Q_2^* = 199(\text{吨})$$

$$Q_3 = \sqrt{\frac{2 \times 5214 \times (500 + 9000)}{0.3 \times 720}} = 677.23(\text{吨}),\quad Q_3^* = 677.23(\text{吨})$$

比较不同经济订货批量下的成本:

$C(Q_1^*) = 4104836.33$(元/年)

$C(Q_2^*) = 4025041.02$(元/年)

$C(Q_3^*) = 3901711.43$(元/年)

因此,经济订货批量为 $Q^* = 677.23$(吨)。

7.7 Wagner-Whitin 模型

7.7.1 问题描述

当需求随时间变化时，像 EOQ 模型这样的连续时间模型就无法解决问题了。因此，针对这一问题，我们将需求聚集到离散的周期内，这个周期根据生产系统的不同，可以为天、星期或月份。对于一个大批量、需求快速变化的生产系统，往往就需要日排程，而小批量、需求变化较慢的生产系统则可能更适合用月排程。

这里我们假定在离散周期内需求是恒定的，周期间需求是可变的，即一种松弛常量需求假设。这一问题最主要的研究是 Wagner-Whitin 模型。

为了详细说明这个问题和模型，我们利用以下这些符号，它们可以被看成是与 EOQ 模型中所使用的静态符号相对应的动态符号：

t——时间周期（天、星期、月），我们令 $t=1,2,\cdots,T$，这里 T 表示计划周期。

D_t——第 t 期的需求（以单位计）。

c_t—— 单位产品生产成本（美元），不包括 t 期的准备成本及库存成本。

A_t—— 在第 t 期生产（订购）一批产品所需的准备（订货）成本（以美元计）。

h_t—— 从第 t 期到第 $t+1$ 期的单位库存持有成本。例如，如果库存持有成本包括整个库存占用资金的利息的话，令 i 为每年的利息率，周期为星期，那么 $h_t = ic_t$。

I_t——第 t 期末的库存。

Q_t——第 t 期的批量，共有 T 个这样的决策变量，每个周期都有一个。

我们以一个实际的例子来说明 Wagner-Whitin 模型的应用过程。

示例 1：假设一个企业在接下来 10 周的数据如表 7-1 所示。这里需要注意的是，为了把问题简化，尽管 Wagner-Whitin 模型不要求准备成本、生产成本和持有成本为常量，但是我们还是假设这些成本随时间保持不变。最基本的问题是在付出最小成本（即生产成本加上准备成本加上持有成本）的情况下满足所有需求。唯一可以控制的就是生产数量。然而，由于所有需求必须被满足，那么就只有生产的时间安排是可以选择的，生产的总数是不能改变的。因此，如果单位生产成本是常量（即不随时间 t 变化），那么无论考不考虑生产时间安排，生产成本都是一样的，因此可以忽略掉。

表 7-1　示例 1 的假设数据

t	1	2	3	4	5	6	7	8	9	10
D_t	20	50	10	50	50	10	20	40	20	30
c_t	10	10	10	10	10	10	10	10	10	10
A_t	100	100	100	100	100	100	100	100	100	100
h_t	1	1	1	1	1	1	1	1	1	1

人们可能想到的最简单的确定批量的方法就是每个周期只生产该周期所需要的量，这就是批对批法（lot-for-lot），批对批法又称逐批确定法。然而，对于这个问题，批对批法意味着我们必须在每个周期都进行生产并且都要付出准备成本。表 7-2 显示了这种策略下的生产计划以及最终成本。既然期间不持有任何库存，这样总成本就是 10 次的准备成本，即 1000 美元。

表 7-2　示例 1 的批对批法

t	1	2	3	4	5	6	7	8	9	10	总和
D_t	20	50	10	50	50	10	20	40	20	30	300
Q_t	20	50	10	50	50	10	20	40	20	30	300
I_t	0	0	0	0	0	0	0	0	0	0	0
生产准备成本	100	100	100	100	100	100	100	100	100	100	1000
库存保管成本	0	0	0	0	0	0	0	0	0	0	0
总成本	100	100	100	100	100	100	100	100	100	100	1000

另一个似乎也可行的策略是每付出一次准备成本，就生产一批固定数量的产品，这被称为固定批量法（fixed order quantity）。既然一共有 300 单位的产品要生产，那么假设一个固定订购批量为 100 单位，这就要求我们进行三次生产，支付三笔准备成本，并且在第 10 期末不会留下库存。表 7-3 显示了这种策略下的生产计划和最终成本。

表 7-3　示例 1 的固定批量法

t	1	2	3	4	5	6	7	8	9	10	总和
D_t	20	50	10	50	50	10	20	40	20	30	300
t	1	2	3	4	5	6	7	8	9	10	总和
Q_t	100	0	0	100	0	0	100	0	0	0	300
I_t	80	30	20	70	20	10	90	50	30	0	0
生产准备成本	100	0	0	100	0	0	100	0	0	0	300
库存保管成本	80	30	20	70	20	10	90	50	30	0	400
总成本	180	30	20	170	20	10	190	50	30	0	700

在这种策略下，我们每次生产的量都超出了当期需求，因此也就必须支付库存持有成本。然而，总的库存持有成本只有 400 美元，再加上 300 美元的准备成本，就有 700 美元的总成本，这比批对批法下的成本要低。但是我们还可以做得更好吗？要知道这一点，Wagner-Whitin 模型可以建立一个保证可以得到准备成本加库存成本之和为最小的方法。

7.7.2　Wagner-Whitin 算法

解决动态批量问题所需要的一个关键点在于如果我们要在第 t 期进行生产（相应产

生准备成本），从而满足第 $t+1$ 期的需求，那么在第 $t+1$ 期进行生产（相应产生准备成本），显然是不经济的。不管是第 t 期生产第 $t+1$ 期的所有需求更便宜，还是在 $t+1$ 期生产所有当期的需求更便宜，都绝对要比各期都生产一些要便宜。

Wagner-Whitin 性质：在一个最优生产批量策略下，要么从前一期转入的第 $t+1$ 期的库存为零，要么第 $t+1$ 期的生产量为零。

这个结果可以极大地方便对最优生产批量的求解。Wagner-Whitin 性质意味着，要么 $Q_t = 0$，或者是 $Q_t = D_1 + D_2 + \cdots + D_k$（$t \leqslant k \leqslant T$）。也就是说，企业要么不生产，要么就生产恰好能够满足当期加上未来若干期的需求总和。我们可以通过列举所有可能的生产期组合来计算最小成本的生产排程。然而，因为在每个时期都可以选择生产或者不生产，这样组合的数量就存在很多，如果考虑的期数很多时这个数字就会很大。为了提高效率，Wagner-Whitin 提出了一个十分适合计算机执行的算法。

Wagner-Whitin 算法是按时间顺序向前执行的，从第 1 期开始到第 N 期结束。根据 Wagner-Whitin 性质，可以知道只有在当期期初库存为零的那一期才进行生产。在这种情况下，决策所需要考虑的就是一次生产的量要满足多少期的需求。

步骤一：令 j_k^* 代表一个 k 期问题的最后一个生产时间段，那么在第 j_k^* 期要生产 $D_k + \cdots + D_T$ 单位。

步骤二：考虑剩下来的 $1, 2, \cdots, j_k^* - 1$ 期情况，把它们看作是一个独立的 $j_k^* - 1$ 期的问题来处理，处理方法与第 j_k^* 期相同。

步骤三：重复步骤一和步骤二，直至问题结束，所有需求都被满足。

我们通过示例 1 的例子来说明这一过程。

步骤一：

满足 D_1。我们生产 20 单位来满足第 1 期的需求。由于没有跨期的库存，并且我们忽略了生产成本，因此在一期问题中的最小成本为：

$$Z_1^* = A_1 = 100$$

这里，生产显然只发生在第 1 期，所以在一期问题中的最后生产期 j_1^* 为：

$$j_1^* = 1$$

步骤二：

在第二步中，我们增加一期的时间来考虑二期问题。现在对于第二期生产我们有两个选择：可以选择用第一期还是第二期生产的产品来满足第二期的需求。如果我们在第一期生产，会造成一个对应于从第一期保有库存到第二期库存持有成本的转换。如果我们在第二期生产，就会在第二期产生一个额外的准备成本。考虑到如果我们在第二期生产，那么满足先前需求（即第一期的需求）的成本就可以用 Z_1^* 来表示。由于我们是要让成本最小，那么最优的策略就是选择总成本较低的那一期，即：

$$Z_2^* = \min \begin{cases} A_1 + h_1 D_2 & \text{在第一期生产} \\ Z_1^* + A_2 & \text{在第二期生产} \end{cases}$$

$$= \min \begin{cases} 100 + 1 \times 50 = 150 \\ 100 + 100 = 200 \end{cases}$$

$$= 150$$

最优决策是在第一期同时生产第一期和第二期所需的产品。所以,在最优的二期策略中的最后生产期是:

$$j_2^* = 1$$

步骤三:

现在,我们继续讨论三期问题。这里通常需要考虑四个可能的生产排程:只在第一期生产,在第一、二期生产,在第一、三期生产,或者在第一、二、三期生产。然而,只需考虑其中的三种:只在第一期生产,在第一、二期生产,在第一、三期生产。这是因为我们已经解决了二期和一期问题,现在只需考虑什么时候生产第三期的需求。需要指出的是,随着期数的增长,这种迭代讨论产生的效率也会急剧提高。如对于 10 期问题,我们必须考虑的排程数量从 512 个减少到 10 个。在下面的讨论中可以看到,利用"计划期"可以将这个数目减到更小。

如果我们决定在第三期进行生产,那么根据两期问题的解,应该在第一期生产第一、二期的需求。

$$Z_3^* = \min\begin{cases} A_1 + h_1 D_2 + (h_1 + h_2)D_3 & \text{在第一期生产} \\ Z_1^* + A_2 + h_2 D_3 & \text{在第二期生产} \\ Z_2^* + A_3 & \text{在第三期生产} \end{cases}$$

$$= \min\begin{cases} 100 + 1 \times 50 + (1+1) \times 10 = 170 \\ 100 + 100 + 1 \times 10 = 210 \\ 150 + 100 = 250 \end{cases}$$

$$= 170$$

最优结果仍然是在第一期生产所有的需求总和的量,因此:

$$j_3^* = 1$$

步骤四:

当我们进行四期问题的这一步时情况发生了变化。对于第四期的需求量在什么时间进行生产有四个选项,即,第一期到第四期中的一期:

$$Z_4^* = \min\begin{cases} A_1 + h_1 D_2 + (h_1 + h_2)D_3 + (h_1 + h_2 + h_3)D_4 & \text{在第一期生产} \\ Z_1^* + A_2 + h_2 D_3 + (h_2 + h_3)D_4 & \text{在第二期生产} \\ Z_2^* + A_3 + h_3 D_4 & \text{在第三期生产} \\ Z_3^* + A_4 & \text{在第四期生产} \end{cases}$$

$$= \min\begin{cases} 100 + 1 \times 50 + (1+1) \times 10 + (1+1+1) \times 50 = 320 \\ 100 + 100 + 1 \times 10 + (1+1) \times 50 = 310 \\ 170 + 100 = 270 \end{cases}$$

$$= 270$$

这次的最优结果不再是由第一期生产最后一期的需求量,而是由第四期生产来满足其自身的需求。因此:

$$j_4^* = 4$$

步骤五:

由计划期的性质可知:当 $j_t^* = \underline{t}$ 时,在 $t+1$ 期的最优策略下,生产发生的最后一个时

间段只可能是 $t,t+1,t+2,\cdots,T+1$。例如，在一个多期问题中，当确定了在第四期生产，那么，第五期的需求不可能在第三期或者更前生产，只可能在第四期或者第五期生产。

利用这个性质，求解五期问题最小成本所需的计算式为：

$$Z_5^* = \min\begin{cases} Z_3^* + A_4 + h_4 D_5 & \text{在第四期生产} \\ Z_4^* + A_5 & \text{在第五期生产} \end{cases}$$

$$= \min\begin{cases} 170 + 100 + 1 \times 50 = 320 \\ 270 + 100 = 370 \end{cases}$$

$$= 320$$

既然我们一定会在第四期进行生产，那么从第四期保留库存到第五期就会比在第五期再次准备生产要更为便宜。因此：

$$j_5^* = 4$$

使用同样的方法可以求解剩下的五期，并把求解结果汇总为表 7-4。注意到表的右上角有一块空白区域，这就是我们利用计划期性质的结果。

表 7-4　示例 1 Wagner-Whitin 模型的结果

上一个生产期	计划期 t									
	1	2	3	4	5	6	7	8	9	10
1	100	150	170	320						
2		200	210	310						
3			250	300						
4				270	320	340	400	560		
5					270	380	420	540		
6						420	440	520		
7							440	480	520	610
8								500	520	580
9									580	610
10										620
Z_t	100	150	170	270	270	340	400	480	520	580
j_t	1	1	1	4	4	4	4	7	7or8	8

如表 7-4 所示，Wagner-Whitin 模型下准备成本与持有成本之和的最小值为 580 美元，这个数值比前面所说的批对批法或固定批量法所求得的成本都要低。最优的批量大小是由 j_t^* 的值决定的。

利用 Wagner-Whitin 算法得出的最优订购策略如下：

在第八期生产八、九、十共三期的需求＝40＋20＋30＝90（单位）；

在第四期生产四、五、六、七共四期的需求＝50＋50＋10＋20＝130（单位）；

在第一期生产一、二、三共三期的需求＝20＋50＋10＝80（单位）。

7.7.3 Wagner-Whitin 算法的一些问题

表 7-4 所包含的计算过程由手工来做确实很冗繁,但是在计算机辅助下就容易多了。即便如此,许多生产运作管理教材都忽略了 Wagner-Whitin 算法,却选择使用相对简单但大多不能给出最优解的探索发现法(heuristic algorithm)。

探索发现法的应用过程如下:

首先确定第一期的订购量和应满足的需求期数,即计算一个最小比值:

$$J_1 = \min\left\{\frac{A_1}{D_1}, \frac{A_1 + h_1 D_2}{D_1 + D_2}, \frac{A_1 + h_1(D_2 + D_3) + h_2 D_3}{D_1 + D_2 + D_3}, \cdots\right\} \tag{7-12}$$

则,第一期的订购量为:$Q_1 = D_1 + \cdots + D_{J_1}$

依次类推:$J_{J_1+1} = \min\left\{\frac{A_{J_1+1}}{D_{J_1+1}}, \frac{A_{J_1+1} + h_{J_1+1} D_{J_1+2}}{D_{J_1+1} + D_{J_1+2}}, \cdots\right\} \tag{7-13}$

则下一次的订购量为:$Q_{J_1+1} = D_{J_1+1} + \cdots + D_{J_{J_1+1}}$,直到所有需求都被满足。

然而不管是使用 Wagner-Whitin 算法还是任何探索发现法,都必须注意到对于"最优"批量的整个概念有一些更为重要的关注点。

(1)像经济订货批量模型一样,Wagner-Whitin 模型假设准备成本在批量确定之前是已知的。但是,像我们之前指出的,在制造系统中估计准备成本是非常困难的。不仅如此,准备的真实成本是受能力影响的。例如,当生产接近能力极限的时候,更换机器设备或模具时的停机所造成的产能损失的代价是很大的;然而如果有很多额外能力的话,代价就没那么大了。任何假设独立准备成本的模型都无法准确表述这个问题。这样,Wagner-Whitin 模型就会像经济订货批量模型一样更适用于采购系统而非生产系统。

(2)和经济订货批量模型一样,Wagner-Whitin 模型假设具有确定的需求和确定的产出。像订单取消、产出损失(yeild loss)和配送计划变动这样的不确定性都不考虑。这样的结果就是 Wagner-Whitin 算法所给出的"最优"生产排程都必须经过修正才能够满足现实情况(例如,为了在出现订单取消的情况下适应剩余库存而减少产量或者因为预期的产出损失而增加产量)。由于需要针对每一个特殊情况做出调整,再加上准备成本的复杂性,使这个理论上的最优排程在现实中难以发挥作用。

(3)另一个关键假设就是独立生产,即不同产品的生产不共用资源。这个假设在很多情况下显然都是不能被满足的。如果某些资源的利用率很高,那么这一点就十分重要了。

(4)Wagner-Whitin 性质所给我们带来的结论就是对于一个生产周期,我们要么不生产,要么就生产未来若干期的需求总和。这个性质基于这样两个前提:一是在每次生产的时候产生一个固定的准备成本;二是没有能力限制。在现实世界里,准备成本会产生更多微妙的效果,并且能力也是有限制的,一个真正明智的生产计划可能会与所谓的最优计划大不相同,例如,很有可能会依照一个平均生产计划进行生产(即每期都生产大致相同的量),从而可以在生产线上实现一定程度的速度和节奏。而 Wagner-Whitin 算法则由于过于关注在固定成本和持有成本之间的权衡,很可能会让我们的直觉脱离现实。

7.8 随机订购点模型

在前面的讨论中，需求率和订购提前期都被视为是确定的，这只是一种理想的情况。在现实生活中，需求率和提前期都是随机变量。需求率和提前期中有一个为随机变量的库存控制问题，就是随机型库存问题。

7.8.1 单周期库存模型

单周期库存的一个简单例子就是经典的报童问题。一个报童每天早晨都要考虑进多少报纸到他的报刊亭。一方面，如果报童没有购进足够多的报纸，部分顾客就买不到报纸，报童就会失去与这部分顾客相关的利润；另一方面，如果报童购进太多报纸，以致没有卖完而积压了一部分报纸，那么报童就得为自己当天没有售出的报纸买单。

上述问题是库存管理中常见的一个问题，有一种专门的报童模型用于解决这一类库存问题。报童模型的基本假设有：

(1)单周期库存；

(2)需求是随机的，但可以确定需求的分布；

(3)线性的生产过剩成本或短缺成本；

(4)期望总成本最小原则。

报童模型的符号定义如下：

X 表示需求（单位），是一个随机变量；

$G(x) = P(X \leqslant x)$，表示累积的需求分布函数（假定是连续的）；

$g(x) = \dfrac{\mathrm{d}}{\mathrm{d}x}G(x)$，表示需求密度函数；

c_0 表示单位生产过剩成本。

c_s 表示单位短缺成本。

Q 表示生产量或订购量，即决策变量。

则报童模型的成本函数可以表示为：

$$
\begin{aligned}
Y(Q) &= 期望生产过剩成本 + 期望短缺成本 \\
&= c_0 E(过剩) + c_s E(短缺) \\
&= c_0 \int_0^\infty \max\{Q-x, 0\} g(x)\mathrm{d}x + c_s \int_0^\infty \max\{x-Q, 0\} g(x)\mathrm{d}x \\
&= c_0 \int_0^Q (Q-x) g(x)\mathrm{d}x + c_s \int_Q^\infty (x-Q) g(x)\mathrm{d}x
\end{aligned}
\tag{7-14}
$$

在引入概率之后，将式(7-14)对 Q 求导，并令导数为零，可以得到以下最优策略：

$$
G(Q^*) = P\{X \leqslant Q^*\} = \frac{c_s}{c_0 + c_s}
\tag{7-15}
$$

式(7-15)告诉我们，Q^* 随 c_0 增大而减小，随 c_s 增大而增大。简单地说就是：如果订购过剩导致的成本较大时应该少订购,而缺货成本较大时则应该多订购。这与人们的经验是一致的。

例 7-5:报童模型

假定:T 恤的需求服从均值为 1000 的指数分布,即 $G(x) = P(X \leqslant x) = 1 - e^{-\frac{x}{1000}}$ (注:这里只是为了简单起见用这个分布,实际上,泊松分布和正态分布更符合情况)。T 恤的单位成本是 10 美元,售价是每件 15 美元,没有卖出去的可以以每件 8 美元抛售。试确定 T 恤的最佳订购策略。

解:计算过剩成本和短缺成本:

$$c_s = 15 - 10 = 5(美元)$$
$$c_0 = 10 - 8 = 2(美元)$$

再由式(7-15),可得:

$$G(Q^*) = 1 - e^{-\frac{Q}{1000}} = \frac{c_s}{c_0 + c_s} = \frac{5}{2+5} = 0.714$$

计算可得最佳订购量为:$Q^* = 1253$(件)

我们再进行敏感度分析:

(1)当 $c_0 = 10$(美元)时(即过剩的产品必须被丢弃,过剩成本即为产品的购买单价),此时:

$$G(Q_1^*) = 1 - e^{-\frac{Q}{1000}} = \frac{c_s}{c_0 + c_s} = \frac{5}{10+5} = 0.333$$

得出:$Q_1^* = 405$(件)

(2)当 $c_s = 8$ 元时,此时:

$$G(Q_2^*) = 1 - e^{-\frac{Q}{1000}} = \frac{c_s}{c_0 + c_s} = \frac{8}{2+8} = 0.800$$

得出:$Q_2^* = 2135$(件)

可见,当 c_0 上升时,意味着单位过剩生产成本更高,为了防止过剩,企业要减少订购量;当 c_s 上升时,意味着单位缺货成本上升,为了防止缺货,企业要增加订购量。

7.8.2 基本存货模型

基本存货模型是一种确定安全库存量的模型,考虑的是库存水平问题,着眼于服务水平的高低,即如果要实现服务水平,需要多少库存。基本存货模型不考虑固定订购成本,对每年的订购总次数没有限制。所以基本存货模型的假设是:

(1)无固定订购成本;

(2)订购次数没有限制;

(3)交货需要时间,有交货提前期;

其他假设与 EOQ 模型一致。

我们用以下符号来定义基本存货模型的参数:

Q 表示订购批量,这里批量取固定值为 1。订购的物资可能是离散的,也可能是连续

的,如汽油、原油等;

r 表示再订购点,当库存水平低于 r 时就应该订购;

R 表示基本存货水平,即库存达到的最大水平时,它等于库存量加上订购量,这里 $R = r+1$;

l 表示交货提前期,是指下了订单以后经过 l 时间后才能到货,是一个确定量;

θ 表示交货提前期内的需求均值;

$G(x)$ 是交货提前期 l 内的需求概率分布函数。

在基本存货模型中,我们用需求被立即满足的百分比来衡量服务水平的高低。我们先考虑基本存货模型的目标是满足一定的服务水平。

令 X 表示提前期 l 内的需求,它是一个随机变量,且 $E(X) = \theta$,用 $P(X < R)$ 来表示产量为 R 时需求能够被满足的百分比,则有:

$$P(X < R) = \begin{cases} G(R)(G \text{ 是连续的}) \\ G(r)(G \text{ 是离散的}) \end{cases} \tag{7-16}$$

下面我们以一个实例来说明考虑满足一定服务水平时,基本存货模型的应用。

例 7-6:基本存货模型

假设产品订购的提前期为: $l=1$ 周,在提前期内需求期望值为: $\theta = 10$ 单位;提前期内的需求符合以下泊松分布:

$$G(x) = \sum_{k=0}^{x} p(k) = \sum_{k=0}^{x} \left(\frac{10^k e^{-10}}{k!} \right)$$

我们可以计算出在不同的需求水平下的概率,见表 7-5。

表 7-5　不同需求水平下的概率

r	$p(r)$	$G(r)$	r	$p(r)$	$G(r)$
0	0.000	0.000	12	0.095	0.792
1	0.000	0.000	13	0.073	0.864
2	0.002	0.003	14	0.052	0.917
3	0.008	0.010	15	0.035	0.951
4	0.019	0.029	16	0.022	0.973
5	0.038	0.067	17	0.013	0.986
6	0.063	0.130	18	0.007	0.993
7	0.090	0.220	19	0.004	0.997
8	0.113	0.333	20	0.002	0.998
9	0.125	0.458	21	0.001	0.999
10	0.125	0.583	22	0.000	0.999
11	0.114	0.697	23	0.000	1.000

由表 7-5 可计算出每一个再订购点的概率分布情况。如果需求分布希望服务水平不

低于 95%，由表中数据可以看出，再订购点至少为 15 个，而平均需求 θ 仅为 10 个，再订购点 $r > \theta$，我们用 $s = r - \theta$ 表示安全库存，它是保证服务水平的库存。显然 s 越大，服务水平越高，顾客需求被立即满足的百分比越高，但同时带来的问题是库存保管成本的上升。所以，在实际企业进行再订购点选择的时候要对服务水平和成本两者进行权衡。

基本存货模型与报童模型的差别是：报童模型没有考虑提前期，仅仅是保证服务水平。基本存货模型也可以从成本的角度，只考虑库存保管成本和缺货成本（不考虑固定订购）来确定安全库存水平。

我们用 h 表示库存保管成本；b 表示缺货成本。

在期望成本最小的目标下，基本存货模型与报童模型的解决方法类似，就是利用 $\dfrac{b}{h+b}$ 确定一个再订购点。

$$P(X < R^*) = \begin{cases} G(R^*) = \dfrac{b}{h+b} \text{（}G\text{ 是连续的）} \\[2mm] G(r^*) = \dfrac{b}{h+b} \text{（}G\text{ 是离散的）} \end{cases} \tag{7-17}$$

用式（7-17）所得出的这个服务水平是期望成本最低的服务水平，从成本角度考虑是最优的再订购点，但从服务水平角度来说，并不是最优的。下面我们继续用例 7-6 来说明这一情形。

我们假设在提前期内的需求仍是例 7-6 中的泊松分布，并假设 $h = 1, b = 5$。则：

$$G(r^*) = \frac{5}{1+5} = 0.8333$$

所以 $r^* = 13$，即再订购点为 13。与报童模型类似：r^* 随 b 的上升而上升，随 h 的上升而下降。

基本存货模型的一些结论：

（1）基本存货模型确定了再订购点，通过设置安全库存，控制了缺货的概率和服务水平，再订购点越高，缺货的概率越低，服务水平越高。

（2）为了实现给定的服务水平，相对应的基本存货水平是提前期内需求均值和方差的增函数。再订购点等于期望需求加上安全库存，如果需求均值（期望需求）越高，再订购点也就越高。现实中，几乎没有再订购点低于期望需求的情况出现，如果出现再订购点低于期望需求，就会出现缺货，服务水平就低，会对企业造成各种损失。同时，再订购点还是需求分布标准差的增函数，标准差大小意味着达到相同的服务水平要求的再订购点的高低。

（3）基本存货模型在多阶段的生产系统中与看板系统非常类似，因此上述结论在多阶段的生产系统中也可以用于看板系统。

7.8.3 (Q, r) 模型

(Q, r) 模型用来连续监控库存水平，如果库存水平低于 r 就订货，每次订购量为 Q。(Q, r) 模型的基本假设有：

（1）连续地检查库存水平，任何时刻库存水平都是已知的；

（2）需求是每次按个来计算的；

（3）没有立即满足的需求是可以积压的；

（4）补充订购提前期是固定和已知的，补充订购提前期内的需求也是确定的。

在(Q, r)模型的假设下，库存水平和时间的关系如图7-9所示。

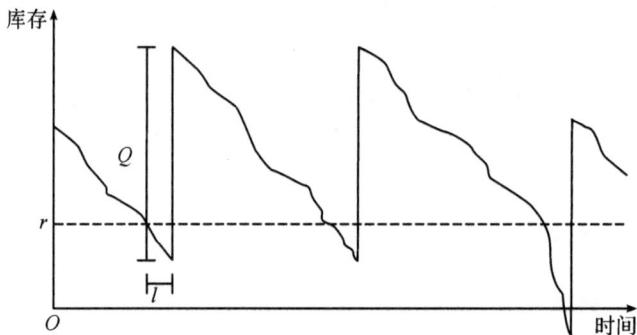

图7-9　(Q, r)模型中库存水平与时间的关系

(Q, r)模型中的决策变量是r和Q。

（1）r表示再订购点，影响出现缺货的可能性，影响服务水平。

（2）Q表示每次订购的数量，它可以影响订购频率，决定周期库存的大小，更多地影响成本。

下面我们将分别介绍单产品和多产品的(Q, r)模型。

7.8.3.1　单产品的(Q, r)模型

单产品的(Q, r)模型需要考虑以下两个因素：一是固定订购成本和缺货成本，二是每年补充订购次数的限制和服务水平的限制。我们既可以选择成本因素作为决策的目标，也可以选择服务水平为决策目标。但是更多的时候企业管理者需要在两者之间进行权衡。

我们首先以最优成本作为决策目标，即满足：

$$\min_{(Q, r)}\{固定订购成本＋库存保管成本＋缺货成本\}$$

单产品(Q, r)模型中的常见参数，我们用以下符号来表示：

D表示年期望需求；

l表示订购提前期（假定是恒定的）；

X表示订购提前期l内的需求，是随机变量；

$\theta = E(X)$表示补充订购提前期内需求的期望；

σ表示补充订购提前期内需求的标准差；

$G(x) = P(X < x)$表示订购提前期内需求的概率分布函数；

$g(x) = \dfrac{\mathrm{d}}{\mathrm{d}x}G(x)$表示订购提前期内需求的概率密度函数；

A表示固定订购成本；

c 表示单位产品的生产成本；

h 表示年单位库存保管成本；

b 表示单位缺货成本；

$s = r - \theta$ 表示再订购点 r 下的安全库存水平；

Q 表示订购批量；

r 表示再订购点。

接下来我们分别计算单产品 (Q, r) 模型中的各种成本。

（1）固定订购成本

年订购次数为 $\dfrac{D}{Q}$，则年固定订购成本为 $\dfrac{D}{Q}A$。

（2）库存保管成本

在单产品 (Q, r) 模型中，期望的库存水平与时间的关系如图 7-10 所示。

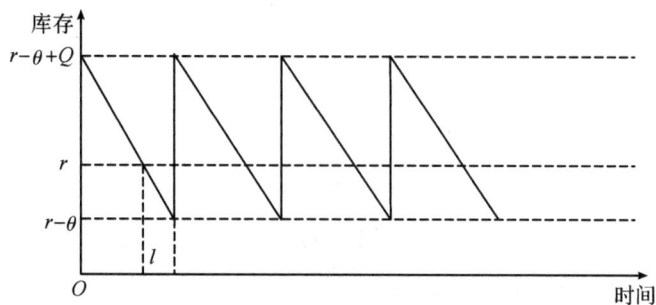

图 7-10　单产品 (Q, r) 模型中期望的库存水平与时间关系

则平均库存水平可以近似的表示为：

$$\frac{(Q+s)+s}{2} = \frac{Q}{2} + s = \frac{Q}{2} + r - \theta$$

故年度库存保管成本也近似为：$h\left(\dfrac{Q}{2} + r - \theta\right)$

（3）缺货成本

在单产品 (Q, r) 模型中，只有在补充订购到来之前的提前期内会出现缺货。假定在提前期 l 内，需求为 x，那么在一个周期内显然有：

$$\text{缺货量} = \begin{cases} 0 & （如果 \ x < r） \\ x - r & （如果 \ x \geqslant r） \end{cases}$$

我们用 $n(r)$ 来表示一个周期内的平均缺货水平，则：

$$n(r) = \int_r^\infty (x - r)g(x)\,\mathrm{d}x \tag{7-18}$$

故年度缺货量为：$\dfrac{D}{Q}n(r)$

年度缺货成本为：$\dfrac{bD}{Q}n(r)$

（4）单产品(Q,r)模型的总成本

$$Y(Q,r) = \frac{D}{Q}A + h\left(\frac{Q}{2} + r - \theta\right) + b\frac{D}{Q}n(r) \tag{7-19}$$

我们分别对式（7-19）中的 Q 和 r 求偏导，来确定使得总成本最小的 Q 和 r。

首先，对 Q 求偏导：

$$\frac{\partial Y(Q,r)}{\partial Q} = \frac{-DA}{Q^2} + \frac{h}{2} - \frac{bDn(r)}{Q^2} = 0$$

$$\frac{DA + bDn(r)}{Q^2} = \frac{h}{2}$$

得出：$Q = \sqrt{\dfrac{2D[A + bn(r)]}{h}}$ \qquad (7-20)

其次，对 r 求偏导：

$$\frac{\partial Y(Q,r)}{\partial r} = h + \frac{bD}{Q}n'(r) = 0$$

由式（7-18）知道：

$$n'(r) = \frac{\partial}{\partial r}\int_r^\infty (x - r)f(x)\mathrm{d}x$$

$$= -\int_r^\infty g(x)\mathrm{d}x$$

$$= -[1 - G(r)]$$

所以得出：$h - \dfrac{bD}{Q}[1 - G(r)] = 0$

或：$G(r) = 1 - \dfrac{hQ}{bD}$ \qquad (7-21)

式（7-20）和式（7-21）给出了求解 Q 和 r 的计算式。但是我们无法从这两式中直接计算出 Q 和 r 的值，下面我们给出计算 Q 和 r 的迭代算法。

（5）Q 和 r 的求解算法

步骤一：

用 EOQ 模型，令 $Q_0 = \sqrt{\dfrac{2AD}{h}}$，计算 $G(r) = 1 - \dfrac{hQ_0}{bD}$ 的 r 值，并令此值为 r_0；令 $t = 1$。

步骤二：

计算：$Q_t = \sqrt{\dfrac{2D[A + bn(r_{t-1})]}{h}}$

然后计算满足 $G(r) = 1 - \dfrac{hQ_t}{bD}$ 的 r 值，并令为 r_t。

步骤三：

如果 $|Q_t - Q_{t-1}| < 1$，且 $|r_t - r_{t-1}| < 1$，停止运算，则最优结果就是：$Q^* = Q_t$，$r^* = r_t$；否则，令 $t = t + 1$，回到步骤二继续运算。可以证明单产品的 (Q,r) 模型都是收敛的，使用上述迭代算法均可以确定出最优解。

下面我们用一个实例来说明单产品的 (Q,r) 模型及其求解过程。

例7-7：单产品的(Q, r)模型

某企业的相关数据如下：

  $D = 100$ 个/年；

  $c = 100$ 元/个；

  $h = 0.1 \times 100 = 10$ 元/个；

  $l = 30$ 天；

  $\theta = (100 \times 30)/365 = 8.219$ 个（订购提前期内需求的期望）；

  $A = 10$ 元；

  $b = 100$ 元；

提前期内的需求服从泊松分布，试确定其订购量和再订购点。

解：首先计算需求概率分布，以及平均缺货水平 $n(r)$ 的值，见表7-6。

$$p(r) = \frac{e^{-\theta} \theta^r}{r!} = p(r-1) \frac{\theta}{r}, r = 1, 2, \cdots$$

$$G(r) = \sum_{k=0}^{r} p(k)$$

$$n(r) = \theta p(r) + (\theta - r)[1 - G(r)]$$

表7-6 某企业产品需求的泊松分布

r	$p(r)$	$G(r)$	$n(r)$	r	$p(r)$	$G(r)$	$n(r)$
0	0.000	0.000	8.219	11	0.078	0.872	0.285
1	0.002	0.002	7.219	12	0.053	0.925	0.156
2	0.009	0.012	6.222	13	0.034	0.959	0.081
3	0.025	0.037	5.234	14	0.020	0.979	0.040
4	0.051	0.088	4.270	15	0.011	0.990	0.019
5	0.084	0.172	3.358	16	0.006	0.995	0.008
6	0.115	0.287	2.530	17	0.003	0.998	0.004
7	0.135	0.423	1.817	18	0.001	0.999	0.001
8	0.139	0.562	1.240	19	0.001	1.000	0.001
9	0.127	0.689	0.802	20	0.000	1.000	0.000
10	0.104	0.794	0.491				

然后，使用迭代算法确定 Q^* 和 r^*：

第一步：用 EOQ 准则计算 Q_0。

$$Q_0 = \sqrt{\frac{2AD}{h}} = \sqrt{\frac{2 \times 10 \times 100}{10}} = \sqrt{200} = 14.14 \approx 14$$

用式（7-21）确定最小的 r_0。

$$G(r) \geqslant 1 - \frac{hQ_0}{bD} = 1 - \frac{10 \times 14}{100 \times 100} = 0.986$$

在表 7-5 中查出 $r_0 = 15$。

第二步：用式(7-20)计算 Q_1

$$Q_1 = \sqrt{\frac{2D[A + bn(r_0)]}{h}} = \sqrt{\frac{2 \times 100(10 + 100 \times 0.019)}{10}} = 15.41 \approx 15$$

再确定 r_1：

$$G(r) \geqslant 1 - \frac{hQ_1}{bD} = 1 - \frac{10 \times 15}{100 \times 100} = 0.985$$

查表 7-6，得出 $r_1 = 15$。

可以发现，从第一步到第二步 r 的值不再改变，所以迭代停止。则：

$$Q^* = 15, r^* = 15$$

该企业的安全库存水平为：$15 - 8.219 = 6.781$ 个；如果用需求能被立即满足的百分比来衡量服务水平，则该企业的服务水平达到 98.5%。

我们可以总结出关于单产品的 (Q, r) 模型的一些结论：安全库存提供了一个缓冲，预防了订购提前期内的缺货；周期库存要与每次的订购成本进行权衡；再订购点与服务水平密切相关，再订购点越高，提前期内缺货的概率就越小，服务水平就越高，但相应的库存成本就会升高。还有一些其他的结论，如增加 θ 值一般会增加再订购点，增加提前期内需求的变异性也会增加再订购点，增加库存保管成本会减小再订购点和订购批量。所以企业在决策过程中需要在库存投资和服务水平之间进行权衡。

(6) 单产品的 (Q, r) 模型的权衡

可以用下面的约束表达式来描述 (Q, r) 模型在库存投资和服务水平之间的权衡。

目标函数：最小化库存投资。

约束条件：平均订购频率 $\leqslant F$；

平均服务水平 $\geqslant S$。

用数学表达式表示为：

$$\min c\left(\frac{Q}{2} + r - \theta\right)$$

$$\text{s. t.} \frac{D}{Q} \leqslant F \qquad (1)$$

$$1 - \frac{n(r)}{Q} \geqslant S \quad (2)$$

通过观察目标表达式，我们发现库存投资是 Q 和 r 的线性组合，所以要使得库存投资最小，就只需要确定在满足约束条件下的最小的 Q 和 r。

解决方法：

步骤一：在满足约束条件(1)下，使得 Q 尽可能小。

$$\frac{D}{Q} = F \Rightarrow Q = \frac{D}{F}$$

步骤二：在步骤一所确定的 Q 下，使得满足约束条件(2)的 r 尽可能小。

$$1 - \frac{n(r)}{Q} = S \Rightarrow n(r) = (1 - S)\frac{D}{F}$$

接下来,我们以例 7-7 中的企业来说明单产品的 (Q,r) 模型在库存投资和服务水平之间的权衡。

例 7-8:单产品的 (Q,r) 模型的权衡

使用例 7-7 中该企业的相关数据:

首先,假设订购次数 $F=5$,则:

$$Q = \frac{D}{F} = \frac{100}{5} = 20$$

然后,再假设服务水平 $S=0.95$,来选择满足这一服务水平的最小的 r:

$$n(r) \leqslant (1-S)\frac{D}{F} = (1-0.95) \times \frac{100}{5} = 1$$

查表 7-6,得出 $r=9$。则库存投资为:

$$c\left(\frac{Q}{2} + r - \theta\right) = 100 \times \left(\frac{20}{2} + 9 - 8.219\right) = 1078.1(元)$$

这样,我们可以得出在不同的服务水平下库存投资和订购次数的关系,以及在不同的订购次数下库存投资和服务水平的关系,分别如图 7-11 和图 7-12 所示。企业决策者也可以较直观地在库存投资和服务水平之间进行权衡,从而确定合适的订购次数(订购量)。

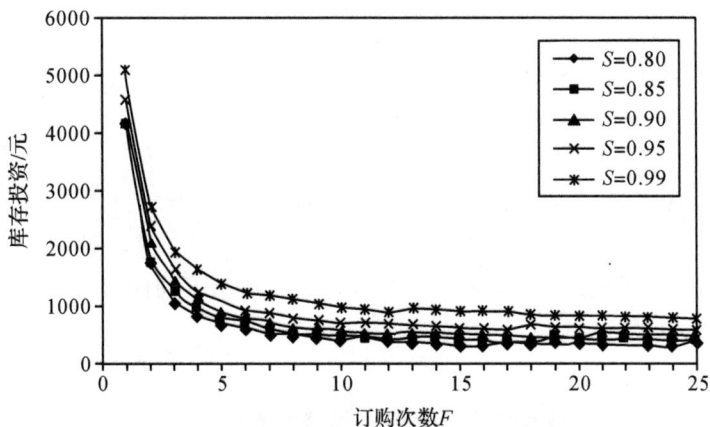

图 7-11 库存投资和订购次数的关系

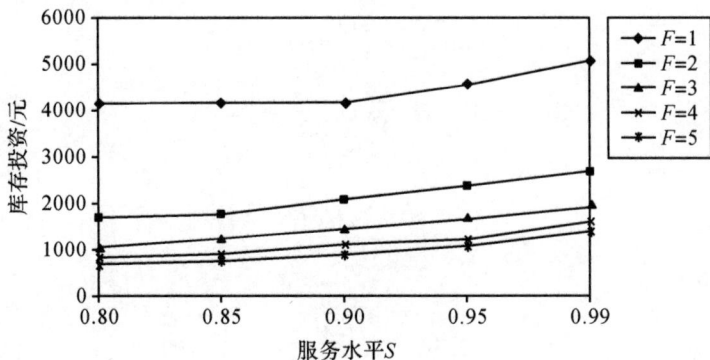

图 7-12 库存投资和服务水平的关系

7.8.3.2 多产品的(Q,r)模型

接下来,我们简单介绍一下多产品的(Q,r)模型,并简要介绍两种解法。多产品的(Q,r)模型假设与单产品的(Q,r)模型假设一致,用于表示各个参数的符号也相同,在这里仅用下标i区分N种不同的产品。如c_i表示产品i的价格,Q_i表示产品i的订购量等。

多产品的(Q,r)模型描述如下。

目标函数:最小库存投资。

约束条件:平均订货频率$\leqslant F$;

平均服务水平$\geqslant S$。

用数学表达式表示为:

$$\min \sum_{i=1}^{N} c_i \left(\frac{Q_i}{2} + r_i - \theta_i \right)$$

$$\text{s. t. } \frac{1}{N} \sum_{i=1}^{N} \frac{D_i}{Q_i} \leqslant F$$

$$\frac{1}{D_{\text{tot}}} \sum_{i=1}^{N} D_i \left[1 - \frac{n_i(r_i)}{Q_i} \right] \geqslant S \left(D_{\text{tot}} = \sum_{i=1}^{N} D_i \right)$$

模型的解决方法主要有两种:

(1)解耦法

①独立分析各个产品部分;

②决定是否对各个产品采用相同的服务水平或订购频率。

(2)集成法

①应用一些易处理的函数来近似模拟服务过程;

②应用平均的服务水平或订购频率目标。

通过观察模型,得出这样的结论:对不同的产品应用不同的服务水平或订购频率能够充分降低总库存投资。

服务的分类:

Ⅰ型服务——用一个周期内不出现缺货的概率来衡量;

Ⅱ型服务——用需求被立即满足的百分比来衡量。

在Ⅰ型服务下,多产品的(Q,r)模型可以描述为:

$$\min \sum_{i=1}^{N} c_i \left(\frac{Q_i}{2} + r_i - \theta_i \right)$$

$$\text{s. t. } \frac{1}{N} \sum_{i=1}^{N} \frac{D_i}{Q_i} \leqslant F$$

$$\frac{1}{D_{\text{tot}}} \sum_{i=1}^{N} D_i G_i(r_i) \geqslant S$$

可以计算出:

$$Q_i = \sqrt{\frac{2\lambda D_i}{N c_i}} \tag{7-22}$$

$$g_i(r_i) = \frac{D_{tot}c_i}{\mu D_i} \qquad (7\text{-}23)$$

其中，λ 和 μ 是惩罚因子。

与单一产品的 (Q, r) 模型类似，我们同样给出多种产品 (Q, r) 模型的迭代算法。

步骤一：设置 λ_1 和 μ_1 值，令 $t = 1$。

步骤二：根据式（7-22）和式（7-23），利用 λ_1 和 μ_1 的值分别计算 $Q_i^{(t)}$ 和 $r_i^{(t)}$（$i = 1, 2, \cdots, N$）。

步骤三：计算总体订购频率和服务水平。

$$F_t = \frac{1}{N}\sum_{i=1}^{N}\frac{D_i}{Q_i^{(t)}}$$

$$S_t = \frac{1}{D_{tot}}\sum_{i=1}^{N}D_i G_i(r_i^{(t)})$$

如果 $|F_t - F| < \varepsilon$ 且 $|S_t - S| < \varepsilon$（ε 为设置的限制值），停止运算，则：

$$Q_i^* = Q_i^{(t)}, r_i^* = r_i^{(t)}(i = 1, 2, \cdots, N)$$

否则，如果 $F_t < F$，减小 λ_t；如果 $F_t > F$，增大 λ_t；如果 $S_t < S$，减小 μ_t；如果 $S_t > S$，增大 μ_t。

令 $t = t + 1$，回到步骤二继续进行迭代运算。

有学者提出一种较简单且实用的方法——ABC 分类法，用以解决多产品的 (Q, r) 模型，其具体过程如下。

步骤一：计算订购量

主要有两种模型：固定订购成本的 EOQ 模型和有平均订购频率限制的 EOQ 模型。

步骤二：各产品的 ABC 分类

依据各产品的成本，将产品分为三类。

A 类：高成本；

B 类：适中成本；

C 类：低成本。

步骤三：确定服务水平

分别选择 A、B、C 三类产品的服务水平，确定为 S_A、S_B、S_C，并且有 $S_A < S_B < S_C$。

则平均服务水平为：

$$S = \frac{D_A S_A + D_B S_B + D_C S_C}{D_{tot}}$$

其中：$D_A = \sum_{i \in A}D_i$;

$D_B = \sum_{i \in B}D_i$;

$D_C = \sum_{i \in C}D_i$。

步骤四：计算再订购点

对于前面分类的 I 型服务，如果产品 i 在第 j 类（A、B、C 三类之一）中，通过下式确定 r_i：

$$1 - \frac{n_i(r_i)}{Q_i} \geqslant S_j$$

对于 Ⅱ 型服务，如果产品 i 在第 j 类中，则通过下式确定 r_i：

$$G_i(r_i) \geqslant S_j$$

如果用正态分布来表示泊松分布，有如下结论：

$$r_i = \theta_i + Z_{S_j}\sqrt{\theta_i} \tag{7-24}$$

步骤五：评估库存投资成本

所有 N 种产品的库存投资总成本可以用下式计算：

$$\sum_{i=1}^{N} c_i\left(\frac{Q_i}{2} + r_i - \theta_i\right)$$

步骤六：寻求改进

如果总库存投资成本足够低，符合企业规划要求，则停止运算，得到各产品的订购策略；否则，回到步骤三，在重新确定服务水平后，继续运算。

不论使用集成法还是用 ABC 分类法解决多产品的 (Q, r) 模型，尚存在一些问题有待进一步探讨，比如：

(1)服务水平的定义是否合适；

(2)考虑其他约束，如库存水平、资金约束、仓库面积约束等的影响。

📖 本章小结

本章主要介绍生产制造系统中库存管理与控制问题。首先介绍了库存与库存系统的概念、目的、库存的五种类型（原材料库存、在制品库存、成品库存、备件库存、废弃库存）及相关作用，并讨论了库存成本及其构成，指出库存管理的一个目标是降低库存成本。然后针对独立需求讨论了处理不同库存问题的模型与方法。本章重点介绍了经济订货批量模型（EOQ 模型）和有价格折扣时的 EOQ 模型、Wagner-Whitin 模型、单周期库存模型（报童问题）、基本存货模型、单产品和多产品的 (Q, r) 模型。

课后习题

一、计算题

1.证明：按 $\sqrt{2}$ 区间的多种产品订购合并导致的成本增加不会大于 6％。

2.设 6 个产品的最优订购周期分别为：1 个月、3 个月、5 个月、7 个月、10 个月、13 个月。试用 2 的幂次方的订购区间规律，重新设置这些产品的订购周期。假设这些产品所有的成本参数都相同，试计算上述订购周期调整所增加的成本的百分比。

3.假定在 EOQ 模型中，企业的生产率为 P，且 $P > D$，其他条件假定不变，试计算最优生产批量。

4.在 EOQ 模型中，若允许缺货，单位缺货成本为 s，其他条件不变，试计算最优订货批量。

5. Athens 轮胎公司每年购买 8000 个轮胎,每个轮胎的单位成本为 25 美元,每个轮胎年度持有成本是 3 美元,订购费用为每次 30 美元。

(1) 确定经济订货批量。

(2) 每年的预计订购次数是多少?

(3) 持有成本是多少?

(4) 经济订货批量的总成本是多少?

(5) 假定该公司可以选择享受一种数量折扣,如果一次订购量达到 2000 个轮胎,每个轮胎的单位成本可以降至 24 美元,试分析该公司选择这种折扣是不是一个好的决策?

6. 某制造厂生产一种零件存放在仓库中出售,已知需求率为每年 120000 件,而生产率是每年 60000 件,组织一次生产的准备费是 800 元,零件单价为 6 元,年库存保管费系数为 0.1,如不允许缺货:

(1) 试确定最优生产批量和二次生产间的最佳时间间隔。

(2) 如果提前期是 2 个月,试确定订购点。

(3) 如果仓库最大容量为 120000 件,试确定最优生产批量和订购点。

(4) 考虑到工人的学习效应,零件的单价按下表给出的增量折扣,试求不考虑仓库容量限制条件下的最优生产批量。

$0 \leqslant Q < 10000$	$c_1 = 6.00$ 元
$10000 \leqslant Q < 30000$	$c_2 = 5.80$ 元
$30000 \leqslant Q$	$c_3 = 5.70$ 元

7. 已知某库存物资的需求率 δ 可表示为时间 t 的函数:$\delta(t) = 200 + 1600t(0 \leqslant t \leqslant 1)$。如一次订购的固定费用为 200 元,单价为每件 10 元,年保管费系数为 0.2,初始库存为 100 件。如不允许缺货,采用连续检查策略,试确定最优订购策略。

8. 试对一个四期确定性库存问题计算各期期初的最佳订购量。有关资料如下表所示:

时间 t	1	2	3	4
需求量 Q_t/件	5	7	11	3
订货费 A_t/元	5	7	9	7
库存保管费 C_{it}/[元/(件·期)]	1	1	1	1

9. 采购代理折扣选择如下表所示:

$0 \leqslant Q < 1000$	50 元/件
$1000 \leqslant Q \leqslant 4999$	46 元/件
$5000 \leqslant Q$	40 元/件

发出一次订单的成本为 55 元,年需求量 150000 件,持有成本为 4 元/件,请帮助该采

购代理确定一种订购策略,使得总成本最小。

10. 日需求量为 100 个,服务水平为 95%,提前期为 15 天,提前期内的需求标准差为 25 个。如果需求在提前期内满足正态分布,请计算订购点。

11. 某一产品的年度总需求量为 15600 个,周需求量为 300 个,标准差为 90 个,订购成本为 31.2 美元,从订货到产品入库中间的时间间隔为 4 周,每单位产品年保管成本为 0.1 美元。请找出保证 89% 服务水平所需的订购点。假设要求生产经理降低该产品 50% 的安全库存,如果这样做,新的服务水平为多少?

12. 某公司每年需用某元件 3000 个,每次订购的固定成本为 250 元,单位维持库存费为货物价值的 25%。现有三个货源可供选择。A:不论订购多少,每单位订货价格都为 10 元;B:订购量必须大于等于 600 个,单价 9.5 元;C:订购起点为 800 个,单价为 9 元。试确定该公司的订购策略,并计算年最低库存费用。

二、选择题

1. 下面哪一个是企业保持库存供应的原因?(　　)

A. 为了保持运作的独立性　　　　　　B. 为了满足产品需求的变化

C. 为使生产安排更具柔性　　　　　　D. 充分利用采购订单的经济规模优势

E. 以上所有

2. 库存系统应包括下列哪一项策略?(　　)

A. 存货采购订单应多大　　　　　　　B. 库存的监测水平

C. 说明何时应该补充库存　　　　　　D. 以上都是

E. 以上都不是

3. 下面哪一项是在准备购买或生产订单时,与管理或办事成本相关的库存成本项目?(　　)

A. 持有成本　　　　　　　　　　　　B. 生产准备成本

C. 保管成本　　　　　　　　　　　　D. 短缺成本

E. 以上都不是

4. 下面哪一项是一个独立的需求项目?(　　)

A. 螺栓,对汽车制造商而言　　　　　B. 木材,对住房建筑商而言

C. 窗户,对住房建筑商而言　　　　　D. 牛奶容器,对杂货店而言

E. 以上都不是

5. 如果一个库存项目的年需求量为 5000 台,单位订单的订购成本为 100 元,单位年度持有成本为 10 元,最佳订购量大约是多少?(　　)

A. 5000 台　　　　　　　　　　　　B. 5000 元

B. 500 台　　　　　　　　　　　　　D. 316 台

E. 以上都不是

6. ABC 分类库存管理系统的基本逻辑是下面哪一项?(　　)

A. 双箱逻辑(two-bin logic)　　　　　B. 单箱逻辑(one-bin logic)

C. 帕累托原则　　　　　　　　　　　D. 以上所有

E. 以上都不是

7.下面哪一项实物清点存货技术中,库存一年内需要频繁清点而不是一次或两次?
（   ）

A. 周期盘点   B. 数学规划

C. 帕累托原则   D. ABC 分类法

E. 最小库存单位（SKU）

第8章

物料需求计划

本章将介绍物料需求计划（material requirement planning，MRP）的主要思想、目的和使用过程，并在此基础上介绍制造资源计划（manufacturing resources planning，MRP Ⅱ）和企业资源计划（enterprise resources planning，ERP）以及这些方法在企业中的应用，最后本章还引入了针对自行车全球化制造的生产计划管理实验简介。

8.1　MRP 的产生与发展

在 20 世纪 60 年代，IBM 公司的约瑟芬·奥利基等人开发了物料需求计划（MRP），把许多公司早就开始使用的数字式计算机所进行的日常会计活动延伸到制订计划和进行库存控制活动中来。简单地讲，MRP 就是一种计算物料需求量和需求时间的系统。所谓"物料"，泛指原材料、在制品、外购件以及产品。最初，MRP 只是一种需求计算器，是开环的，没有信息反馈，也不存在控制。后来，从供应商和生产现场取得了信息反馈，形成了闭环 MRP 系统，这时的 MRP 才成为生产计划与控制系统。尽管 MRP 在早期发展很慢，但是当 1972 年美国生产与库存控制协会（APICS）发起"MRP 运动"来推动 MRP 的使用时，MRP 开始取得巨大发展。从那时起，MRP 在美国就开始成为基本的生产控制范式。

20 世纪 80 年代发展起来的制造资源计划 MRP Ⅱ，不仅涉及物料，而且涉及生产能力和一切制造资源，是一种广泛的资源协调系统，它代表了一种新的生产管理思想，是一种新的组织生产方式。MRP 包含在 MRP Ⅱ 中，在本章中如非特别说明，我们将用 MRP 泛指物料需求计划与制造资源计划。

8.1.1　订购点法的缺陷

在第 7 章"库存管理"中介绍的一些关于存货模型的方法，又叫订购点法，根据物料的需求情况来确定订购点和经济订货批量，这类方法适用于需求比较平稳并且是独立需求的情形。然而，在实际生产中，随着市场环境的变化，需求常常是不稳定、不均匀的，而且有的时候需求之间的相关性很强，此时，用订购点法的库存模型会存在以下明显的缺陷。

（1）盲目性。由于需求的不均匀以及对需求的情况不了解，企业不得不保持一个较大数量的安全库存来应对这种需求。这样盲目地维持一定量的库存会占用资金,造成浪费。

(2)高库存与低服务水平。传统的订购点方法使得低库存与高服务水平两者不可兼得,服务水平越高则库存越高,还常常造成零件积压与短缺共存的局面。而当多种产品之间的需求存在关联的时候,如仍然按照独立需求方法来处理,没有更好地了解相关需求的关联性,将会增大库存,同时服务水平还会降低,这比传统的库存管理中库存水平高、服务水平相对高的情况更糟糕。

例如,装配一个部件,需要 5 种零件,当以 95% 的服务水平供给每种零件时,每种零件的库存水平会很高。即使如此,装配这个部件时,5 种零件都不发生缺货的概率仅为 $(0.95)^5 = 0.774$,即装配这种部件时,几乎四次中就有一次碰到零件配不齐的情况。一台产品常常包含上千种零部件,装配产品时不发生缺件的概率就很低了。这就是采用订购点方法造成零件积压与短缺共存局面的原因。

(3)形成"块状"需求,需求集聚。在制造过程中形成的需求一般都是非均匀的:不需要的时候为零,一旦需要就是一批。采用订购点法的前提条件是需求均匀。在产品的需求率为均匀的条件下,采用订购点法,加剧了对零部件和原材料的需求不均匀,使之呈"块状"。图 8-1 所示的例子清楚地显示了这一点。

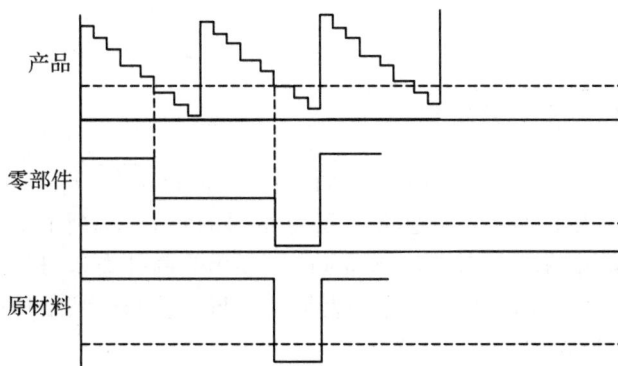

图 8-1 订购点法与块状需求

在图 8-1 中,产品、零部件和原材料的库存都采用订购点法控制。对产品的需求由企业外部多个用户的需求所决定,虽然每个用户的需求有差异,但是综合起来,对产品的需求会比较均匀,库存水平变化的总轮廓呈锯齿状。当产品的库存量下降到订购点以下时,要组织该产品的装配,于是,要从零部件库中取出各种零部件。这样,零部件的库存水平陡然下降。而在此之前,尽管产品库存水平在不断下降,由于没下降到订购点,不必提出订购,因而零部件的库存水平维持不变。类似的,当零部件的库存水平未降到订购点以下时,也不必提出订购,于是,原材料的库存水平维持不变。随着时间的推移,产品的库存逐渐消耗,当库存水平再次降到订购点以下时,再组织产品装配,这时又消耗了一部分零部件库存。如果这时零部件的库存水平降到零部件的订购点以下,就要组织零部件加工。这样,就要消耗一部分原材料库存。

由此可以看出,当最终产品的需求曲线为锯齿状时,由于采用订购点法,集聚到上层的零部件和原材料的需求按照独立需求来处理就会变成图中所示"块状"的情形。"块状"需求与"锯齿状"需求相比,平均库存水平几乎提高一倍,因而占用更多的资金,而且这种附加的资金不能带来任何收益。

订购点法较适用于处理独立需求问题,但无法令人满意地解决生产系统内发生的相关需求问题,且无法适用于订单生产型企业。于是,MRP 应运而生,它可以精确地确定对零部件和原材料的需求数量与时间,消除了盲目性,实现了低库存与高服务水平的并存。

8.1.2 MRP 的产生

8.1.2.1 MRP 方法的提出

订购点法之所以有上述缺陷,是因为它没有按照各种物料真正需要的时间来确定订购日期。于是,人们便思考:怎样才能在需要的时间,按需要的数量得到真正需要的物料?

MRP 是当时库存管理专家为解决传统库存控制方法的不足,在不断探索新的库存控制方法的过程中产生的。MRP 方法实际上就是考虑需求的关联性,这个方法最先由美国 IBM 公司的约瑟芬·奥利基提出。他在 20 世纪 60 年代设计并组织实施了第一个 MRP 系统,并在欧洲试用了 MRP 系统,70 年代 MRP 系统在美国得到全面推广。

8.1.2.2 MRP 的主要思想

MRP 的主要思想是:打破产品品种之间的界限,把企业生产过程中所涉及的所有产品、零部件、原材料、中间件等,在逻辑上视为相同的物料,把所有物料分成独立需求(independent demand)和相关需求(dependent demand)两种类型,根据独立需求的要求来明确非独立需求如何满足,然后把这个满足过程与工艺和产品结构密切关联起来,按时间段确定不同时期各种物料的需求。

如果一个企业的经营活动从产品销售到原材料采购,从自制零件的加工到外购零件的供应,从工具和工艺装备的准备到设备维修,从人员的安排到资金的筹措与运用,都围绕 MRP 这种基本思想进行,就可形成一整套新的方法体系,它涉及企业的每一个部门、每一项活动。因此,人们又将 MRP 看成是一种新的生产方式。MRP 的基本思想如下:

(1)MRP 主要是考虑到产品与原材料和零部件之间的关联,围绕物料转化组织制造资源,最终实现按需准时化生产。用最终的需求来驱动相关需求,根据产品生产过程的内在联系,实现准时化生产,这种准时化生产解决的是供需平衡问题,希望这种平衡从时间、数量和空间上做到精确、简捷,这样一个精确、简捷的供需关系的处理就是管理上的协调,管理的效率和 MRP 的效率就要看协调的程度。

(2)强调以物料为中心组织生产。

(3)MRP 处理的是相关需求。

(4)将产品制造过程看作是从成品到原材料的一系列订货过程。

MRP 解决了物料转化过程中的几个关键问题:何时需要,需要什么,需要多少? 它不仅在数量上解决了缺料问题,更关键的是从时间上解决了缺料问题。

8.1.3 MRP 的几个发展阶段

8.1.3.1 基本 MRP 阶段

20 世纪 60 年代发展起来的 MRP 主要是针对制造型企业。开始的设想也比较简单,仅是一种"物料需求计算器",主要是把独立需求和相关需求关联起来,根据对产品的需求、产品结构和物料库存数据来计算各种物料的需求,将产品的产出计划变成零部件的投入产出计划和外购件、原材料的需求计划,从而解决了生产过程中需要什么,何时需要,需要多少的问题。它是开放式的,没有信息反馈,不存在控制。

后来人们在使用过程中不断发现这种方法是有缺陷的,主要在于:任何生产都是由相应的设备和员工来完成,仅仅由产品的需求来计算各种原材料和零部件的加工需求,可能无法实现,因为没有考虑能力的限制。这里的"能力的限制"包含两层含义:一是现有设备和人员的能力是否能够满足需求;二是即使总能力从平均意义上能够满足计划的要求,但是在执行的时候实际情况可能会发生偏差,如机器故障、员工病假、原材料运输途中的耽搁等,这实际上就是生产现场的监控和反馈问题。由于能力的约束可能需要修正计划,MRP 系统也要重新运行。后来的改进是将每个工作中心的能力作为 MRP 软件包的一部分,反馈信息也被引入,就逐渐形成后来的闭环 MRP 系统。

8.1.3.2 闭环 MRP(closed-loop MRP)阶段

在基本 MRP 的基础上考虑生产现场的监控和反馈,考虑总能力限制,这样一种根据需求来安排生产计划的方法称为闭环 MRP。闭环 MRP 是一种计划与控制系统,闭环的功能主要是依据实际的执行情况来修订计划,形成反馈。

闭环 MRP 根据计划的实际执行情况、前期计划执行的结果及其带来的偏差来修订当前的计划和下一期的计划,由于这些执行的结果与能力密切相关,所以很多时候人们也把计划编制过程中考虑能力的限制系统叫作闭环 MRP。20 世纪 70 年代美国生产库存协会发动的"MRP 运动",在美国企业全面推广 MRP 系统,主要就是推广闭环 MRP 系统。在这一时期闭环 MRP 系统在企业得到了广泛的应用。

8.1.3.3 MRPⅡ阶段

进入 20 世纪 80 年代以后,主要应用于生产与采购的管理方法推广到整个企业的管理,MRPⅡ的思想开始兴盛起来。MRPⅡ是一种资源协调系统,代表了一种新的生产管理思想。

MRP 主要是与物相关,叫作物料需求计划。每个企业一般都包含四种"流":物流、资金流、员工流和信息流,除了物之外,资金、员工、信息也都是企业形成产品和服务的资源。把物流管理的方法推广到其他"流"上,将企业的所有资源都管理起来的一整套系统的方法,称为制造资源计划。由于其英文缩写也是 MRP,为了与基本 MRP 区分,所以叫作 MRPⅡ。

MRPⅡ把物流管理的一套方法推广到企业其他各种"流"的管理上，主要基于以下两个方面。

一方面，MRP思想追求供求之间的平衡，这是一种准确的精细的平衡，是一种实现准时化生产的管理方法，事实上企业对人的管理、资金的管理和信息的管理，也是追求一种平衡。

运作管理的研究并不局限在生产上，还可以应用在其他方面。运作管理是对运作系统的管理，运作系统就是把投入转化为产出的过程，投入可以是物，也可以是人、信息和资金。从MRP推广到MRPⅡ的时候就会发现不同投入之间有这种类似性，在管理方法上也具有类似性，所以能够做这种处理。这就是能够把物流管理的一套方法推广到企业其他各种"流"上来的最重要原因。

另一方面，从本质上说，任何一个企业只做一件事情，就是以向社会提供有用的产品和服务来获得收益，其中，物、资金、人、信息都是这样一个任务的不同侧面，它们本身存在密切关联，可以理解为一个图像在不同侧面的投影。

在完成从投入转化成产出的过程中，从物的角度来看，这就是从原材料到零部件，从一个工时到另一个工时最终到仓库去的过程，其中涉及很多管理问题。企业在这个转换过程中需要投入资金，所以物流的每一个环节和过程都与资金密切关联。所以，从资金的角度来看，企业活动就是从投入资金到产出资金的过程，这是资金流的过程。在这个投入转化为产出的过程中，主要任务是确认需求，并最终满足需求，其中，需求信息有可能是不准确的，正确的信息和错误的信息相伴在一起，需要加以鉴别；在转换过程中，还有各种生产状态的信息，在产出中有产成品的完成情况、质量功能等信息，所以说，整个生产过程也是信息流的过程。闭环MRP已经把能力的因素考虑进来，其中的能力包含设备和人员，人员的能力就是人员出勤和工作的状态，对人员的管理与成本资金流密切关联。所以说，物流、资金流、员工流和信息流都是从投入转化为产出这个过程的不同侧面，本身就存在密切的内在联系，所以对物流的管理方法可以很容易地推广到其他流上来。

鉴于上述原因，不同流的形态在管理上的共性被广泛认可以后，对物流的管理被推广到企业管理的各个方面，就形成了MRPⅡ的思想。它把生产活动与财务活动联系起来，将闭环MRP与企业经营计划联系起来，使企业各个部门有了一个统一可靠的计划控制工具。MRPⅡ是企业级的集成系统，它包括企业整个生产经营活动：销售、生产、生产作业计划与控制、库存、采购供应、财务会计、工程管理等。

8.1.3.4 ERP阶段

到20世纪到90年代，MRPⅡ得到了蓬勃发展，其应用也从离散型制造业向流程式制造业扩展，不仅应用于汽车、电子等行业，也广泛应用于化工、食品等行业。随着信息技术的发展，MRPⅡ系统的功能也在不断地增强、完善与扩大，逐渐向企业资源计划（ERP）发展。

ERP是MRPⅡ高度发展的结果，两者的联系在于：MRPⅡ是对一个企业所有制造资源以及使用过程中的各种协调进行管理，仅仅局限于企业内部。可是20世纪90年代以后,世界经济发展的一个趋势是企业与企业之间的联系越来越密切,出现了供应链管理,而且随之出现了两种现象:第一个现象是企业与很多其他外部企业的关系越来越密切,甚至一个企业产品的竞争力不仅依赖于本企业,还依赖于其他外部相关企业,这就是供应链管理;第二个现象是企业外向度、扩张度和规模是过去远远不能相比的,跨国的合作非常常见,扩张规模不再像传统企业那样集中在一个企业,可能是分布在很多企业中,这样一个跨地域、跨国、跨企业的协作和协调问题,用企业"围墙内"方法来管理不再有效,针对这样一种形势,就出现了 ERP。在本章后面,我们将对这种先进的系统做更详细的介绍。

8.1.3.5　MRP 发展不同阶段之间的联系

从上面的分析可以看出,MRP 的发展经历了从基本 MRP(开环 MRP)到闭环 MRP,再到 MRPⅡ,然后发展到 ERP 阶段,功能逐渐完善,从对物流的管理扩展到企业管理领域的各个方面,最终发展到对整个供应链的管理。其中,基本 MRP 和闭环 MRP 用来管理物流,MRPⅡ用来管理企业内部的各种职能,ERP 则是用来管理供应链的。不论MRPⅡ还是 ERP,最基础、最核心的仍是 MRP,如果能把 MRP 主要思想理解清楚,对ERP 的理解就相对简单了。当然,ERP 的内容非常广泛,如德国 SAP 公司的 R3 系统,其使用说明书包含的内容涉及方方面面,甚至有人说"如果把说明书完全理解清楚了,就可以拿到相关方面的几个博士学位了"。

我国企业在 20 世纪 90 年代后期才开始推广和应用 ERP 系统,主要做法有以下几种:从财务资金角度切入、从营销角度切入、从物流角度切入等。从财务资金角度切入的企业,ERP 的应用往往比较成功,主要是由于我国的财务管理已经出现体系化。站在高层管理者的角度,从财务资金角度切入很好理解,由于企业管理的信息化,ERP 系统先从财务模块应用,再逐渐应用到企业管理的其他方面。从营销角度切入 ERP,在我国企业中应用也比较成功。但是,如果不从这些基本角度切入,实施 ERP 系统想取得成功是相当困难的。无论如何,深刻地理解 MRP 的基本原理,对 ERP 的应用会有很大的帮助。

8.2　MRP 的基本处理逻辑

我们已经知道,无论是闭环 MRP,还是 MRPⅡ和 ERP,它们的核心都是 MRP,下面我们将重点介绍 MRP 的处理过程及其在编制过程中的相关问题。

8.2.1　MRP 的编制逻辑

MRP 的编制逻辑过程可以用图 8-2 来展示。

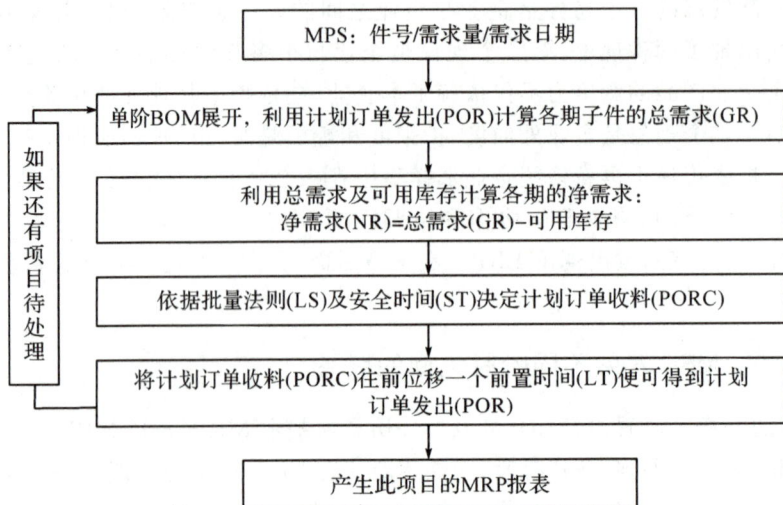

图 8-2　MRP 的编制逻辑

根据图 8-2,总结出编制 MRP 的基本步骤:

第一步,得出主生产进程(master production schedule,MPS),用表的形式描述实现各项独立需求满足的安排,需要的产品件号、需求量和需求日期。

第二步,分层展开产品结构清单(bill of material,BOM)表,根据 BOM 层次逐层往上展开,根据上层订单发出计算出下层的毛需求或总需求,总需求减去现有库存,得出净需求。

第三步,根据净需求计算出每一个零件的需要量,这个需要量的满足方式要依据批量法则(每次的订货量限制),决定计划订单收料。

第四步,根据计划订单收料,往前倒推该产品的到货提前期,就能够给出零部件生产时间及生产量的安排,得到计划订单发出信息。如果项目还有待处理,回到第二步。

第五步,产生此项目的 MRP 报表。

8.2.2　MRP 的输入信息

MRP 就是将一些输入信息,变成库存文件和 BOM 表。MRP 的三个主要输入信息是主生产进程(产品出厂计划,MPS)、物料清单(产品结构文件,BOM)和库存状态文件。MPR 处理的结果是产生一些订单和订单报表,以及加工采购表和订单修订表(对过去的安排进行调整)。下面详细介绍 MRP 的三个输入信息。

8.2.2.1　主生产进程(MPS)

MPS 是 MRP 的主要输入,它是对某些独立需求的产品和零部件的安排计划,是MRP 运行的驱动力量。

一般来说,在主生产进程中列出的为净需要量,即需生产的数量。于是,由顾客订货或预测得出的总需要量不能直接列入主生产进程,而要扣除现有库存量,算出净需求量。

表 8-1 为一产品主生产进程的一部分。它表示产品 A 的出产计划为：第 5 周 10 台，第 8 周 15 台；产品 B 的出产计划为：第 4 周 13 台，第 7 周 12 台；配件 C 的出产计划为：1～9 周每周 10 件。

表 8-1 主生产进程

周次	1	3	3	4	5	6	7	8	9
产品 A/台					10			15	
产品 B/台				13			12		
配件 C/件	10	10	10	10	10	10	10	10	10

在主生产进程中，需求数据的主要来源包含两个方面：一是订单信息，二是预测需求，将两者结合起来就得到 MPS 中的需求。一般来说，在主生产进程中要求需求尽可能平稳，同时还要考虑能力的限制。能力是否充分在当前可能看不出来，需要进一步往下层分解，在确定了具体的零部件的需求情况之后，才能够确定能力是否可行。

8.2.2.2 物料清单(产品结构清单,BOM)

物料清单文件又称为产品结构清单（BOM），它表示产品的组成及结构信息，包括所需零部件的清单、产品项目的结构层次，以及制成最终产品的各个工艺阶段的先后顺序。

利用 BOM 可以准确地计算相关需求信息。其中所包含的物料可分成两类：一类是自制项目，另一类是采购项目（包括所有的原材料、外购件和外协件）。MRP 展开后，自制项目的物料需求计划便形成相应的生产作业计划，采购项目的物料需求计划形成相应的采购供应计划。

在产品结构文件中，各个元件处于不同的层次。每一层次表示制造最终产品的一个阶段。通常，最高层为零层，代表最终产品项；第一层代表组成最终产品项的元件；第二层为组成第一层元件的元件，依此类推，最底层为零件和原材料。可以用产品结构树直观地来表示。为了形象地说明物料清单，以图 8-3 所示的三抽屉文件柜为例，并以图 8-4 所示的"产品结构树"来说明。

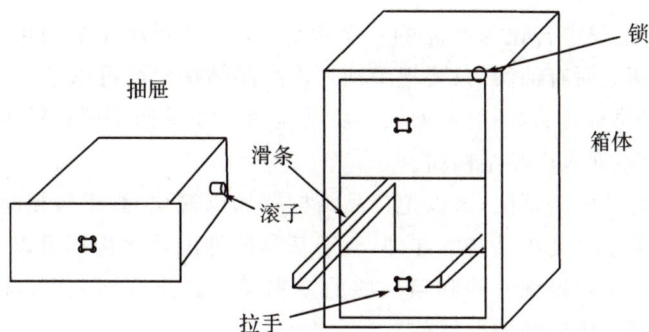

图 8-3 三抽屉文件柜组成

三抽屉文件柜由 1 个箱体、1 把锁和 3 个抽屉组成。1 个箱体又由 1 个箱外壳和 6 根滑条（每个抽屉需 2 根滑条）装配而成；每个抽屉又由 1 个抽屉体，1 个手柄和 2 个滚子组成；锁是外购件。文件柜及其元件之间的关系用一种树形图的方式表示出来，如图 8-4 所示。这种树形图通常称为"产品结构树"。

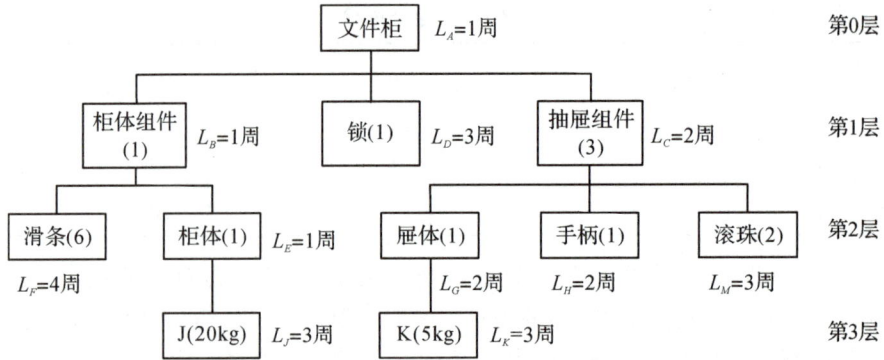

图 8-4　三抽屉文件柜结构树

图 8-4 中 L 表示加工、装配或采购所花的时间，称为提前期（lead time，LT）。它相当于前面章节所介绍的加工周期、装配周期或订购周期。如 $L_A = 1$ 周，说明产品 A（文件柜）从开始装配到完成装配需要 1 周时间；$L_G = 2$ 周，说明零件 G（屉体）从开始加工到完成加工需要 2 周时间；$L_K = 3$ 周，说明采购材料 K 从订货到到货需 3 周时间。

产品结构树描述了产品的组成以及各组成成分之间的逻辑关系，与产品的工艺过程密切相关，使用起来非常直观。图 8-4 所描述的仅仅是一种简单产品的结构树，现实中很多产品的结构往往是非常复杂的，但我们仍可采用类似的方法，构造出产品的结构树。如某种型号的卡车，有发动机、底盘、车厢、驾驶室等部件，其中每个部件又含有很复杂的构造，还可以继续往下分解。

产品结构树方法所带来的问题是：产品结构分解到什么程度停止？哪些部件要表现到产品结构树中？一般有这样的规则：

（1）如果是外购件，则不需要再往下分解，如果是自制件，一般还需继续分解，分解到基本的操作单元。

（2）凡是加工过程中转化为产品的一个部分，就要放到产品结构树中去，如果不是，可以不放。如手柄上面有油漆，只要把手柄列入产品结构树就可以了。

（3）生产过程的易耗品，一般不列入产品结构树。如手柄是用胶粘上去的，粘胶属于一种易耗品，一般不列入产品结构树。

面对复杂产品结构的情况，可以把产品结构树加以简化，画得较粗略一些，例如卡车的产品结构树中可以只列出其基本部件，至于基本部件的具体构造可以不在产品结构树中列出。产品结构树画得细一些和粗一些的差别在于其协调性上面，画得越细，协调的范围越大，画得越粗，协调的效果越差。

实际产品对应有多种多样的产品结构树：同一零部件分布在同一产品结构树的不同层次上、同一零部件分布在不同产品结构树的不同层次上。这种特点给相关需求的计算带来了困难，一般采用底层编码技术来处理，即该零部件的层级是其所处的最低层级（层序号最大）。

产品结构树所反映的信息最终是要输入到 MRP 系统中去。计算机无法识别树的形式，需要用一个两层的相关表来描述。其做法是：将各个部件用相应的代号来表示，得到相关表中的矩阵元素，如果某个元素是另一个的子集，用 1 表示，否则，用 0 表示。将产品结构树的信息输入计算机中，用相关关系来描述树形的结构，是企业实施 MRP 时的最基础、最重要，也是最困难的工作。由于每个企业产品一般有多种，弄清楚各产品结构本身就很不容易。最终将整理的数据输入计算机，其中涉及企业工艺和技术的各个方面，需要花费大量的时间。企业实施 MRP 系统 70%～80% 的时间几乎都是来处理这样一些信息。

8.2.2.3 库存状态文件

库存状态文件保存了每一种物料的有关数据，MRP 系统关于订什么，订多少，何时发出订货等重要信息，都存储在库存状态文件中。物料清单文件是相对稳定的，而库存状态文件却处于不断变动之中。

表 8-2 是部件 X 的库存状态文件的记录。

表 8-2　部件 X 的库存状态文件

部件 X $LT=2$ 周	周次										
	1	2	3	4	5	6	7	8	9	10	11
总需要量						300			300		300
预计到货量		400									
现有数	20	420	420	420	420	120	120	120	−180	−180	−480
净需要量									180		300
计划发出订货量							180		300		

库存管理文件涉及的主要参数有：

（1）总需要量：由上层元件的计划发出的订货量决定。如在表 8-2 中，部件 X 的总需要量是所有由需要部件 X 的元件的计划发出订货量决定的。

（2）预计到货量：是指在将来某个时间段某项目的入库量。它来源于正在执行中的采购订单或生产订单。在表 8-2 中，第 2 周到达 400 个部件 X。

（3）现有数（现有库存）：为相应时间的当前库存量，它是仓库中实际存放的可用库存量。在表 8-2 中，部件 X 的当前库存量为 20 件，到第 2 周，由于预计到货 400 件，所以现有数为 420 件；到第 6 周用去 300 件，现有数变为 120 件；到第 9 周，需用 300 件，现有数已不足以支付，将欠 180 件。因此，现有数将为负值，需要发出订货。

（4）已分配量：是指已经分配给某使用者，但还没有从仓库中领走的物料数量。

（5）净需要量：当现有数和预计到货量不能满足总需要量时，就会产生净需要量。

净需要量＝总需要量－预计到货量－现有数＝总需要量－可用库存量

在表 8-2 中，经计算，第 9 周对部件 X 的净需要量为 180 件，第 11 周净需要量为 300 件。

（6）计划发出订货量：为保证对零部件的需求而必须投入生产的物料数量。计划发出订货既要考虑提前期，又要考虑安全库存量、批量规则和损耗情况。在表 8-2 中，第 9 周需部件 X 为 180 件，提前期为 2 周，则第 7 周就必须开始制造 180 件 X。同理，第 11 周需要的 300 件应在第 9 周就开始制造。如果考虑安全库存量和经济订货批量，相应的计算会更加复杂一些。

8.2.3 MRP 的处理过程

首先准备 MRP 处理所需的各种输入，将 MPS 作为确认的生产订单下达给 MRP。根据产品的 BOM，从第一层项目起，逐层处理各个项目直至最低层处理完毕为止。

进行 MRP 处理的关键是找出上层元件与下层元件之间的联系。这种联系就是：按上层的计划发出订货量来计算下层的总需要量，并保持时间上的一致。

要提高 MRP 的处理效率，可采用自顶向下、逐层处理的方法。按照这种方法，先处理所有产品的零层，然后处理第 1 层……直到最低层。这样做的好处每一项目只需检索处理一次，效率较高。为此，需要对每个元素编一个低层码，编低层码有助于逐层处理。

为了具体说明 MRP 的处理过程，我们以图 8-5 所示的产品结构树为例来进行说明。

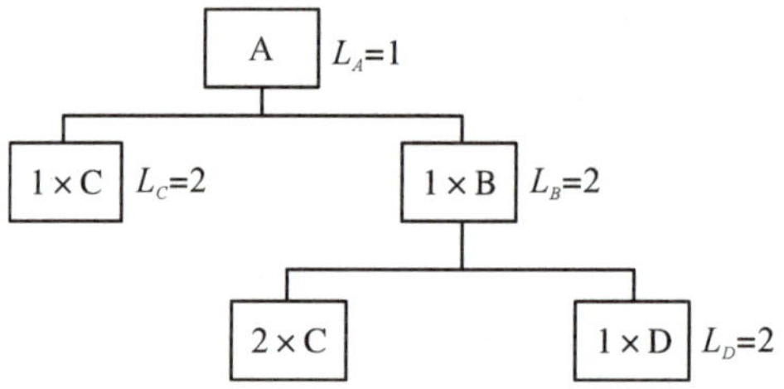

图 8-5 一个简单的产品结构树

表 8-3 列出了该产品项目的层次结构。

表 8-3 产品层次结构列表

层次	部件	单位	基本数量
0	A	个	1
1	B	个	1
2	C	个	3
2	D	个	1

根据编制 MRP 的基本步骤，其处理过程如下。

（1）计算毛（总）需求量（见表 8-4）

表 8-4　毛（总）需求量计算

A	提前期1	在库量	时间段				
			2	3	4	5	6
主生产进程		10		15		15	

（2）检查在库量（见表 8-5）

表 8-5　在库量检查

A		在库量	时间段				
			1	2	3	4	5
计划订单发出			10		15		15
B	批量10	提前期2	向下扩展产品结构表↓				
毛需求			10		15		15
已发出订单到货量					10		
检查库存状况		10	0	0	−5	−5	−20

（3）审查已发出订单和计划新订单（见表 8-6）

表 8-6　已发出订单和计划新订单审查

A		在库量	时间段				
			1	2	3	4	5
计划订单发出期			10		15		15
B	批量10	提前期2	向下扩展产品结构表↓				
毛需求			10		15		15
已发出订单到货量					10		
检查库存状况		10	0	0	−5	−5	−20
计划新订单到货量					10		10
订货后的库存状况					5	5	0
计划订单发出			10		10		

这样就得出部件 B 的计划：在时间段 1 开始发出 10 个，时间段 3 开始发出 15 个。下面安排部件 C：1 个 A 需要 1 个 C，一个 B 需要 2 个 C，这样根据 A 和 B 的订单来确定对 C 的需求。

（4）计算 C 的总的毛需求（见表 8-7）

表 8-7　C 的总的毛需求计算

			时间段				
A		在库量	1	2	3	4	5
计划订单发出			10		15		15
B			向下扩展产品结构表↓				
计划订单发出			10		10		
C	批量 10	提前期 2	向下扩展产品结构表↓				
A 对 C 的毛需求			10		15		15
B 对 C 的毛需求			20		20		
C 总的毛需求			30		35		15

这里 C 为外购件，由于前期已经发出过对 C 的订单，在时间段 4 会有 20 个 C 到达。故有两种方案可以选择：方案 1，与前面安排 B 时一样，简单按照需求发出订单（见表 8-8）；方案 2，与供应商协调，使之加快供货速度，使得前期订购的 20 个 C 在时间段 3 到达（见表 8-9）。

表 8-8　方案 1

			时间段				
A		在库量	1	2	3	4	5
计划订单发出			10		15		15
B			向下扩展产品结构表↓				
计划订单发出			10		10		
C	批量 10	提前期 2	向下扩展产品结构表↓				
A 对 C 的毛需求			10		15		15
B 对 C 的毛需求			20		20		
C 总的毛需求			30		35		15
已发出订到货量			20			20	
检查库存状况		25	15	15	−20	0	−15
计划新订单到货量					20		
订货后的库存状况			15	15	0	20	5
计划订单发出			20				

表 8-9　方案 2

		时间段				
A	在库量	1	2	3	4	5
计划订单发出		10		15		15
B		向下扩展产品结构表↓				
计划订单发出		10		10		
C	批量 10　提前期 2	向下扩展产品结构表↓				
A 对 C 的毛需求		10		15		15
B 对 C 的毛需求		20		20		
C 总的毛需求		30		35		15
已发出订单到货量		20		←　[20]		
检查库存状况	25	15	15	−20	0	−15
计划新订单到货量						20
订货后的库存状况		15	15	0	0	5
计划订单发出				20		

　　这样,方案 1 是在时间段 1 订购 20 个 C,方案 2 是在时间段 3 订购 20 个 C。两者导致的差异是方案 1 比方案 2 在时间段 4 中多出 20 个单位 C 的库存。我们知道库存是需要占用一定费用的,但是与供应商的协调也需要一定的成本,这就对管理者在实践过程中提出了一个挑战:需要在两种费用之间权衡,从而选择对企业最有利的方案。

　　事实上,这仅仅是一个结构非常简单的产品 MRP 编制的计算。实际中,很多复杂产品的 MRP 手工很难编制出来,要应用 MRP 软件,利用计算机自动计算。按照这样的方法继续进行,读者可以自行计算部件 D,以此来掌握 MRP 编制的逻辑过程。

　　在 MRP 编制的过程中,MRP 的思想主要体现在以下方面。

　　(1)MRP 是实现准时化生产的管理方法。例如部件 C,计算出的 C 的订单是满足不同的需求,有可能是满足 B 的需求,也可能是满足 A 的需求。MRP 计算本身是一个比较简单的运算问题,但这里有一个误区,就是只计算总数,而不考虑时间性。实际上,MRP 不仅考虑一种量的平衡,同时还考虑时间上的平衡,什么时候需要多少就应满足多少。在不需要的时候如果有了供货就会造成浪费,增加了成本而无任何收益,所以要从时间上分开考虑。同时,不同的量本身来源也是不同的,还要考虑空间上的平衡。所以说,MRP 是实现准时化生产的管理方法,就是在适当的时间和适当的地点提供适当的产品,上述这个计算过程本身就反映了准时化的思想。

　　(2)MRP 是一种集中式的计划编制方法,一次把所有产品和部件的计划全部编制出来。MRP 主要是根据市场需求进行计算,产生的是各种订单,而且是一次全部产生出来的。MRP 计算出来的结果是一种计划安排的建议,也即报表。报表与订单的差别在于:订单是一种决策,是企业必须去完成的,而报表仅是一种建议,只有建议被采纳了,得到管理者的认可和授权，才是决策，从而形成订单。把不同的车间和工位为了满足需求该如何去实现的要求一次性编制出来，这种集中式计划发布系统也叫推式系统。集中式的优点在于：其每一步都是全局最优的，如果计算过程中的参数都是正确的，制订出来的满足需求的计划就是最优计划，即满足需求的是成本最小的计划。集中式同时也有缺点，管理问题时刻面对着不确定的环境，在计划编制过程中会发生很多变动，与起初的状况会有偏差，集中式的方法不能很好地应对这些变动性和偏差。

（3）MRP采用中央库存的方法，这里的中央库存不是实体的中央库存，仅是一种逻辑上的中央（虚拟）库存。在MRP执行过程中，企业的库存状况、加工采购计划执行情况等，都必须适时地让计划的决策者了解。就是说，不管在一个制造系统或一个企业中，库存增了多少，减了多少，都必须适时反映到中央库存中去。为了实现企业内信息的共享，MRP与库存管理的有关部分常常采用集成式的中央库存方法。关于中央库存，企业在实际实施过程中有两个偏差：其中一个偏差就是理解上的偏差，应该牢记的是中央库存仅是一种逻辑上的概念，是有关信息（主要是库存状态信息）的集中，有的企业建立了实体中央仓库，这在理解中央库存的内涵上出现了偏差；另外一个是目前仍然存在的较严重的偏差，就是采购和加工信息不能实时地输入到系统中去，信息不是实时的和实际的，这样会致使系统做出错误的计划，信息的实时性是企业管理信息系统的一个非常重要的要求。

8.2.4　MRP应用过程中有关的问题

在上述的MRP计算过程中，假定的是提前期和批量都是给定的值，主生产进程（MPS）也是确定的。下面讨论在MRP应用过程中，一些相关的决策问题和技术问题。

8.2.4.1　净需求的计算[①]

一般的，关于净需求的计算有如下公式：

$$净需求（NR）＝总需求（GR）－现有库存$$

即通过父项部件和产品的订单来驱动子项的毛需求，然后扣掉库存就是净需求。在实际中，计算现有库存的时候，除要考虑在库量以外，还需要考虑以下因素：一是保留量，即库存里面有些量是为了满足特定的需求，在计算现有库存时需要减掉这一部分量，而且一般是在第一期扣除。二是逾期订单量，即过去的计划未能满足的需求，因为需求是可以积压的，上期积压的需求要在本期来满足，就需要先在在库量中扣除；同理，如果第一期满足不了积压的需求，还需要在以后的各期去满足。三是要考虑安全库存（SS）的问题。有关现有库存的计算，有如下公式：

[①]　本节中的净需求（NR）全称为 net requirement；总需求（GR）全称为 gross requirement；安全库存（SS）全称为 safety stock；在途量（SR）全称为 scheduled receipts；保留量（AL）全称为 allocated inventory；预计可用量（PAB）全称为 projected available balance。

第一期的可用库存为：

现有库存＝在库量＋第一期的在途量（SR）－保留量（AL）－逾期订单量－安全库存

其他期的现有库存为：

可用库存＝上一期期末的预计可用量（PAB）＋本期在途量（SR）

事实上，在计算净需求的时候，要考虑上一次执行的情况是否完成，这反映了闭环 MRP 的基本思想：在计划执行过程中，实际的情况与目标往往会发生偏离，在下一次编制计划的时候要一起考虑。用计划执行的偏差来调整下一期的计划，就需要生产现场的反馈，还要考虑能力的因素，进行能力计划。一般把考虑信息反馈和能力限制的 MRP 计划称为闭环 MRP。净需求的计算就体现了闭环 MRP 的思想。

8.2.4.2 保留量

在发出制令单时，MRP 将制令单的量当作在途量（SR），而不会对其下阶子件产生净需求。此时，若子件领料单尚未执行领料动作，该部分的子件库存记为保留量。实际领料时，在库量（oh-hand，OH）及保留量同时扣除。所以需要牢记的是：保留量不是可用量，计划时应从在库量中剔除，以免少计补充量。

8.2.4.3 安全时间

安全时间是与提前期相关联的。在编制 MRP 计划的时候，每一步都有明确的提前期。如果部件是采购的，叫作采购提前期；如果是部件是加工或组装的，叫作加工提前期或组装提前期。提前期在 MRP 计划编制中是一个确定的值，常常是由管理者规定的，那么，管理者如何确定提前期的值？根据历史上采购的同类物品的经验得出，物品的生产周期（cycle time，CT）是一个随机变量。例如，某个产品的生产周期在大多数情况下是 10 天，但也可能是 9 天，也可能是 11 天。通常假定 CT 服从正态分布，即 $CT \sim N(\mu, \sigma)$，由于 CT 是围绕均值 μ 变动的，为了让材料能在使用之前交货，提前期通常由下式确定：

$$LT = \mu + Q^{-1}(F)\sigma$$

其中，μ 和 σ 是 CT 的均值和标准差，F 是计划能够按期执行的概率，Q^{-1} 是正态分布函数的反函数。在这个意义上，安全时间就是 $Q^{-1}(F)\sigma$。提前期一般要比平均值高，高于平均值的大小取决于要求的计划完成的比率。同样的执行率，生产周期的均方差越大，LT 要求越长，这与安全库存的概念非常类似：安全库存是采购提前期比提前期内的平均需求高出的量，安全时间是比平均的采购加工时间高出的量。安全时间设置越长，计划被执行完成的概率就越大，计划不能执行的风险就越小。安全时间的选择要合理，提前期如果太短，假设等于 CT 均值，大概有一半的计划不能执行完成，如果提前期太长，计划虽然能够执行，但这样的计划就失去了意义。同时，还要控制生产周期的变异性，如果 CT 的方差趋向于 0，安全时间可以设置得很短，只要比 CT 的均值长一点，计划执行的效果就会很好。这也是管理的基本目标，即不确定的情形越小越好，尽可能减小 CT 的变异性，即降低均方差。

值得注意的是，安全时间不是针对某一个部件或环节，而是针对所有的部件和环节。

安全时间让计划订单发出（purchase order request，POR）及计划订单收料（planned order receipts，PORC）同时提早，而不是只提早发出订单。安全时间比加长前置时间能更有效地解决延迟交付问题。

8.2.4.4　逾期时段

在 MRP 计算过程中，所有日期在第一期以前的数据项均累计至逾期时段（past-due）。在逾期时段中，正的总需求（GR）表示应出货（完工入库）未出货（完工出库）；正的在途量（SR）表示供货商迟交，应收料而未收料；正的计划订单发出（POR）表示需紧急补充材料。负的总需求、在途量、计划订单发出可以不必理会。

8.2.4.5　MRP 的不安定性

MRP 计划是一个全局优化的计划，并且是在产品结构给定了以后编制的。如果需求发生变化，甚至是一个很小的环节发生一点变化，按照 MRP 逻辑所编制的计划可能变得面目全非，这种细小的需求波动导致整个计划剧烈变化，就是 MRP 的不安定性，又叫神经质，也就是高阶项目的小改变造成低阶项目的大改变。MRP 之所以会出现这种情况，就是因为它是一种追求全局优化的方法，把产品结构中各个产品直接关联起来考虑而导致的结果。不安定性是 MRP 方法内在的一个缺陷，与具体的实现软件系统没有关系，与执行的企业也没有关系。出现这类变化的常见原因有：MPS 变化、供货商迟交、质量问题、记录错误、意外的异动等。

降低 MRP 不安定性的措施主要有：

①与客户有更好的沟通：改善销售预测、避免紧急插单、减少 MPS 的变动。

②与供货商有更好的沟通：确保交期、改善质量、维持良好关系。

③更好的数据处理纪律：减少数据错误。

④缩短前置时间：提高预测的正确性，缩短时间的变异性。

下面介绍两种主要的处理 MRP 不安定性的方法。

（1）Pegging 法

①在 MRP 计算过程中，溯源文件记录每一个 GR 的来源（上阶 POR 或客户订单、销售预测），以及每一个 POR 的来源（该项目的 GR）。

②当 POR/PORC 依序变成 SR（PO/MO）时，原 POR 的溯源数据记录转记为 SR（回溯档的 POR 代号转记为 SR 单号）。

③当某 SR 有问题时，从溯源数据可追踪到受影响的 MPS 或客户订单，以采取对应措施。

（2）FPO 法

①可针对特定 POR 或将时栅（time fence）内的 POR 设为固定订单（firmed planned order），计算机无法改变它。

②MRP 原本是在 PAB 不少于 SS 的前提下，算出 PORC/POR；FPO 使 PAB 有可能低于 SS。

③当 PAB 低于 SS 时，由计划员决定是否修改计划。若要修改，可由被设为 FPO 的

POR 利用溯源档追踪出需修改的项目。

8.2.4.6　再生法和净变法

由于 MRP 的不安定性,细小的变化会导致整个计划的全部改变,这也是管理上忌讳的事情,尽管追求全局优化但失去了意义。如何应对计划执行过程中的变动,一般来说,有两类方法:一类就是追求全局优化的方法,条件发生以后,整个计划也全部重新编制,这种方法叫再生成法;另一类是减少变动的方法,不追求全局优化,仅在改变的部分及其子部件重新编制计划,其他部分的计划不变,这样就可以避免小的改动把计划彻底变动,这种方法就叫净改变法。

MRP 系统是一个周期性运行的系统,每隔一定时间计划就要运行一次,这个时间可能是一天,也可能是一周或一月。在过去,企业一般是一周运行一次的情况比较多,即使是每天运行一次,编制计划也需要考虑再生成法和净改变法的优劣。按照再生成法,MRP 每隔一个固定的时间运行一次,每一个产品项目,不论是否发生变化,都必须重新处理一遍。再生成法是传统的处理方式,计算量大,且不能对变化及时做出反应,但系统运行次数少,数据处理效率高,还有"自治"作用,不会把上一次运行中的错误带到新得出的计划中。因此,至今仍得到广泛的应用。按照净改变法,系统要按发生的变化随时运行,但运行中只处理发生变化的部分,只计算净变量。因此,净改变法计算量小,对变化反应及时,但系统运行次数多。净改变法由于考虑到 MRP 的不安定性,同时考虑计算机能力的限制,在实际企业中用得也较多。表 8-10 总结了再生成法和净改变法之间的差异。

表 8-10　再生成法和净改变法的比较

再生成法	净改变法
时间触发的、周期性的	异动触发的、连续性的
所有的 MPS 项目都被展开了	只有变动的 MPS 项目被展开
每个生效(active)的材料都被利用到了	只有部分 BOM 被利用到
每个项目的库存和订单状态都被重新计算了	仅重算与库存异动有关的产品项目
执行频率低、每周批次执行	执行频率高、每日批次或在线实时执行
系统自动清除档案错误	维持 MRP 不断地处于最新状态
数据处理相对比较有效率	MPS 修订后,计划作业的负荷减到最少
产生大量输出报表	需要更严格的纪律

8.2.4.7　提前期

前面已经简单介绍了提前期的概念,MRP 中的提前期是指一个物料项目从投料开始到入库可供使用为止的时间间隔。在 MRP 中有采购件提前期和自制件提前期。

采购件提前期:从发出采购订单开始,经供应商供货、在途运输、到货验收、入库所需的时间。

自制件提前期:从订单下达开始,经过准备物料,准备工具、工作地和设备,加工制造,直到检验入库所需的时间。

提前期是确定计划下达时间的一个重要因素。对于一个产品来说,它有一个交货期,而对于这个产品的下一级部件来说,完工日期必须先于产品交货期,对于部件的下一级零件来说,完工日期又要先于部件的完工日期,如此一级级往下传。因此,自制件提前期是产品及其零部件在各工艺阶段投入的时间比产出时间提前的时间。

8.2.4.8 批量

在实际生产中,为节省订货费或设备调整准备费,需要确定一个最小批量。也就是说,在 MRP 处理过程中,计算出的计划发出订货量不一定等于净需要量。

增大批量就可以减少加工或采购次数,相应地减少订货费或设备调整费,但在制品库存会增大,要占用更多的流动资金。而批量过小,占用的流动资金减少,但增加了加工或订货费用。因此,必须设置一个合理的批量。

批量确定有很多方法,有静态批量和动态批量。静态批量是不管需求怎么变,批量保持固定,如固定批量法、经济订货批量法。动态批量是动态需求,批量随需求变动,如直接批量法、固定周期法。由于产品结构具有层次性,使得批量的确定十分复杂。各层元件都有批量问题,一般仅在最低层元件订货时考虑批量。

常用的批量策略有:逐批确定法、固定批量法、最大零件周期收益法(maximum part-period gain, MPG)。

逐批确定法是指净需要量是多少,批量就取多少,其实是一种动态批量确定策略。下面重点介绍最大零件周期收益法。

最大零件周期收益法,其实就是我们在第 7 章库存管理中所介绍的 Wagner-Whitin 模型的近似方法。MPG 法的思想是:当把某周(t)的需求 $D(t)$ 合并到相对 t 的第 1 周一起订货时(第 1 周有需求),可以节省一次订货费(S),但却增加了维持库存费 $(t-1) \cdot D(t) \cdot H$, H 为单位维持库存费。因此,当:

$$(t-1) \cdot D(t) \cdot H < S$$
$$或 (t-1) \cdot D(t) < S/H$$

就将 $D(t)$ 合并到第 1 周一起订货。第 1 周是相对 t 周而言的。$(t-1) \cdot D(t)$ 越小,则合并订货就越合算。$(t-1) \cdot D(t)$ 的单位是"零件—周期"。将一个零件提前 1 周订货为一个"零件—周期"。

MPG 法步骤如下:

步骤 1:从 MRP 计算出的净需求表中,挑选最小的"零件—周期"对应的净需求;

步骤 2:将相应的净需求合并到该周前面有净需求的周一起订货;

步骤 3:合并后,若所有的"零件—周期"值均大于 S/H,停止;否则,回到步骤 1。

例 8-1:最大零件周期收益法

已知,$S=300$ 元,$H=2$ 元/件·周,零件净需求如表 8-11 所示,计算得 $(S/H)=150$ 件/周。用 MPG 法求订货批量的过程。

表 8-11　零件净需求

周	1	2	3	4	5	6	7	8	9	10	11	12
净需量	10	10	15	20	70	180	250	270	230	40	0	10

用 MPG 法求订货批量的过程见表 8-12。

表 8-12　订货批量求解

移动次数	最小零件周期	周次											
		1	2	3	4	5	6	7	8	9	10	11	12
0	10	10	10	15	20	70	180	250	270	230	40	0	10
1	20	20	0	15	20	70	180	250	270	230	40	0	10
2	20	20	0	35	0	70	180	250	270	240	40	0	10
3	50	20	0	35	0	0	180	250	270	230	50	0	10
4	70	20	0	35	0	70	180	250	270	280	0	0	0
5	180	55	0	0	0	70	180	250	270	280	0	0	0
期初库存 Q_s		55	45	35	20	70	180	250	270	280	50	10	10
期末库存 Q_f		45	35	20	0	0	0	0	0	50	10	10	0

求出订货安排之后,可按下式计算总费用:

$$C_T = C_R + C_H$$
$$= kS + 0.5H \sum (Q_s + Q_f)$$

其中: C_R ——总订货费;

　　C_H ——总维持库存费;

　　k ——订货次数;

　　Q_s —— i 周期初库存量;

　　Q_f —— i 周期末库存量。

本例中: $C_R = 6 \times 300 = 1800$(元)

　　　$C_H = 0.5 \times 2(55+45+45+35+35+20+20+70+180+250+270+280$
　　　　　　　$+50+50+10+10+10+10)$

　　　　　$= 1445$(元)

　　　$C_T = 1800 + 1445 = 3245$(元)

例 8-2:考虑不同批量规则的计算举例

假定产品 X 和 Y 的部分产品结构树如图 8-6 所示,根据给定的提前期和批量规则编制 X、Y、A、C 的物料需求计划,编制过程见表 8-13。

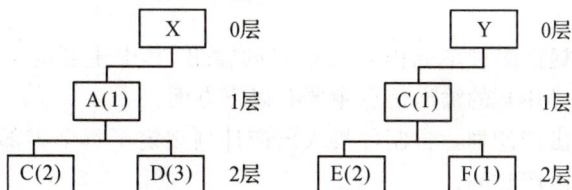

图 8-6　结构树

表 8-13 考虑不同批量规则的 MRP 编制过程

产品及零部件	处理项目	周次							
		1	2	3	4	5	6	7	8
X： 提前期＝2 批量＝净需要量 现有库存＝0 低层码＝0	总需要量	5	7	13	5	6	5	4	3
	预计到货量	5	7	13					
	现有数	0	0	0	0	−5	−11	−16	−20	−23
	净需要量				5	6	5	4	3
	计划订单入库				5	6	5	4	3
	计划发出订货量		5	6	5	4	3		
Y： 提前期＝3 批量＝净需要量 现有库存＝0 低层码＝0	总需要量	12	15	22	16	9	15	10	12
	预计到货量	12	15	22					
	现有数	0	0	0	0	−16	−25	−40	−50	−62
	净需要量				16	9	15	10	12
	计划订单入库				16	9	15	10	12
	计划发出订货量	16	9	15	10	12			
A： 提前期＝1 批量＝10 现有库存＝5 低层码＝1	总需要量		5	6	5	4	3		
	预计到货量								
	现有数	5	5	0	−6	−11	−15	−18		
	净需要量			6	5	4	3		
	计划订单入库				10	10			
	计划发出订货量		10	10					
C： 提前期＝2 批量＝20 现有库存＝63 安全库存＝15 低层码＝2	总需要量	16	29	35	10	12			
	预计到货量	16							
	现有数	48	48	19	−16	−26	−38		
	净需要量			16	10	12			
	计划订单入库			20	20				
	计划发出订货量	20	20						

8.2.5 MRP 的输出信息

MRP 系统可以提供多种不同内容与形式的输出，其中主要的是各种生产和库存控制用的计划和报告。MRP 的输出信息主要有以下方面。

（1）自制件投入出产计划。自制件投入出产计划规定了每个零部件的投入数量和投入时间、出产数量和出产时间。

如果一个零部件要经过几个车间加工,则要将零部件投入出产计划分解成"分车间零部件投入出产计划"。分车间零部件投入出产计划规定了每个车间一定时间内投入零部件的种类、数量及时间,出产零部件的种类、数量及时间。

(2)原材料需求计划。规定了每个零部件所需的原材料的种类、需要的数量及需要的时间,并按原材料品种、型号、规格汇总,以便供应部门组织供料。

(3)互转件计划。规定了互转零部件的种类、数量、转出车间和转出时间,转入车间和转入时间。

(4)库存状态记录。提供各种零部件、外购件及原材料的库存状态数据,随时供查询。

(5)工艺装备机器设备需求计划。提供每种零部件不同工序所需的工艺装备和机器设备的编号、种类、数量及需要时间。

(6)计划将要发出的订货。

(7)已发出订货的调整,包括改变交货期,取消和暂停某些订货等。

(8)零部件完工情况统计、外购件及原材料到货情况统计。

(9)对生产及库存费用进行预算的报告。

(10)交货期模拟报告。

(11)优先权计划。

8.3　MRPⅡ的基本特征

MRPⅡ的管理方法和思路是以 MRP 为核心发展起来的,其面向的范围是整个企业的销售、生产、采购和财务活动。MRPⅡ方法的核心仍然是基本 MRP 和闭环 MRP。图8-7 描述了 MRPⅡ的管理范围。

虚线的左边部分是 MRPⅡ在管理一个企业生产经营过程中的总体的逻辑结构,右边部分是在管理过程中与技术和新产品开发相关的环节。其中,CAD(computer aided design)是计算机辅助设计,CAPP(computer aided process planning)是计算机辅助流程开发,CAM(computer aided manufacturing)是计算机辅助制造,这些与计算电子类学科关系密切。CAM 是主要针对数控机床和加工中心的控制代码;NC(numerical control)是数字控制,代替数控机床;MC(machine center)是加工中心。

主生产进程(MPS)是根据经营计划做出的,经营计划是营销管理的内容,整个经营计划又以预测需求为依据。MPS 的编制有两个来源:订单和预测需求。根据 MPS 考虑的能力计划叫作粗能力计划,即粗略地考虑能力的限制,其特点是只考虑瓶颈环节和关键设备的能力;然后根据 MPS 编制详细的物料需求计划,此时需要做详细的能力计划,要考虑每个车间和工位的能力。如果计划可行,就把计划下发到具体的车间工位来安排加工,进行现场的加工过程;各车间工位加工完成以后把信息及时地反馈到 MRP 系统中去,考虑反馈和能力限制的 MRP 就叫闭环 MRP。还有其他一些环节的管理,如与技术相关的包括 BOM 表的自动生成、加工路线的设计等。同时,在执行现场可能会有一些新

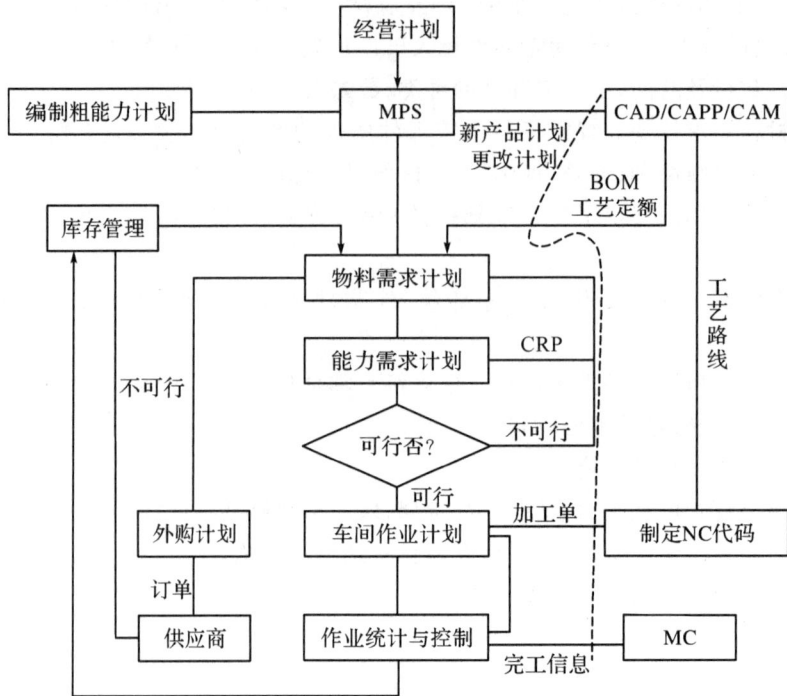

图 8-7　MRPⅡ 的管理范围

情况出现,如机器可能出现故障、原材料供应突然中断、突然停电等,要把这些实际情况及时地反映到 MRP 系统中去,完成反馈过程。

在 MRPⅡ 中,还包括人事管理和生产现场管理,以及其他一些辅助性的职能管理,如采购等环节和人力资源管理,同时还有企业能力的管理,包括设备的能力和人员的能力。把企业的采购、生产、销售等各个环节的活动及其资金流协调之后,企业财务计划也就清晰了,所以,MRPⅡ 系统实现了企业人、财、物和信息的统一管理。

我们知道,企业核心任务就是服务顾客和满足顾客需求,企业在满足需求的过程中所涉及的加工和服务、资金流以及利润等都是 MRPⅡ 管理的范畴。法约尔说过,"一个组织只能有一个计划",这也是管理的基本要求,一个组织的计划应该是一致的。在 MRPⅡ 出现之前,尽管有这样的要求,但是很难做到,虽然各个部门的出发点可能是一致的,因为没有围绕核心编制计划的体系,编制的计划明显带有各个部门的特征。现在 MRPⅡ 的统一管理很好地帮助企业解决了这一难题。

总的来说,MRPⅡ 管理模式的特点有以下方面。

(1)MRPⅡ 统一了企业的生产经营活动。

MRPⅡ 能提供一个完整而详尽的计划,可使企业内各部门(销售、生产、财务、供应、设备、技术等部门)的活动协调一致,形成一个整体。各个部门享用共同的数据,消除了重复工作和不一致,也使得各部门的关系更加密切,提高了整体的效率。

(2)MPRⅡ 管理模式的特点。

• 计划的一贯性与可行性:MRPⅡ 是一种计划主导型的管理模式,计划由粗到细逐层优化,始终与企业经营战略保持一致,加上能力的控制,使计划具有一贯性、有效性和可执行性。

- 管理的系统性:MRPⅡ提供一个完整而详尽的计划,在"一个计划"的协调下将企业所有与生产经营直接相关的部门的工作连成一个整体,提高了整体效率。

- 数据共享性:各个部门使用大量的共享数据,消除了重复工作和不一致性。

- 物流与资金流的统一:MRPⅡ中包含有成本会计和财务功能,可以由生产活动直接产生财务数据,保证生产和财务数据的一致性。

(3)MRPⅡ的精髓——集成。

MRPⅡ是企业管理集成思想与计算机、信息技术相结合的产物。其集成性表现在:

- 横向上,以计划管理为核心,通过统一的计划与控制使企业制造、采购、仓储、销售、财务、设备、人事等部门协同运作。

- 纵向上,从经营计划、生产计划、物料需求计划、车间作业计划逐层细化,使企业的经营按预定目标滚动运作、分步实现。

- 在企业级的集成环境下,与其他技术系统集成。

8.4 MRPⅡ的发展——ERP

8.4.1 ERP 的概念

ERP 是 Gartner Group 公司于 20 世纪 90 年代初提出的一个概念,它通过一系列的功能标准来界定 ERP 系统。主要界定的功能有:

- 超越 MRPⅡ范围的集成功能;
- 支持混合方式的制造环境;
- 支持开放的客户机/服务器计算环境等。

一般认为,ERP 是在 MRPⅡ基础上发展起来的,以供应链思想为基础,融现代管理思想于一身,以现代化的计算机及网络通信技术为运行平台,集企业的各项管理功能于一身,并能对供应链上所有资源进行有效控制的计算机管理系统。

ERP 的主要特点有:

(1)ERP 面向企业供应链的管理,可对供应链上的所有环节有效地进行管理,把客户需求和企业内部的制造活动以及供应商的制造资源整合在一起,体现了完全按用户需求制造的思想。

(2)从管理功能看,在 ERP 中增加了一些功能子系统:实验室管理、流程作业管理、配方管理、管制报告等。

(3)ERP 能很好地支持和管理混合型制造环境。

(4)ERP 加强了实时控制。

(5)在软件方面,要求 ERP 具有图形用户界面、支持关系数据库结构、客户机/服务器体系、面向对象技术、开放和可移植性、第四代语言(4GL)和用户开发工具等功能。

8.4.2　ERP 的产生背景

ERP 的产生不是偶然的，而是具有深刻的背景，主要在于：

（1）MPRⅡ需要完善，特别是其管理范围需要扩充。

（2）新的管理思想（JIT、供应链管理等）不断出现，要求 MRPⅡ融入这些新的管理理念。

（3）客户/服务器（C/S）体系机构和分布式数据处理技术、Internet/Intranet/Extranet、电子商务、电子数据交换（electronic data interchange，EDI），使得在不同平台的相互操作以及对整个供应链信息进行集成管理得以实现。

8.4.3　ERP 的结构

以下通过德国 SAP 公司的 ERP 软件产品——R/3 系统，来介绍 ERP 的结构。R/3 系统的结构主要包括：

（1）财务会计模块，它可提供应收、应付、总账、合并、投资、基金、现金管理等功能。

（2）管理会计模块，它包括利润及成本中心、产品成本、项目会计、获利分析等功能。

（3）资产管理模块，具有固定资产、技术资产、投资控制等管理功能。

（4）销售与分销模块，其中包括销售计划、询价报价、订单管理、运输发货、发票等的管理，同时可对分销网络进行有效管理。

（5）物料管理模块，主要有采购、库房与库存管理、供应商评价等管理功能。

（6）生产计划模块，可实现对工厂数据、生产计划、MRP、能力计划、成本核算管理等功能。

（7）质量管理模块，可提供质量计划、质量检测、质量控制、质量文档等功能。

（8）人事管理模块，其中包括薪资、差旅、工时、招聘、发展计划、人事成本等功能。

（9）项目管理模块，包括项目计划、项目预算、能力计划、资源管理、结果分析等功能。

（10）工作流管理模块，可提供工作定义、流程管理、电子邮件、信息传送自动化等功能。

（11）行业解决方案模块，可针对不同的行业提供特殊的应用和方案。

这些功能覆盖了企业供应链上的所有环节，能帮助企业实现整体业务经营运作的管理和控制。

8.4.4　ERP 的功能特点

（1）扩充了企业经营管理功能。ERP 相对于 MRPⅡ，在原有功能的基础上进行了拓宽，增加了质量控制、运输、分销、售后服务与维护、市场开发、人事管理、实验室管理、项目管理、配方管理、融资投资管理、获利分析、经营风险管理等功能子系统。它可以实现全球范围内的多工厂、多地点的跨国经营运作。

（2）面向供应链——扩充了企业经营管理的范围。ERP系统把客户需求和企业内部制造活动以及供应商的制造资源整合在一起，强调对供应链上所有环节进行有效管理。ERP能对供应链上所有资源进行计划、协调、操作、控制和优化，降低了库存、运输等费用，并通过Internet/Intranet/Extranet在整条供应链上传递信息，使整条供应链面对同一需求做出快速的反应，使企业以最快的速度、最低的成本将产品提供给用户。

（3）应用环境的扩展——面向混合制造方式的管理。不仅支持各种离散型制造环境，而且支持流程式制造环境。

（4）模拟分析和决策支持的扩展——支持动态的监控能力。为企业做计划和决策提供多种模拟功能和财务决策支持系统；提供诸如产品、融资投资、风险、企业合并、收购等决策分析功能；在企业级的范围内提供了对质量、客户满意、效绩等关键问题的实时分析能力。

（5）系统功能模块化。运用应用程序模块来对供应链上的所有环节实施有效管理。"物流"类模块实现对供应、生产、销售整个过程和各个环节的物料进行管理。"财务"类模块提供一套通用记账系统，还能够进行资产管理，提供有关经营成果的报告，使企业管理决策建立在客观、及时的信息基础之上。"人力资源"类模块提供一个综合的人力资源管理系统，它综合了诸如人事计划、新员工招聘、工资管理和员工个人发展等各项业务活动。

（6）采用计算机和网络技术的最新成就，实现信息的高度共享，包括图形用户界面技术（GUI）、SQL结构化查询语言、关系数据库管理系统（RDBMS）、面向对象技术（OOT）、第四代语言/计算机辅助软件工程、客户机/服务器和分布式数据处理系统等技术。它还加强了用户自定义的灵活性和可配置性功能，以适应不同行业用户的需要；广泛应用网络通信技术，实现供应链管理的信息高度集成和共享，从而使得ERP支持在全球经济一体化情况下跨国（地区）经营的多国家、多地区、多工厂、多语种、多币值的应用需求。

（7）ERP系统与企业业务流程再造（BPR）密切相关。要求对整个供应链上的业务流程和组织机构进行重组和优化。ERP支持的是规范的、标准的企业模式和流程，但在实际中，很多企业的结构和业务流程往往是不规范的，所以，企业在上ERP之前要进行咨询，了解规范的企业结构和业务流程是怎样的，本企业与规范的企业在哪些方面有差距，需要调整，以符合ERP软件的要求，这就是业务流程再造。

8.5　MRPⅡ/ERP的实施

8.5.1　实施MRPⅡ/ERP给企业带来的收益

任何企业在决定实施MRPⅡ/ERP之前都必须了解它能解决什么问题，能给企业带来什么收益，而不应当对MRPⅡ/ERP抱有不切实际的幻想，期望MRPⅡ/ERP能解决企业的所有重大问题。所以，必须首先明确MRPⅡ/ERP能够直接解决的问题和不能解决的问题。

8.5.1.1　MRPⅡ/ERP 能解决的问题

MRPⅡ/ERP 所解决的主要是企业的生产效率问题，包括：

(1)库存积压；

(2)资金占用多；

(3)生产周期长；

(4)交货期长；

(5)生产计划编制方面的问题；

(6)均衡生产问题；

(7)短缺与配套问题；

(8)成本控制问题。

8.5.1.2　MRPⅡ/ERP 不能解决的问题

MRPⅡ/ERP 能解决企业的很多问题，但是 MRPⅡ/ERP 并不是万能的，有很多问题不能解决，包括企业发展战略问题、工程管理问题、产品品种问题、技术和工艺问题、基础管理等问题。

因此，如果一个企业面临产品品种老化，技术落后，工艺陈旧，市场萎缩，基础管理工作太差，是不可能通过实施 MRPⅡ/ERP 来解决的。

8.5.1.3　实施 MRPⅡ/ERP 带来的收益统计

根据美国生产库存协会的一个调查结果，实施 MRPⅡ/ERP 带来的收益的统计结果如下：

(1)库存下降：10%～20%；

(2)拖期交货减少：80%；

(3)采购提前期缩短：50%；

(4)停工待料减少：60%；

(5)制造成本降低：12%；

(6)管理人员减少：10%；

(7)生产能力提高：10%～15%；

(8)改善生产管理，保证均衡生产和质量稳定。

8.5.2　实施 MRPⅡ/ERP 的主要内容

实施一个 MRPⅡ/ERP 的系统涉及以下内容：确定目标、成立组织、培训宣传、专家指导、实施软件和硬件系统、数据准备、模拟运行和系统切换、正式使用、运行评估。

简单地说，可以用 5"P"来概括 ERP 的实施，即：

• process ——业务流程改造；

• people ——人力资源和组织；

- practice——业务行为规范;
- products——信息产品支持;
- partnership——选择合作伙伴。

8.5.3　MRPⅡ/ERP 成功实施的关键因素

MRPⅡ/ERP 的成功实施主要有以下几个关键因素。

(1)高层领导的重视与直接支持。

(2)不能把实施 MRPⅡ 当作纯技术问题,它涉及企业的方方面面,尤其涉及管理思想、模式的变革。

(3)重视系统分析,无论是购买 MRPⅡ 还是自行开发,都必须认真进行系统分析,使实施的 MRPⅡ 真正切合企业实际。

(4)加强基础管理工作,特别是要保证有一套完整准确的基础数据,例如 BOM、工艺路线、定额、工作中心数据等。

(5)真正做到管理上的集成:理顺业务流程、明确有关管理人员在 MRPⅡ 中的作用。

(6)加强培训工作:MRPⅡ 思想的培训、系统功能与操作培训、计算机基础知识培训等。

MRPⅡ/ERP 实施过程中的困难主要有:

(1)完全打乱现有管理制度;

(2)投资周期长,回报期长;

(3)人力资源贫乏;

(4)企业文化和观念落后,心理准备差。

自行车全球化制造生产计划管理实验简介(实验 3)

实验平台介绍

平台:SAP ERP 软件生产计划(production planning,PP)模块。SAP 是目前全球最大的 ERP 软件提供商,而 PP 模块是 ERP 软件的重要组成部分。

自行车全球化制造生产计划管理实验

本实验的主要内容是熟悉 SAP ERP 软件 PP 模块,以自行车为例理解企业制订生产计划的过程,并学会设计不同的需求预测模型和生产计划模型,提高运作效率。

制订自行车生产计划的基本流程(见图 8-8)如下:首先是战略计划,包括需求预测和销售与运作计划;其次是战术计划,包括主生产计划、物料需求计划等;最后是制造执行计划,包括制造执行、订单结算、采购流程等。利用 SAP ERP 软件 PP 模块,参与者可以全面了解战略、战术和执行层面的生产计划制订过程。

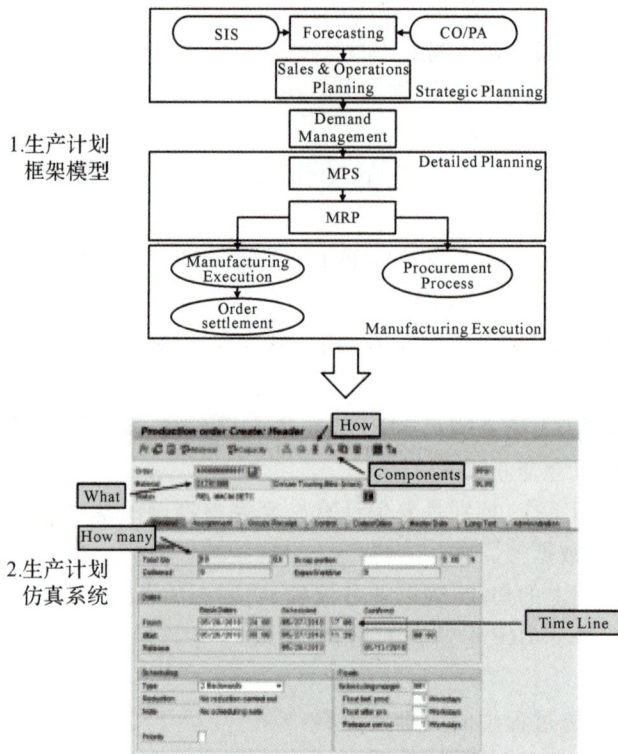

图 8-8　自行车全球化制造生产计划管理举例①

在制订生产计划的过程中，参与者可以在以下环节参与决策：首先是预测模型，ERP 提供了不同选项，例如，是否考虑需求的变化趋势、季节性因素等，以及预测模型的参数设定。其次是选择不同的生产方式，例如，是备货型生产（make-to-stock，MTS）还是订货型生产（make-to-order，MTO），同时根据每种生产方式还可以选择对应的生产策略（例如总需求计划、净需求计划、生产批次等）。在制造执行计划层面还需要监控库存状态，并确定物料的订货批量和订货时间。参与者需要测试不同决策组合下的生产计划执行情况，并针对结果写出分析报告。

📖 本章小结

本章全面地介绍了物料需求计划（MRP），并简要介绍了制造资源计划（MRPⅡ）和企业资源计划 ERP。第一节在讨论了订购点方法的局限性后，介绍了 MRP 的产生、主要思想和四个发展阶段。第二节阐述了 MRP 的基本处理逻辑，从系统的角度详细介绍了 MRP 系统的输入、输出、处理过程和应用过程需要注意的有关问题。第三节讨论了 MRPⅡ的基本特征。第四节介绍了 ERP 的基本内容，通过德国 SAP 公司的 ERP 软件

---

① 资料来源：SAP ERP 软件生产计划模块介绍资料。

产品——R/3 系统,阐述了 ERP 系统的结构及其功能特点。最后,本章还介绍了自行车全球化制造生产计划管理实验(实验 3)的设计与分析方法。

课后习题

一、思考题

1. 比较传统 EOQ 条件下的提前期与 MRP 系统中的提前期。

2. MRP 系统中需求的来源是什么?这些需求是相关的还是独立的,它们是如何输入系统的?

3. 产品 A 由 1 个部件 D、2 个部件 B 组成,部件 B 由 2 个部件 D 和 1 个部件 C 组成,它们的库存状况和交货提前期分别为 A(75 个,1 周)、B(80 个,1 周)、C(200 个,2 周)、D(175 个,2 周)。

(1) 画出产品 A 的结构图;

(2) 若第 9 周需要 A 产品 1350 件,需要 B 部件和 C 部件分别为 480 件和 350 件,若采用直接批量法,试给出完整的 MRP 计划;

(3) 若 B 的订货批量为 200 件,试给出完整的 MRP 计划。

4. 每单位 A 由 2 单位 B 和 1 单位 C 制成,B 由 3 单位 D 和 1 单位 F 制成,C 由 3 单位 B、1 单位 D 和 4 单位 E 组成,D 由 1 单位 E 制成。产品 C 的提前期为一周,产品 A、B、E、F 的提前期均为两周,产品 D 的提前期为三周。产品 C、E 和 F 采用直接批量法,产品 A、B 和 D 的批量分别是 20、40 和 160。产品 A、B、D 和 E 的现有库存分别为 5、10、100 和 100,其他所有产品的期初库存均为零。预计在第三周收到 10 单位的 A,在第七周收到 20 单位的 B,在第五周收到 40 单位的 F,在第二周收到 60 单位的 E。不存在其他计划接收量。如果第 10 周需要 20 单位 A,利用底层编码物料清单给出其完整的 MRP 计划。

5. 已知产品 A 由 2 单位 B 组成,产品 C 由 3 单位 B 组成,A、B、C 的提前期分别为一周、三周和两周。产品 A 和 C 的出产计划如下表所示,试安排 B 的生产计划。

周次	1	2	3	4	5	6	7	8	9	10	11	12	13
产品 A			200	150	200	150	250	300	300	300	200	100	150
产品 C			90	200	150	200	210	100	180	150	250	200	250

二、选择题

1. 下面哪一项不是相关需求?(　　)

A. 原材料　　　　　　B. 在制品　　　　　　C. 成品

D. 外购零件　　　　　E. 产品说明书

2. 下面哪种行业最适合应用 MRP?(　　)

A. 机床厂　　　　B. 医院　　　　C. 造纸厂　　　　D. 炼油厂

3. 某种零件的总需求量是由下面哪一项决定的?(　　)

A. 净需要量　　　　　　B. 现有数

C. 上层元件的总需求量 D. 上层元件的计划发出订货量

4. 下面哪一项不是 MRP 的输入？（　　　）

A. 生产大纲 B. 产品出产计划

C. 产品结构文件 D. 库存状态文件

5. 下面哪一项是产品产出计划的输入？（　　　）

A. 库存状态文件 B. 生产计划大纲

C. 产品结构文件 D. 车间生产作业计划

第9章 计划与排程

本章所讨论的计划从运作系统运行的角度来看是企业最低层次的计划,如图 9-1 所示。整个计划组织体系是在经营计划和综合计划确定主生产进程之后,根据 MPS 做物料需求计划和能力计划,最后做排产计划。其中,物料需求计划的对象是原材料和零部件的生产、采购安排,排产计划的对象是原材料和零部件的加工,确定加工顺序。简要地说,通过 MRP 确定各车间的零部件投入出产计划,将全企业的生产计划变成了各车间的生产任务。各车间要完成既定的生产任务,还必须将零部件投入出产计划转化成车间生产作业计划,将车间的生产任务变成各个班组、各个工作中心的任务。MRP 计划完成后会产生很多订单,每个车间部门都会收到这些订单,排程计划就是确定这些部门在收到订单后如何确定订单加工的先后次序问题,与生产现场直接相关。

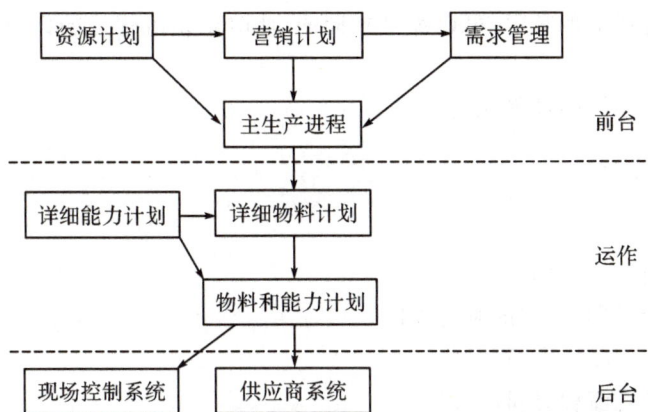

图 9-1 排程在企业计划系统中的位置

本章将讨论解决排程问题的各种方法,在介绍排程的基本概念之后,重点介绍制造型企业运作过程中的单机器排程问题和多机器排程问题中的流水作业排程问题以及单件作业排程问题,并简要介绍服务业作业计划。

9.1 单机器排程计划

表 9-1 显示了某车间内一台机器面前等待加工的 5 个作业任务。每个作业在该机器上的加工时间以及到期日(距离交货的剩余天数,下同)各不相同。

表 9-1　简单的单机器排程问题　　　　　　　　　　　　　　　　单位：天

作业	加工时间	到期日
1	6	18
2	2	6
3	3	9
4	4	11
5	5	8

如何在这台机器上安排这些作业的加工顺序，即为一个简单的单机器排程问题。

9.1.1　作业特性

要解决单机器排程问题，需要给出一些前提假定和条件，即作业的特性，主要包括：

(1)部件到达的模式可以是静态的，也可以是动态的，差别在于是否以一个固定的速率到达。

(2)机器有很多的数量和种类，这里假定所有的机器能力都是相同的。

(3)多个工人，不会出现人力不够的情形。

(4)部件经过机器的顺序，可以都是相同的，此时就是流程型的作业；也可以是不同的，就是单件作业。

(5)可以选择不同的排程规则。

9.1.2　作业计划的目标

排程问题的目标主要有：

(1)满足交货日期，实现准时交货；

(2)最小化在制品库存（WIP）；

(3)最小化平均流程时间；

(4)高的工人或机器的利用率；

(5)降低生产准备次数；

(6)最小化生产成本等。

但是，这些目标往往是相互冲突的。例如，资源利用率很低时，更容易准时完成作业；持有巨量库存时，客户提前期可以达到零；等等。通常不可能也不需要同时满足上述这些目标，生产排程的目标即是在这些冲突的目标中达到一个有利可图的平衡，或者尽力实现其中某一个目标，其要点在于，从系统的角度保持工作中心的目标和组织的运作战略相一致。

9.1.3　名词术语

在单机器排程问题中,常见的名词术语如下。

流水作业(flow shop):在多台机器上不同部件的加工顺序是相同的。

单件作业(job shop):在多台机器上作业按照不同的顺序加工。

并行/串行的流程:并行流程的工作中心一次可以加工多个部件,串行流程的工作中心一次只能加工一个部件。

流程时间:每次排程时可能有多个工件,从第一个工件开始到最后一个工件完工的时间就是流程时间。其中,第一个工件不一定是从时间"0"开始的,因此流程时间与第一个工件的到达时间有关。

制造跨度(makespan):从排程的时间"0"算起至最后一个部件结束的时间,如果不考虑第一个部件的到达时间不为"0"的情况,它与流程时间是相同的。

延误(tardiness):当实际完工时间迟于要求的完工时间时才会出现延误,两者差值即为延误的值,否则延误为0。

延期(lateness):实际完工时间与要求的完工时间的差值,可能为正值,也可能为负值。

9.1.4　单机器排程规则

单机器排程规则可以是十分简单的,顺序可以仅仅依据一个数据决定,比如加工时间、到期日、订单到达日等。表9-2中显示了单机器排程问题中常见的一些规则。

表 9-2　常见的单机器排程规则

1.先到先服务(FCFS,first-come,first-served)——订单按照它们到达生产部门的顺序被执行
2.最短作业时间(SPT,shortest processing time)——先加工完成时间最短的任务,接着处理需要加工时间第二短的,依次类推。这个结果的主要启示是,加工时间短的加工任务能较快地通过车间,因此趋于减少拥堵
3.最早交货时间(EDD,earliest due date first)——先加工到期日最早的任务
4.最小临界比(CR,critical ratio)——临界比等于距离到期日所剩余的时间除以加工时间,临界比最小的订单先处理
5.随机规则(R,random)——车间主管或者操作员选择他们想要处理的订单先进行处理
6.最小工作剩余(LWKR,least work remaining)——剩余工作任务最少的订单先处理
7.最小运作剩余(FOR,fewest operations remaining)——剩余运作时间最小的订单先处理
8.剩余松弛时间(STR,slack time remaining)——剩余松弛时间是距离到期日所剩余的时间减去剩余加工所需时间,剩余松弛时间最短的订单先被处理。STR=距离到期日所剩时间−剩余加工所需时间
9.单位作业的剩余松弛时间(STR/O,slack time remaining per operation)——平均剩余松弛时间最短的订单先进行处理。STR/O=STR/剩余作业个数

续 表

10.下一个队列（NQ，next queue）——选择下一个靠近机器的等待时间最短的任务先加工
11.最小设备调整时间（LSU，least setup）——调整设备所需时间最短的订单最先处理

以上排程规则的效果可以用下面的度量标准来衡量：

（1）L_i——作业 i 延期的时间，可以为正也可以为负；

（2）T_i——作业 i 延误的时间，总是大于零；

（3）E_i——作业 i 比交货期提前的时间；

（4）T_{max}——排程计划的最大延误。

下面我们将以本节开头表 9-1 所示的 5 个作业的单机器排程问题为例，来说明各种排程规则的应用。

例 9-1：单机排程问题

（1）FCFS 规则

采用 FCFS 规则下的流程时间安排如表 9-3 所示。

表 9-3　FCFS 规则下的流程时间安排　　　　　　　　单位：天

作业	加工时间	完成时间	到期日	延误
1	6	6	18	0
2	2	8	6	2
3	3	11	9	2
4	4	15	11	4
5	5	20	8	12
总计		60		20

平均流程时间＝60/5＝12（天）

平均延误＝20/5＝4（天）

延误的作业数＝4（天）

最大延误＝12（天）

（2）SPT 规则

采用 SPT 规则，加工时间最短的作业先加工，得到的流程时间安排如表 9-4 所示。

表 9-4　SPT 规则下的流程时间安排　　　　　　　　单位：天

作业	加工时间	完成时间	到期日	延误
2	2	2	6	0
3	3	5	9	0
4	4	9	11	0
4	5	14	8	6

作业	加工时间	完成时间	到期日	延误
1	6	20	18	2
总计		50		8

平均流程时间＝50/5＝10(天)

平均延误＝8/5＝1.6(天)

延误的作业数＝2(天)

最大延误＝6(天)

(3)EDD 规则

采用 EDD 规则,到期日最短的作业先处理,得到的流程时间安排如表 9-5 所示。

表 9-5　EDD 规则下的流程时间安排　　　　单位:天

作业	加工时间	完成时间	到期日	延误
2	2	2	6	0
5	5	7	8	0
3	3	10	9	1
4	4	14	11	3
1	6	20	18	2
总和		53		6

平均流程时间＝53/5＝10.6(天)

平均延误＝6/5＝1.2(天)

延误的作业数＝3(天)

最大延误＝3(天)

(4)最小 CR 规则

采用最小 CR 规则,就是把距离到期日的剩余时间除以加工时间所得值最小的作业先处理。

意味着时间刚好,可以恰好满足到期日;

意味着时间很充足;

意味着时间不够,要出现延误。

最小 CR 规则的排程过程是:

①$T=0$(见表 9-6)

表 9-6　$T=0$ 时最小 CR 规则的排程过程　　　　单位:天

作业	加工时间	到期日	临界比
1	6	18	3.00
2	2	6	3.00

续 表

作业	加工时间	到期日	临界比
3	3	9	3.0
4	4	11	2.75
5	5	8	1.6

作业 5 的临界比最小，先加工。

②$T=0+5=5$（见表 9-7）

表 9-7　$T=5$ 时最小 CR 规则的排程过程　　　　　　　单位：天

作业	加工时间	到期日	临界比
1	6	13	2.17
2	2	1	0.5
3	3	4	1.33
4	4	6	1.5

在作业 1、2、3、4 中，作业 2 的临界比最小，接着加工。

③$T=0+5+2=7$（见表 9-8）

表 9-8　$T=7$ 时最小 CR 规则的排程过程　　　　　　　单位：天

作业	加工时间	到期日	临界比
1	6	11	1.84
3	3	2	0.67
4	4	4	1.0

在作业 1、3、4 中，作业 3 的临界比最小，接着加工。

④$T=0+5+2+3=10$（见表 9-9）

表 9-9　$T=10$ 时最小 CR 规则的排程过程　　　　　　　单位：天

作业	加工时间	到期日	临界比
1	6	8	1.84
4	4	1	0.25

作业 4 第四个加工，作业 1 最后加工。

因此，最小 CR 规则得出的计划结果如表 9-10 所示。

表 9-10　　$T=10$ 最小 CR 规则下的计划结果　　　　　　　　　　单位:天

作业	加工时间	完成时间	到期日	延误
5	5	5	8	0
2	2	7	6	1
3	3	10	9	1
4	4	14	11	3
1	6	20	18	2
总和		56		7

平均流程时间$=56/5=11.2$(天)

平均延误$=7/5=1.4$(天)

延误的作业数$=4$(天)

最大延误$=3$(天)

表 9-11 对上述四种排程规则 FCFS、SPT、EDD 以及最小 CR 的结果进行了汇总比较。

表 9-11　　四种排程规则的比较　　　　　　　　　　单位:天

排程规则	平均流程时间	平均延误	延误的作业数	最大延误
FCFS	12.0	4.0	4	12
SPT	10.0	1.6	2	6
EDD	10.6	1.2	3	3
最小 CR	11.2	1.4	4	3

从流程时间来看,SPT 规则的平均流程时间最短,比其他规则要好。此外,在单机器排程的问题中,SPT 规则可以得到平均等待时间和平均延误最短的处理方案。但是 SPT 规则也有其缺点,其平均延误和最大延误不是最优的。EDD 规则的平均延误最短,但平均流程时间较长。这也验证了我们前面所说的,一种排程规则很难在所有指标上达到最优。一个事实是,对于单机器排程问题,最小化平均流程时间、平均等待时间和平均延误这三个指标是等价的。

(5)最小延误作业数的 Moore 算法

Moore 算法的目标是,使得排程结果中出现延误的作业个数最小。Moore 算法的步骤如下。

步骤 1:先用 EQD 规则安排作业顺序;

步骤 2:找到第一个延误的作业 i,如果没有,直接到第 4 步;

步骤 3:在作业 i 之前的所有作业中,把需要加工时间最长的作业安排到最后,回到步骤 2;

步骤 4:把要延误的作业排到已经安排好的作业的后面,就形成了最小延误作业数的计划安排,并且排在后面的延误作业的安排顺序可以任意。

Moore 算法应用举例：

仍然利用本节开始的表 9-1 中所举例子的数据。

我们在前面用 EQD 规则排程的结果如表 9-12 所示。

表 9-12　EQD 规则排程结果　　　　　　　　　　　　　单位:天

作业	加工时间	完成时间	到期日	延误
2	2	2	6	0
5	5	7	8	0
3	3	10	9	1
4	4	14	11	3
1	6	20	18	2

作业 3 是第一个延误的作业,作业 3 之前的所有作业中作业 5 的流程时间最长,因此把作业 5 的顺序安排到最后,可以得出表 9-13。

表 9-13　作业 5 的顺序安排到最后的排程结果　　　　　单位:天

作业	加工时间	完成时间	交货期	延误
2	2	2	6	0
3	3	5	9	0
4	4	9	11	0
1	6	15	18	0
5	5	20	8	12
总和		51		12

由于现在只有作业 5 出现延误,Moore 算法结束。

平均流程时间＝51/5＝10.2(天)

平均延误＝12/5＝2.4(天)

延误的作业数＝1(天)

最大延误＝12(天)

表 9-14 展示了 Moore 算法和前面四种排程规则的效率比较。

表 9-14　Moore 算法和前四种排程规则的效率比较　　　　单位:天

规则	平均流程时间	平均延误	延误的作业数	最大延误
FCFS	12.0	4.0	4	12
SPT	10.0	1.6	2	6
EQD	10.6	1.2	3	3
最小 CR	11.2	1.4	4	3
Moore	10.2	2.4	1	12

可见，Moore 算法的显著优点在于最大限度地减少了延误的作业数目。例如，在本例中只出现一个作业延误，但是 Moore 算法的最大延误量一般比较大。

以上所介绍的排程规则仅是一些启发式规则，一般的，单机器排程问题是一个多目标决策问题，没有一个排程规则能在所有指标上实现最优，只能提出一些启发式规则，给出这些问题的满意解。如果只关注一个目标，单台机器问题就相对简单，如果关注多个目标，比如说员工个数和流程时间，单机器问题就不存在最优规则，只能通过一些启发式规则求近似最优解。这也是排程问题的难处所在。

9.2　多机器排程计划

多机器排程问题比单机器排程问题要复杂很多，如果有 N 个作业和 M 台机器，按照排列组合，有多种可能的安排顺序。如 $N=5,M=5,(5!)^5=250$ 亿。所以说，解决多机器排程问题，枚举法是不可能实现的。3 台或者 3 台以上机器就不存在一般意义上的最优解，只能提出一些启发式求解算法。

9.2.1　基本概念

9.2.1.1　名词与术语

在生产管理中，常会用到"生产作业计划"（scheduling）、"排序"（sequencing）、"派工"（dispatching）、"控制"（controlling）和"赶工"（expediting）等名词。

生产作业计划是指在产品生产期如何合理分配资源（劳动力、原材料以及设备）、合理安排加工路径，在满足现有生产条件下，使生产成本最小。制造企业在编制生产作业计划工作中，经常遇到 N 个工件在 M 台机器上加工的排序问题。即当多个工件经过多台机器加工时，如何安排加工顺序使某些目标达到最优，这就是 $M \times N$ 排序问题。

一般来说，编制作业计划与排序不是同义词。排序只是确定工件在机器上的加工顺序。而编制作业计划，则不仅包括确定工件的加工顺序，而且还包括确定机器加工每个工件的开始时间和完成时间。由于编制作业计划的主要问题是确定各台机器上工件的加工顺序，而且，在通常情况下都是按最早可能开（完）工时间来编制作业计划的，因此，当工件的加工顺序确定之后，作业计划也就确定了。所以，人们常常不加区别地使用"排序"和"编制作业计划"这两个术语。在本节中，排序特指相应的作业计划是最早时间作业计划，只有在需要的时候，才将这两个术语区别使用。

"派工"是按作业计划的要求，将具体生产任务安排到具体的机床上加工，属于我们经常说的"调度"范围；"赶工"是实际进度已落后于计划进度时采取的行动，也属于"调度"范围；"调度"是实行控制所采取的行动；"编制作业计划"是加工制造发生之前的活动；"调度"是在加工制造发生之后的活动，是生产进度已经偏离预定计划而采取的调配资源的行动。调度的依据是作业计划，比如，火车时刻表是一种作业计划，火车发生晚点，就要进行调度。调度是一种现场指挥。

描述排序问题的名词术语来自加工制造行业。为了和惯用的名词术语保持一致，本书仍使用"机器""工件""工序"和"加工时间"等术语来描述各种不同的排序问题。但是，它们已经不限于本来的含义。这里所说的"机器"，可以是工厂里的各种机床，可以是维修工人，可以是轮船要停靠的码头，也可以是计算机中央处理单元，一句话，表示"服务者"。工件则代表"服务对象"。工件可以是单个零件，也可以是一批相同的零件。

假定有 n 个工件要经过 m 台机器加工。"加工路线"是由工件加工的工艺过程决定的，它是工件加工在技术上的约束。比如，某个工件要经过车、铣、钻、磨的路线加工，我们可以用 M_1, M_2, M_3, M_4 来表示。一般的，可用 $M_1, M_2, M_3, \cdots, M_m$ 来表示加工路线。"加工顺序"则表示每台机器加工 n 个工件的先后顺序，是排序要解决的问题。注意，"路线"是相对于工件来说的机器流程；"顺序"是相对于机器来说的产品的加工顺序。不要将两者混淆了。

9.2.1.2 假设条件与符号说明

为了便于分析研究，在建立数学模型之前，有必要对排程问题提出一些假设条件。

（1）一个工件不能同时在几台不同的机器上加工；

（2）工件在加工过程中采用平行移动方式（无等待），即当上一道工序加工完成后，立即送给下一道工序加工；

（3）工件开始加工后，完工前不能插入其他工件，中途不停止；

（4）每道工序只在一台机器上完成；

（5）工件数、机器数和加工时间已知，且与加工顺序无关；

（6）每台机器同时只能加工一个工件。

在后面的讨论中，如不做特别说明，所有排程问题都遵循以上条件假设。

以下是对有关符号的说明。

J_i：工件 $i, i = 1, 2, \cdots, n$；

M_j：机器 $j, j = 1, 2, \cdots, m$；

p_{ij}：J_i 在 M_j 上的加工时间，$P_i = \sum p_{ij}$；

r_i：J_i 的到达时间，即从外部进入车间，可以开始加工的最早时间；

d_i：J_i 的完工期限；

C_i：J_i 的完工时间，$C_i = r_i + \sum (p_{ij} + w_{ij}) = r_i + W_i + P_i$；

C_{max}：最长完工时间，$C_{max} = \max | C_i |$；

F_i：J_i 的流程时间，即工件在车间的实际停留时间；

F_{max}：最长流程时间，$F_{max} = \max | F_i |$；

L_i：工件的延迟时间；

w_{ij}：J_i 在 M_j 上加工前的等待时间；

W_i：J_i 在加工过程中总的等待时间；

$a_i:J_i$ 的允许停留时间；

$L_i = C_i - d_i = F_i - a_i$，表示工件的延迟时间；

L_{max}：最长延迟时间，$L_{max} = \max | L_i |$。

9.2.1.3　排程问题的分类和表示法

排程问题有不同的分类，最常用的分类是按机器、工件和目标函数的特征分类。按机器的种类和数量的不同，可以分成单台机器的排程问题和多台机器的排程问题。对于多台机器的排程问题，按工件的加工路线的特征，可以分为流水作业（flow-shop）排程问题和单件作业（job-shop）排程问题。所有工件的加工路线完全相同，是流水作业排程问题的基本特征；而工件的加工路线不同，则是单件作业排程问题的基本特征。

按工件到达车间的情况不同，可以分成静态的排程问题和动态的排程问题。当进行排程时，所有工件都到达，可以一次对它们进行排程，这是静态排程问题；若工件是陆续到达，则要随时安排它们的加工顺序，这是动态排程问题。

按目标函数的性质不同，也可以划分不同的排程问题。例如，同时对单台机器的排程，目标是使平均流程时间最短和误期完工工件数最少，实质上是两种不同的排程问题。以往研究的排程问题，大都属于单目标排程问题，而对多目标排程问题则很少研究。

另外，按参数的性质不同，可以分为确定型排程问题与随机型排程问题。所谓确定型排程问题，是指加工时间和其他有关参数是已知确定的量；而随机型排程问题的加工时间和有关参数为随机变量。这两种排程问题的解法有本质上的不同。

因机器、工件和目标函数的不同特征以及其他因素上的差别，构成了多种多样的排程问题。本节只介绍几种有代表性的排程问题。

对于本节要讨论的排程问题，我们将用康威等人提出的方法来表示。这个方法只用4个参数就可以表示大多数不同的排程问题。4个参数表示法为：

$$n/m/A/B$$

其中：n——工件数；

m——机器数；

A——车间类型；

B——目标函数。

假设在 A 位置标以"F"表示流水作业排程问题，标以"P"表示流水作业排列排程问题，标以"G"表示一般单件作业排程问题，当 $m=1$ 时，则"A"处为空白。因为对于单台机器的排程问题来说，无所谓加工路线问题，当然也就谈不上是流水作业还是单件作业的问题了。这也是我们在上一节所讨论的问题。

对于目标函数"B"，通常是使其值最小。

有了这4个符号，就可以非常简明地表示不同的排程问题。

例如，$n/4/F/F_{max}$ 表示 n 个工件经4台机器加工的流水作业排程问题，目标函数是使最长流程时间 F_{max} 最短。

9.2.2　流水作业排程

流水作业排程问题的基本特征是每个工件的加工路线都一致。在流水生产线制造不同的零件，遇到的就是流水作业排程问题。我们说加工路线一致，是指工件的流向一致，并不是要求每个工件必须经过加工路线上的每一台机器加工。如果某些工件不经过某些机器加工，则设相应的加工时间为零。

一般来说，工件在不同机器上的加工顺序不尽一致。但本节要讨论的是一种特殊情况，即所有工件在各台机器上的加工顺序都相同的情况，这就是排列排序问题。流水作业排列排序问题常被称作"同顺序"排序问题。对于一般情形，排列排序问题的最优解不一定是相应的流水作业排程问题的最优解，但一般是比较好的解；对于仅有 2 台和 3 台机器的特殊情况，可以证明，排列排序问题下的最优解一定是相应流水作业排程问题的最优解。

本节只讨论排列排序问题。但对于 2 台机器的排序问题，实际上不限于排列排序问题。

9.2.2.1　最长流程时间 F_{max} 的计算

本节所讨论的是 $n/m/p/F_{max}$ 问题，目标函数是使最长流程时间最短。最长流程时间又称作加工周期，它是从第一个工件在第一台机器开始加工算起，到最后一个工件在最后一台机器上完成加工时为止所经过的时间。由于假设所有工件的到达时间都为零（$r_i = 0, i = 1, 2, \cdots, n$），所以 F_{max} 等于排在末位加工的工件在车间的停留时间，也等于一批工件的最长完工时间 C_{max}。

设 n 个工件的加工顺序为 $S = (S_1, S_2, \cdots, S_n)$，其中 S_i 为排在第 i 位加工的工件代号。以 $C_{k_{s_i}}$ 表示工件 S_i 在机器 M_k 上的完工时间，ps_i^k 表示工件 S_i 在 M_k 上的加工时间（$k = 1, 2, \cdots, m; i = 1, 2, \cdots, n$），则 $C_{k_{s_i}}$ 可按以下公式计算：

$$C_{1_{s_i}} = C_{1_{s_{i-1}}} + ps_i^1$$
$$C_{k_{s_i}} = \max\{C_{(k-1)_{s_i}}, C_{k_{s_{i-1}}}\} + ps_i^k \tag{9-1}$$
$$k = 2, 3, \cdots, m; i = 1, 2, \cdots, n$$

当 $r_i = 0, i = 1, 2, \cdots, n$ 时，

$$F_{max} = C_{m_{s_n}} \tag{9-2}$$

式（9-1）是一个递推公式。当由式（9-1）得出 $C_{m_{s_n}}$ 时，F_{max} 就求得了。

在理解以上计算公式之后，可直接在加工时间矩阵上从左向右计算完工时间。下面我们举一实例来说明。

例 9-2：最长流程时间的计算

有一个 $6/4/p/F_{max}$ 问题，其加工时间矩阵如表 9-15 所示。当按顺序 $S = (6, 1, 5, 2, 4, 3)$ 加工时，求 F_{max}。

表 9-15　加工时间矩阵

i	1	2	3	4	5	6
p_{i1}	4	2	3	1	4	2
p_{i2}	4	5	6	7	4	5
p_{i3}	5	8	7	5	5	5
p_{i4}	4	2	4	3	3	1

解：按顺序 $S=(6,1,5,2,4,3)$ 列出加工时间矩阵。如表 9-16 所示，按式(9-1)进行递推，将每个工件的完工时间标在起始加工时间矩阵的右上角。对于第一行第一列，只需把加工时间的数值作为完工时间表示在加工时间矩阵的右上角。对于第一行的其他元素，只需从左到右依次将前一列右上角的数字加上计算列的加工时间，将结果填在计算列加工时间矩阵的右上角。

对于从第二行到第 m 行，第一列的算法相同。只要把上一行右上角的数字和本行的加工时间相加，将结果填在本行加工时间矩阵的右上角；从第 2 列到第 n 列，则要从本行前一列右上角和本列上一行的右上角数字中取最大者，再和本列加工时间相加，将结果填在本列加工时间矩阵的右上角。这样下去，最后一行的最后一列右上角数字即为 $C_{m_{s_n}}$，也就是 $F_{\max}$。计算结果如表 9-16 所示。本例中，$F_{\max}=46$。

表 9-16　顺序 S 下的加工时间矩阵

i	6	1	5	2	4	3
p_{i1}	2^2	4^6	4^{10}	2^{12}	1^{13}	3^{16}
p_{i2}	5^7	4^{11}	4^{15}	5^{20}	7^{27}	6^{23}
p_{i3}	5^{12}	5^{17}	5^{22}	8^{30}	5^{35}	7^{42}
p_{i4}	1^{13}	4^{21}	3^{25}	2^{32}	3^{38}	4^{46}

9.2.2.2　$n/2/F/F_{\max}$ 问题的最优算法

关于 $n/2/F/F_{\max}$ 问题，约翰逊(S. M. Johnson)最早于 1954 年提出了一个有效算法，就是著名的约翰逊算法(Johnson algorithm)。为了便于叙述，以 a_i 表示 J_i 在 M_1 上的加工时间，以 b_i 表示 J_i 在 M_2 上的加工时间，每个工件都按 $M_1 \rightarrow M_2$ 的路线加工。约翰逊算法建立在约翰逊规则基础上。

约翰逊规则为：

如果 $\min(a_i,b_i)<\min(a_j,b_i)$ $\qquad\qquad\qquad\qquad$ (9-3)

则 J_i 应该排在 J_j 之前。如果为等号，则工件 i 既可排在工件 j 之前，也可以排在它之后。

按式(9-3)可以确定每两个工件的相对位置，从而可以得到 n 个工件的完整的顺序。但是，这样做比较麻烦。事实上，按约翰逊算法可以得出比较简单的求解步骤，我们称这些步骤为约翰逊算法，具体如下所述。

步骤 1：从加工时间矩阵中找出最短的加工时间。

步骤2：若最短的加工时间出现在 M_1 上，则其对应的工件应尽可能往前排；若最短的加工时间出现在 M_2 上，则其对应的工件应尽可能往后排。若最短加工时间有多个，则任意挑一个。

步骤3：从加工时间矩阵中划去已排序工件的加工时间，并重复上述步骤直至排完。

例9-3：$n/2/F/F_{max}$ 问题的最优算法

求表9-17的 $6/2/F/F_{max}$ 问题的最优解。

表9-17　加工时间矩阵

i	1	2	3	4	5	6
a_i	5	1	8	5	3	4
b_i	7	2	2	4	7	4

解：应用约翰逊算法。从加工时间矩阵中找出最短加工时间为1个时间单位，它出现在 M_1 上。所以，相应的工件（工件2）应尽可能往前排。即将工件2排在第一位。划去工件2的加工时间。余下加工时间中最小者为2，它出现在 M_2 上，相应的工件（工件3）应尽可能往后排，于是排到最后一位。划去工件3的加工时间，继续按约翰逊算法安排余下工件的加工顺序。求解过程可简单表示如下：

```
将工件2排在第1位     2
将工件3排在第6位     2                    3
将工件5排在第2位     2  5                 3
将工件6排在第3位     2  5  6              3
将工件4排在第5位     2  5  6      4       3
将工件1排在第4位     2  5  6  1   4       3
```

则最优的加工顺序为 $S=(2,5,6,1,4,3)$。求得在最优顺序下的 $F_{max}=28$。

我们可以把约翰逊算法做一些改进，改进后的算法按以下步骤进行。

步骤1：将所有 $a_i \leqslant b_i$ 的工件按 a_i 值不减的顺序排成一个序列 A。

步骤2：将所有 $a_i > b_i$ 的工件按 b_i 值不减的顺序排成一个序列 B。

步骤3：将 A 放到 B 之前，就构成了最优加工顺序。

我们按改进后的约翰逊算法，对例9-3中的问题求解，如表9-18所示。序列 A 为(2,5,6,1)，序列 B 为(4,3)，构成最优顺序为(2,5,6,1,4,3)，与约翰逊算法结果一致。

表9-18　约翰逊改进算法

i	1	2	3	4	5	6
a_i	⑤	①	8	5	③	④
b_i	7	2	②	④	7	4
i	2	5	6	1	4	3
a_i	①	③	④	⑤	5	8
b_i	2	7	4	7	④	②

当从应用约翰逊算法求得的最优顺序中任意去掉一些工件时,余下的工件仍构成最优顺序。如例 9-2 的最优顺序(2,5,6,1,4,3),若去掉一些工件,得到的顺序为(5,6,1,4,3)、(2,6,4,3)、(2,6,1,4)等,仍为余下工件的最优顺序。但是,工件的加工顺序不能颠倒,否则不一定是最优顺序。同时,还要指出的是,约翰逊算法只是一个充分条件,不是必要条件,不符合这个法则的加工顺序,也可能是最优顺序。

9.2.2.3 一般 $n/m/P/F_{max}$ 问题的启发式算法

对于一般的 n 台机器的流水车间排列排序问题,许多科技工作者进行了大量的研究,提出了许多算法,如分支定界法、动态规划法和启发式算法等。用前两种算法可以保证得到一般 $n/m/P/F_{max}$ 问题的最优解,精确度高。但对于实际生产中规模较大的问题,计算量相当大,且其复杂程度随问题的规模(零件种数 n 和机器台数 m)增大而呈指数级增长,以至于连计算机也无法求解,因而实用性较差。

为了解决生产实际中的排序问题,人们提出了各种启发式算法。启发式算法比较简单,它能够以小的计算量得到足够好的结果,因而十分实用。下面我们介绍求一般 $n/m/P/F_{max}$ 问题近似最优解的几种启发式算法。

(1)CDS 算法

CDS 算法是一种比较著名的算法,它是由康坎贝尔(Campbell)、杜得克(Dudek)和史密斯(Smith)三人共同研究出来的,这种方法实际上是约翰逊算法的扩展方法。其基本思路是:把 m 台机器的问题转化为 $(m-1)$ 个虚拟的两台机器的问题,然后利用约翰逊算法求得 $(m-1)$ 个可能的排序方案,再从这 $(m-1)$ 个排序方案中选择最好的一个作为问题的解。步骤如下。

步骤 1:根据第 1 台机器与第 m 台机器的两组加工时间,应用约翰逊算法排出第 1 个加工顺序方案。

步骤 2:将第 1、第 2 台机器的加工时间相加,将第 $(m-1)$、第 m 台机器的加工时间相加,将得到两组加工时间,应用约翰逊算法排出第 2 个加工顺序方案。

步骤 3:重复上述方法,依次将第 1 台至第 k 台机器的加工时间相加,将第 $(m-k+1)$、第 m 台机器的加工时间相加,将得到两组加工时间,应用约翰逊算法排列出第 k 个加工顺序方案……最后得出第 $(m-1)$ 个排序方案。

步骤 4:分别计算以上 $(m-1)$ 个排序方案的总流程时间,选择其中的最小值,所对应的排序方案即为排序问题的近似最优解。

用公式表达就是,对加工时间 $\sum_{k=1}^{l} p_{ik}$ 和 $\sum_{k=m+1-l}^{m} p_{ik}$ $(l=1,2,\cdots,m-1)$ 用约翰逊算法求 $(m-1)$ 次加工顺序,取其中最好的结果。

一般来讲,CDS 算法的优度比较高,能给出较好的结果,因而通常作为衡量其他方法优劣的标准。但是,CDS 算法也存在着两个方面的不足:其一,CDS 算法认为各台机床上的加工时间对总流程时间的影响是没有差别的,因而在求虚拟机床的加工时间时,是把第 1 台至第 k 台机床以及第 $(m-k+1)$ 台至第 m 台机床的加工时间做简单相加。而事实上,各机床的加工时间对总流程时间的影响是不同的,因此采用 CDS 算法也不一定能保证所求的排序方案的最优性。其二,CDS算法的计算工作量大,需要应用$(m-1)$次约翰逊算法,当m较大时,CDS算法就非常烦琐。

例 9-4:CDS 算法

有一个$4/3/P/F_{max}$问题,其加工时间如表 9-19 所示,用 CDS 法求解。

表 9-19　加工时间矩阵

i	1	2	3	4
p_{i1}	1	2	6	3
p_{i2}	8	4	2	9
p_{i3}	4	5	8	2

解:

首先,求$\sum_{k=1}^{l} p_{ik}$和$\sum_{k=m+1-l}^{m} p_{ik}$$(l=1,2,\cdots,m-1)$,结果如表 9-20 所示。

表 9-20　CDS 法求解

i		1	2	3	4
$l=1$	p_{i1}	1	2	6	3
	p_{i3}	4	5	8	2
$l=2$	$p_{i1}+p_{i2}$	9	6	8	12
	$p_{i2}+p_{i3}$	12	9	10	11

当$l=1$时,按约翰逊算法得到加工顺序$(1,2,3,4)$;当$l=2$时,得到加工顺序$(2,3,1,4)$。对于顺序$(2,3,1,4)$,得到相应的$F_{max}=29$;对于顺序$(1,2,3,4)$得到相应的$F_{max}=28$。所以最优顺序为$(1,2,3,4)$。

（2）Palmer 算法

1965 年,帕尔玛（D. S. Palmer）提出用斜度指标排列工件的启发式算法,称为 Palmer 算法。工件的斜度指标可以按下式定义。

$$\lambda_i = \sum_{k=1}^{m} [k-(m+1)/2] p_{ik} (k=1,2,\cdots,n) \tag{9-4}$$

式中,m为机器数;p_{ik}为工件i在第k台机器上的加工时间。

按照各工件λ_i不增的顺序排列工件,可得出令人满意的顺序。

Palmer 算法对每台机器的加工时间赋予一个不同的权数$[k-(m+1)/2]$,然后求出每个工件在各台机器上加工时间的加权时间和,再以加权时间和的大小进行排序。Palmer 算法实际上把m台机器的问题转化成单台机器的问题来处理,然后,应用 SPT 规则,求得此排列问题的近似最优解。显然,Palmer 算法比 CDS 算法要简单很多,可以快速地求得近似最优的排序方案,但其优度远不如 CDS 算法。可以说是得到了速度,牺牲了优度,适合那些对优度要求不是太高的问题的求解。

下面我们对例 9-4 中的问题用 Palmer 算法求解。

例 9-5：Palmer 算法

解：对于例 9-4 中的问题，式(9-4)变成：

$$\lambda_i = \sum_{k=1}^{3} [k - (3+1)/2] p_{ik} = -p_{i1} + p_{i3}$$

于是：

$$\lambda_1 = -p_{11} + p_{13} = -1 + 4 = 3$$

$$\lambda_2 = -p_{21} + p_{23} = -2 + 5 = 3$$

$$\lambda_3 = -p_{33} + p_{33} = -6 + 8 = 2$$

$$\lambda_4 = -p_{41} + p_{43} = -3 + 2 = -1$$

按 λ_i 不增的顺序排列工件，得到加工顺序$(1,2,3,4)$和$(2,1,3,4)$，恰好这两个顺序都是最优顺序。如果不是这样，则从中挑选较优者，在最优顺序下，$F_{max} = 28$。

(3)关键工件法

关键工件法是陈荣秋教授于 1983 年提出的一个启发式算法，其步骤如下。

步骤 1：计算每个工件的总加工时间 $P_i = \sum p_{ij}$，找出加工时间最长的工件 $C(j = m)$，将其作为关键工件。

步骤 2：对于余下的工件，若 $p_{i1} \leqslant p_{im}$，则按 p_{i1} 不减的顺序排成一个序列 S_a；若 $p_{i1} > p_{im}$，则按 p_{im} 不增的顺序排成一个序列 S_b。

步骤 3：顺序(S_a, C, S_b)即为所求的满意顺序。

下面我们用关键工序法求例 9-5 问题的近似最优解。

例 9-6：关键工件法

解：求 $P_i, i = 1,2,3,4$，如表 9-21 所示。总加工时间最长的为 3 号工件，$p_{i1} \leqslant p_{i3}$ 的工件为 1 号和 2 号工件，按 p_{i1} 不减的顺序排成 $S_b = (1,2)$；$p_{i1} > p_{i3}$ 的工件为 4 号工件，$S_b = (4)$，这样得到的加工顺序为$(1,2,3,4)$。对于这一问题，它就是最优顺序。

表 9-21　关键工件法求解

i	1	2	3	4
p_{i1}	1	2	6	3
p_{i2}	8	4	2	9
p_{i3}	4	5	8	2
p_i	13	11	16	14

9.2.3　单件作业排程

9.2.3.1　问题的描述

对于一般单件作业的排程问题，每个工件都有其独特的加工路线，工件没有一定的流向。对于流水作业的排程问题，第 k 道工序永远在 M_k 上加工，没有必要将工序序号与机器号分开。对于一般单件作业的排程问题，描述一道工序，要用 3 个参数：i、j 和 k。i 表示工件代号，j 表示工序号，k 表示完成工件 i 的第 j 道工序的机器代号。因此，可以用 (i,j,k) 来表示工件 i 的第 j 道工序是在机器 k 上进行的这样一件事。因而，可以用加工矩阵的形式来描述所有工件的加工。

加工矩阵的每一行描述一个工件的加工，每一列的工序号相同。例如，加工矩阵的第一行描述工件 1 的加工，第二行描述工件 2 的加工。与之相对应还有加工时间矩阵。假如加工矩阵 D 和加工时间矩阵 T 分别为：

$$D=\begin{pmatrix} 1,1,1 & 1,2,3 & 1,3,2 \\ 2,1,3 & 2,2,1 & 2,3,2 \end{pmatrix} \quad T=\begin{pmatrix} 2 & 4 & 1 \\ 3 & 4 & 5 \end{pmatrix}$$

D 和 T 一起表明，工件 1 的第 1 道工序在 M_1 上进行，用时为 2；工件 1 的第 2 道工序在 M_3 上进行，用时为 4；工件 1 的第 3 道工序在 M_2 上进行，用时为 1；工件 2 的第 1 道工序在 M_3 上进行，用时为 3，第 2 道工序在 M_1 上进行，用时为 4，第 3 道工序在 M_2 上进行，用时为 5。

9.2.3.2 两种作业计划

单件作业排程，在可行的加工顺序下，可以做出无数种作业计划。常见的几种作业计划有：

（1）半能动作业计划：各工序都按最早可能开（完）工时间安排的作业计划。

（2）能动作业计划：任何一台机器的每段空闲时间都不足以加工一道可加工工序的半能动作业计划。

（3）无延迟作业计划：没有任何延迟出现的能动作业计划。所谓"延迟"，是指有工件等待加工时机器出现空闲，即使这段空闲时间不足以完成一道工序。

能动作业计划和无延迟作业计划在研究一般单件作业排程问题时有非常重要的作用。在介绍它们之前，先做一些符号说明。

将每安排一道工序称作一"步"，设：

$\{S_t\}$——t 步之前已排序工序构成的部分作业计划；

$\{O_t\}$—— 第 t 步可以排序的工序的集合；

T_k——$\{O_t\}$ 中工序 O_t 最早可能开工的时间；

T'_k——$\{O_t\}$ 中工序 O_t 最早可能完工的时间。

（1）能动作业计划

能动作业计划的编制步骤如下。

步骤 1：令 $t=1$，$\{S_1\}$ 为空集，$\{O_1\}$ 为各工件第一道工序的集合。

步骤 2：求 $T^*=\min\{T'_k\}$，并求出 T^* 出现的机器 M^*。若 M^* 有多台，可按后述启发式规则选择其中的一台。

步骤 3：从 $\{O_t\}$ 中挑出满足以下两个条件的工序 O_j：需要机器 M^* 加工，且 $T_j<T^*$。

步骤 4：将确定的工序 O_j 放入 $\{S_t\}$，从 $\{O_t\}$ 中消去 O_j，并将 O_j 的紧后工序放入 $\{O_t\}$，令 $t=t+1$。

步骤 5：若 $\{O_t\}$ 为空集，停止；否则转到步骤 2。

下面,我们以一个具体的例子来说明能动作业计划的编制。

例 9-7:能动作业计划

有问题 $2/3/G/F_{\max}$,其加工矩阵 $\boldsymbol{D}$ 和加工时间矩阵 $\boldsymbol{T}$ 分别为:

$$\boldsymbol{D}=\begin{pmatrix}1,1,1 & 1,2,3 & 1,3,2 \\ 2,1,3 & 2,2,1 & 2,3,2\end{pmatrix} \qquad \boldsymbol{T}=\begin{pmatrix}2 & 4 & 1 \\ 3 & 4 & 5\end{pmatrix}$$

试编制一个能动作业计划。

解:其求解过程如表 9-22 所示。

表 9-22　能动作业计划的编制

t	$\{O_t\}$	T_k	T'_k	T^*	M^*	O_j
1	1,1,1 2,1,3	0 0	2 3	2	M_1	1,1,1
2	1,2,3 2,1,3	2 0	6 3	3	M_3	2,1,3
3	1,2,3 2,2,1	3 3	7 7	7	M_3 M_1	1,2,3
4	1,3,2 2,2,1	7 3	8 7	7	M_1	2,2,1
5	1,3,2 2,3,2	7 7	8 12	8	M_2	1,3,2
6	2,3,2	8	13	13	M_2	2,3,2

当 $t=1$,$\{O_t\}$ 为 2 个工件的第 1 道工序的集合,$\{O_1\}=\{(1,1,1),(2,1,3)\}$,它们最早可能的开工时间是零,工序 $(1,1,1)$ 的最早完工时间为 2,工序 $(2,1,3)$ 的最早完工时间为 3。因此,$T^*=2$。T^* 出现在 M_1 上,M_1 上仅有一道可排序的工序 $(1,1,1)$。所以首先安排 $(1,1,1)$,当 $(1,1,1)$ 确定后,其紧后工序 $(1,2,3)$ 就进入 $\{O_2\}$。其后排法相同。当 $t=3$ 时,M^* 有两个,这时任取其中一个。用表 9-22 中得到的能动作业计划制作甘特图,如图 9-2 所示。图 9-2 中纵轴表示机器,横轴表示时间,在每个机器上描绘出了工件加工的顺序以及耗费的时间,可以用这样的甘特图来检验能动作业计划的编制是否出现错误,如工件的加工顺序是否颠倒等。

按以上步骤可以求出所有能动作业计划。如当 $t=2$ 时,也可以安排工序 $(1,2,3)$,因为该工序也需经机器 M_3 加工,而且最早可能的开工时间小于 T^*。同样,当 $t=5$ 时,可以安排工序 $(2,3,2)$。这样,可以得出所有可能的能动作业计划,从中找出最优的作业计划。

(2)无延迟作业计划

无延迟作业计划的编制步骤如下。

步骤 1:令 $t=1$,$\{S_1\}$ 为空集,$\{O_1\}$ 为各工件第一道工序的集合。

步骤 2:求 $T^*=\min\{T_k\}$,并求出 T^* 出现的机器 M^*。若 M^* 有多台,可按后述启发式规则选择其中的一台。

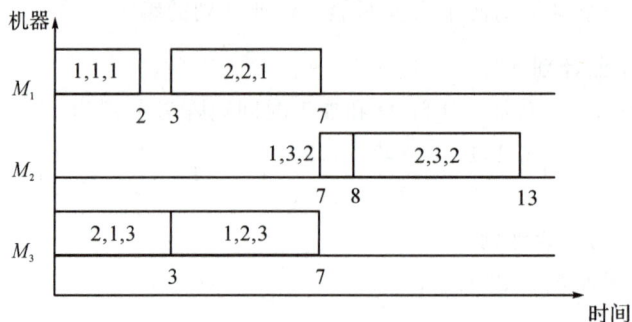

图 9-2　能动作业计划

步骤 3：从 $\{O_t\}$ 中挑出满足以下两个条件的工序 O_j：需要机器 M^* 加工，且 $T_j=T^*$。

步骤 4：将确定的工序 O_j 放入 $\{S_t\}$，从 $\{O_t\}$ 中消去 O_j，并将 O_j 的紧后工序放入 $\{O_t\}$，令 $t=t+1$。

步骤 5：若 $\{O_t\}$ 为空集，停止；否则转到步骤 2。

我们继续以例 9-6 中的问题来说明无延迟作业计划的编制过程。

例 9-8：无延迟作业计划

无延迟作业计划的求解过程可以用表 9-23 表示。

表 9-23　无延迟作业计划的编制

t	$\{O_t\}$	T_k	T'_k	T^*	M^*	O_j
1	1,1,1	0	2	0	M_1	1,1,1
	2,1,3	0	3	0	M_3	
2	1,2,3	2	6			2,1,3
	2,1,3	0	3	0	M_3	
3	1,2,3	3	7	3	M_3	1,2,3
	2,2,1	3	7	3	M_1	
4	1,3,2	7	8			2,2,1
	2,2,1	3	7	3	M_1	
5	1,3,2	7	8	7	M_2	2,3,2
	2,3,2	7	12	7	M_2	
6	2,3,2	8	13	12	M_2	1,3,2

同样，也可以做出无延迟作业计划的甘特图，如图 9-3 所示。

9.2.3.3　启发式算法

在单件作业问题上，启发式算法已受到广泛深入的研究。我们可以将所提出的启发式算法大致分为两大类，其一是特定问题的启发式算法（problem-specific heuristics），它主要是利用问题的特性，如一些优先调度规则等；其二是局域搜索方法（location search methods），如爬山法、最速下降法等，特别是模拟退火（stimulated annealing）、遗传算法

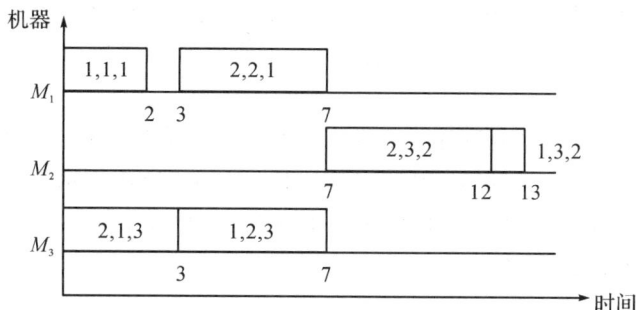

图 9-3 无延迟作业计划甘特图

(genetic algorithm)等技术的发展,预示着它们在优化算法和搜索方面有着成功的潜力。但是局域搜索方法都十分复杂。

下面我们介绍优先调度规则和基于优先调度规则的几种启发式算法。

(1)优先调度规则

在介绍能动作业计划和无延迟作业计划的构成步骤时,其中第三步的两个条件一般都有多道工序可以满足。按什么样的规则来选择可安排的工序,对作业计划的优劣有很大影响。为了得到所希望的作业计划,人们提出了很多优先调度规则。按优先调度规则挑选工序比随意挑选一道工序更能符合计划编制者的要求,同时又不必列出所有可能的作业计划,从而计算量较小。

到目前为止,人们已经提出了 100 多个优先调度规则,主要的有 8 个。这些优先调度规则与我们在本章第一节中所介绍的单机器排程规则基本类似。

- SPT(shortest processing time)规则:优先选择加工时间最短的工序。
- FCFS(first-come,first-served)规则:优先选择最早进入可安排工序集合的工件。
- EDD(earliest due date)规则:优先选择完工期限紧的工作。
- MWKR(most work remaining)规则:优先选择余下加工时间最长的工件。
- LWKR(least work remaining)规则:优先选择余下加工时间最短的工件。
- MOPNR(most operations remaining)规则:优先选择余下工件最多的工件。
- SCR(smallest critical ratio)规则:优先选择临界比最小的工件。临界比为工件允许停留时间与工件余下加工时间之比。
- RANDOM 规则:随机地挑一个工件。

按 SPT 规则可使工件的平均流程时间最短,从而减少在制品量;FCFS 规则来自排队论,它对工件比较公平;EDD 规则可使工件最大延误时间最小;SCR 规则也是保证工件延误最小的规则;MWKR 规则使不同工作量的工件的完工时间尽量接近;LWKR 规则使工作量小的工件尽快完成;MOPNR 规则与 MWKR 规则类似,只不过考虑工件在不同机器上的转运排队时间是主要的。

在应用优先调度规则时,只要将构成能动作业计划的第三步修改为:对于$\{O_t\}$中需要机器 M^* 加工,且 $T_j < T^*$ 的工序,按预定的优先调度规则确定一个进入$\{S_t\}$的工序。将构成无延迟作业计划的第三步修改为:对于$\{O_t\}$中需要机器 M^* 加工,且 $T_j = T^*$ 的

工序,按预定的优先调度规则确定一个进入$\{S_t\}$的工序。一般来说,以构成无延迟作业计划的步骤为基础的启发式算法比以构成能动作业计划的步骤为基础的启发式算法的效果要好。

有时应用一个优先调度规则还不能唯一地确定一道应挑选的工序。这时,需要多个优先调度规则的有序组合。例如,SPT＋MWKR＋RANDOM 表示:首先按 SPT 规则挑选工序,若还有多个工序,则应用 MWKR 规则再挑选,若仍有多个工序满足条件,则应用 RANDOM 规则随机地挑一个。

（2）随机抽样法

用穷举法或分支定界法求一般单件车间排序问题的最优解时,实际上比较了全部能动作业计划;采用优先调度规则求近优解时,只选择了一种作业计划。这是两个极端。

随机抽样法介于这两个极端之间。它从全部能动作业计划或无延迟作业计划之中抽样,得出多个作业计划,从中选优。应用随机抽样法时,实际上是对同一个问题多次运用 RANDOM 规则来决定要挑选的工序,从而得到多个作业计划。这种方法不一定能得到最优作业计划,但可以得到较满意的作业计划,而且计算量比分支定界法小得多。随机抽样法比优先调度规则得到的结果一般要好一些,因为"多放几枪"一般比"只放一枪"的命中率要高,但计算量比后者要大。

显然,随机抽样法的效果与样本大小有关。样本越大,获取较好解的可能性越大,但花费的时间也越多。而且,随机抽样法与母体有关。经验证明,无论是以 F_{max} 还是以 $\overline{F}$ 为目标函数,从无延迟作业计划母体中抽样得到的结果比从能动作业计划母体中抽样得到的结果要好。

（3）概率调度法

随机抽样法是从 k 个可供选择的工序以等概率方式挑选,每个工件被挑选的概率为 $1/k$,这种方法没有考虑不同工序的特点,有一定的盲目性。

既然优先调度规则中的一些规则对特定的目标函数的效果明显比其他规则好,当然可以用这些规则来影响随机抽样。我们可以给不同的工序按某一优先调度规则分配不同的挑选概率,这样就可以得到多个作业计划供比较。例如,在构成无延迟作业计划的步骤 3 有三道工序,A、B 和 C 可以挑选,这三道工序所需的时间分别为 3、4 和 7。如果按 RANDOM 规则,每道工序挑选上的概率都是 1/3;如果按 SPT 规则,则只能挑选工序 A,不可能产生多个作业计划。现按目标函数的要求,选择了 SPT 规则,按概率调度法,将这三道工序按加工时间从小到大排列,然后给每道工序从小到大分配一个被挑选的概率,比如 A、B 和 C 的挑选概率分别为 6/14、5/14 和 3/14。这样,既保证了 SPT 规则起作用,又可产生多个作业计划可供挑选。

实验表明,概率调度法比随机抽样法更为有效。

9.3 服务业作业计划

服务业和制造业一样,也要合理利用资源,提高生产率,改进服务质量。为了做到这一点,服务业也需要制定战略决策,寻求目标市场,其主要涉及特定的服务,用低成本、高质量,按期交付的方式提供各种服务,以满足顾客的需要。本节主要讨论服务业运作的特点和随机服务系统。

9.3.1 服务业运作的特点

9.3.1.1 服务交付系统

类似于制造业的生产系统,服务业中有服务交付系统。服务交付系统是指提供何种服务、在何处提供服务和对谁提供服务。因此,在确定目标市场的战略决策过程中,必须设计服务交付系统,即确定服务交付系统的结构及其运行方式。具体包括确定目标市场、确定服务产品及其运营方式。

对服务交付系统的管理需要特别注意服务与有形产品的形成和消费等方面的差异。服务业很难将营销和生产运作分离。由于服务一般不能存储,只有在顾客出现时才能提供服务,即服务在生产出来时即已交付。

9.3.1.2 服务交付系统管理中的问题

(1)顾客参与的影响:顾客参与影响服务运作的标准化,从而影响服务的效率;为使顾客感到舒适、方便和愉快,可能造成服务能力的浪费;对服务质量的感觉是主观的;顾客参与的程度越深,对效率的影响越大。

(2)减少顾客参与影响的方法:通过服务的标准化减少服务品种;通过自动化减少同顾客的接触;将部分操作与顾客分离;设置一定的库存。主要针对服务套装(成套服务)中的有形产品部分。

9.3.1.3 影响需求类型的策略

(1)固定时间表:采用固定时间表来满足顾客的需要,使顾客按固定时间表行动,既可以满足绝大多数顾客的需要,又可以减少顾客服务能力的浪费。

(2)使用预约系统:在顾客化程度高的服务业中,为了正确处理服务能力与需求的关系,可采用预约系统,使顾客的需求在服务企业有时间得到满足。

(3)推迟交货:由于服务能力有限,无论采用什么策略,都会有一些顾客的要求得不到及时满足,这就出现推迟交货的情况,因此需要按照一定的规则推迟交货。

(4)为低峰时的需求提供优惠:如果按照最高负荷配置服务设施,其投资将会很大。为了使有限的服务设施得到充分利用,可以采用转移需求的策略,例如为低峰时的需求提供优惠。

9.3.1.4 处理非均匀需求的策略

各种转移需求的办法只能缓解需求的不均匀性,不能完全消除不均匀性。因此需要采用各种处理非均匀需求的策略。

（1）改善人员班次安排：对每周和每天的负荷进行预测，在不同的班次或时间段安排数量不同的服务人员。这样既能保证服务水平，又能减少人员数量。

（2）利用半时工作人员：在不能采用库存调节的情况下，可以采用半时工作人员来适应服务负荷的变化。

（3）让顾客自己选择服务水平：设置不同的服务水平供顾客选择，既可以满足顾客的不同需求，又可使不同水平的服务得到不同的收入。

（4）利用外单位的设施和设备：为了减少设施和设备的投资，可以借用其他单位的设施和设备，或者采用半时方式使用其他单位的设施和设备。

（5）雇用多技能员工：相对于单技能员工，多技能员工有更大的柔性。当负荷不均匀时，多技能员工可以到任何高负荷的地方工作，从而较容易做到负荷能力均衡。

（6）顾客自我服务：如果能够做到顾客自我服务，则需求一旦出现，能力也就有了，就不会出现能力与需求的不平衡。

（7）采用生产线方法：一些准制造业的服务企业，如麦当劳，采用生产线方式来满足顾客需求。这种方式生产效率非常高，从而可以做到成本低、高效率和及时服务。

9.3.2 随机服务系统

尽管采用了各种措施来改变和处理需求的不均匀性，但是仍然避免不了顾客等待服务的排队现象。研究排队现象有助于合理确定服务能力，使顾客排队限制在一个合理的范围内，目的是以尽可能少的设施获得最大的收益。

随机服务系统由输入过程、排队规则和服务设施三部分构成。

（1）输入过程，描述输入过程的最重要参数是到达率，即单位时间内顾客到达的数量；

（2）排队规则，可以分先来先服务、按优先权服务、随机服务和成批服务等；

（3）服务设施，包括有几个服务台、各服务台的服务时间等。

（1）Kendall 分类法：A、B、C

一个随机服务系统可以用 A、B、C 来描述（见图 9-4），其中：

A 为到达过程；

B 为服务过程；

C 为机器台数。

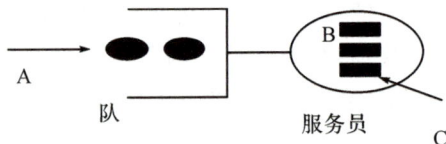

图 9-4　随机服务系统

顾客的到达过程常见的分布如下：

M 为指数分布（markovian 过程）；

G 为完全一般的分布；

D 为常数分布（确定性情形）。

（2）排队问题的参数

r_a＝单位时间的顾客（工作）到达率（t_a＝$1/r_a$＝ 顾客到达的平均时间间隔）；

c_a＝到达间隔时间的 CV；

m＝机器的台数；

r_e＝单位时间内加工中心处于工作状态的比率＝m/t_e；

c_e＝实际加工时间的 CV；

u＝加工中心的利用率＝r_a/r_e。

（3）排队的测度

主要测度量：

CT_q＝在队中的期望等候时间；

CT＝处于工艺中心的期望时间，它等于排队时间与加工时间之和；

WIP＝加工中心的平均 WIP 水平（工作的个数）；

WIP_q＝队中平均 WIP 水平（工作的个数）。

各个测度量之间的关系：

$$CT = CT_q + t_e$$
$$WIP = r_a \times CT$$
$$WIP_q = r_a \times CT_q$$

所以，若已知 CT_q，就能计算 WIP、WIP_q 和 CT。

📖 本章小结

本章重点介绍了制造业运作过程中的排程问题，并简要介绍了服务业作业计划。第一节讨论了单机器排程问题，介绍了单机器作业特性、作业计划目标，重点阐述了五种单机器排程计划。第二节讨论了多机器排程计划，介绍了多机器排程的基本概念、假设条件以及排程问题的分类，重点讨论了流水作业排程和单件作业排程。在流水作业排程问题中，介绍了最长流程时间 $F_{\max}$ 的计算，$n/2/F/F_{\max}$ 问题的最优算法，一般 $n/m/P/F_{\max}$ 问题的三种启发式算法（CDS 算法、Palmer 算法和关键工件法）。在单件作业排程中，主要介绍了能动作业计划和无延迟作业计划。第三节简单介绍了服务业作业计划，包括服务业运作的特点和随机服务系统。

课后习题

一、计算题

1.用约翰逊算法求下表中 $8/2/F/$ 问题的最优解。

i	1	2	3	4	5	6	7	8
a_i	9	7	10	8	2	1	5	4
b_i	6	2	3	1	5	8	7	4

2.已知以下 3 个工件的加工矩阵 D 和加工时间矩阵 T，试生成无延迟作业计划（写出计算过程，画出甘特图）。

$$D=\begin{bmatrix} 1,1,1 & 1,2,2 & 1,3,3 \\ 2,1,3 & 2,2,1 & 2,3,2 \\ 3,1,3 & 3,2,2 & 3,3,1 \end{bmatrix} \qquad T=\begin{bmatrix} 7 & 4 & 2 \\ 5 & 6 & 3 \\ 4 & 2 & 3 \end{bmatrix}$$

3.某生产工厂要对 5 项作业进行排序。下表为每项作业的加工时间（包括必要的等待时间）和其他必要的拖延时间。假定那天是 4 月 3 日，作业的完工日期如表所示（单位：天）：

作业	实际加工时间	延迟时间	总时间	作业完工日期
1	2	12	14	4 月 30 日
2	5	8	13	4 月 21 日
3	9	15	24	4 月 28 日
4	7	9	16	4 月 29 日
5	4	22	26	4 月 27 日

制订两个排序方案来完成这些作业，并说明所使用的规则。

4.下表为要进行排序工件的有关情况，这些工件要在一台机床上加工（单位：天）。

工件	加工时间	到期日
A	4	20
B	12	30
C	2	15
D	11	16
E	10	18
F	3	5
G	6	9

（1）FCFS 规则的排序结果是什么？

（2）SPT 规则的排序结果是什么？

（3）STR 规则的排序结果是什么？

（4）EDD 规则的排序结果是什么？

（5）排序的流程时间均值各是多少？

二、选择题

1.通过下面哪一项可将生产计划任务最终落实到操作工人身上?(　　)

A.流程设计　　　　　　　　　　　　B.能力计划

C.生产大纲　　　　　　　　　　　　D.排序和车间生产作业计划

2.下面哪一项不是排序的优先调度规则?(　　)

A.优先选择剩余加工时间最长的工件　　B.优先选择加工时间最短的工件

C.优选选择临界比最小的工件　　　　　D.优先选择临界比最大的工件

3.与流水作业排序不直接相关的是(　　)

A.加工矩阵　　　　　　　　　　　　B.加工时间矩阵

C.加工顺序矩阵　　　　　　　　　　D."漏斗"模型

4.一个工件剩下5天加工时间,今天是这个月的10号,如果这一工件在这个月14号到期,临界比是多少?(　　)

A.0.2　　　　　　B.4　　　　　　C.1　　　　　　D.0.8

5.任务分派情况下,5个工件分派到5台机器上有多少种不同方法?(　　)

A.5　　　　　　B.25　　　　　　C.120　　　　　　D.3125

第 10 章　供应链管理理论基础

随着知识经济时代的到来,国际化、动态化的市场竞争日益激烈,经济及用户需求的不确定性增加,高新技术迅猛发展,企业管理如何适应新的竞争环境,成为广大理论及实践工作者关注的焦点。现在行业的领头企业越来越清楚地认识到长远的领先地位的优势和重要性,同时也意识到竞争优势的关键在于战略伙伴关系的建立。党的二十大报告指出,"着力提升产业链供应链韧性和安全水平"和"确保粮食、能源资源、重要产业链供应链安全"。由此可见,供应链在国民经济、社会发展中的重要性不容忽视。而供应链管理(supply chain management)所强调的快速反应市场需求、战略管理、柔性高、低风险、成本—效益目标等优势,吸引了许多学者和企业界人士研究和实践它。本章主要介绍供应链和供应链管理的概念、集成化的供应链管理、供应链的构建、供应链管理环境下的计划与控制、供应链中的"牛鞭效应"以及供应链的发展趋势等,在本章最后还介绍了啤酒供应链管理实验,通过游戏方式让参与者体验和分析供应链中的牛鞭效应。

10.1　供应链管理理论基础

10.1.1　供应链概念及结构模式

供应链尚没有统一的定义,供应链的定义随着历史的发展被赋予了不同的内涵。

早期的观点认为供应链是制造企业中的内部过程,它是把从企业外部采购的原材料和零部件,通过生产转换和销售等活动,再传递到批发商、零售商和用户的一个过程。这个供应链从劳动分工以来就有。传统的供应链概念局限于企业的内部操作,注重企业自身的资源利用。供应链中各企业相互独立运作,忽略了与外部供应链企业的联系,往往造成企业间的目标冲突。

后来,随着高级计划排程(advanced planning and scheduling,APS)系统、企业资源计划(ERP)系统的迅速传播和广泛采用并且与业务流程再造(BPR)的相结合,跨职能部门团队协作推动供应链计划与执行朝着更加一体化的方向发展。这时供应链的概念注意了和其他企业的联系,注重供应链的外部环境。美国经济学家史蒂文斯认为:"通过增值过程和分销渠道控制从供应商的供应商到用户的用户的流就是供应链,它起源于供应的源点,结束于消费的终点。"这时的供应链开始注意完整性,考虑了供应链中所有成员操作的一致性。

今天,供应链是围绕核心企业,通过信息流、物流、资金流等,将供应商、制造商、分销商、零售商直到最终用户连成一个整体的功能网链结构模式,包含核心企业与供应商,供应商到供应商乃至一切向前的关系,与用户乃至用户的用户及一切向后的关系。简单地说,它是由一个核心企业所组成的一个网络。像丰田、耐克、尼桑等公司的供应链都是从网链的角度来考虑的。

通过以上我们对供应链的理解,可得到供应链的结构模型,如图 10-1 所示。

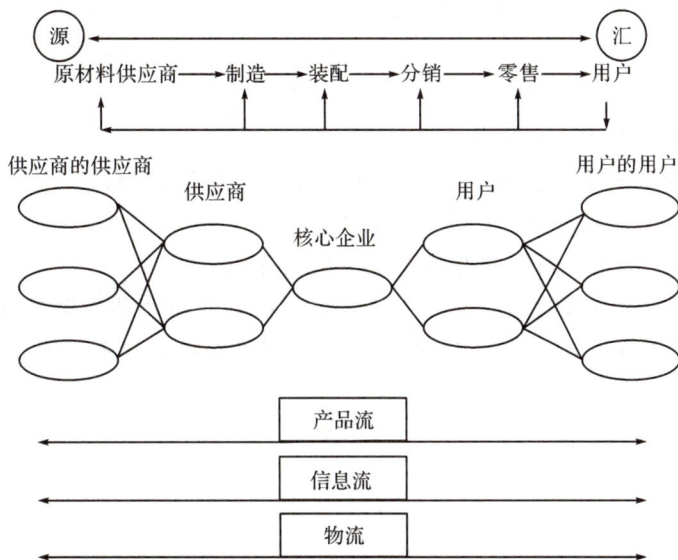

图 10-1 供应链结构模型

供应链具有以下几个基本特征:

(1)复杂性,因为供应链节点企业组成的跨度(层次)不同,供应链往往由多个、多类型甚至多国企业构成,所以供应链结构模式比一般单个企业的结构模式更为复杂。

(2)动态性,供应链管理因企业战略和适应市场需求变化的需要,其中节点企业需要动态地更新,这就使得供应链具有明显的动态性。

(3)面向用户需求,供应链的形成、存在、重构,都是基于一定的市场需求,并且在供应链的运作过程中,用户的需求拉动是供应链中信息流、产品/服务流、资金流运作的驱动源。

(4)交叉性,节点企业可以是这个供应链的成员,同时又是另一个供应链的成员,众多的供应链形成交叉结构,增加了协调管理的难度。

10.1.2 供应链管理的概念及涉及的问题

供应链管理的概念注重与其他企业的联系,关注供应链的外部环境,偏向于定义它为一个通过链中不同企业的制造、组装、分销、零售等过程将原材料转换成产品到最终用户的管理过程。伊文斯认为:"供应链管理是通过前馈的信息流和反馈的物料流及信息流,将供应商、制造商、分销商、零售商,直到最终用户连成一个整体的管理模式。"菲利浦认为供应链管理不是供应商管理的别称,而是一种新的管理策略,它把不同企业集成起来以增加整个供应链的效率,注重企业之间的合作。

供应链管理主要涉及企业的四个主要领域:供应(supply)、生产计划(schedule

plan)、后勤(logistics)、需求(demand)。供应链管理关心的并不仅仅是物料实体在供应链中的流动,除了企业内部与企业之间的运输问题和实物分销以外,供应链管理还包括以下主要内容:

- 战略性供应商和用户伙伴关系管理；
- 供应链产品需求预测和计划；
- 全球节点企业的定位、设备和生产的集成化计划、跟踪和控制；
- 企业内部与企业之间物料供应与需求管理；
- 基于供应链管理的产品设计与制造管理；
- 基于供应链的用户服务和后勤(运输、库存、包装等)管理；
- 企业间资金流管理(汇率、成本等问题)；
- 基于 Internet/Intranet 的供应链交互信息管理等。

设计和运行一个有效的供应链对于每一个制造企业而言都是至关重要的。它有利于企业适应新的竞争环境,提高用户服务水平,达到成本和服务之间的有效平衡,提高企业竞争力,渗透入新的市场,通过降低库存提高工作效率等。

10.1.3　集成化供应链管理

10.1.3.1　集成化供应链的思想

目前的供应链存在着成本高、库存水平过高、生产计划与生产能力及部门之间冲突、资源的利用率较低等矛盾和问题,需要冲破传统的采购、生产、分销、销售之间的障碍,实施供应链管理。要成功地实施供应链管理,使供应链管理真正成为有竞争力的武器,就要抛弃传统的管理思想,把企业内部以及节点企业的采购、生产、财务、市场营销、分销看作一个整体功能过程,开发集成化的供应链管理。集成化的供应链管理是以信息技术为手段,将企业的供应、生产运作、物流、需求以及现金流等通过适当的方式有机地集成起来,达到全局动态最优目标的管理。集成化的供应链管理要能满足新的竞争环境下市场对生产和管理过程提出的高质量、高柔性和低成本的要求。集成化供应链管理的简单理论模型如图 10-2 所示。

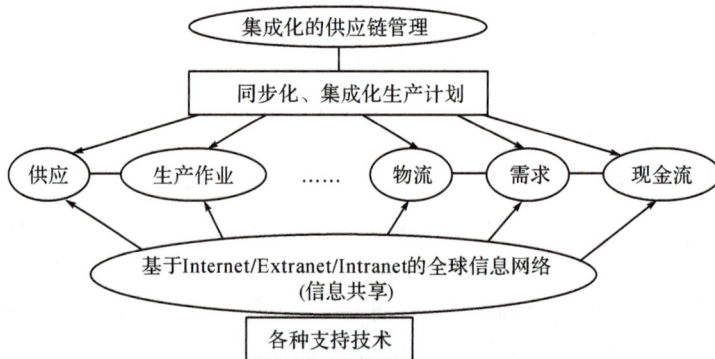

图 10-2　集成化供应链管理模型

10.1.3.2 集成化供应链的实现过程

我们把集成化供应链管理的实现过程划分为五个阶段,包括从最初的基础建设到最终的集成化供应链动态联盟,各个阶段的不同主要体现在组织结构、管理核心、计划与控制系统、应用的信息技术等方面,其步骤模型如图 10-3 所示。

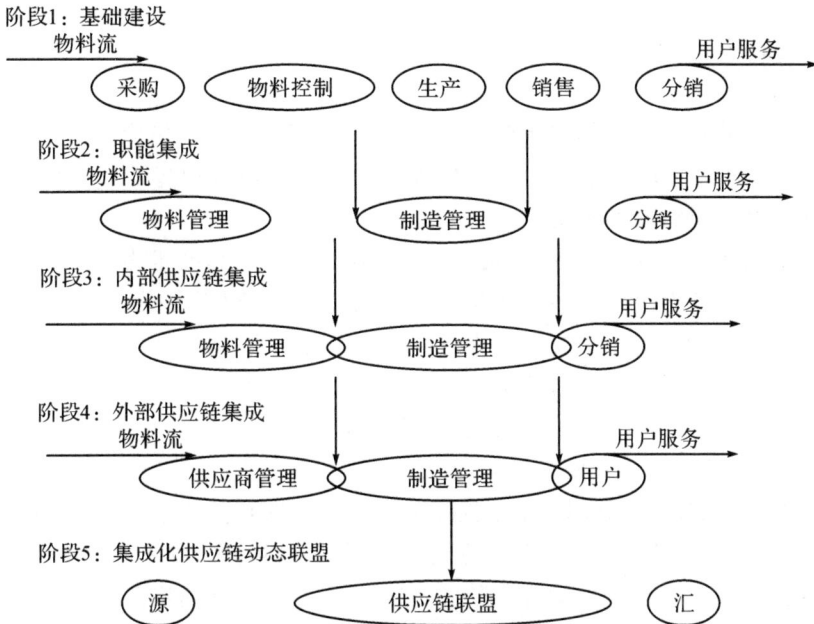

图 10-3　集成化供应链管理的实现过程

阶段 1:基础建设

这一阶段是在原有企业供应链的基础上做一些分析和基础建设,总结企业现状,分析企业内部影响供应链管理的阻力之外,同时分析外部市场环境,对市场的特征和不确定性做出分析和评价,最后相应地完善企业的基础供应链。这时的企业由于销售、制造、计划、物料控制、采购等控制系统和业务过程相互独立、不相匹配,因此部门合作和集成业务失败会导致多级库存以及相互之间的冲突等问题。采购部门可能控制物料来源和原材料库存,制造和生产部门通过各种工艺过程实现原材料到成品的转换,而销售和分销部门可能处理外部的供应链和库存。这时供应链效率低下。

阶段 2:职能集成

职能集成阶段集中于处理企业内部的物流,企业围绕核心职能对物流实施集成化管理,对组织实行业务流程再造(BPR),实现职能部门的优化集成,通常可以建立交叉职能团队,参与计划和执行项目,以提高职能部门之间的合作,克服这一阶段可能存在的不能很好地满足用户订单的问题。

职能集成强调满足用户的需求,事实上,用户需求在今天已经成为驱动企业生产的主要动力,而成本在其次,但这样往往导致第二阶段的生产、运输、库存等成本的增加。

阶段 3：内部供应链集成

这一阶段要实现企业直接控制的领域的集成，要实现企业内部供应链与外部供应链中供应商和用户管理的部分集成，形成内部供应链集成。集成的输出是集成化的计划和控制系统。

在这个阶段，企业可以考虑同步化需求管理，将用户的需求与制造计划和供应商的物料流同步化，减少不增值的业务。同时，企业可以通过大范围的信息网络（而不是大量的库存）来获得巨大的利润。

阶段 4：外部供应链集成

实现集成化供应链管理的关键在于第四阶段，它将企业内部供应链与外部供应商和用户集成起来，形成一个集成化供应链网，而与主要供应商和用户建立良好的合作伙伴关系是集成化供应链管理的关键。

为了达到与外部供应链的集成，企业必须采用适当的信息技术为企业内部的信息系统提供与外部供应链节点企业很好的接口，达到信息共享和信息交互，实现相互操作的一致性。这需要采用 Internet 技术和基于信息的通信技术。

阶段 5：集成化供应链动态联盟（供应链管理的发展趋势）

在完成以上四个阶段的集成以后，已经构成了一个网链化的企业结构，我们称其为供应链联盟，它的战略核心及发展目标是占据市场的领导地位。为了占据市场的领导地位，随着市场竞争的加剧，供应链联盟必将成为一个动态的网链结构，以适应市场变化、柔性、速度、革新、知识等的需要，不能适应供应链需求的企业将从供应链联盟中淘汰。供应链从而成为一个能快速重构的动态组织结构，企业通过网络商务软件集成在一起以满足用户的需求，一旦用户的需求消失，它也将随之解体，而当另一种需求出现时，这样的一个组织结构又由新的企业动态地重新组成。在这样的一个环境中，企业如何成为一个能及时、快速地满足用户需求的供应商，是其生存和发展的关键。

10.1.4　实施供应链管理的原则和步骤

根据美世咨询公司的报告，有近一半接受调查的公司经理将供应链管理作为公司的10 项大事之首。调查还发现，供应链管理能够提高投资回报率、缩短订单履行时间、降低成本。埃森哲咨询公司提出了供应链管理的七项原则。

（1）根据客户所需的服务特性来划分客户群。传统意义上的市场划分基于企业自己的状况，如行业、产品、分销渠道等，然后对同一区域的客户提供相同水平的服务；供应链管理则强调根据客户的需求和状况，决定服务方式和水平。

（2）根据客户需求和企业可获利情况，设计企业的后勤网络。一家造纸公司发现两个客户群存在截然不同的服务需求：大型印刷企业允许较长的提前期，而小型的地方印刷企业则要求在 24 小时内供货。于是它建立的是三个大型分销中心和 46 个紧缺物品快速反应中心。

（3）倾听市场的需求信息。销售和营运计划必须监测整个供应链，以及时发现需求变化的早期警报，并据此安排和调整计划。

（4）时间延迟。由于市场需求的剧烈波动，因此距离客户接受最终产品和服务的时间越早，需求预测就越不准确，而企业还不得不维持较大的中间库存。例如，一家洗涤用品企业在实施大批量客户化生产的时候，先在企业内将产品加工结束，然后在零售店才完成最终的包装。

（5）与供应商建立双赢的合作策略。迫使供应商相互压价，固然使企业在价格上受益；但相互协作则可以降低整个供应链的成本。

（6）在整个供应链领域建立信息系统。信息系统首先应处理日常事务和电子商务；然后支持多层次的决策信息，如需求计划和资源规划；最后应根据大部分来自企业之外的信息进行前瞻性的策略分析。

（7）建立整个供应链的绩效考核准则，而不仅仅是局部的个别企业的孤立标准，供应链的最终验收标准是客户的满意程度。

科尔尼咨询公司强调首先应该制订可行的实施计划，这项工作可以分为四个步骤。

（1）将企业的业务目标同现有能力及业绩进行比较，首先发现现有供应链的显著弱点，经过改善，迅速提高企业的竞争力。

（2）同关键客户和供应商一起探讨、评估全球化、新技术和竞争局势，建立供应链的远景目标。

（3）制订从现实过渡到理想供应链目标的行动计划，同时评估企业实现这种过渡的现实条件。

（4）根据优先级安排上述计划，并且承诺相应的资源。

根据实施计划，首先定义长期的供应链结构，使企业在与正确的客户和供应商建立正确的供应链中，处于正确的位置；其次重组和优化企业内部和外部的产品、信息和资金流；最后在供应链的重要领域如库存、运输等环节提高质量和生产率。实施供应链管理需要耗费大量的时间和财力，在美国，也只有不足 50% 的企业在实施供应链管理。科尔尼咨询公司指出，供应链可以耗费整个公司高达 25% 的运营成本，而对于一个利润率仅为 3%～4% 的企业而言，哪怕降低 5% 的供应链耗费，也足以使企业的利润翻番。

供应链管理是当前国际企业管理的重要方向，也是国内企业富有潜力的应用领域。通过业务重组和优化提高供应链的效率，可以降低企业成本，提高竞争能力。

10.1.5　供应链管理在我国的发展

在计划经济和短缺经济条件下，企业拼命争技改、抢项目、扩建厂房、更新设备，导致制造能力大量过剩，而销售和供应能力则很弱，是典型的"腰鼓型"呆滞式企业。目前许多管理咨询和软件公司将注意力集中在"腰鼓型"企业的制造问题上。这虽然是 ERP 最擅长的内容，但也是我国企业包袱最沉重、问题最多的部分，因此造成了国内 ERP 应用的许多失败案例。笔者认为，与其延缓制造环节衰落，不如扶持供应链的增长。供应链管理是我国大部分企业最薄弱的环节（也是管理咨询的新增长点），市场的无情竞争将使越来越多的企业家认识到这一点。如果供应链问题解决得好，甚至可以改善一个行业的竞争能力。

在市场经济下企业为了应对持续变化的竞争条件，必须具备敏捷性；实现敏捷性的重要前提是加强销售环节和供应管理，以便与客户和供应商建立动态紧密的联系，至于制造能力的改善则应该尽量协调利用社会资源，这时的企业应该是"哑铃型"。

国际著名的 ERP 公司，如 i2、Oracle、SAP、Baan 等，都提供了供应链的专业化解决方案。如 Oracle 公司在其供应链的解决方案中还加入了先进的商业智能化系统（business intelligence system），以更好地体现其供应链的思想和决策支持的功能。

10.2 供应链的构建

10.2.1 供应链的拓扑结构模型

设计和运行一个有效的供应链对于每一个制造企业都是至关重要的，因为它可以获得提高用户服务水平、达到成本和服务之间的有效平衡、提高企业竞争力、提高柔性、渗入新的市场、通过降低库存提高工作效率等利益。但是在进行供应链设计之前先介绍供应链的几种结构模型。

10.2.1.1 供应链的模型Ⅰ：静态链状模型

结合供应链的定义我们不难得出这样一个简单的模型（见图 10-4），称为供应链的模型Ⅰ。模型Ⅰ产品的最初来源是自然界，如矿山、油田、农田等，最终去向是用户。每一件产品都是为用户而生产，最终被用户消费掉。产品从自然界到用户经历了供应商、制造商和分销商三级传递，并在传统过程中完成产品加工、最终产品形成的行为。被用户消费掉的产品仍回到自然界，完成物质循环（图 10-4 中的虚线）。

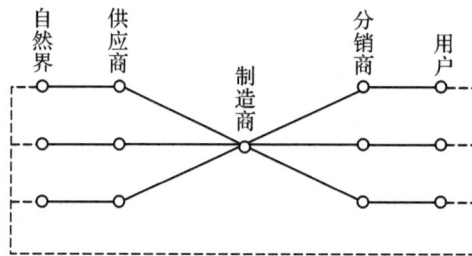

图 10-4　静态链状模型

10.2.1.2 供应链的模型Ⅱ：动态链状模型

模型Ⅰ只是一个静态模型，表明供应链的基本组成和轮廓概貌，对供应链的研究有辅助认识作用，但对于进一步研究没有太大的作用。因此提出了供应链的模型Ⅱ（见图 10-5）。模型Ⅱ是对模型Ⅰ的进一步抽象，它把商家都抽象成一个个点，称为节点，并用字母或数字表示。节点以一定的方式连成一串，构成一条图学上的供应链。在模型Ⅱ

中,若假定 C 为制造商,则 B 为供应商,D 为分销商;同样的,假设 B 为制造商,则 A 为供应商,C 为分销商。在模型Ⅱ中,产品最初来源(自然界)、最终去向(用户)以及产品的物质循环过程都被隐含抽象掉了。从供应链研究便利的角度来讲,把自然界和用户放在模型中没有太大的作用。模型Ⅱ着力于供应链中间过程的动态研究,它是一个动态的链状模型。

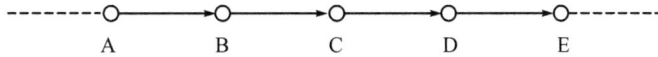

图 10-5　动态链状模型

(1)供应链的方向:在供应链上除了流动着物流(产品流)和信息流外,在一定程度上还流动着资金流。物流的方向一般都是从供应商流向制造商,再流向分销商。在特殊情况下(如产品退货),产品在供应链上的流向与上述方向相反。但由于产品退货属于非正常情况,退货的产品也非本文严格定义的产品,所以可不予考虑。依照物流的方向来定义供应链的方向,以确定供应商、制造商和分销商之间的顺序关系。模型Ⅱ中的箭头方向即表示供应链的物流方向。

(2)供应链的级:在模型Ⅱ中,定义 C 为制造商时,可以相应地认为 B 为一级供应商,A 为二级供应商,而且还可递归地定义三级供应商、四级供应商……同样的,可以认为 D 为一级分销商、E 为二级分销商,并递归地定义三级分销商、四级分销商……一般来讲,一个企业的供应商或分销商考虑到四级的已经很少了,通常只需考虑到二级左右即可。

10.2.1.3　供应链的模型Ⅲ:网状模型

事实上,在模型Ⅱ中,C 的供应商可能不止一家,而是有 B_1,B_2,…,B_n 等 n 家,分销商也可能有 D_1,D_2,…,D_m 等 m 家。动态地考虑,C 也可能有 C_1,C_2,…,C_k 等 k 家,这样模型Ⅱ就转变为一个网状模型,即供应链的模型Ⅲ(见图 10-6)。网状模型更能说明现实世界中产品的复杂供应关系。在理论上,网状模型可以涵盖世界上所有厂家,把所有厂家都看作是其上面的一个节点,并认为这些节点存在着联系。当然,这些联系有强有弱,而且在不断地变化。通常,一个厂家仅与有限的厂家相联系,但这不影响我们对供应链模型的理论设定。网状模型对供应关系的描述性很强,适合于对供应关系的宏观把握。

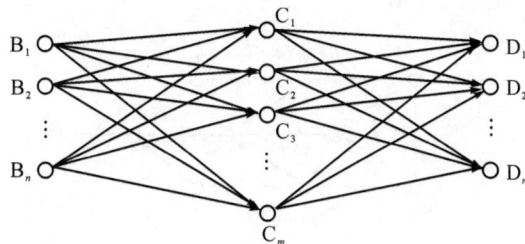

图 10-6　网状模型

(1)入点和出点:在网状模型中,物流有向流动,从一个节点有向流到另一个节点。这些物流从供应链的某些节点补充流入,从某些节点分流流出供应链。我们把这些物流进入供应链的节点称为这条供应链的入点（相当于一个车站的入口），把物流流出供应链的节点称为这条供应链的出点（相当于一个车站的出口）。入点相当于矿山、油田、橡胶园等原始材料提供商，出点相当于用户。图10-7中A节点为入点，F节点为出点。

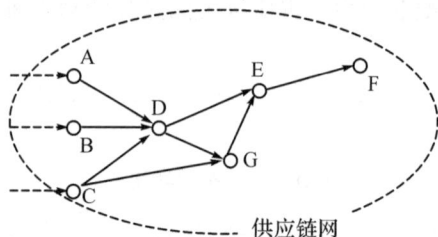

图 10-7　入点和出点

（2）子网：有些厂家规模非常大，内部结构也非常复杂，与其他厂家相联系的只是其中一个部门，而且内部也存在着产品供应关系，用一个节点来表示这些复杂关系显然不行，这就需要将表示这个厂家的节点分解成很多相互联系的小节点，这些小节点构成一个网，称为子网（见图10-8）。在引入子网概念后，研究图10-6中C与D的联系时，只需考虑 C_2 与D的联系，而不需要考虑 C_1 与D的联系，这就简化了无谓的研究。

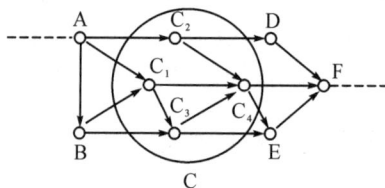

图 10-8　子网模型

（3）虚拟企业：通过以上引入子网模型过程的反向思维，可以把供应链网上为了完成共同目标，通力合作并实现各自利益的这样的一些厂家形象地看成一个厂家，这就是虚拟企业（见图10-9）。虚拟企业的节点用虚线框起来。虚拟企业是在经济交往中，一些独立企业为了共同的利益和目标在一定时间内结成的相互协作的利益共同体。虚拟企业组建和存在的目的是获取相互协作而产生的效益，一旦这个目的完成或利益不存在，虚拟企业即不再存在。

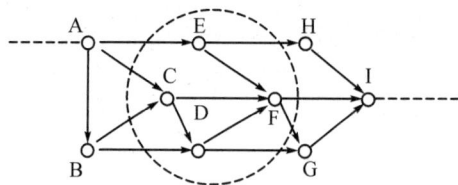

图 10-9　虚拟企业的网状模型

10.2.1.4　供应链的模型Ⅳ：石墨模型

前面几个模型主要叙述了供应链中的物流，而没有同时讨论信息流及资金流。在一个信息化的社会中不能不讨论信息流,企业的生产离不开信息,供应链上也有信息流。信息流在供应链上的流动并不严格依承于节点间的直接传递,可以间接地收集和了解,也可以由专门的机构或组织来管理传播,Internet/Intranet 以及其他媒体都是信息收集和传播的重要途径。同样的,在以金融为中心、金融营运决定产品生产的时代,考虑资金流也是必要的。资金流除了在供应链上流动外,更多的是依赖于银行、证券公司等途径。综合考虑信息流、资金流和物流,得出了供应链的模型Ⅳ,如图 10-10 所示。

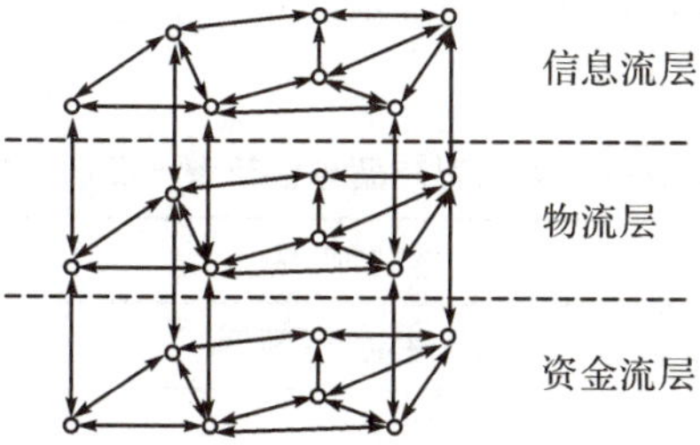

图 10-10　石墨模型

在模型Ⅳ中,信息流、物流及资金流分属三个层面,在各自的网上流动,网与网之间存在着联系。信息流层的节点是信息企业,物流层的节点是生产企业,资金流层的节点是金融企业。模型Ⅳ是有层次结构的网状模型,其外观形状非常像石墨的原子结构模型,因此称其为石墨模型。石墨模型扩展了网状模型及链状模型的概念。网状模型和链状模型偏重描述实物形态的产品运动,而石墨模型将信息服务和金融服务这些非实物形态的产品也包含在其中。有一点需要说明的是,信息流、资金流与物流不同。信息流和资金流是交互的,因此它们之间的联系是双向的,用双箭头表示。

为了提高供应链管理的绩效,除了拥有一个高效的运行机制外,建立一个高效简洁的供应链对提高用户的服务水平、达到成本和服务之间的有效平衡、提高企业的竞争力、提高柔性以及降低库存等都很重要。因此,无论在科研还是在实践中都受到了广泛的重视。现在研究的供应链策略有基于产品的供应链策略、基于成本的供应链策略以及基于绿色制造的供应链策略,等等。这里主要介绍一下基于产品的供应链策略。费舍尔认为供应链的设计要以产品为中心。供应链的设计首先要明白用户对企业产品的需求是什么。产品生命周期、需求的可预测性、产品种类、提前期和服务的市场标准等都是影响供应链设计的重要问题,必须设计出与产品特性一致的供应链。以下研究的是基于产品的供应链策略。

10.2.2　基于产品的供应链策略

10.2.2.1　确定产品的需求性质

在为企业设计有效的供应链策略之前,首先需要考虑企业产品的需求性质。产品的需求性质包括诸多方面。如果根据产品的需求模式将产品分类,可分为两类:功能型产品和创新型产品。每一类产品都需要有各自相应的供应链与之匹配。

功能型产品主要是指销路稳定的产品，如日常用品。这类产品通常能满足人们的基本需求，产品本身不经常更新换代。它们通常有稳定且可预测的需求和较长的生命周期，同时竞争也较为激烈，这样便导致生产这类产品的企业仅能获得较低的边际利润。相反，创新型产品是指技术或式样外观上具有创新性的产品，如时装、个人计算机、名贵轿车等。这类产品一般具有较高的边际利润，能吸引企业竞相生产，但其需求情况可能无法准确预测；另外，其生命周期短，一旦推向市场就会被竞争对手模仿，从而失去竞争优势，导致边际利润下滑，这样就要求企业必须具备较强的持续创新能力。功能型产品与创新型产品对比如表 10-1 所示。

表 10-1　功能型产品与创新型产品的比较

项目	功能型产品	创新型产品
需求情况	需求稳定，可预测	需求不稳定，较难预测
生命周期	＞2 年	3 个月至 1 年
边际利润贡献率	5%～20%	20%～60%
产品多样性	低（每类产品 10～20 种形式）	高（每类产品数万种）
预测平均失误率	10%	40%～100%
平均缺货率	约 1%	10%～40%
季末低价出售时平均降价百分比	0%	10%～25%
按订单生产所需的提前期	6 个月至 1 年	1 天至 2 个星期
竞争程度	竞争激烈	因创新而具有竞争优势，但易被模仿

由于功能型产品的上述特征，生产这类产品的企业，其主要目标在于尽量减少成本。企业通常只要制订一个合理的产品产出计划，并借助 MRPⅡ 或 ERP 软件协调客户订单、生产及采购，使得在整条供应链上最大限度地降低库存、提高生产效率、缩短提前期，从而增强企业供应链的竞争力。因此，对于功能型产品来说，供应商、制造商、分销商之间的信息流显得尤为重要，这些信息产生于供应链内部，能够及时地反映供应链上各环节的情况，并通过信息的共享来协调上述三者之间的活动，从而进一步降低成本。

创新型产品则要求供应链必须具备更大的柔性，例如，选择供应商时注重其交货速度与灵活性，而不过分重视价格；对管理与生产能力的决策也不仅仅偏重降低成本，而是重在供应链上灵活配置安全库存和可用生产能力；供应链上的信息不仅产生于供应链内部，同时也来源于市场。

10.2.2.2　分析企业供应链的功能与类型

供应链有两种不同类型的功能：物理功能与市场调节功能。物理功能表现为：从供方开始，沿着供应链上的逐个环节，把原材料转化为在制品、半成品和产成品直至需方的过程。而市场调节功能表现形式不明显，但却非常重要，其目的在于保证及时提供多样化的产品以满足顾客多样化的需求，避免缺货损失或库存过量。

上述两种功能会产生各自不同的成本。物理功能导致的成本主要有生产成本、运输成本、库存成本等。而市场调节功能,在不同的情况下有不同的成本产生。当供大于求时,产品不得不削价出售造成损失;反之,则会丧失销售良机,顾客需求得不到满足。

对应于物理功能与市场调节功能,供应链可分为实际有效率型供应链(physical efficient supply chain)和市场反应型供应链(market-responsive supply chain)两类,如表 10-2 所示。

表 10-2　实际有效率型供应链和市场反应型供应链

项目	实际有效率型供应链	市场反应型供应链
主要目的	以尽可能低的成本提供需求所预测的产品	对产品不可预测的需求快速反应,以减少缺货、低价出售、库存过量等情况的发生
生产能力策略	保持高利用率	配置"多余"的缓冲生产能力
库存策略	在整个供应链上减少库存	配置重要的零部件或产成品的安全库存
提前期策略	缩短提前期直到它不再增加成本	积极投资以减少提前期
供应商选择策略	以成本和质量作为选择标准	以速度、灵活性和质量作为选择标准
产品设计策略	最大化产品绩效,最小化成本	用标准组件设计,以最大限度地延长产品分化时间

10.2.2.3　为企业产品设计理想的供应链

在确定了企业产品的类型和供应链类型之后,可利用矩阵为企业选择理想的供应链策略(见图 10-11)。

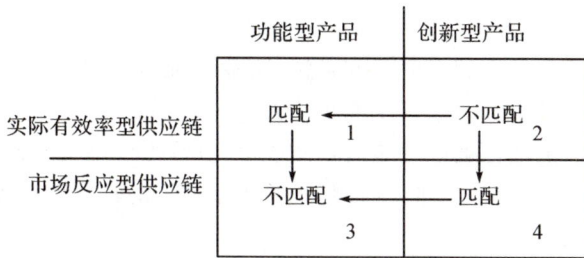

图 10-11　产品类型与供应链类型匹配矩阵

利用这一矩阵,企业就可以判断其供应链类型与其产品类型是否很好地匹配。矩阵的 4 个方格代表了 4 种可能的产品与供应链组合。匹配的组合应是:功能型产品对应实际有效率型供应链,创新型产品对应市场反应型供应链,即图中 1、4 方格内的组合。用市场反应型供应链生产功能型产品(第 3 方格),或用实际有效率型供应链生产创新型产品(第 2 方格),都是不合理的。从实际情况来看,第 3 方格的情况出现较少。第 4 方格代表采取市场反应型供应链提供创新型产品。生产创新型产品的企业,其在市场反应型供应链上的投资回报率要比在有效率型供应链上的投资回报率高得多。企业在增强其供应链的市场反应性上,每增加 1 元投资,就会取得大于 1 元的市场调节成本的下降。若企业采用市场反应型供应链来生产功能型产品(第 3 方格),情况就截然不同了。若对其市场反应型供应链增加投资，减少的损失极为有限，得不偿失。第 2 方格的情况很常见（企业用实际有效率型供应链提供创新型产品）。由于创新型产品可观的边际利润，尽管竞争日益激烈，越来越多的企业还是不断从生产功能型产品转向生产创新型产品，但其供应链并未发生改变。如一些个人计算机生产企业，在提供新产品时，由于仍采用原来的实际有效率型供应链，过于注重成本，追求库存最小化和较低的采购价格，忽视供货速度和灵活性，担心增加成本而不愿缩短提前期，从而造成交货速度太慢，不能及时响应日益变化的市场需求，缺货损失甚为可观，更糟的是被竞争对手抢先占领了市场，造成不可估量的损失。如何改进这种状况（第 2 方格）？一种办法是向左平移，将创新型产品变为功能型产品；另一种办法是向下垂直移动，实现从实际有效率型供应链向市场反应型供应链的转变。而正确的移动方向取决于创新型产品所产生的边际利润是否足以抵消采用市场反应型供应链所增加的成本。

10.2.2.4 实现供应链与产品匹配的组合

对于用实际有效率型供应链来提供功能型产品的情况，可采取如下措施：

- 削减企业内部成本；
- 不断加强企业与供应商、分销商之间的协作，从而有效降低整条供应链上的成本；
- 降低销售价格，这是建立在有效控制成本基础之上的，但一般不轻易采用，需视市场竞争情况而定。

由于创新型产品具有需求不确定的特征，因此在用市场反应型供应链来提供创新型产品时，应采用如下策略：

- 通过让不同产品适用尽可能多的通用件来增强某些组件的可预测性，从而减少需求的不确定性；
- 通过缩短提前期与增加供应链的柔性，企业就能按照订单生产，及时响应市场需求，在尽可能短的时间内提供顾客所需要的个性化的产品；
- 当需求的不确定性已被尽可能地降低或避免后，可以用安全库存或充足的生产能力来规避其剩余的不确定性，这样，当市场需求旺盛时，企业就能尽快地提供创新型产品，从而减少缺货损失。

总之，在为企业寻找理想的供应链之前，必须先确定企业产品的类型与企业供应链的类型，并使两者合理匹配，从而实现企业产品和供应链的有效组合。

10.2.3 基于产品的供应链设计步骤

基于产品的供应链设计步骤见图 10-12。

（1）分析市场竞争环境

分析市场竞争环境的目的是找到针对哪些产品市场开发供应链才有效，必须知道现在的产品需求是什么，产品的类型和特征是什么。分析市场特征的过程要向卖主、用户和竞争者进行调查，提出"用户想要什么"和"他们在市场中的分量有多大"之类的问题，以确认用户的需求和因卖主、用户、竞争者产生的压力。这一步骤的输出是每一产品按

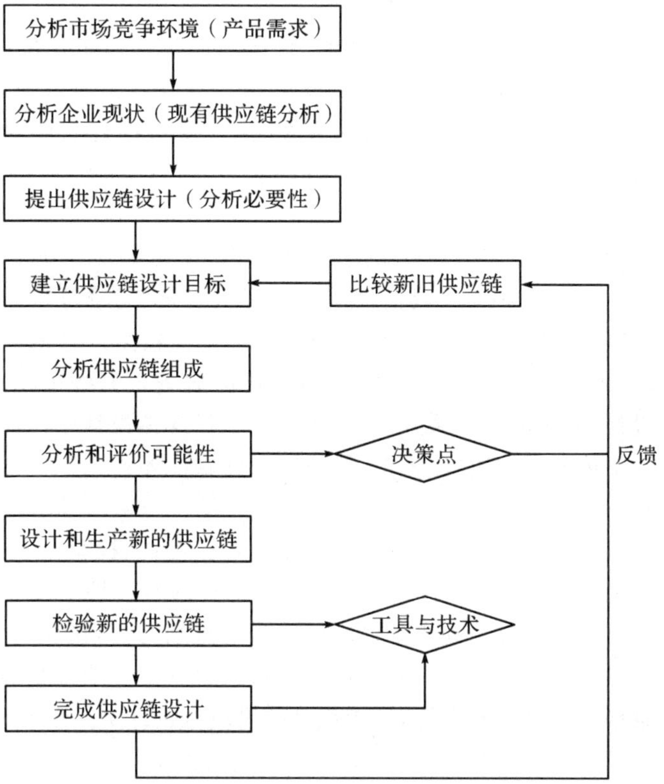

图 10-12　基于产品的供应链设计步骤

重要性排列的市场特征。同时对于市场的不确定性要有分析和评价。

（2）总结、分析企业现状

主要分析企业供需管理的现状（如果企业已经有供应链管理，则分析供应链的现状），目的不在于评价供应链设计策略的重要性和合适性，而是着重于研究供应链开发的方向，分析、寻找、总结企业存在的问题及影响供应链设计的阻力等因素。

（3）提出供应链设计项目

针对存在的问题提出供应链设计项目，分析其必要性。

（4）建立供应链设计目标

主要目标在于获得高用户服务水平和低库存投资、低单位成本两个目标之间的平衡（这两个目标往往有冲突），同时还应包括以下目标：①进入新市场；②开发新产品；③开发新分销渠道；④改善售后服务水平；⑤提高用户满意程度；⑥降低成本；⑦通过降低库存提高工作效率；等等。

（5）分析供应链的组成

提出供应链组成的基本框架。供应链中的成员组成分析主要包括制造工厂、设备、工艺和供应商、制造商、分销商、零售商和用户的选择及其定位，以及确定选择与评价的标准。

（6）分析和评价供应链设计的技术可能性

这不仅仅是策略或改善技术的推荐清单，而且它是开发和实现供应链管理的第一步，它在可行性分析的基础上，结合本企业的实际情况为开发供应链提出技术选择建议和支持。这也是一个决策的过程，如果认为方案可行，就可进行下面的设计；如果不可行，就要进行重新设计。

（7）设计供应链

主要解决以下问题：①供应链的成员组成（供应商、设备、工厂、分销中心的选择与定位、计划和控制）；②原材料的来源（包括供应商、流量、价格、运输等）；③生产设计（需求预测、生产什么产品、生产能力、供应给哪些分销中心、价格、生产计划、生产作业计划和跟踪控制、库存管理等）；④分销任务与能力设计（产品服务于哪些市场、运输、价格等）；⑤信息管理系统设计；⑥物流管理系统设计；等等。在供应链设计中，要用到许多工具和技术，包括归纳法、集体问题解决、流程图、模拟和设计软件等。

（8）检验供应链

供应链设计完成以后，应通过一定的方法、技术进行测试、检验或试运行，如有不行，返回（4）进行重设计。如果不存在什么问题，就可实施供应链管理了。

21世纪，企业的成功与否关键在于供应链管理的成功与否，供应链管理必将引起我国管理界的重视。设计和运行一个有效的供应链对于每一个企业都是至关重要的，必须选择合适的设计策略进行供应链设计，基于产品的供应链设计是其中的一种。

10.2.4 供应链管理的信息支撑系统

集成化供应链管理是企业在21世纪适应全球竞争的一种有效途径，电子商务的发展也使得信息技术（information technology，IT）越来越成为以后企业管理模式创新的重要形式，相信在不久的将来，IT技术的应用水平必将逐渐成为衡量一个供应链企业集成化供应链管理水平的重要标志。面对我国IT技术应用水平普遍不高的现象，企业要做到在激烈的全球竞争中立于不败之地，保持自己的竞争优势，就必须紧紧把握住IT产业的脉搏，及时采用先进的IT技术，提高企业自身以及企业所在供应链的其他企业的信息化程度，提高供应链的整体竞争能力，在集成化供应链管理实现的道路上不断前进。

现代信息技术IT的发展以及全球信息网络（Internet）的兴起，打破了传统的国与国之间的界限，经济全球化已经成为必然的趋势，它使得各行业、产业结构以及整个管理体系都在发生着深刻的变化。供应链管理作为一种全新的企业管理模式自然也少不了IT的支撑，一些有用的IT工具，如多媒体、www、交互式的网页等都被广泛应用于供应链管理的各个领域。信息共享是供应链管理成功实施的关键，而Internet、物流信息系统和IT的应用都为信息共享提供了有力的技术支撑。

企业在集成化供应链管理中应用IT技术，经历了五个阶段，包括从最低层次的基础建设到最高层次的集成化供应链动态联盟，各个阶段的不同之处主要体现在组织结构、管理核心计划与控制系统、应用IT的不同等。

（1）阶段一：基础建设

IT 技术在这一阶段应用较少，且仅仅停留在最基本的办公室自动化阶段，所以 IT 技术在这一阶段对供应链管理无太大的支撑作用，这里也就不再详述了。

（2）阶段二：职能集成

这一阶段企业围绕核心职能对物流实施集成化管理，对组织实行业务流程再造，实现职能部门的优化集成。由于职能集成强调满足用户需求，所以一般采用 MRP 系统进行计划和控制，利用计算机和软件技术对企业的制造资源进行有效合理地计划、管理和控制，尽可能以较低的成本向用户提供满意的产品，然而 IT 技术在这个阶段只解决了企业内部计划生产问题，而没有解决由于分销网络的需求得不到准确的预测造成的需求与生产脱节的问题，这个问题在集成化供应链管理的下一个阶段将得到彻底地解决。

（3）阶段三：内部供应链集成

为了支持企业内部集成化供应链管理，主要采用供应链计划（supply chain planning）和 ERP 系统来实施集成化计划和控制。这两种信息技术都是基于客户/服务（client/server）体系的企业内部的横向集成。有效的 SCP 可集成企业所有的主要计划和决策业务，包括需求预测、库存计划、资源配置、设备管理、优化路径、基于能力约束的生产计划和作业计划、物料和能力计划、采购计划等。而 ERP 系统集成了企业业务流程中主要的执行职能，包括订单管理、财务管理、库存管理、生产制造管理、采购等职能。

另外，EDI 在企业中的广泛应用使企业准确地获得最终消费者的不确定需求成为可能，EDI 是供应链企业信息集成的一种重要工具，一种在合作伙伴之间交互信息的有效技术手段，它是连接供应链节点企业的商用系统媒介。利用 EDI 相关数据进行预测，可以减少供应链系统的冗余，缩短订单周期时间，目前世界上已有不少大公司建立起了基于 EDI 结算的增值网络，基于 EDI 集成后的供应链节点企业与有关商务部门就实现了基于 EDI 的信息传输与信息共享，形成了一个集成的供应链。

这一阶段可以采用 DRP（distribution requirement planning，分销需求计划）系统、MRP Ⅱ 系统管理物料，运用 JIT 等技术支持物料计划的执行。JIT 的应用可以使企业缩短市场反应时间、降低库存水平和减少浪费。

（4）阶段四：外部供应链集成

外部供应链集成是实现集成化供应链管理的关键阶段，它是指将企业内部供应链与外部的供应商和用户集成起来，形成一个集成的供应网络。在此阶段，IT 技术起了相当重要的作用，它为核心企业与主要供应商和用户建立起良好的合作伙伴关系提供了有力的技术保证，建立了企业内部信息系统与外部供应链节点企业和用户之间的接口，达到信息共享和信息交互，以及相互操作的一致性，这些都需要采用基于 Internet/Intranet 的供应链企业的信息的集成。基于 Internet/Intranet 的集成供应链管理系统结构如图 10-13 所示。

在图 10-13 中，由于供应链是由具有多种不同功能的链节形成的链条，每个链节实现供应链的一个或几个功能。供应链各链节之间彼此相互制约、相互影响，因此，在构建基于互联网/企业内部网的集成供应链管理系统时，要正确处理各种关系，并且充分考虑各种因素的相互影响。

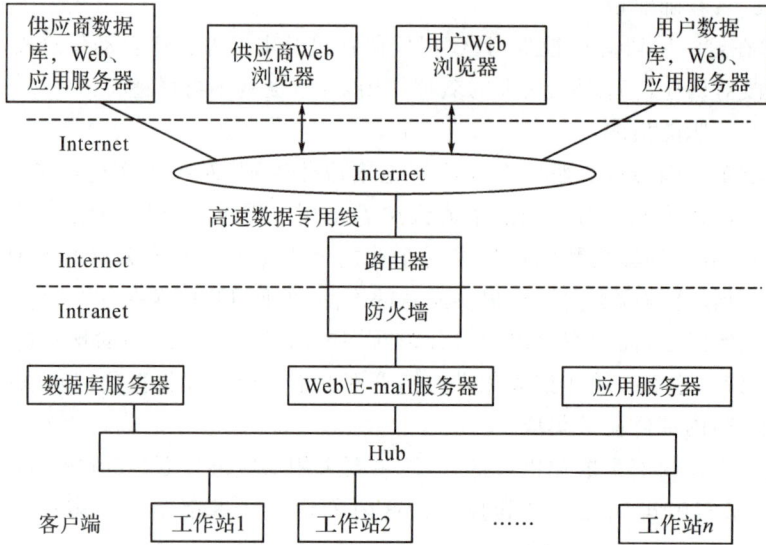

图 10-13 基于 Internet/Intranet 的集成供应链管理系统结构

在基于互联网企业内部网的集成供应链管理系统上，个人计算机、工作站、服务器既是互联网的节点，也是企业内部网的节点，这两者的范围是不同的，由服务范围和防火墙划分其范围。防火墙能保证供应链成员的利益，也保护供应链的整体利益，使供应链对外保密的信息不致外泄。

另外，供应链企业在基于 Internet/Intranet 的基础上建立了三个层次的管理信息系统，如图 10-14 所示。

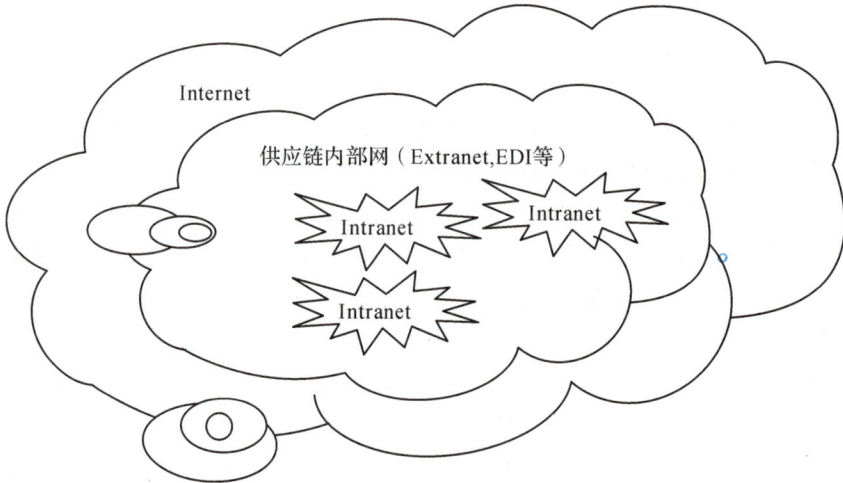

图 10-14 基于 Internet/Intranet 的集成供应链信息层次结构

①供应链与外部的信息交换

为了实现对供应链外部的信息发布，必须为供应链建立一个 Web 服务器——互联网企业内部网技术的实质内容之一。该服务器主要对文档、数据库进行管理，以供供应链内部和外部人员使用。为了及时了解市场信息、竞争对手的情况，供应链必须置身于互联网中。通过互联网还可以实现电子商贸、售后服务、技术支持和金融交易。另外，还可利用互联网技术如 E-mail、Telnet、BBS 等，提高办公效率，更快捷地与外部世界沟通。

②供应链内部的信息处理

供应链内部网是基于 Web 技术的集成供应链管理系统的核心。虽然供应链内部网仅仅只是内部网，但供应链并不是由一个企业（供应链各链节之间的关系没有企业各部门之间的关系那么紧密）组成的，这里存在一个供应链内部网的信息处理技术问题。供应链内部网实际上是一个虚拟网，在它内部还有不同的组成供应链的各个企业的企业内部网。因此，在这一个技术层次上，主要是应用内部网技术，建立满足集成供应链管理系统所需要的虚拟内部网。供应链处理内部事务、信息共享、协调都是建立在虚拟内部网基础上的。供应链建立了硬件框架之后的关键工作就是要决定虚拟内部网上共享信息的组织形式，这一层是完成数据处理、状态统计、趋势分析、链节间的协调等任务。

③信息系统的集成

在基于 Web 技术的集成供应链管理系统环境下，要实现供应链各链节的信息处理系统之间的信息交换，就需要设计系统之间信息交换的数据接口，也就是处理供应链虚拟内部网中不同企业内部网的信息系统共享问题。以往信息系统之间常常由于系统结构、联络通信协议、文档格式、文件标准等不统一而呈现"信息孤岛"的局面，而通过内部网的"标准化"技术，即主要以基于 Web 数据库的数据管理方式来集成各类信息，协调各链节间的关系，达到无缝连接，可使集成供应链管理系统成为一个整体。

（5）阶段五：集成化供应链动态联盟

供应链在完成以上四个阶段的集成以后，已经构成了一个网络化的企业结构，我们称之为供应链共同体，集成化供应链动态联盟就是指供应链共同体通过 Internet 技术集成在一起满足用户需求，一旦用户需求消失，它也将随之解体，而当另一需求出现时，这样的组织结构又由新的企业动态重新组成。

集成化供应链动态联盟的实现对 IT 技术提出了更高的要求。然而近几年来电子商务的迅猛发展，各个企业通过 Internet 进行交易已成为潮流。电子商务将企业、供应商和用户连接到现有的信息技术网络系统上，从专用的 Intranet 到共享的 Internet 再到 Intranet，将供应链上无论是节点企业之间的 B2B，还是节点企业与用户之间的 B2C 的所有商业活动都纳入网络，彻底改变了现有的业务运作方式，极大地缩短了供应链上相邻两个节点企业之间的距离，并且由于电子商务的本质是消除生产者与消费者之间的一切中介，这样就极大地降低了供应链节点企业之间的交易费用，缩短了商业环节和周期，提高了效率，这些都是在传统商务环境下的企业所无法比拟的。总之，有了基于 Internet 的电子商务的蓬勃发展，供应链管理向集成化供应链管理的最高阶段——集成化供应链动态联盟的发展迈上了一大步。根据电子商务与供应链管理的结合应用，可以建立如图 10-15 所示的供应链企业信息集成模式。

集成化供应链动态联盟是基于一定的市场需求、根据共同的目标而组成的，通过实时信息的共享来实现集成，要求供应链是能够快速重构的动态组织。

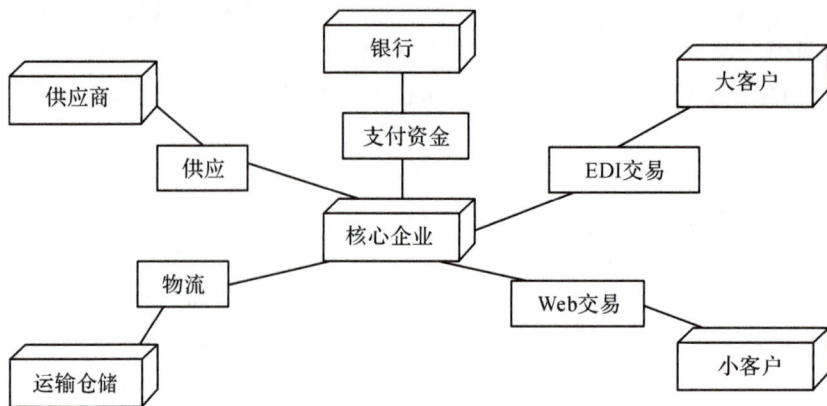

图 10-15　基于电子商务的供应链企业信息集成模式

10.3　供应链管理环境下的计划与控制

在供应链管理环境下，企业生产管理模式的一个转变，就是生产计划与控制方法的改变。本节分析现行生产计划和控制模式与供应链思想间的差距；供应链管理环境下生产计划面临的主要问题；供应链管理环境下生产计划的制订模式和传统的生产计划制订模式的不同特点；供应链管理环境下的生产控制新特点。

10.3.1　现行生产计划和控制模式与供应链管理思想间的差距

供应链管理思想对企业管理的最大影响是在现行生产计划与控制模式的挑战方面，因为企业的经营活动是以顾客需求驱动的生产计划与控制活动为中心而展开的，只有通过建立面向供应链管理的生产计划和控制系统，企业才能真正从传统的管理模式转向供应链管理模式。探讨现行生产计划和控制模式与供应链管理思想间的差距的目的，就是要找出现行生产计划和控制模式与供应链管理思想的不相适应之处，从而提出新的适应供应链管理的生产计划和控制模式，为供应链管理运行机制的建立提供保证。

传统的企业生产计划是以物料需求为中心展开的，缺乏和供应商的协调。企业的计划制订没有考虑供应商以及分销商的实际情况，因而，不确定性对库存和服务水平影响较大，库存控制策略也难以发挥作用。在"X"模型中，供应链上任何一个企业的生产和库存决策都会影响供应链上其他企业的决策，也就是说，企业的生产计划与库存的优化控制不但要优化内部的业务流程，更要从供应链的整体出发，进行全面的优化控制。只有跳出以物料需求为中心的生产制造管理界限，充分了解用户需求并与供应商在经营上协调一致实现信息的共享与集成，以顾客化的需求驱动顾客化的生产计划，才能获得柔性敏捷的市场响应能力。

现行生产计划和控制模式与供应链管理思想间的差距主要表现在如下几个方面：

（1）决策信息来源的差距（多源信息）：生产计划的制订要依据一定的决策信息，即基础数据。在传统的生产计划决策模式中，计划决策的信息来自两个方面，一方面是需求信息，另一方面是资源信息。需求信息又来自两个方面，一是用户订单，二是需求预测。通过两个方面信息的综合得出企业生产计划的需求信息。资源信息是生产计划决策的约束条件。在供应链环境下，企业资源的概念和传统生产计划的资源的概念是不同的，约束条件的放宽、资源的扩展使生产计划的优化空间扩大了。多源信息是供应链环境下生产计划的特点，在供应链环境下资源信息不仅仅来自企业内部，还来自供应商、分销商和用户。

（2）决策模式的差距（决策群体性、分布性）：传统的生产计划决策模式是一种集中式决策，而供应链环境下生产计划的决策模式是分布式的群体决策过程。供应链系统是立体的网络，各个节点企业具有相同的地位，有本地数据库和领域知识库。在形成供应链时，各节点企业拥有暂时性的监视权和决策权。每个节点企业的生产计划决策都受到其他企业生产计划决策的影响，需要一种协调机制和冲突解决机制。当一个企业的生产计划发生改变时，需要其他企业的计划也做出相应的改变，这样，供应链才能获得同步化的响应。

（3）信息反馈机制的差距（递阶、链式反馈与并行、网络反馈）：企业的计划能否得到很好的贯彻执行，需要有效的监督控制机制作为保证。要进行有效的监督控制必须建立一种信息反馈机制。传统的企业生产计划的信息反馈机制是一种链式反馈机制，也就是说，信息反馈是从企业内部一个部门到另一个部门的直线性的传递，由于递阶组织结构的特点，信息的传递一般是从底层向高层信息处理中心（权力中心）反馈，形成和组织结构平行的信息递阶的传递模式。供应链环境下以团队工作为特征，具有网络化结构特性，因此，供应链管理模式不是递阶管理，也不是矩阵管理，而是网络化管理。生产计划信息的传递不是沿着企业内部的递阶结构（权力结构），而是沿着供应链不同的节点方向（网络结构）传递。为了做到供应链的同步化运作，供应链企业之间信息的交互频率也比传统的企业信息传递频率大得多，必须采用并行化信息传递模式。

（4）计划运行环境的差异（不确定性、动态性）：建立供应链管理的目的是使企业能够适应竞争日益剧烈的多变的市场环境需要，也就是把企业放到一个更加复杂多变的环境中去生存，从而使企业生产计划的外界环境的不确定性、动态性增加了。供应链环境下的生产计划是在不稳定的运行环境下进行的，因此要求生产计划与控制系统具有更高的柔性和敏捷性。传统的MRPⅡ在提前期和生产计划量方面就缺乏柔性，以固定的环境约束变量应付不确定的市场环境显然是不行的。另外，供应链环境下的生产计划涉及的多是订单化生产，也就是说，生产计划是按订单制造（make to order，MTO）型企业生产而不是按库存制造（make to stock，MTS）型企业生产，这种生产模式动态性更强。因此，供应链环境下的生产计划与控制要更多地考虑不确定性和动态性因素，使生产计划具有更高的柔性和敏捷性，以使企业能及时对市场做出快速反应。

10.3.2　供应链管理环境下的生产计划

供应链管理环境下生产计划与传统生产计划有显著的不同，是因为在供应链管理下,与某企业具有战略伙伴关系的其他企业的资源通过物资流、信息流和资金流的紧密合作而成为企业制造资源的拓展。在制订生产计划的过程中,主要面临以下三方面的问题。

(1) 柔性约束:柔性实际上是对承诺的一种完善。承诺是企业对合作伙伴的保证,在这一基础上企业间才能具有基本的信任,合作伙伴也因此获得了相对稳定的需求信息。然而,由于承诺的下达在时间上超前于承诺本身的实施,因此,尽管承诺方一般来讲都尽力使承诺与未来的实际情况接近,误差却是难以避免的。柔性的提出为承诺方缓解了这一矛盾,使承诺方有可能修正原有的承诺。可见,承诺与柔性是供应合同签订的关键要素。对生产计划而言,柔性具有多重含义。

①如果仅仅根据承诺的数量来制订计划是容易的。但是,柔性的存在使这一过程变得复杂了。柔性是双方共同制定的一个合同要素,对于需方而言,它代表着对未来的变化的预期;而对供方而言,它是对自身所能承受的需求波动的估计。本质上,供应合同是使用有限的可预知的需求波动代替了可以预测但不可控制的需求波动。

②下游企业的柔性对企业的计划产量造成的影响在于:企业必须选择一个在已知的需求波动下最为合理的产量。企业的产量不可能覆盖整个需求的变化区域,否则会造成不可避免的库存费用。在库存费用与缺货费用之间取得一个均衡点是确定产量的一个标准。

③供应链是首尾相通的,企业在确定生产计划时还必须考虑上游企业的利益。在与上游企业的供应合同中,上游企业表达的含义除了对自身所能承受的需求波动的估计外,还表达了对自身生产能力的权衡。可以认为,上游企业合同中反映的是相对于该下游企业的最优产量。之所以提出相对于该下游企业,是因为上游企业可能同时为多家企业提供产品。因此,下游企业在制订生产计划时应该尽量使需求与合同的承诺量接近,帮助供应企业达到最优产量。

(2) 生产进度:生产进度信息是企业检查生产计划执行状况的重要依据,也是滚动制订生产计划过程中用于修正原有计划和制订新计划的重要信息。在供应链管理环境下,生产进度计划属于可共享的信息。这一信息的作用在于:

①供应链上游企业通过了解对方的生产进度情况完成准时供应。企业的生产过程一般与计划不同,生产计划信息不能实时反映物流的运行状态。现代网络技术的广泛应用使实时的生产进度信息能为合作方所共享,上游企业可以在下游企业真正需要的时候提供物资,而不是按生产计划来安排。这种情况下,下游企业可以避免库存,而上游企业可以灵活安排生产和调拨物资。

②原材料和零部件的供应是企业进行生产的首要条件之一,供应链下游企业在修正原有计划时必然考虑下游企业的生产状况。在供应链管理下企业可以了解到上游企业的生产进度,然后适当地调整生产计划,使供应链上的各个环节紧密地衔接在一起。其意义在于企业与企业之间不需要再僵化地固守合同的规定,而是以供应链上的整体利益为重。

(3)生产能力:企业完成一份订单绝不可能脱离上游企业的支持,因此,在编制生产计划时有必要考虑上游企业的生产能力。任何企业在现有的技术水平和组织条件下都具有一个最大的生产能力,但最大的生产能力并不等于最优生产负荷。在上下游企业间稳定的供应关系形成后,上游企业从自身利益出发,更希望所有与之相关的下游企业在同一时期的总需求与自身的生产能力相匹配。上游企业的这种对生产负荷量的期望可以通过合同、协议等形式反映出来,即上游企业提供给每一个相关下游企业一定的生产能力,并允许一定程度上的浮动。这样,在下游企业编制生产计划时就必须考虑上游企业的这一生产能力上的约束。

10.3.3　供应链管理环境下制订生产计划的特点

在供应链管理环境下,企业生产计划的编制过程有了较大的改观,在原有的生产计划制订过程的基础上增添了新的特点。

(1)具有纵向和横向的信息集成过程。这里的纵向是指供应链由下游向上游的信息集成,而横向是指生产相同或类似产品的企业之间的信息共享。在生产计划制订过程中,上游企业的生产能力信息在生产计划的能力分析中独立发挥作用。通过在主生产计划和投入产出计划中分别进行粗、细能力平衡测算,上游企业承接订单的能力和意愿都反映到了下游企业的生产计划中。同时,上游企业的生产进度信息也和下游企业的生产进度信息一起作为滚动编制计划的依据,其目的在于保持上下游企业之间生产活动的同步。外包决策和外包生产进度分析是集中体现供应链横向集成的环节。在外包中所涉及的企业都能够生产相同或类似的产品,或者说在供应链网络上都属于同一产品级别的企业。企业在编制主生产计划时所面临的订单,在两种情况下可能转向外包:一是企业本身或其上游企业的生产能力无法承受需求波动所带来的负荷;二是所承接的订单通过外包获得的利润大于企业自己进行生产的利润。无论在何种情况下,都需要承接外包的企业的基本数据来支持企业的获利分析,以确定是否外包。同时,由于企业对该订单客户有着直接的责任,因此也需要承接外包的企业的生产进度信息来确保对客户的供应。

(2)丰富了能力平衡在计划中的作用。在通行的概念中,能力平衡是一种分析能力需求与实际生产能力之间差距的手段,且以能力平衡的结果对计划进行修正。在供应链管理下的生产计划制订过程中,能力平衡发挥了以下作用:

①为主生产计划和投入产出计划进行修正提供依据,这也是能力平衡的传统作用。

②能力平衡成为进行外包决策和零部件(原材料)急件外购的决策依据。

③在主生产计划和投入产出计划中所使用的上游企业能力数据,反映了其在合作中所愿意承担的生产负荷,从而为供应链管理的高效运作提供了保证。

④在信息技术的支持下,对本企业和上游企业的能力状态的实时更新,使由此产生的生产计划具有较高的可行性。

(3)计划的循环过程突破了企业的限制。在企业独立运行生产计划系统时,一般有三个信息流的闭环,而且都在企业内部:

一是主生产计划→粗能力平衡→主生产计划;

二是投入产出计划→能力需求分析(细能力平衡)→投入产出计划;

三是投入产出计划→车间作业计划→生产进度状态→投入产出计划。

在供应链管理下,生产计划的信息流跨越了企业,从而形成了新的内容:

一是主生产计划→供应链企业粗能力平衡→主生产计划;

二是主生产计划→外包工程计划→外包工程进度→主生产计划;

三是外包工程计划→主生产计划→供应链企业生产能力平衡→外包工程计划;

四是投入产出计划→供应链企业能力需求分析(细能力平衡)→投入产出计划;

五是投入产出计划→上游企业生产进度分析→投入产出计划。

需要指出的是,以上各循环中的信息流都只是各自循环所必需的信息流的一部分,但却对计划的某个方面起到了决定性的作用。

10.3.4 供应链管理环境下生产控制的新特点

供应链环境下的企业生产控制和传统的企业生产控制模式不同,它需要更多的协调机制(企业内部和企业之间的协调),体现供应链的战略伙伴关系原则。供应链环境下生产协调控制的内容包括:

(1)生产进度控制。生产进度控制的目的在于依据生产作业计划,检查零部件的投入和产出数量、出产时间和配套性,保证产品能准时装配出厂。供应链环境下因为许多产品是协作生产和转包的业务,其进度控制的难度较大。必须建立一种有效的跟踪机制进行生产进度信息的跟踪和反馈。供应链管理在生产进度控制中有重要作用,因此我们要研究解决供应链企业之间的信息跟踪机制和快速反应机制。

(2)供应链的生产节奏控制。供应链的同步化计划需要解决供应链企业之间的生产同步化问题,只有各供应链企业之间以及企业内部各部门之间保持步调一致时,供应链的同步化才能实现。供应链形成的准时生产系统,要求上游企业准时为下游企业提供生产必需的零部件。如果供应链中任何一个企业不能准时交货,都会导致供应链不稳定或中断,导致供应链对用户的响应性下降,因此,严格控制供应链的生产节奏对提高供应链的敏捷性是十分重要的。

(3)提前期管理。基于时间的竞争是20世纪90年代的一种新的竞争策略,提前期管理是实现质量控制可靠性(quality control reliability,QCR)、高效顾客响应(efficient consumer response,ECR)策略的重要内容。供应链环境下的生产控制中,提前期管理是实现快速响应用户需求的有效途径。缩短提前期,提高交货期的准时性是保证供应链获得柔性和敏捷性的关键。不能有效控制供应商的不确定性是供应链提前期管理中的一大难点,建立有效的供应链提前期的管理模式和交货期的设置系统是供应链提前期管理中值得研究的问题。

(4)库存控制和在制品管理。库存的存在对应付需求不确定性具有积极的作用,但是库存的存在毕竟是一种资源的浪费。在一种网络式的供应链模式下,通过建立多级、多点、多方管理库存的策略,对提高供应链的库存管理水平、降低制造成本有重要意义。这种库存管理模式涉及的部门显然不仅仅是企业内部,供应商管理库存(vendor managed inventory,VMI)是一种有效的供应商管理库存的方法,基于JIT的供应与采购对降低库存都起着关键作用,联合库存管理模式(jointly managed inventory,JMI)也是供应链库存管理的新方法,因此,建立供应链管理环境下的库存方法体系和运作模式对提高供应链的库存管理水平有重要作用,是供应链生产控制的重要手段。

10.3.5 供应链中的牛鞭效应

牛鞭效应,是供应链上的一种需求变异放大现象,是信息流从最终客户端向原始供应商端传递时,无法有效地实现信息的共享,使得信息扭曲而逐级放大,导致了需求信息出现越来越大的波动,此信息扭曲的放大作用在图形上很像一根甩起的牛鞭,因此被形象地称为牛鞭效应。可以将处于上游的供应方比作梢部,下游的顾客比作根部,一旦根部抖动,传递到末梢端就会出现很大的波动,如图 10-16 所示。

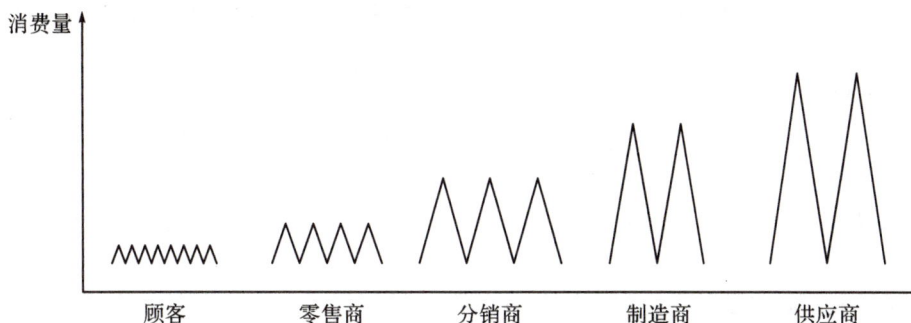

图 10-16　供应链上需求信息失真所产生的牛鞭效应

10.3.5.1 牛鞭效应产生的原因

牛鞭效应是供应链中普遍存在的现象,因为当供应链上的各级供应商只根据来自其相邻的下级销售商的需求信息进行供应决策时,需求信息的不真实性就会沿着供应链逆流而上,产生逐级放大的现象,到达最源头的供应商(如总销售商或者该产品的生产商)时,其获得的需求信息和实际消费市场中的顾客需求信息发生了很大的偏差,需求变异系数比分销商和零售商的需求变异系数大得多。由于这种需求放大变异效应的影响,上游供应商往往维持比其下游需求更高的库存水平,以应对销售商订货的不确定性,从而人为地增大了供应链中上游供应商的生产、供应、库存管理和市场营销风险,甚至导致生产、供应、营销的混乱。

产生牛鞭效应的原因主要有六个方面,即需求预测修正、订货批量决策、价格波动、短缺博弈、库存责任失衡和应付环境变异。

(1)需求预测修正

需求预测修正是指当供应链的成员采用其直接的下游订货数据作为市场需求信息和依据时,就会产生需求放大。例如,在市场销售活动中,假如零售商的历史最高月销量为 1000 件,但下月正逢重大节日,为了保证销售不断货,他会在月最高销量基础上再追加 A%,于是他向其上级批发商下订单(1＋A%)×1000 件。批发商汇总该区域的销量预计后(假设)为 12000 件,他为了保证零售商的需要又追加 B%,于是他向生产商下订单

（1＋B％）×12000 件。生产商为了保证批发商的需求，虽然他明知其中有夸大成分，但他并不知道具体情况，于是他不得不至少按（1＋B％）×12000 件投产，并且为了稳妥起见，在考虑毁损、漏订等情况后，他又加量生产，这样一层一层地增加预订量，导致牛鞭效应。

（2）订货批量决策

在供应链中，每个企业都会向其上游订货，一般情况下，销售商并不会来一个订单就向上级供应商订货一次，而是在考虑库存和运输费用的基础上，在一个周期或者汇总到一定数量后再向供应商订货；为了减少订货频率，降低成本和规避断货风险，销售商往往会按照最佳经济规模加量订货。同时，频繁的订货也会增加供应商的工作量和成本，供应商也往往要求销售商在一定数量或在一定周期订货，此时销售商为了尽早得到货物或全额得到货物，或者为备不时之需，往往会人为提高订货量，这样，订购策略导致了牛鞭效应。

（3）价格波动

价格波动是由于一些促销手段，或者经济环境突变造成的，如价格折扣、数量折扣、赠票、与竞争对手的恶性竞争和供不应求、通货膨胀、自然灾害、社会动荡等。这种因素使许多零售商和推销人员预先采购的订货量大于实际的需求量，因为库存成本小于价格折扣所获得的利益，销售人员当然愿意预先多买，这样，订货就没有真实反映需求的变化，从而产生牛鞭效应。

（4）短缺博弈

当需求大于供应时，理性的决策是按照订货量比例分配现有供应量，比如，总的供应量只有订货量的 40％时，合理的配给办法就是按其订货的 40％供货。此时，销售商为了获得更大份额的配给量，故意夸大其订货需求是在所难免的，当需求降温时，订货又突然消失，这种由于短缺博弈带来的需求信息的扭曲最终导致牛鞭效应。

（5）库存责任失衡

库存责任失衡加剧了订货需求的放大。在营销操作上，通常的做法是供应商先铺货，待销售商销售完成后再结算。这种体制导致的结果是供应商需要在销售商（批发商、零售商）结算之前按照销售商的订货量负责将货物运至销售商指定的地方，而销售商并不承担货物搬运费用；在发生货物毁损或者供给过剩时，供应商还需承担调换、退货及其他相关损失，这样，库存责任自然就转移到供应商，从而使销售商处于有利地位。同时在销售商资金周转不畅时，由于有大量存货可作为资产使用，所以销售商会利用这些存货与其他供应商易货，或者不顾供应商的价格规定，低价出货，加速资金回笼，从而缓解资金周转的困境；再者，销售商掌握大数量的库存也可以作为与供应商进行博弈的筹码。因此，销售商普遍倾向于加大订货量，掌握主动权，这样也必然会导致牛鞭效应。

（6）应对环境变异

应对环境变异所产生的不确定性也是促使订货需求放大加剧的现实原因。自然环境、人文环境、政策环境和社会环境的变化都会增强市场的不确定性。销售商应对这些不确定性因素影响的最主要手段之一就是保持库存，并且随着这些不确定性的增强，库存量也会随之变化。当对不确定性的预测被人为渲染，或者形成一种较普遍的认识时，为了保持应对这些不确定性的安全库存,销售商会加大订货,将不确定性风险转移给供应商,这样也会导致牛鞭效应。

10.3.5.2　解决牛鞭效应的方法

从供应商的角度看,牛鞭效应是供应链上的各层级销售商(总经销商、分销商、零售商)转嫁风险和进行投机的结果,它会导致生产无序,库存增加,成本加重,通路阻塞,市场混乱,风险增大,因此妥善解决就能规避风险,减量增效。企业可以从如下六个方面进行综合治理。

(1)订货分级管理

从供应商的角度看,并不是所有销售商(批发商、零售商)的地位和作用都是相同的。按照帕累托定律,他们有的是一般销售商,有的是重要销售商,有的是关键销售商,而且关键销售商的比例大约占20%,却实现了80%的销量。因此,供应商应根据一定标准对销售商进行分类,对不同的销售商划分不同的等级,对他们的订货实行分级管理,如对于一般销售商的订货实行满足管理,对于重要销售商的订货进行充分管理,对于关键销售商的订货实现完美管理,这样就可以通过管住关键销售商和重要销售商来减少变异概率;在供应短缺时,可以优先确保关键销售商的订货;供应商还可以通过分级管理策略,在合适时机剔除不合格的销售商,维护销售商的统一性和渠道管理的规范性。

(2)加强出入库管理,合理分担库存责任

避免人为处理供应链上的有关数据的一个方法是使上游企业可以获得其下游企业的真实需求信息,这样,上下游企业都可以根据相同的原始资料来制订供需计划。例如,IBM、惠普和苹果等公司在合作协议中明确要求分销商将零售商中央仓库里产品的出库情况反馈回去,虽然这些数据没有零售商销售点的数据那么全面,但这总比把货物发送出去以后就失去对货物的信息要好得多。

使用EDI等现代信息技术对销售情况进行适时跟踪也是解决牛鞭效应的重要方法,如戴尔公司通过Internet/Intranet、电话、传真等组成了一个高效信息网络,当订单产生时即可传至戴尔的信息中心,由信息中心将订单分解为子任务,并通过Internet和企业间的信息网络,分派给各区域中心,各区域中心按戴尔电子订单进行组装,并按时间表在约定的时间内准时供货(通常不超过48小时),从而使订货、制造、供应"一站式"完成,有效地防止了牛鞭效应的产生。

联合库存管理策略是合理分担库存责任、防止需求变异放大的先进方法。在供应商管理库存的环境下,销售商的大库存并不需要预付款,不会增加资金周转压力,相反,大库存还会起到融资作用,提高资本收益率,甚至还能起到制约供应商的作用,因此它实质上加剧了订货需求放大,使供应商的风险异常加大。联合库存管理则是对此进行修正,使供应商与销售商形成权利责任平衡的一种风险分担的库存管理模式,它在供应商与销售商之间建立起了合理的库存成本、运输成本与竞争性库存损失的分担机制,将供应商全责转化为各销售商的部分责任,从而使双方成本和风险共担,利益共享,有利于形成成本、风险与效益的平衡,从而有效地抑制了牛鞭效应的产生和加剧。

（3）缩短提前期，实行外包服务

一般来说，订购提前期越短，订量越准确，因此鼓励缩短订购提前期是破解牛鞭效应的一个好办法。

根据沃尔玛公司的调查，如果提前26周进货，需求预测的误差为40％，如果提前16周进货，则需求预测的误差为20％，如果在销售时节开始时进货，则需求预测的误差为10％。并且，应用现代信息系统可以及时获得销售信息和货物流动情况，同时通过多频度小数量联合送货方式，实现实需型订货，从而使需求预测的误差进一步降低。

使用外包服务，如第三方物流也可以缩短提前期和使小批量订货实现规模经营，这样销售商就无须从同一个供应商那里一次性大批量订货。虽然这样会增加额外的处理费用和管理费用，但只要所节省的费用比额外的费用大，这种方法还是值得应用的。

（4）规避短缺情况下的博弈行为

面临供应不足时，供应商可以根据顾客以前的销售记录来进行限额供应，而不是根据订购的数量，这样就可以防止销售商为了获得更多的供应而夸大订购量。通用汽车公司长期以来都是这样做的，现在很多大公司，如惠普公司等也开始采用这种方法。

在供不应求时，销售商对供应商的供应情况缺乏了解，博弈的程度就很容易加剧。与销售商共享供应能力和库存状况的有关信息能减轻销售商的忧虑，从而在一定程度上可以防止他们参与博弈。但是，共享这些信息并不能完全解决问题，如果供应商在销售旺季来临之前帮助销售商做好订货工作，他们就能更好地设计生产能力和安排生产进度，以满足产品的需求，从而降低产生牛鞭效应的机会。

（5）参考历史资料，适当减量修正，分批发送

供应商根据历史资料和当前环境，适当削减订货量，同时为保证需求，供应商可使用联合库存和联合运输方式多批次发送，这样，在不增加成本的前提下，也能够保证订货的满足。

（6）提前回款期限

提前回款期限，根据回款比例安排物流配送是消除订货量虚高的一个好办法，因为这种方法只是将期初预订数作为一种参考，具体的供应与回款挂钩，从而保证了订购和配送的双回路管理。

提前回款期限的具体方法是将会计核算期分为若干期间，在每个期间（假如将一个月分为三个期间或者四个期间，每个期间10天或者7天）末就应当回款一次。对于在期间末之前多少天积极回款者给予价格优惠，等等，会有利于该项计划的推进。

10.4　供应链管理的发展趋势

随着人类生产力的发展，"制造"与"管理"的概念和内涵在范围和过程两个方面大大拓展。再者，由于环境、网络通信技术以及全球动态联盟的发展和相关要求的不断提出，供应链管理的发展趋势也将明显地呈现出全球化、敏捷化和绿色化。

10.4.1 全球供应链

1991年，美国里海大学在《21世纪制造企业的战略》报告中首次提出了虚拟企业（virtual organization）的概念。虚拟企业的提出人之一里克·达夫教授就曾指出："敏捷也可以和虚拟企业联系在一起表示畅通的供应链和各种方式的联系。"也就是说，提出全球虚拟企业的最初旨意也是暗含了基于供应链这个前提的。随着供应、生产和销售关系的复杂化，该过程涉及的不同地域的厂家将越来越多，最终呈现全球性。正是基于这样的理论渊源和现实需求，全球供应链应势而生。全球供应链管理的形成，将使得物流、信息流和资金流变得更加畅通，因此它不仅将增大整个供应链的总体效益，还能使单个企业借助庞大供应链的整体优势，在竞争中更主动、更有发言权。相信基于全球供应链的虚拟企业的模式将对我国大型和特大型国有企业运作机制的改革和管理体系的重组有所帮助并发挥应有的作用。

10.4.2 敏捷供应链

敏捷制造是一种面向21世纪的制造战略和现代生产模式。敏捷化是供应链和管理科学面向制造活动的必然趋势。基于Internet/Intranet的全球动态联盟、虚拟企业和敏捷制造已成为制造业变革的大趋势，敏捷供应链（agile supply chain）以增强企业对变幻莫测的市场需求的适应能力为导向，以动态联盟的快速重构（re-engineer）为基本着眼点，以促进企业间的合作和企业生产模式的转变、提高大型企业集团的综合管理水平和经济效益为主要目标，致力于支持供应链的迅速结盟、优化联盟运行和联盟平稳解体。供应的敏捷性强调从整个供应链的角度综合考虑、决策和进行绩效评价。使生产企业与合作者共同降低产品的市场价格，并始终追求快速反应的市场需求，提高供应链各环节的边际效益，实现利益共享的双赢目标（win/win）。所以，实现供应链敏捷性的关键技术、基于网络的集成信息系统、科学管理决策方法、高效的决策支持系统将成为值得深入研究的课题。

10.4.3 绿色供应链

绿色制造是近年来研究非常活跃的课题。美国的一些国家重点实验室和国家标准技术研究所，以及麻省理工学院、加州大学伯克利分校等著名高校，均开展了这方面的研究，其学科前沿性不容忽视。1997年，ISO 14001和ISO 14040的提出更是在国际上引起了巨大震动，实施绿色制造已是大势所趋。制造的绿色化涉及的问题主要包括三个部分：一是产品生命周期全过程的制造问题；二是环境影响问题；三是资源优化问题。制造业的绿色理念就是这三部分内容的交叉和集成。

在这样的研究大背景之下，美国国家科学基金会资助密歇根州立大学的制造研究协会进行一项"环境负责制造（ERM）"研究，并于1996年提出了绿色供应链的概念。它旨在综合考虑环境影响和资源优化利用的制造业供应链发展。绿色供应链是绿色制造和供应链的学科交叉，是实现可持续制造和绿色制造的重要手段。其目的是使整个供应链对环境的负面影响最小，资源利用效率最高。今后绿色供应链研究的主要内容将会是建立绿色供应链系统的理论体系和进行绿色供应链的决策支持技术、运作和管理技术以及集成技术等关键技术方面。

啤酒供应链管理实验简介（实验 4）

实验平台介绍

啤酒供应链管理实验基于啤酒供应链决策仿真软件模拟啤酒多周期的生产与分销过程。啤酒供应链决策仿真软件是由波特国际股份有限公司开发的一款模拟啤酒在供应链环节中的生产与分销过程的仿真系统。

该仿真系统将啤酒生产和分销的供应链分解为零售商、批发商、分销商和工厂角色，每个角色分别由一名参与者扮演参与啤酒游戏。在啤酒供应链的模拟过程中，各个角色将获得不同的物流和信息流信息，并根据自己的利润最大化原则进行独立的订购（或生产）决策。供应链的整体业务表现是由各个角色在不同周期内的决策共同决定的。对于供应链整体来说，其优化目标是让供应链上的周转时间最短、运营总成本最低或总利润最大等，因此需要协调供应链上的各个参与者，让其共同为供应链整体目标服务。

啤酒供应链决策仿真软件是网页版的运行界面，适合最多 100 条供应链，同时可以有 400 名参与者。在啤酒游戏结束后，系统会自动生成若干图表数据用于分析和改善供应链经营。

实验介绍

本实验的主要内容是熟悉啤酒供应链决策仿真软件，理解供应链管理中的牛鞭效应，并学会设计供应链协同策略，提高系统的运作效率。啤酒游戏将模拟啤酒在供应链各环节中的订单制定与满足情况，训练参与者在市场需求变化的情况下，预测和判断供应链中的需求波动，并进一步制定合理订购量，提高安全库存能力。

在啤酒游戏中，啤酒由工厂生产、运输到分销商、批发商，最后经由零售商销售给顾客，但是啤酒订单的需求信息却是由顾客到零售商、批发商、分销商，再到工厂的传递过程（见图 10-17）。

首先在教师端搭建供应链仿真模型，包括供应链的数量以及相关参数，例如每周的实际需求量，工厂、分销商、批发商、零售商分别的订单提前期和交货提前期。同时还可以设置是否提供当周销售数据、下游库存数据、在途量、需求待补订单量，以及相关成本系统，例如单位库存成本和单位缺货成本。另外，还可以设置是否提供需求预测信息，例如提供预测的周数以及预测误差率。

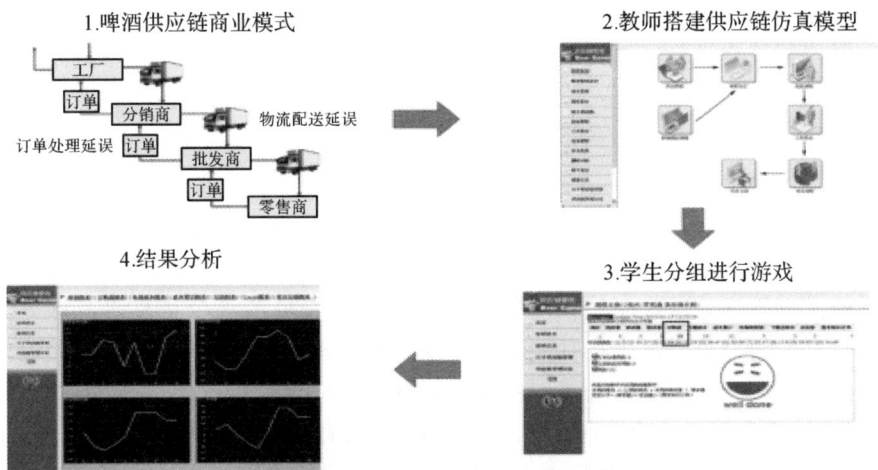

图 10-17 啤酒游戏的供应链模式和仿真模型举例[①]

在学生端，每一条供应链（多条供应链可以同时仿真）包含 4 名同学，分别扮演工厂、分销商、批发商、零售商角色，参与到啤酒游戏中。每个参与者会根据当前的销售数据、需求待补订单、库存数据、在途量等以及提前期等信息确定自己对于未来订单的满足情况，并根据单位订货成本和单位库存成本的参数确定自己当期向供应链上游的订货量。

在啤酒游戏结束后，系统会统计每个参与者在各个周期内的缺货量、库存量以及整个供应链的运营成本。一个常见的现象是订货的波动量会随着供应链的后端向前端不断扩散传播，即产生牛鞭效应。产生牛鞭效应的原因通常有六个方面：需求预测修正、订货批量决策、价格波动、短缺博弈、库存责任失衡和应对环境变异。因此，在游戏结束后，参与者要评估各自的表现，并且找出啤酒游戏环节中产生牛鞭效应的主要原因。

供应链协同优化设计

啤酒供应链管理实验的第二部分是制订供应链协同优化方案，提高供应链整体的运作效率，同时又必须兼顾各个参与者的利润。在第一轮啤酒游戏结束后，各供应链参与者可以共同讨论出现的问题，并制订改进方案。通常，消除供应链中牛鞭效应的协同策略包括：

- 订货分级管理；
- 加强出入库管理，合理分担库存责任；
- 缩短提前期，实行外包服务；
- 规避短缺情况下的博弈行为；
- 参考历史资料，适当减量修正，分批发送；
- 提前回款期限。

可以让参与者进行多轮啤酒游戏，尝试不同的供应链协同策略，最后以供应链小组为单位进入竞赛环节。

---

① 资料来源：啤酒供应链决策仿真软件使用手册。

竞赛环节:在竞赛中由教师端设定不同的需求和供应链场景,然后由学生端按照既定的供应链协同策略进行啤酒游戏,最后按照整个供应链业务表现作为竞赛指标,例如总运营成本最低等。

📖 本章小结

供应链及其管理是现代制造技术和现代管理技术领域的一个重要研究课题。目前对供应链管理的研究主要集中在对供应链管理系统的理论模型、基本功能和关键技术的研究上,如集成供应链、敏捷供应链、基于产品的供应链、供应链伙伴选择、供应链库存技术、供应链信息支持技术、供应链的合作计划、预测与补给等。供应链管理研究将向"全球化""敏捷化"和"绿色化"方向发展。本章最后还介绍了啤酒供应链管理实验(实验4)的设计与分析方法。

课后习题

一、思考题

1.什么是供应链管理? 简述供应链管理与物流管理之间的区别和联系。

2.供应链管理的关键在于实现企业内部及企业之间资源的集成。从此意义出发,分析 Internet 在供应链管理中的重要地位。

3.电子商务是 21 世纪最主要的商业模式之一,给企业传统的业务流程带来了巨大变革。请阐述供应链管理对我国企业成功实施电子商务的重要意义。

4.简述企业实施供应链管理的原则和步骤,并以制造型企业为例,分析我国企业传统制造模式如何实现再造。

5.为了实现对消费者需求快速有效的响应,你认为供应链上各成员之间应建立一种怎样的关系? 请简述这种关系。

二、选择题

1.供应链的组成包括(   )

A.供应商   B.顾客

C.内部供应商   D.以上都是

2.供应链成员间缺乏同步性的结果是(   )

A.提前购买   B.持续补充

C.牛鞭效应   D.时钟效应

3.供应链管理下的采购与传统采购的不同在于(   )

A.为库存采购   B.与供应商是一般买卖关系

C.与供应商结成战略伙伴关系   D.让供应商竞争以获利

4.做外包决策时,企业要避免什么?(   )

A.取消非核心业务

B. 提供机会使得外包合作企业成为强有力的竞争者

C. 允许雇员加入外包合作企业

D. 允许外包合作企业参与创新设计

5. 供应链响应时间是对哪一项标准的衡量？（　　）

A. 系统的可靠性 　　　　　　　　B. 柔性

C. 设备利用率 　　　　　　　　　D. 产品质量

第 11 章

收益管理

随着经济全球化趋势的快速发展,市场需求的层次不断升级,消费需求的结构日益多样化,产品的供应链不断延长,产品的生命周期越来越短。面对不确定的需求以及日益激烈的市场竞争,如何利用有限的资源实现收益最大化就成为企业需要解决的迫切问题。收益管理作为一种有效的管理应用技术,能够帮助企业充分利用资源实现自身收益的最大化。收益管理在运作管理的应用中目前已经取得了一定的成果。本章主要介绍收益管理的一般理论原理,将主要结合航空货运收益管理和集装箱收益管理的具体内容,说明收益管理在运作中应用的基本原理和步骤,最后以收益管理的发展历史作为本章的结尾。

11.1 收益管理概述

20 世纪 70 年代,美国航空客运界为了解决有限资源下的最大化收益问题,开展了收益管理的实践。随着收益管理在美国航空业取得巨大成功,收益管理的理念与模式逐步引起了企业界和学术界的高度重视,至今已在许多领域得到研究和推广应用,如航空运输、零售管理、酒店经营、汽车租赁、能源管理等行业。

11.1.1 收益管理的内涵

所谓收益管理(revenue management,RM),是企业在对消费行为的理解与不确定环境预测的基础上,通过选择能力、价格和时机等决策,有效分配资源,从而管理需求以实现收益最大化。收益管理的核心思想是将合适的产品或服务在最合适的时间、以最合适的价格销售给最合适的顾客,使企业在其产品或服务的销售中获得最大限度的收益。一般来说,收益管理过程包括四个环节:数据收集、预测、优化及控制。数据收集是指对决策相关参数与预测相关信息的收集;预测主要是对决策环境中的不确定因素进行概率预测;优化是通过选择产品数量、价格与商业结构组合,有效地分配资源,实现期望收益最大化;控制是在对消费者行为和决策环境加深理解的情况下,通过重新优化以提高企业收益。收益管理的四个环节是可循环执行的,其中,预测和优化是整个收益管理过程的两个核心地位。

收益管理之所以成为近年来的一个热点问题,主要有两个方面的原因:①收益管理作为一种新的管理理念与模式能够帮助企业在经济全球化趋势下取得竞争优势,特别适用于易逝产品的需求管理;②相关学科理论的发展与信息技术的普及使得收益管理理论在现代企业中的应用推广成为可能。经济学、运筹学、统计学等学科理论的发展与完善使得研究者在建立需求模型、量化市场不确定性、求解复杂优化问题时,拥有了充分的理论依据和数学工具。信息技术的普及使得企业能够实现大量数据的自动化采集与处理,快速执行大规模的复杂运算。

11.1.2 收益管理的分类

收益管理决策主要涵盖三类问题:①商业结构决策,包括销售形式(如拍卖)、市场分割与差异化、产品捆绑决策等;②数量决策,包括订单的接受与拒绝、订货数量、产品/市场/渠道上的资源分配决策等;③价格决策,包括价格高低、价格差异化、动态定价决策等。一般而言,商业结构决策属于战略层决策,数量与价格决策属于操作层决策。商业结构一经确定,一般很少变更,决策者主要通过数量与价格决策实现有限资源的合理分配,以最大化收益,因此收益管理中的资源分配问题主要包括两类:基于数量的收益管理与基于价格的收益管理。基于数量的收益管理是通过产品数量的选择分配资源,基于价格的收益管理是通过价格决策分配资源。选择数量或价格作为资源分配的手段一般取决于实际决策问题的背景。

11.1.2.1 基于数量的收益管理问题

自从 1972 年美国学者李特尔伍德进行航空舱位控制研究以来,基于数量的收益管理问题研究就非常活跃。基于数量的收益管理问题主要研究三类问题:单资源分配问题、多资源分配问题、超额预售问题。单资源分配问题是指把一种资源在不同类型产品或需求之间进行最优分配的问题,如控制航班上不同票价机票的销售量,酒店中不同价格级别房间的预订数,零售中不同产品的资金预算量。多资源分配问题是指同时考虑占用多个资源的多种相关产品的数量控制问题,如航空客运业管理始点、终点首尾相连的航班座位分配问题,零售中产品的捆绑销售问题。研究表明,联合管理多种资源的分配与单资源的分配相比可有效改进收益,因此联合管理多种资源的问题变得非常必要。但多资源分配问题比较复杂,问题求解相对困难,研究者一般通过解决多个单资源分配问题研究启发式或近似求解方法。超额预售问题是指当面临订单取消或放弃时,通过适当的超额预订来弥补订单取消的损失。这类问题是收益管理较早研究的一类问题,包括静态模型和动态模型两种。静态模型不考虑退订率和新预订请求随时间的动态变化,动态模型则考虑退订、顾客到达和数量管理决策随时间变化的情况。

11.1.2.2 基于价格的收益管理问题

在商业实践中,价格调整是实现收益最大化是一种普遍做法。在许多零售贸易中,企业采用多种形式的动态定价策略应对市场波动和需求的不确定,如个性化定价、削价、价格促销、优惠券、折扣、清仓定价、拍卖、价格谈判等。基于价格的收益管理包括动态定价模型和拍卖模型。动态定价模型一般研究如何通过价格调整实现收益最大化，并从不同的角度可以分为：单/多资源模型、需求曲线确定性/随机模型、补充订货/无补充订货模型、既定库存/联合库存模型等。在动态定价模型中，一般假定顾客不具有战略性，即顾客不会去寻求使自己收益最大化的价格，而拍卖模型则考虑了顾客选择的战略性问题。随着现代信息技术与计算机网络技术的飞速发展以及网上交易的迅速普及，使得在线网络拍卖成了一种新的产品销售渠道，进而推动了对收益管理中拍卖问题的研究。

11.1.3　收益管理的应用特征

收益管理能被应用于诸多行业是由于这些行业具有实施收益管理的一些共同关键特征。成功应用收益管理的行业一般具有以下共同特征。

（1）企业具备相对固定产能

以航空、酒店等行业为例，由于其都存在前期投资规模大（如购买新的飞机、修建新的酒店、开设新的营业网点等）的行业特征，最大生产能力或服务能力在相当长一段时间内固定不变，短期内不可能通过改变其生产或服务能力来满足需求变化。企业只有在有限的产能条件下，通过提高管理水平来提高企业收益。

（2）需求可预测性

航空、酒店、银行等服务性企业的资源可分为有形资源（如飞机座位、酒店客房、银行服务窗口）和无形资源（如酒店入住时间、银行窗口排队时间等），其顾客可分为预约顾客和随机顾客，其销售可分为旺季和淡季。只有通过对计算机或人工预订系统收集的顾客、市场信息进行分析预测，企业管理者才能够了解不同顾客需求变化的规律和实现需求转移，并以此制定出合理的资源存量配置和定价机制，实现企业收益最大化。

（3）产品或服务具有易失性

与传统制造业的产品不同，航空、酒店、银行等服务性企业的产品或服务具有易失性，即时效性。其产品或服务的价值随着时间递减，不能通过存储来满足顾客未来的需要，如果在一定时间内销售不出去，企业将永久性地损失这些资源的潜在收益。企业只有通过折扣等管理手段降低资源的闲置率，以实现企业收益增长的目标。

（4）市场可细分性

航空、酒店、银行等行业面临以顾客为中心、竞争激烈和需求多元化的市场。不同顾客对企业产品或服务的感知和敏感度各不相同，采用单一价格策略将会造成顾客流失或潜在收入流失。比如，航空市场上存在两类顾客，一类是对价格不敏感，但对时间和服务敏感的商务顾客；另一类是对价格敏感，但对时间和服务不敏感的休闲顾客。如果采用高价策略，休闲顾客可能选择低成本的航空公司或其他交通工具，造成航空公司座位资源闲置。反之，如果采用低价策略，商务顾客选择低价或因对服务质量不满而流失，造成航空公司潜在收益下降。对市场进行有效细分，为不同需求层次的顾客制定不同价格和分配不同资源，是解决企业资源闲置或潜在收益流失的重要途径。

（5）具有随机波动性需求

如果顾客的需求确定且无波动，企业可通过调整生产和服务能力来满足顾客需求。

然而,航空、酒店、银行等行业面临顾客需求不确定,呈季节性或时段性波动。企业采用收益管理,在需求旺季时提高价格,能增加企业的获利能力;在需求淡季时通过折扣等策略来提高资源利用率,能减少资源闲置。

(6)具有高固定成本和低边际成本的特点

航空、酒店、银行等行业的经营属于前期投资较大的行业,短期内改变生产或服务能力比较困难,但增售一个单位资源的成本非常低。以波音 737-300 机型的航班为例。根据某航空公司 1999 年的机型成本数据,平均每个航班的成本如下:总成本大约 6 万元,其中固定成本大约 5.5 万元,而边际成本仅为 0.033 万元。固定成本是边际成本的 1833 倍,因而多载旅客能在不明显增加成本的基础上获取更大的利润,提高企业的总收益。

(7)产品或服务具有可预售性

企业面对需求多元化的顾客采取收益管理,一方面通过提前预订,以一定折扣价格将资源预售给对价格敏感的顾客,降低资源闲置概率;另一方面设置限制条件防止对时间或服务敏感的顾客以低价购买资源,造成高价顾客潜在收益的流失。同时,对预订数据进行分析和预测,根据不同需求层次的顾客购买资源的概率分布情况,在确保资源不闲置的基础上,尽量将资源留给愿出高价的商务顾客。

尽管以上特征体现了企业有限产能、产品和需求特性、市场和经营等特点,却忽略了企业的技术特征。由于收益管理的实施需要进行复杂的模型计算和大量数据的处理,没有先进的技术支持,收益管理理论的应用将会受到严重的制约。因此,收益管理理论的应用还需要高水平的信息化基础作为支持。

11.1.4 收益管理系统

由于收益管理的复杂性、动态性,收益管理的应用往往要借助于收益管理系统来完成。收益管理系统即收益管理的决策支持系统,它根据数学模型、经济学理论、统计理论及运筹学方法将预测、优化和数据库管理融为一体,以进行辅助决策。从收益管理的定义和目标可以看出,一个有效的收益管理系统应该完成以下职能:制定有效的价格体系;制定合理的存量分配策略,从而为顾客提供正确的产品或服务;能够动态调整资源/库存战略;通过对当前以及潜在客户的分析创造更多的收益。收益管理系统一般包括:需求预测、定价、超量预售和存量分配四个部分。

(1)需求预测

由于资源的固定性和难以转移性,为保证收益的确定性和最优化,必须通过预测为预订及超量预订等策略制定基本的依据。在做出收益管理的相关决策前,管理者必须在历史需求信息分析的基础上了解需求的结构(即细分市场及其相互关系),这个结构不仅包括不同分级条件下的需求结构,还必须考虑顾客在不同结构之间转换的规律。

(2)定价

收益管理要求根据细分市场的特点实行差别化、动态定价。价格体系的有效性一般会通过顾客需求的变化及库存销售情况得到反映并且依据这种反映进行调整。为此,需要有大量准确、可靠的数据作为基础,而这往往意味着信息系统的大量投资要求。

（3）超量预售

收益管理中一个基本的策略是超额预订，以提高资源的利用收益。在确定超售水平时，需要综合考虑每超售一个产品或服务所获得的收益及可能的损失。

（4）存量分配

在不同的服务水平上存在不同的价值增值水平。在价格确定之后，合理分配资源及能力是保证收益管理实施的关键。

以上是简单收益管理系统的基本功能。在实际应用中，为了保证收益管理系统的有效实施，还需要关注季节性管理和团体管理等功能。

11.2 航空货运的收益管理

航空货运是最成功应用收益管理的典范，本节以航空货运收益管理为例，说明收益管理的应用过程。

11.2.1 航空货运收益管理的特点

与航空客运相似，航空货运同样具备应用收益管理的基础条件，如运力的易逝性、市场的可分性、需求的波动性、固定成本相对边际成本较高、服务可以预售等。航空货运收益管理是通过需求预测、差别定价和运力分配等策略，实现物流服务收益最大化。航空货运还具有如下特点：

（1）能力具有多维性特征。航空货运能力不仅受货物的重量限制，还受到货物的体积、运输条件等限制。能力的多维性增加了收益管理应用的难度。

（2）需求波动性大，预测困难。航空货运需求除受季节因素影响外，还受到外界不可控制因素的影响，如贸易政策、经济环境等的直接影响。

（3）存在运输路径组合问题。由于受航空路线和航权的局限，航空货运往往需要通过若干次中转来完成。一方面，中转涉及货物的多次装卸，由此会造成损坏风险和运输时间的延长；另一方面，中转所导致的运输路径组合提供了发挥航空货运网络的规模和协同效应的机会。

11.2.2 航空货运收益管理的主要内容

航空货运收益管理主要由货物需求预测、预售与差别定价、超售水平和运力分配四个部分构成。如图 11-1 所示，航空货运服务提供商根据历史数据预测市场需求和自身的供给能力，确定超售水平，进行差别定价，最大限度地利用易逝性资源。物流运力分配主要包括协议销售和自由运力分配。协议销售主要针对大客户以协议形式提供一部分运力，自由运力分配需要根据航空货运的特点进行优化。

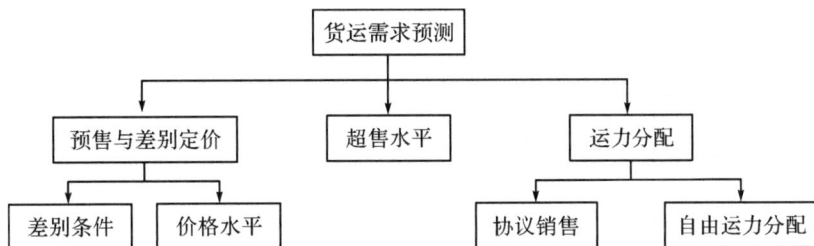

图 11-1 航空货运收益管理内容示意

11.2.2.1 货运需求预测

需求预测是物流服务收益管理实施的基础,其内容主要包括物流细分市场的需求预测,有时也包括物流服务价格和能力预测等。国外研究表明,需求预测准确率提高10%,收益将会增加50%。货运需求受季节、节假日、特殊事件和服务类型等诸多因素的影响。

收益管理中要求的需求预测往往是分布预测,而非点预测。预测方法主要分为三类:①参数估计方法,假定需求的分布形式,利用参数估计方法估计未知的分布参数;②非参数估计方法,利用历史数据,通过非参数估计方法估计需求的概率分布;③准参数估计方法,利用统计学习理论(如神经网络、支持向量机等),估计需求的概率分布。常用的定量预测方法主要包括两类:时间序列分析、因果分析。前者多用于收益管理问题中的需求预测,后者多用于收益管理问题中价格需求曲线预测。一般的预测方法包括:Ad-Hoc预测方法(如移动平均、指数平滑)、时间序列方法(如 AR、MA、ARMA、ARIMA)、贝叶斯预测方法(经典贝叶斯、层次贝叶斯、经验贝叶斯法)、状态空间模型(马尔柯夫法)、卡尔曼滤波方法、机器学习方法(如神经网络)、组合预测方法等。

11.2.2.2 预售与差别定价

航空货运服务提供商根据市场走向估算出合理运价,按不同运输路线预售一定时期内的远期运力,货主、货运代理人根据出运计划和备货情况选择合适的时间和价格,采取制度保证金或银行担保等形式完成交易并取得远期运力所有权。航空货运预售推行的主要目的是保护航空货运服务双方的合法利益,减少市场风险。

差别定价又称价格歧视,是指等同的运力以不同的价格销售给不同的顾客。差别定价可以依据预订时间、预订渠道、顾客对价格和时间的敏感性、货运限制条件来进行。例如,在货运需求高峰期,通过提高价格增加收入,使得一部分对时间不敏感的客户转移到需求低峰期。若是根据剩余运力和销售时间进行差别定价,称为动态定价。动态定价是指根据市场的变化和留存的运力制定不同的价格,以实现收入最大化的策略。由于航空货运服务的运力是易逝性资源,一个设计良好的定价机制能够挖掘出这类产品或服务的最大市场潜力,为企业带来更大的收益。实践证明,差别定价可有效减少空闲运力,增加物流服务的收入。这里针对线性的价格需求曲线简单分析差异定价的优势。假设需求价格曲线是向右下方倾斜的直线,图 11-2 和图 11-3 分别近似表示单一定价和多级定价给企业带来的收益差别。

图 11-2　单一定价下的最大运费收入（80×200＝16000 元）

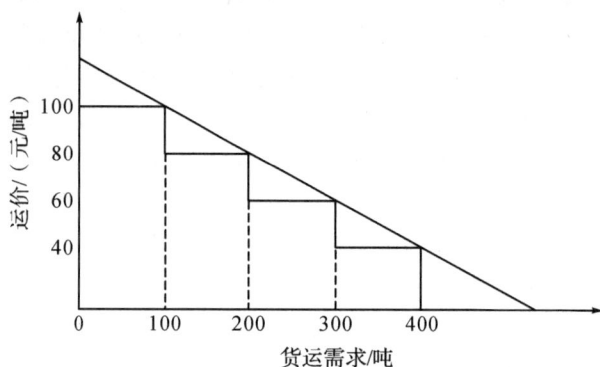

图 11-3　多级定价下的最大运费收入（100×100＋80×100＋60×100＋40×100＝28000 元）

若某航空货运公司的额定运力为 400 吨，则在单一定价下，最优的定价水平是 80 元/吨，最大运费收入为 16000 元，有 200 吨的运力闲置；若采用四级价格水平，则可以充分利用运力水平，最大运费收入为 28000 元。一般而言，价格水平级别越多，最大运费收入越大，资源越能被充分利用。但价格水平级别过多也可能会引起消费者的反感。实际应用中，物流服务提供商必须以顾客行为研究结果和市场需求预测为依据，进行市场细分，确定顾客类型，实施有效的差别定价，确保以最合适的价格为最合适的消费者提供物流服务。

11.2.2.3　超售水平

航空货运服务运力具有易逝性，因此，航空货运服务提供商会应尽最大努力预售出尽可能多的运力。但即使所有的运力均已预售，顾客也可能因为种种原因不能接受服务，称为预订顾客未到（no-show）。因此，如果物流服务提供商在服务开始前超额预售一定数量的服务，那么当出现预订顾客未到时，这部分超额售出的客户就会填补因预订顾客未到导致的空缺，使得运力刚好充分发挥。但采用超售也可能出现需求大于运力的情形。这时需要将部分需求转移到其他时间或借助其他设施完成服务。由此所导致的单位成本的增加，称为单位退运成本。除了预订的顾客需求外，一些没有事先预订临加载货物的现象，称为临时顾客。超售水平的确定，一般既要考虑预订顾客未到，也要考虑临时顾客的需求。

若临时顾客的需求具有很强的突发性,且数量较少,则在确定超售水平时可以忽略。设航空货运的超售水平为 L,C 是航空货运服务的额定运力,r 是空闲运力的机会收入,v 是单位退运成本,预订后接受服务的概率服从密度为 $f(x)$ 的连续分布。超售水平的目的是使期望总成本最小或收益最大。

航空货运的期望总成本为:

$$E(TC) = r\int_0^{C/L} (C - xL)f(x)\mathrm{d}x + v\int_{C/L}^1 (xL - C)f(x)\mathrm{d}x \tag{11-1}$$

由期望总成本得出的一阶和二阶导数:

$$\frac{\mathrm{d}E(TC)}{\mathrm{d}L} = v\int_{C/L}^1 xf(x)\mathrm{d}x - r\int_0^{C/L} xf(x)\mathrm{d}x$$

$$= vE(x) - (v + r)\int_0^{C/L} xf(x)\mathrm{d}x \tag{11-2}$$

$$\frac{\mathrm{d}^2 E(TC)}{\mathrm{d}L^2} = \frac{C}{L^3}(v + r)f\left(\frac{C}{L}\right) > 0 \tag{11-3}$$

其中,$E(x)$ 是预定后接受服务概率的期望。因此最佳的超售水平满足:

$$(v + r)\int_0^{C/L} xf(x)\mathrm{d}x = vE(x) \tag{11-4}$$

如果满足式(11-4)的超售水平 L 不是整数,取相邻的整数代入式(11-1)中,最小成本的整数值即为超售水平。上述模型还可以推广到额定运力随机或多维运力(体积、重量等其他运输条件限制)的情形。

11.2.2.4 运力分配

运力分配包括协议销售和自由运力分配。

(1)协议销售

由于货运市场的需求存在差异性,航空公司可以通过和货运代理签订合作协议来平衡货运需求的差异,最大化总收益。航空货运的需求差异性主要体现在三个方面:价值上的需求差异、时间上的需求差异以及区域上的需求差异。货运需求在价值上的差异性体现为不同需求类型的货运给货运公司带来的收益是不同的,发货人对于货物服务的期望值和货物运价的承受能力也不相同。货运需求存在时间上的差异性体现为有些需求是有规律性的,有些需求没有规律性。规律性的需求包括长期性、季节性和循环性的需求。由于航空货运通常是单程的,所以货运需求存在着区域上的差异,每条航线的货运需求和运价都不同。除此之外,同一条航线、航线的不同方向上也会存在货运需求的差异。

协议销售的前提是货运代理愿意在各种货运需求的多条航线上与航空公司进行合作。合作协议应该设计多条航线,航空公司按照不同航线的货运舱位的利用率制定协议内容。一旦合同签署以后,该合同涉及的货运舱位将被固定,不再属于货运自由销售的舱位范围。

以下以 A 航空公司为例,来说明根据货运需求在时间和区域上的差异以及如何和货运代理签订协议。

①时间性需求差异

A 航空公司的运价一般根据货运需求进行动态调整,因此可以通过运价变化近似观测需求变化。如图 11-4 所示,图中粗实线和粗虚线分别代表香港航站出发至美国西海岸的航线在 2004 年和 2003 年的货运运价走势,而浅实线和浅虚线分别代表从上海航站出发至美国西海岸的航线在 2004 年和 2003 年的货运运价走势。可以发现,A 航空公司两个航站的货运需求有时间性差异,并呈现季节性和循环性的变化特征。

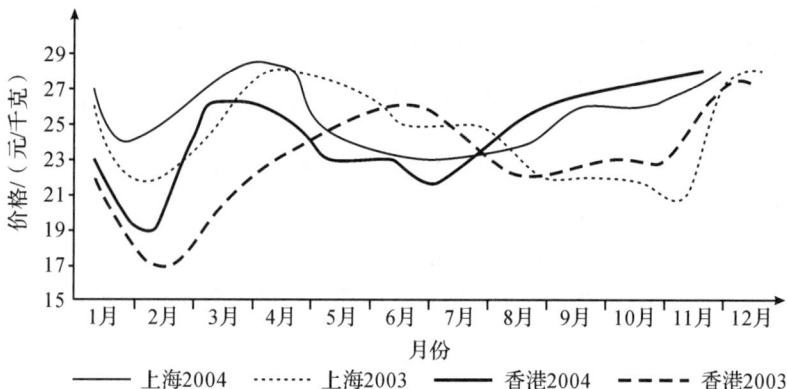

图 11-4 A 航空公司亚太区至美国西海岸航线货运运价走势

因此,A 航空公司与货运代理人签订合同期限为一年(需求近似每年依次循环)的长期协议,并对旺季、平季和淡季规定不同的货运价格。通过长期货运协议,促使货运代理人在不同季节优先组织有限的资源来支持 A 航空公司的货运业务,减少需求的波动性。

②区域性需求差异

图 11-5 是 A 航空公司 2003 年和 2004 年美国西海岸至亚太区的航线运价图。将图 11-4 和图 11-5 进行对比,可以发现,亚太区至美国西海岸的航线运价大约是美国西海岸至亚太区航线运价的 2～3 倍。这说明 A 航空公司的货运需求存在明显的地区性差异,美国西海岸至亚太区航线的货运需求明显低于亚太区至美国西海岸航线的货运需求。

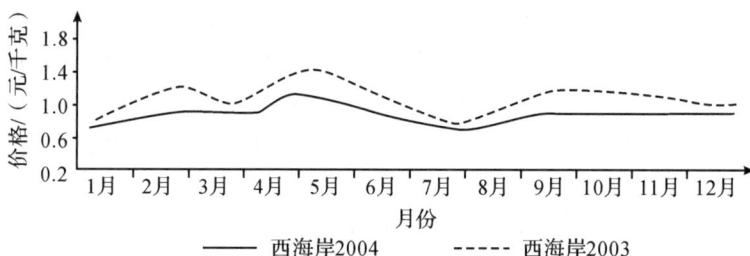

图 11-5 A 航空公司美国西海岸至亚太区航线货运运价走势

A 航空公司通过全球合作协议与全球货运代理在各条航线,包括货运需求强的和弱的航线,扩大合作,平衡航线的需求,充分利用能力。A 航空公司利用自身有限的货运需求、较强的航线舱位来尽可能地争取与全球货运代理在货运需求小的航线扩大合作。A

航空公司首先将各条航线按照货运需求划分为不同的航线组,然后按照网络贡献率来决定优先签订哪些合作协议。网络贡献率是指货运需求小的航线舱位与货运需求大的航线舱位的比率。该比率越高,则货运协议对航空公司平衡整个航空网络的货运需求差异的贡献越大。

(2)自由运力分配

航空货运的运力分配是指如何将航空货运的运输能力分配给不同需求等级的货物,以最大化货运总收益。不同需求等级的货物其单位运力带来的收益不同。由于通过协议销售出去的部分运力不能够自由分配,这里只介绍自由运力分配问题。运力包括两个维度:体积和重量。在进行运力分配的过程中,必须将这两个维度同时考虑。

为了便于建模,不妨以体积为主要运力纬度,重量为辅助运力纬度。考虑单航段的运力分配问题,单航段即这条航空路线只有一个起点和一个终点。设额定自由运力(体积)为 C ,最大载重量为 W ,共有 k 个需求等级的货物需要运输, k ($k = 1, 2, \cdots, K$) 等级货物单位运力的平均重量为 w_k 。航空货运的自由运力分配问题就是确定承运各类货物的比例以最大化收益。决策变量 x_k 表示分配给 k 等级货物的运力,设 k 等级货运服务的需求量为随机变量 D_k , r_k 是承运单位运力 k 等级货物的收益(运价减去相应的装卸货和运输成本)。

航空货运的自由运力分配模型可以表示为:

$$\max V = \sum_{k=1}^{k} \left[r_k \min(x_k, D_k) \right] \tag{11-5}$$

$$\text{s.t.} \sum_{k=1}^{k} x_k \leqslant C \tag{11-6}$$

$$\sum_{k=1}^{k} x_k w_k \leqslant W \tag{11-7}$$

$$x_k \geqslant 0 , \; k = 1, 2, \cdots, K \tag{11-8}$$

目标函数表示运力分配后的期望收益。式(11-6)表示额定运力(体积)的限制,式(11-7)表示最大载重量的限制,式(11-8)表示运力分配的非负约束。

如果货运需求是连续的,其分布密度函数为 $G_k(y)$ 。由推广拉格朗日法求解上述模型可得:

$$x_k^* = G_k^{-1} \left(\frac{r_k - \lambda_1 - \lambda_2 w_k}{r_k} \right) , \; k = 1, 2, \cdots, K \tag{11-9}$$

其中,拉格朗日乘子 λ_1 和 λ_2 由下述方程组确定:

$$\begin{cases} \sum_{k=1}^{K} G_k^{-1} \left(\dfrac{r_k - \lambda_1 - \lambda_2 w_k}{r_k} \right) = C \\ \sum_{k=1}^{K} w_k G_k^{-1} \left(\dfrac{r_k - \lambda_1 - \lambda_2 w_k}{r_k} \right) = W \end{cases} \tag{11-10}$$

实际上,以上方程组的求解在很多情况下是困难的,只有在特定的需求函数形式下才有有效解。

11.3 集装箱运输的收益管理

集装箱运输收益管理的核心问题是如何确定每个舱位、箱位的价格，如何有效分配航段上重箱和空箱的舱位数量，以尽量减少由于集装箱闲置舱位过多造成的机会损失，从而使自身收益最大，同时满足顾客要求。和航空货运类似，集装箱运输收益管理主要有三部分内容：差别定价、超售和舱位分配。但由于集装箱运输自身的特点，本节主要介绍集装箱运输收益管理的不同之处——舱位分配问题。

11.3.1 集装箱运输的特点

集装箱运输是以集装箱为载体的物流服务，货物在运输过程中必须用集装箱装载，导致了集装箱运输具有以下特点：

（1）集装箱的多样性。集装箱有 20 英尺、40 英尺的规格，有普通箱、冷藏箱以及各种特种箱等箱型。

（2）集装箱运输的不平衡性。由于产业结构和经济发展的不平衡，各个港口的集装箱流入和流出量不平衡。另外，由于存在货主提供集装箱的现象，进出口贸易中集装箱的规格、箱型不一致，直接导致集装箱运输的不平衡性。

（3）空重箱转化随机性。这是由于集装箱运输公司一般规定卸货后的重箱有一定的免费使用期。

（4）空箱调运。空箱调运是集装箱运输的最大特点。由于空箱的堆存费以及货运不平衡，集装箱班轮公司往往要通过空箱调运来满足缺箱港口的集装箱需求。

上述特点对差异定价和超售影响较少，因此本节主要介绍集装箱运输舱位分配问题及相关模型。

11.3.2 空箱调运的舱位分配

舱位分配是在价格、超售水平确定的情况下优化集装箱运输的收益，是收益管理的重要组成部分。集装箱运输问题涉及的是整个航运网络的舱位分配，但由于问题的复杂性，一般将其近似划分为单航线的舱位分配问题进行优化。为简化分析集装箱的舱位分配问题，本节主要考虑空箱调运对舱位分配问题的影响。

空箱调运主要涉及两个问题：如何调运空箱和如何租箱。调运空箱主要解决空箱调运路线和调运数量问题，也就是在成本最小并满足客户需求的前提下，解决空箱何处调运、调运多少、调向何处的问题。租箱不仅可以在某一港口的箱量不能满足客户需求时使用，而且当某港口的空箱租赁费合适并且不会对未来的集装箱流动造成不利时，公司也可以租赁空箱。另外，为减少成本，即使供给港调运量能满足某港口客户的需求，班轮公司也会短期租赁一部分空箱，将调运量减少。在考虑集装箱运输整体利润最大化的目标下,优化措施应尽量减少班轮的集装箱空箱调运量,同时应适当拒绝部分利润较低的重箱需求,尽量使进出某港口的集装箱数量保持一定的平衡。

11.3.2.1 空箱调运的多航段舱位分配模型

集装箱运输业中大部分航线都有多个航段和经停港口,每个港口都有集装箱货运需求。集装箱班轮公司如何合理地分配舱位给重箱和空箱并满足经停港口的需求是集装箱运输收益管理的关键问题。这里以一个多航段单箱型的舱位分配模型为例来简要说明集装箱舱位分配问题。

考虑一条有 p 个航段的航线,该航线共有 q 个经停港口对,则 $q \leqslant p(p+1)/2$。主要变量定义如下:x_{ijk} 表示分配给经停港口对 (ij) 间承运 k 等级货运服务的集装箱舱位数量;r_{ijk} 表示经停港口对 (ij) 间 k 等级货运服务的单位收益,其中 i 表示装货港,j 表示卸货港,货运服务等级总数为 K;D_{ijk} 表示经停港口对 (ij) 间 k 等级货运服务舱位的随机需求;w_{ijk}^f 表示经停港口对 (ij) 间 k 等级货运服务集装箱重箱的单位平均重量;C_m 为航段 m 上可用的最大舱位数量;W_m 为航段 m 上船舶的最大吃水重量。Ω 表示所有的经停港口对 (ij) 的集合,则 $\Omega = \{(ij)\}$;用 Ω_o 和 Ω_d 分别表示起点港口的集合和终点港口的集合;y_{ij} 表示港口对 (ij) 之间运送空箱的数量;c_{ij} 表示单位空箱运输成本;w_{ij}^e 表示单位空箱的平均重量。经停港口对与航段的关系可用二元变量表示:

$$A_{ijm} = \begin{cases} 1 & \text{如果港口对}(ij)\text{经过航段 }m \\ 0 & \text{否则} \end{cases}$$

为处理问题方便,假定集装箱货运需求的端点都在内陆集装箱堆场,不考虑租箱策略。空箱调运的多航段舱位分配的数学模型为:

$$\max\left[\sum_{(ij) \in Q}\sum_{k \in K} r_{ijk}\min(x_{ijk}, D_{ijk}) - \sum_{(ij) \in Q} c_{ij}y_{ij} \right] \tag{11-11}$$

$$\text{s.t.} \sum_{(ij) \in Q} A_{ijm}\left(\sum_{k \in K} x_{ijk} + y_{ij}\right) \leqslant C_m, \ m = 1, 2, \cdots, p \tag{11-12}$$

$$\sum_{(ij) \in Q} A_{ijm}\left(\sum_{k \in K} x_{ijk}w_{ijk}^f + y_{ij}w_{ij}^e\right) \leqslant W_m, \ m = 1, 2, \cdots, p \tag{11-13}$$

$$\sum_{i:(ij) \in Q}\sum_{k \in K} x_{ijk} + \sum_{i:(ij) \in Q} y_{ij} = \sum_{i:(ji) \in Q}\sum_{k \in K} x_{jik} + \sum_{i:(ji) \in Q} y_{ji}, \ \forall j \in \Omega_d \tag{11-14}$$

$$x_{ijk}, y_{ij} \in N, \ \forall i, j, k \tag{11-15}$$

模型的目标函数是最大化航运期望收益,式(11-11)中括号内前半部分是重箱货运的货运收益,后半部分是空箱调运的成本。式(11-12)是船舶容量约束,即各航段上为所有经停港口对分配的重箱和空箱舱位数量之和不能超过航段的最大舱位数量;式(11-13)是船舶载重量约束,各航段上为所有经停港口对分配的重箱和空箱舱位重量之和不能超过航段上船舶的最大吃水重量;式(11-14)是集装箱网络流约束,即各港口集装箱堆场流进和流出的集装箱数量保持平衡;式(11-15)是变量非负整数约束。另外,此模型可以拓展到多箱型或含租箱的多航段舱位分配问题。

11.3.2.2 案例

空箱调运多航段舱位分配模型在实际求解中有很多困难,人们转而寻找求解模型的模拟方法。基于是否考虑需求的变化和分布特征,模型的求解主要分为确定性方法和随机性方法两大类。确定性方法直接采用需求的期望值来代替随机需求。随机性方法中应用比较多的是稳健优化方法。主要思想是在解的稳健性和模型的稳健性之间寻求平衡,有兴趣的读者可寻找相关文献阅读。

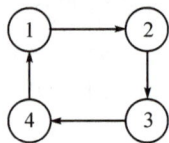

图 11-6 航线示意

考虑国内某班轮运输公司一条近洋自营航线,如图 11-6 所示,该环形航线由 4 个航段构成。可用的最大舱位数为 1000 标准箱,船舶的最大载重量为 8500 吨。不失一般性,假设某一航期内,该航线仅运输冷藏货与非冷藏货两类不同运价的货物。根据历史数据统计发现,各港口对间的货运需求一般会出现好、中、差三种情形,概率分别为 0.3、0.6、0.1。具体的需求数据如表 11-1 所示。表 11-2 是各港口对的运输重箱收益及空箱调运成本。

表 11-1 各港口对的货运需求情况

货物需求		1—2	1—3	1—4	2—3	2—4	3—4	4—1
冷藏货	好	200	250	220	180	150	180	200
	中	100	150	180	150	100	120	100
	差	60	100	140	100	80	80	90
	均值	126	175	188	154	113	134	129
非冷藏货	好	250	200	300	280	200	180	300
	中	200	180	250	200	150	140	200
	差	100	120	180	150	100	100	120
	均值	105	180	258	219	160	148	222

表 11-2 各港口对的运输重箱收益及空箱调运成本

收益和成本	1—2	1—3	1—4	2—3	2—4	3—4	4—1
运输冷藏货收益	200	400	600	200	400	200	600
运输非冷藏货收益	120	240	360	120	240	120	360
空箱调运成本	20	40	60	20	40	20	60

根据确定性方法和稳健优化方法可分别得到案例的舱位分配方案,求解结果如表 11-3 和表 11-4 所示。

表 11-3 确定性方法分配方案

货物	1—2	1—3	1—4	2—3	2—4	3—4	4—1
冷藏货	126	175	188	59	113	134	129
非冷藏货	205	48	258	0	0	159	222
空箱	0	0	0	0	0	0	649

表 11-4　稳健优化方法分配方案

货物	1—2	1—3	1—4	2—3	2—4	3—4	4—1
冷藏货	200	250	220	110	150	180	200
非冷藏货	150	0	180	0	90	180	300
空箱	0	0	0	0	0	0	500

比较表 11-3 和表 11-4 可以发现,对于期望收益,稳健优化方法的结果(目标函数值为 713042),比确定性规划方法(目标函数值为 595100)高出约 20%。这主要是由于确定性方法没有考虑需求的波动性,拒绝了部分运价较高的冷藏箱货物,而稳健优化方法几乎承运达到冷藏箱需求上限数量的货物。另外,确定性方法增加了空箱调运量也是原因之一。结合表 11-4 可以发现,港口 1 出口远大于进口,港口 4 进口远大于出口,空箱优先由港口 4 向港口 1 调运。港口 1 到 4 和港口 4 到 1 的冷藏货运输收益最高,港口 1 到 3 和港口 2 到 4 的收益次之(见表 11-2),优先满足这些航段的货运需求。

空箱调运的舱位分配是集装箱运输收益管理的主要难点,也是区别于其他物流服务的主要不同点。本节主要针对单航线舱位分配问题进行建模,结合案例简要分析集装箱运输舱位分配问题。

11.4　收益管理的发展历史

收益管理起源于航空业,有效地解决了航空业面临的有限资源闲置或价格战所造成的总体收益下滑的现实问题。随着收益管理在航空领域应用的巨大成功,收益管理逐步形成了自己的理论体系,并迅速地在酒店、交通运输、电信等行业得到广泛应用。通过对国内外关于收益管理文献的研究分析,笔者将收益管理理论的发展归结为萌芽、优化和协同三个发展阶段。

11.4.1　萌芽阶段

20 世纪二三十年代,航空业处于发展初期,飞机成本较高,市场供给远远小于市场需求,航空业主要经营运输邮件等货物运输和富有阶层的高端市场,市场主要由大型航空企业垄断。大型航空企业通过高额垄断价格策略获取超额垄断利润。第二次世界大战到 20 世纪 60 年代,飞机制造技术的发展使得航空运输业可以采用大型喷气式飞机,增强了航空公司的运输能力,同时其高速性和舒适性刺激了公众的旅行需求,另外,大型飞机也降低了航空公司的运营成本,极大地推动了航空运输业的发展。随着航空业供给的增加和需求的多元化,单一的高额票价政策造成了飞机座位闲置,由于飞机座位资源的不可存储特点,使得航空公司的收益下滑。为了解决收益下滑问题,航空公司利用计算机技术加强对顾客订票的管理,将一些收益管理的概念逐渐应用到航空领域,如计算机订票系统的使用；利用超订管理手段预防顾客违约（如取消订座、爽约等顾客行为）给企业带来收益损失；利用折扣价管理手段来提高飞机运载率。这些技术和管理手段逐渐形成了收益管理理论的雏形。英国学者李特尔伍德提出的机票预订折扣费用准则理论和二阶分类模型以及美国麻省理工学院教授贝罗巴巴提出的预期边际座位值（expected marginal seat revenue，EMSR）等理论，逐步揭开了收益管理理论由定性研究向定量研究转变的序幕，使得收益管理理论的科学性得到了有效保障。

11.4.2　优化阶段

20 世纪 70 年代末，以美国为首的许多国家政府放松了对航空业的管制，许多低成本运营的中小型航空企业纷纷涌入航空市场（如 People-Express 公司）。美国激烈的航空市场竞争，引发美国航空史上著名的"92 航空价格血战"，造成了美国航空业近 20 亿美元的损失。而此期间，美国航空公司市场部总经理罗伯特·克兰德尔引入了收益管理思想并在此基础上开发出收益管理系统，并将其应用到经营实践中。通过利用收益管理系统以有效地管理座位资源和价格，在全行业亏损的情况下，创造了 6％的收益增长。收益管理理论在美国航空公司应用的成功，引起了业界和学术界对收益管理的重视和研究。国际航空协会（International Air Transport Association，IATA）、运筹协会国际联合会（International Federation of Operational Research Societies，IFORS）等国际机构、科学机构和高校、航空公司及管理咨询公司构成了收益管理理论研究和应用的组织与机构；运筹学、市场学、经济学、管理学、信息学等多学科理论的发展奠定了收益管理的理论基础；收益管理研究从静态发展到动态、由单航程发展到 OD（organizational development）网络研究、由单资源发展到多资源、由二阶分类发展到多阶分类；计算机、数据库和网络技术的发展加速了收益管理理论向实践转化，收益管理应用领域由航空领域逐步拓展到酒店、交通运输、电力、电信、银行等服务领域。此阶段，随着收益管理理论的完善和实践拓展，收益管理逐步形成自身体系，成为现代管理科学中的一个重要分支，以利润为中心的收益优化成为这一阶段的研究主流。

11.4.2　协同阶段

进入服务经济时代，企业经营的内外环境发生了巨大变化，影响企业收益的要素更加复杂多变。企业信誉、社会价值等隐性收益在企业收益中的比重日趋增强。研究者发现，企业是一个开放性的复杂系统，过分强调显性收益——利润最大化，忽视信誉、社会价值等隐性收益，将制约企业收益的进一步提高。为此，对企业收益的认识应由利润最大化转变为价值（利润、顾客满意、社会贡献）最大化，收益管理也由对资源、价格要素优化管理转变为对资源、价格、内部环境（员工、组织结构、企业文化等）以及外部要素（国家政策、顾客、竞争对手或伙伴）的协同管理。随着和谐理论、协同理论、人力资源理论以及顾客行为心理理论的研究成果和方法应用于收益管理，为协同收益管理研究提供了新的理论支持，促使收益管理由优化阶段步入了协同发展阶段。

📖 本章小结

收益管理核心是将有限的资源在最合适的时间、以最合适的价格出售给最合适的顾客。收益管理是从产品或服务提供商的角度出发,根据需求预测,通过差别定价、超售和运力分配最大限度地利用资源,获取最大的收益。其中,需求预测是收益管理的根本和难点;定价、超售水平和运力分配是提供商优化收益的手段。本章以航空货运为例介绍收益管理的主要内容,并简要介绍集装箱运输收益管理中的舱位分配问题。随着收益管理理论在企业运作实践的应用积累,相信将有更多的理论研究成果和成功的应用实例出现。

课后习题

一、思考题

1. 收益管理问题主要有哪些类别?

2. 哪些类型的行业可以进行收益管理?

3. 航空货运有哪些特点?

4. 差异定价和动态定价的定义差别是什么?差异定价的原理是什么?

5. 为什么服务企业要考虑应用超售的方法?超售水平如何确定?

6. 需求差异性主要有哪几类?怎样克服?

7. 和一般的收益管理相比,集装箱运输收益管理实施要注意哪些问题?

8. 航空货运的单位空闲运力的机会收入和单位退运成本都是 10 元,预订后接受物流服务的概率服从区间 $[0.8,1.0]$ 上的均匀分布,额定运力分配如下表所示,试求航空货运的超售水平。

能力	$P(C=c)$
100	2/5
110	2/5
120	1/5

9. 航空货运的单位空闲运力的机会收入为 10 元,单位退运成本为 15 元,预订顾客未到的概率区间服从 $[0,0.1]$ 上的均匀分布,额定运力区间服从 $[0,500]$ 上的均匀分布。试求航空货运的超售水平。

二、案例分析

收益管理在中国南方航空公司货运中的应用

"十五"期间,中国的航空货运市场发展迅猛,成为世界航空货运最具发展潜力的市场。中国南方航空公司(简称"南航")敏锐地抓住了这一发展契机,在 2001 年 11 月底实施"客货并举"战略,成立了南航货运部,正式对航空货运业务实行专业化管理。其中,收益管理的有效实施是南航货运取得飞速发展的主要原因。

为保证货运收益管理的顺利实施,南航货运从企业组织结构、培训机制、激励机制、反馈机制等方面设计货运收益管理的控制流程。

货运收益管理的实施需要矩阵式的柔性组织结构来支持。南航货运主要通过三大部门实现收益管理的有效控制:收益管理部门、货运销售部门和货运操作部门。其中,战略层收益管理部门制定符合市场需求状况和企业自身情况的收益管理模型,为销售工作从整个航线网络的角度提供决策支持,并监管各个销售部门的货运价格制定和货运舱位分配情况。货运销售部门分为全球销售部门和本地销售部门,分别负责货运代理的总部和分部的销售工作。全球销售部门按照收益管理部门提供的价格和舱位的参考框架与货运代理的总部洽谈全球合作协议,旨在平衡货运需求的区域性和季节性差异,提高货运网络的收益。本地销售部门按照货运收益管理部门的销售建议并结合本地市场情况进行货运舱位的分配和价格调整。货运操作部门执行销售部门的工作,受销售部门的监管。货运收益部门是实施货运收益管理的设计师、咨询者和监管部门;货运销售部门和货运操作部门是实施货运收益管理的执行者和反馈者。

随着外部货运需求的变化,在货运收益管理的实施过程中,各航站的销售部门、操作部门的运作流程都可能随之发生一定的变化。此外,随着管理科学和信息技术的发展,货运收益管理的核心模型也有可能在运作过程中做一定的调整。为了货运收益管理的有效实施,南航货运制订了一套长远的培训计划,采用远程和现场的方式对收益管理部门的专业人员和关键职能部门的管理人员进行货运收益管理工作流程、专业知识的培训。

由于一部分货运销售控制权由收益管理部门掌握,为了获得全局的最大收益,南航货运建立了销售业绩评估体系,来评估货运收益管理的效果并分析成败的原因,防止货运收益管理的实施仅仅是安装了一套新的应用软件。货运收益管理效果评估采用内部标准和外部标准相结合的评估方法。内部评估方法考核指标包括整个航空网络的货运收入增长率以及货运需求小的航线的货运收入增长率;外部评估方法考核指标包括各条航线的货舱装载率与行业平均水平的比率。另外,还通过一定的反馈渠道,及时了解货运收益管理模型存在的问题,并积极寻找改善的机会。

自货运收益管理有效实施以来,南航货运已连续两年名列全国同行首位。2003年上半年,其货机完成收入达4.12亿元,增长186.4%。2004年,入选"2004年度中国物流百强企业",名列航空运输类企业第一名;2005年4月,在首届"货运物流资讯"中华区大奖暨"亚洲货运及供应链年度大奖"颁奖典礼上,南航赢得"中国地区最优秀航空货运承运人"大奖;2005年11月,入选"2005年度中国物流百强企业",再次名列航空运输类企业第一名。

问题:
(1)南航货运是怎样保证收益管理的有效实施的?
(2)你认为,南航货运收益管理上还存在哪些地方可以继续改进?

第三篇 运作系统改善

第 12 章　全面质量管理

全面质量管理(total quality management,TQM)的思想与方法形成于 20 世纪五六十年代,到 80 年代已广为人知,并在全世界范围内得到了广泛的应用和发展。由于质量水平是企业的一种核心竞争力,质量管理的内涵与外延在其应用与发展中不断丰富和扩大,质量管理已涉及从战略管理到运作管理、从产品设计到售后服务的企业管理的方方面面。作为一种管理的思想体系,全面质量管理是质量管理的基础与核心。本章的目的在于系统地介绍全面质量管理的主要思想与方法,包括质量概念与全面质量管理的思想、质量改善方法以及统计质量控制方法等。

12.1　质量与质量管理总论

12.1.1　质量的概念

正确地理解质量的概念对于开展质量管理工作是十分重要的。在生产发展的不同时期和全面质量管理理论形成的过程中,不同学者对于质量的概念有不同的理解,其中有代表性的包括:质量管理学家朱兰认为质量是产品的适用性;管理思想家克劳士比认为质量是产品符合规定要求的程度。这两种观点分别代表了从消费者的角度(质量是消费者所认识的价值——所购买的产品/服务是否达到了当初他们购买这种产品/服务的目的,即适用性)和从生产者的角度(质量与技术要求一致)认识质量。在此基础上,TQM 从质量的可实现性角度将质量分解为产品质量与工作质量,而国际标准化组织在其所颁布的《质量管理和质量保证——术语》(ISO8402—1994)中,将质量定义为"反映实体满足明确或隐含需要能力的特征和特征的总和。

12.1.1.1　产品质量及其规范

作为质量的一个基本内涵,产品质量通常被理解为产品的使用价值,这种使用价值的规范与表现特性可概括为:

- 性能——产品主要功能的技术水平和等级;
- 附加功能——为顾客方便、舒适所增加的产品功能;
- 可靠性——完成规定功能的准确性和概率;
- 一致性——符合说明书的程度;

- 耐久性——达到规定的使用寿命的概率；
- 维护性——修理与维护的容易程度；
- 美学性——产品外观的吸引力和艺术性；
- 感觉性——使人产生美好联想。

上述特性侧重在有形产品的质量描述方面，对于服务型产品，美国学者查理·施恩伯格认为还应增加下列规范：

- 价值——满足顾客期望的程度；
- 响应速度——时间；
- 人性——顾客感受到的助益、尊重、信任、体谅等；
- 安全性——无风险、危险和疑虑；
- 资格——具有必备的能力和知识提供要求的服务。

以立体声功放器（有形产品）和银行活期存款业务（服务）为例，上述质量规范的具体要求如表 12-1 所示。

表 12-1　产品质量规范举例

内容	测量内容	
	产品例子：立体声功放器	服务例子：活期存款业务
性能	信噪比、功率	处理顾客需求的时间
特征（附加功能）	遥控	自动账单兑付
可靠性	故障时间均值	处理需求的时间差异
耐用性	使用寿命（包括维修后）	与行业发展趋势保持同步
可维修性	模块化设计	在线报告
一致性	还有说明书没提到的优点	所有承诺都能兑现
美学性	枥木制作的箱体	营业部门厅的外观
感觉性	箱体的手感	营业部门厅人性化的布置

至于服务型产品所强调的另外一些规范，以表 12-1 中所列的活期存款业务为例，价值是指银行的营业部很好地满足了顾客需要，因而顾客愿意接受营业部所规定的价格（活期存款利率/账单处理费用）；响应速度是指营业部办事员特殊要求的态度和平均反应时间；人性是指顾客在营业部所感受的助益、尊重、信任、体谅等；安全性是指存款的无风险、危险和存款被冒领的疑虑；资格是指营业部办事员具有处理活期存款业务必备的能力、与顾客沟通的能力和提供按上述要求对顾客进行服务的能力（营业部办事员必须通过知识与能力的综合考试和面试才能获得上岗证）。

12.1.1.2　工作质量及其规范

工作质量是指企业的生产、技术和组织管理工作对达到高的产品、服务质量的保证程度。工作质量体现在一切生产、技术、经营活动之中，产品质量是企业各部门、各环节工作质量的综合反映。工作质量常用间接指标反映，如产品合格率的提高、废品率和返修率的降低等。一般职能部门的工作质量可以通过工作标准,将"需要"转换成工作规范,然后通过质量责任制等进行评价、考核与综合评分。生产现场的工作质量通常表现为工序质量,即通过工序中的各项要素如操作者、机器设备、原材料、工艺与检验方法、工作环境(4M1E)综合作用的加工过程达到质量要求的能力。

全面质量管理将质量分解为产品质量与工作质量是其管理思想的基础,即质量需要通过整个企业的工作努力达到。这也是 TQM 对质量管理以及管理学思想的一项重要贡献。

12.1.1.3 产品质量的形成

全面质量管理的一个基本思想是:产品质量不是检验出来的,而是通过工作质量达到的。产品质量有一个逐步实现的过程,这个过程可以用朱兰的螺旋曲线表现,如图 12-1 所示。

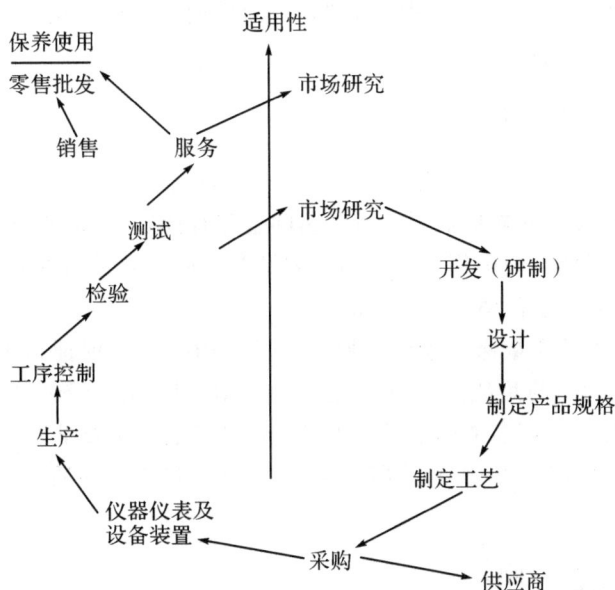

图 12-1 朱兰的螺旋曲线

朱兰的螺旋曲线的启示如下:
- 产品质量形成的全过程包括 13 个环节;
- 产品质量形成的过程是一个循序渐进的过程,每经过一轮循环,产品质量就有所提高;
- 质量系统目标的实现取决于每个环节质量职能的落实和各环节之间的协调,故须对质量形成的全过程进行计划、组织和控制;
- 质量系统是一个开发系统,与外部环境有密切联系,如供应商、销售、产品市场等;
- 产品质量形成过程的每一个环节都要依靠人去完成,人的质量和对人的管理是质量的基本保证。

12.1.2 质量管理的基本概念

12.1.2.1 质量管理

质量管理（quality management）是指确定质量方针、目标和职责并在质量体系中通过诸如质量计划、质量控制、质量保证和质量改进等实施的管理职能的所有活动。

质量管理是企业管理职能的一部分，它的职能是负责确定并实施质量方针、目标和职责。质量管理的职责由企业的最高管理者承担，他对质量管理的实施负有不可推卸的职责。同时，企业内各级管理人员和全体员工的积极参与是使质量管理达到预期目标的保障。质量目标的确定和实现依靠企业各职能部门的努力工作和相互配合。质量管理工作包括质量计划、质量控制、质量保证和质量改进等活动。质量管理经历了质量检验、统计质量控制，发展到今天的全面质量管理。全面质量管理已在世界上许多国家和地区推行，并取得了卓著的成效。

12.1.2.2 质量保证

质量保证（quality assurance）是指为了提供足够的信任，表明实体能够满足质量要求，而在质量体系中实施并根据需要进行证实的全部有计划、有系统的活动。

质量保证是为了使人们确信企业能满足质量要求所必须进行的有计划、有系统的活动。它不是仅仅针对某项具体质量要求的活动。

质量保证分为内部质量保证和外部质量保证。内部质量保证是为使企业的领导者确信本企业提供的产品满足质量要求所进行的活动，是企业内部质量管理职能的一部分；外部质量保证是为了使需方确信供方提供的产品满足质量要求所进行的活动。

随着信息技术的发展，在质量保证活动中采用计算机将会使质量保证所提供的信任更为充分和可靠。

12.1.2.3 质量控制

质量控制（quality control）是指为达到质量要求所采取的作业技术和活动。该定义中所说的"质量要求"应转化为质量特性，这些特性应用定量或定性的规范来表示，以便于作为进行质量控制时的依据。所采取的"作业技术和活动"应贯穿于产品形成的全过程，即包括营销和市场调查、过程策划与开发、产品设计与采购、生产或服务提供、验证、安装和储存、销售和分发、安装和投入运行、技术支持和服务、用后处置等各个环节或阶段的质量控制。

质量控制和质量保证在某些方面是互相渗透的，即某些质量活动既满足了质量控制的要求，同时也满足了质量保证的要求。

制造企业中的质量控制不能仅理解为是对产品进行检测，保证不让不合格品流入顾客手中。质量控制为企业形成了强有力的信息反馈，形成了多层次的反馈闭环系统。例如，根据质量信息实现过程控制，可以避免和减少产品性能偏离目标值；利用外购材料和零件的质量信息可以控制供货商的质量水平;利用过程能力信息可以改进工艺过程,等等。

12.1.2.4　质量体系

质量体系(quality system)是指为了实施质量管理而建立和运行的由组织机构、程序、过程和资源组成的有机整体。

每一个企业都客观存在着质量体系。企业领导者的职责是站在系统的高度将影响产品或服务质量的因素作为质量体系的组成部分,使其相互配合,相互促进,实现系统的整体优化,从而建立和健全企业的质量体系,使之更为完善、科学和有效。

质量体系中的组织结构是质量体系有效运行的保证,它既要有利于领导的统一指挥和分级管理,又要有利于各个部门的分工合作。

质量体系的资源包括:人才资源和专业技能、设计和研制设备、制造设备、检验和试验设备、仪器、仪表和计算机软件等。

12.1.3　质量成本

质量成本是指企业为确保满意的质量而产生的费用和没有获得满意的质量而导致的损失。另一种理解就是当生产的产品不是100%合格时,为提高产品质量而增加到生产当中的全部成本。

质量成本分析基于如下三个基本假设:
- 故障发生是有原因的;
- 预防成本很低;
- 性能能够度量。

12.1.3.1　质量成本的组成

我们可以用一个公式来表示质量成本的组成:

质量成本＝达到高质量的成本＋低劣质量导致的成本

(1)达到高质量的成本

达到高质量的成本＝防范(预防)成本＋评价成本

①防范(预防)成本

防范(预防)成本是指为防止缺陷产生而发生的成本总和,如识别缺陷原因及采取消除措施的成本、人员培训成本、产品/系统重新设计成本、购买/更新设备成本。

②评价(鉴定)成本

评价成本是指为确保产品/工艺是可接受的而进行的检验、试验及其他工作所产生的成本。

(2)低劣质量的成本

低劣质量成本＝内部故障成本＋外部故障成本

①内部故障成本

内部故障成本是指系统内部发生缺陷时的成本,包括废品、返工、维修成本。

②外部故障成本

外部故障成本是指系统外部发生缺陷时的成本，包括保修费、失去客户和商誉的成本、处理投诉的成本、产品修理成本。

据估计，质量成本一般占销售额的15％～20％。克劳士比认为，一个运行良好的质量管理计划，其正确的质量成本应占销售额的2.5％以下。表12-2显示的是一个质量成本报表，用以分类显示各种质量成本。

表12-2 质量成本报表

各种质量成本	当前月成本/美元	占总成本的百分比/%
防范成本		
质量培训	2000	1.3
可靠性诊断	10000	6.5
指导生产正常进行	5000	3.3
系统开发	8000	5.2
小计	25000	16.3
评价成本		
材料检验	6000	3.9
供应检验	3000	2.0
可靠性试验	5000	3.3
实验室试验	25000	16.3
小计	39000	25.5
内部故障成本		
废品	15000	9.8
修理	18000	12.8
返工	12000	7.8
停工	6000	3.9
小计	51000	33.3
外部故障成本		
保修成本	14000	9.2
保修外的修理及换件	6000	3.9
顾客投诉	3000	2.0
产品责任	10000	6.5
运输损失	5000	3.3
小计	38000	24.9
总质量成本	153000	100.0

12.1.3.2 对质量成本的认识

通过对质量成本的组成进行分析,可以看出,达到高质量的成本通常会随着质量水平的提高(废品率的降低)而升高,而低劣质量的成本会随着质量水平的提高(废品率的降低)而下降。那么最优的质量成本到底在哪种质量水平下达到?

(1)静止的观点:存在一个低于100%(零缺陷)的"最优"质量水平,如图12-2所示。

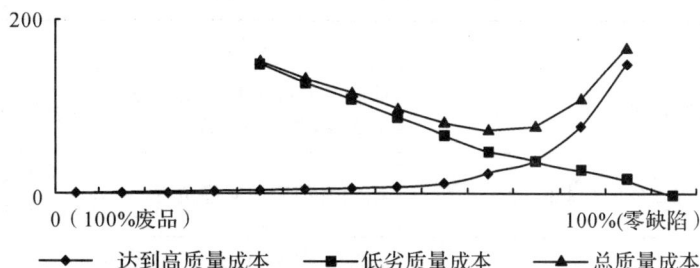

图 12-2 静止的观点

(2)全面质量管理的观点:最优质量水平在零缺陷上达到,如图12-3所示。

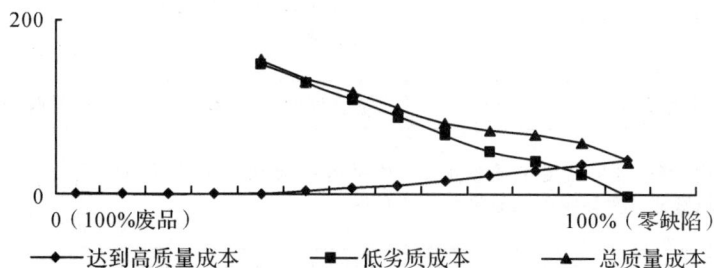

图 12-3 全面质量管理的观点

全面质量管理认为,在企业的发展过程中必须坚持持续改进。持续改进是一种管理思想,是把产品和流程改进作为一种永不终止的、不断获得小进步的过程。在持续改进的过程中,企业机器、材料、人力资源以及生产方式不断进行改进,从而在较低的成本水平下得到更高的质量水平。在这一过程中预防是最重要的因素。一条重要的规律就是,在预防方面每花费1美元,就可以在故障和评价成本方面节省10美元。当然,为降低质量成本而进行的这些努力常常会附带着提高生产率。所以从长期来看,企业在不断追求更低质量成本的过程中,最优质量水平就会在零缺陷上达到。

对质量成本认识的几个启示:

* 长期坚持持续改进;
* 预防是最重要的;
* 提高质量能附带地提高生产率。

12.1.4　质量大师的理念

历史上著名的质量运动思想领导有克劳士比、戴明、朱兰,表 12-3 比较了质量大师们关于质量是什么以及如何实现它们的观点。

表 12-3　质量大师观点的比较

观点	克劳士比	戴明	朱兰
质量定义	符合需要	低成本下可预测的吻合度和可靠度,适应市场需要	满足顾客需要的适用性
高层管理责任程度	对质量负有责任	对 94% 的质量问题负责	工人对质量问题负不到 20% 的责任
行为标准/动机	零缺陷	质量有许多等级;运用统计方法度量各领域的性能;零缺陷是关键	不搞工作尽善尽美的运动
基本方法	预防而不是检验	通过持续改进减少变异;停止大批量检验	对质量管理运用全面管理的方法;尤其注重人的因素
结构	质量改进的 14 个步骤	质量管理的 14 个要点	质量改进的 10 个步骤
统计过程控制(SPC)	拒绝统计可接受的质量水平(要求 100% 完美的质量)	必须运用质量控制的统计方法	建议使用 SPC,但警惕 SPC 有可能导致工具驱动方法
改进基础	一个过程而不是一个计划;改进目标	不断减少变异;取消没有方法的目标	项目组方法;设立目标
团队	质量改进团队;质量理事会	员工参与决策制定;打破部门之间的界限	团队和质量环方法
质量成本	不符合质量要求的成本,质量是免费的	不存在最优;不断改进	质量不是免费的,不存在最优
采购和货物接收	表明需求;供应商是业务的扩展;大多数错误是由采购人员自己造成的	检验太迟;抽样允许次品进入系统;要求有统计证据和控制图	问题比较复杂;要进行一些正式调查
供应商评价	进行供应商评价,并评价采购员;认为质量评审没有用	不评价供应商;但对供应商的许多体系严格要求	进行评价,但帮助供应商改进其质量

(1)戴明质量管理的 14 个要点

- 确立改进产品和服务的长期目标;
- 学习新的理念;
- 抛弃对大量检验的依赖,把质量建立在统计依据上;
- 改变基于销售价格的奖励制度,努力进行准时化采购;

- 不断地发现问题,包括设计、采购、设备、维修、培训、监督等各方面的问题,这是管理的任务;
- 建立传授现代方法的在职培训;
- 监督人员的责任必须从单纯追求数量转变到追求质量,这样生产率自然会提高;对来自监督人员的有关产品缺陷、机器故障、工具不良、作业指令不详的报告,管理人员必须立即采取措施;
- 排除恐惧,建立信任,创造一种敢于创新和提建议的气氛;
- 撤除部门之间的壁垒,研究、设计、销售、生产部门的员工应像工作在一个团队中那样进行合作;
- 去掉那些鼓动人们单纯追求数量,而不是采取新方法提高生产率的标语、口号和宣传画;
- 剔除那些只有数量而无质量规定的数量定额;
- 恢复工人为自己拥有高超的技艺而自豪的权利;
- 建立生动活泼的教育和自我提高的计划与体系;
- 使公司的每一个人都为完成上述转变而努力,这种转变是每个人的责任。

(2)朱兰的质量管理"三部曲"

大量研究证明,超过80%的质量缺陷都是由于管理不善造成的。为改造传统的管理,朱兰提出了质量管理的"三部曲"。

质量管理的"三部曲":质量计划、质量控制、质量改进。

①质量计划。

- 明确谁是顾客,包括企业内部顾客和外部顾客;
- 确定顾客的需要;
- 开发产品特性以满足顾客的需要;
- 设立质量目标,以达到顾客和供应商双方的要求,并实现成本最低;
- 开发整套工艺,生产出顾客要求的产品特性;
- 确认工序能力,即验证工序在给定的作业条件下达到质量目标的能力。

②质量控制。

- 选择控制对象——控制什么;
- 选择度量单位;
- 建立度量体系;
- 建立衡量绩效的标准;
- 测定实际的工作状况和结果;
- 将实际结果与标准进行比较,解释偏差的原因;
- 采取措施消除偏差。

③质量改进——着重解决那些长期得不到根治的质量问题。

- 证明质量改进的必要性;
- 确认质量改进的特定对象或问题;
- 对改进项目进行计划和组织;

- 组织对问题原因的诊断工作；
- 通过诊断发现问题的原因；
- 制定解决措施；
- 验证在一定的作业条件下解决措施是有效的；
- 巩固质量改进的成果。

（3）美国质量管理学者费根鲍姆的全面质量管理观点

- TQC 必须落实在质量管理和质量保证上，而非其中的某一方面；
- 从长远的观点看，更好的质量将带来更低的成本；
- 提出了"隐藏工厂"的概念，它是现有工厂生产能力的一个组成部分，这部分能力浪费在制造废品、返工和重新制造不合格品上，通常占正常生产能力的 15%～40%。

12.2 全面质量管理(TQM)

12.2.1 全面质量管理的含义

12.2.1.1 全面质量管理的定义、基本思想和特点

（1）全面质量管理的概念

ISO 8402—1994《质量管理和质量保证——术语》中对全面质量管理的解释是：一个组织以质量为中心，以全员参与为基础，目的在于通过让顾客满意和本组织所有成员及社会受益而达到长期成功的管理途径。TQM 从服务顾客的角度也可以理解为"管理整个组织令它在产品和服务方面都具有优势，而这些产品和服务对顾客来说都是重要的"。

全面质量管理有两个基本的运作目标：

- 仔细设计产品或者服务；
- 确保组织系统能持续生产设计的产品或者服务。

（2）全面质量管理的基本思想

全面质量管理的基本思想，概括起来可以总结为以下五个方面。

①全面的质量概念。

质量应包括技术性能、服务质量和成本质量（价格要低廉），而不仅仅限于产品质量。质量由设计质量、制造质量、使用质量、维护质量等多种因素构成。质量是设计制造出来的，而不是检验出来的。

②全过程的质量管理。

所谓全过程，是相对于制造过程而言的，其范围是产品质量产生、形成和实现的全过程，包括市场调查、研究、开发、设计、制造、检验、运输、储存、销售、安装、使用和维修等多个环节及整个过程的质量管理，全面落实预防为主的方针。

③全员参与的质量管理。

产品质量的优劣，取决于企业全体人员的工作质量水平，提高产品质量必须依靠企

业全体人员的努力,调动企业所有人员的积极性和创造性,使每一个人都参加到质量管理工作中来。

④全企业的质量管理。

企业的各个管理层次都有明确的质量管理活动内容,产品质量内容分散在企业各有关部门,形成一个有机体系。

⑤可以用的一切现代管理技术和管理方法。

(3)全面质量管理的特点

①全面质量管理是一种管理途径。

TQM 既不是某种狭隘的概念或简单的方法,也不是某种模式和框架。

②全面质量管理必须以全员参与为基础。

- 包括组织中的所有部分和人员的积极投入;
- 组织最高管理者强有力的、持续的领导、组织和扶持;
- 有效的质量培训工作。

③全面质量管理强调让顾客满意和本组织所有成员及社会受益。

- 不是一方受益而其他方受损;
- 要求组织能在最经济的水平上最大限度地向顾客提供满足其需求的产品和服务。

④全面质量管理强调一个组织的长期成功而不是短期的效益。

- 要求有一个长期的、富有进取精神的质量战略;
- 建立并不断完善质量管理体系;
- 培育并不断更新质量文化。

12.2.1.2 全员参与的质量管理

质量管理要求企业充分调动所有环节、部门层次的积极性和创造性,不断提高人的素质,人人关心质量问题,人人做好本职工作,生产出用户满意的产品。

实现全员参与的方法主要有:

- 组建品管圈(quality control circle,QCC);
- 全员把关;
- 质量教育。

(1)组建品管圈

品管圈是指同一工作单位或工作性质相关联的人员自动自发组织起来,灵活运用各种统计工具(品控方法/工具),持续地对自己的工作进行改善活动的小组,通常由 3~10 人组成。

QCC 是由日本石川馨博士在 1962 年提出的,20 世纪 80 年代以来在欧美等国家得到广泛应用。许多员工如果被允许参加改进他们所进行的工作,这些员工往往会表现出更大的兴趣和成就感,石川馨博士由此提出 QCC。

QCC 的主要特点是:全员参与的活动、自主性的活动、尊重人性的活动、联谊情感的活动、自我启发的活动、教育性的活动、科学性的活动、改善企业体质的活动、挑战性的活动、持续性的活动、团队合作的活动。实施 QCC 对个人的好处有:训练成员以科学的方式解决问题，充实成员的知识，激发潜能，提升能力，增进良好的人际关系，提供成员体会工作的意义和乐趣的机会，满足员工自我实现的需求，并且随着企业发展，增加物质收入；对企业的好处有：可以更好地落实质量控制活动，以做好品质保证，提高团队士气，提高工作水准，提高品质意识，提高问题意识，使管理上轨道。

（2）全员把关

全员把关是指每个人都对产品质量负有责任，应及时发现问题并把问题解决在源头。与强调检验员把关相比，企业应更强调全员把关，即每个员工保证不让任何有质量缺陷的加工件进入下一道工序。全员把关能节约大量的劳动力成本和机器损耗成本，缩短制造提前期。

表 12-4 展示了全员把关的优点。

表 12-4　一个四工序生产流程中的生产损失

工序	产品不合格率/%	加工产品数	每道工序产生的不合格零件数	进入到下一工序的合格零件数
1	1	114	1	113
2	4	113	5	108
3	2	108	2	106
4	6	106	6	100
总计	—	—	14	—

（3）质量教育

人的因素是全面质量管理中的首要因素，对企业所有员工开展质量教育活动，灌输全面质量管理理念是企业成功实施全面质量管理的保障。

质量教育工作的主要内容有：

- 全面质量管理知识的普及、宣传和教育；
- 技术培训和大练基本功。

12.2.1.3　全过程的质量管理

产品的质量取决于设计质量、制造质量和使用质量的全过程。因此，在产品质量的所有环节，包括市场调查、研究开发、设计、制造、检验、运输、存储、销售、安装、使用和维修等都要把好质量关。

12.2.1.4　全企业的质量管理

要从组织管理的角度考虑如何进行质量管理，打破各部门的界限和壁垒，形成质量管理体系。

企业各层管理者质量管理的重点如下：

- 高层侧重于质量决策，制定质量方针、目标、政策和计划，并统一组织、协调各部门、环节、人员的质量管理活动，保证实现经营管理目标；

- 中层要实施高层的质量决策,运用一定的方法找出各部门的关键和薄弱环节,并确定目标和对策;

- 低层要求按标准、规章生产,并积极组织员工开展 QCC 活动,不断改善作业。

12.2.2　全面质量管理的基本内容

12.2.2.1　设计过程的质量管理

(1)设计过程质量管理的概念

设计阶段是产品质量形成的起点,是影响产品质量的重要环节,设计过程质量管理主要包括市场调查、试验研究、产品设计、工艺设计、新产品试制和鉴定。

设计过程质量管理的主要任务有:

- 根据对使用要求的实际调查,制造新产品或改进老产品,使之具有更高、更好的使用效果;

- 在保证满足使用要求的前提下,要根据企业生产技术的现有条件和发展可能,采取先进的工艺,以取得好的生产效果;

- 努力解决保持产品设计的稳定性和市场需求的多样化之间的矛盾;

- 应用并行工程进行产品开发。

(2)设计过程质量管理的方法和步骤

①制定产品质量目标。

- 调查用户的反映和使用效果;

- 调查生产过程中出现的质量问题;

- 搜集国内外有关的技术经济情报。

②加强设计中的试验研究工作。

主要采用快速原型、虚拟试验的方法来实现。

③参加设计审查和工艺验证。

工艺、工夹具设计是保证产品质量的重要环节,质量管理部门应参加评议。

④组织样机、新产品鉴定。

这是设计到制造的一个关键环节,应从技术、经济、市场反应等多方面进行评价,订正、认可各项技术文件。

⑤技术文件的质量保证。

努力实现产品、工艺、制造之间的文件无差错传递。

⑥标准化审查工作,广泛实行标准化。

⑦进行产品质量的经济分析。

- 质量很差,价格再便宜,用户也不欢迎;

- 质量(功能)越高,价格将相应增加,但有限度;

- 设计过程影响着制造过程中生产技术水平和管理水平的提高,而这些对提高产品质量、增加盈利(减小成本)有较大的促进作用。

（3）产品设计稳定性与市场需求多样化矛盾的解决方法

- 降低产品的内部复杂性；
- 零件通用化；
- 工具通用化；
- 特征的通用化；
- 原材料的通用化；
- 工艺的标准化；
- 昂贵零件的标准化。

12.2.2.2 制造过程的质量管理

（1）制造过程的质量管理概念

制造过程的质量管理就是从原材料投产到产出成品的全过程的现场管理。

（2）制造过程的质量管理内容

①对制造过程各环节的质量检验工作；

②质量分析工作，找出产生质量缺陷的原因，并采取预防措施。

（3）制造过程质量管理的方法和步骤

①严格贯彻执行工艺，全面掌握保证产品质量的工序能力（人、机、料、法、环、测）。

②合理选择检验的方法。

确定检验点：关键工序、无法自检/互检的工序、末道工序。

应用的检验方法如下。

- 按工作过程的次序分：预先检验，中间检验，最后检验；
- 按检验地点分：固定检验，流动检验；
- 按检验数量分：全数检验，抽样检验；
- 按检验的预防性分：首件检验，统计检验。

③建立一支专家、员工结合的检验队伍，实现自检、互检、专检相结合。

④掌握质量动态。进行质量状况的综合统计与分析，指标包括产品质量指标和工作质量指标。

⑤即时进行不合格品的统计与分析。

组织 QCC，应用各种统计分析工具。

⑥工序的质量控制。建立管理点，使用控制图。管理点设立的原则：

- 关键工序、关键部位；
- 工序本身有特殊要求，对下一道工序有重大影响的项目；
- 质量不稳定，出现不合格品较多的加工部位和项目；
- 用户通过产品试用和使用反馈回来的质量不良项目。

⑦制造过程的经济分析。主要是综合长期成本和短期成本，平衡长期目标和短期目标。

⑧应用工业工程（industrial engineering，IE）对制造过程进行改善。工业工程是指使用工程分析与设计中的原理与方法，对生产系统所能得到的功能进行说明、预测和评论。

狭义的工业工程仅包括工作研究；广义的工业工程（现代工业工程）包括工作研究、工厂设计、质量控制、人机工程、成组技术、计划协调技术等。永不满足的精神是工业工程的本质理念。生产率的提高是人类永无止境追逐的目标，为此要：眼睛向内，挖掘潜力，提高生产率；凡事都要追求"最好"的工作方法，且最好的方法永远是下一个更好的方法；从全局利益出发，追求系统的最大整体效益；提倡全面协作精神。

IE 的方法研究与工作测定程序是：

（1）立项——选择合适的工作研究目标，经济、技术、人的因素；

（2）目标——确定工作研究目标，制订标准评价解决方案；

（3）分析——将工作过程分解为工作单元，进行 5W1H 分析；

（4）革新——取消、合并、重排、简化（ECRS 技术）；

（5）评价——革新后的工作方法；

（6）试行——检验新方法的可行性、可靠性、安全性；

（7）应用——新工作方法标准化，经批准后颁布实施。

12.2.2.3 辅助服务过程的质量管理

辅助服务过程的质量管理是指对物资、工具、工装供应，设备维修，动力供应等的质量管理。

辅助服务过程的质量管理的主要要求有：

- 自身质量的管理；
- 属于服务部门，应有好的服务质量。

12.2.2.4 使用过程的质量管理

（1）使用过程的质量管理是指产品的质量特性是根据使用的要求设计的，实际的质量必须在使用过程中才能做出充分评价。

（2）使用过程的质量管理要求。

- 做好对用户的技术服务工作；
- 做好使用效果与使用要求的调查研究工作。

（3）使用过程的质量管理方法。

①开展技术服务工作

编制产品说明书，传授安装、使用和维修技术，协助用户解决技术上的疑难问题，供应用户进行修理的备品备件。

②进行使用效果和使用要求的调查

产品说明书中附带质量调查表、建立与用户的联系、与专业检修部门建立经常联系、在使用地点进行现场实验、请重点单位建立使用记录、用户来信来访的积累。

③认真处理出厂产品的质量问题

组织有销售、使用、科研、设计、工艺、制度和质管等多部门参加的审查和验证，确定适合的设计方案；保证技术文件的质量；做好标准化的审查工作；督促遵守设计试制的工作程序；等等。

12.2.3 全面质量管理要素

如果将全面质量管理理解为：管理整个组织，使其能够在对顾客重要的产品和服务等各个方面都表现卓越，那么全面质量管理的要素主要包含两个方面，即思想要素和工具要素。其中，思想要素涉及对质量和质量管理的认识、企业的战略、企业的组织、领导的行为、企业的文化等方面；工具要素是指支持思想要素统计的系统工程方法，从工具应用的主体分，可将其分为一般工具和质量控制部门的工具。一般工具是指全体员工和管理者需要了解或掌握的工具，包括统计过程控制（statistical process control，SPC）工具和质量功能展开（quality function deployment，QFD）工具；质量控制部门工具是指质量管理与质量控制部门需要掌握和应用的工具，主要为统计质量（statistical quality control，SQC）工具，如图12-4所示。

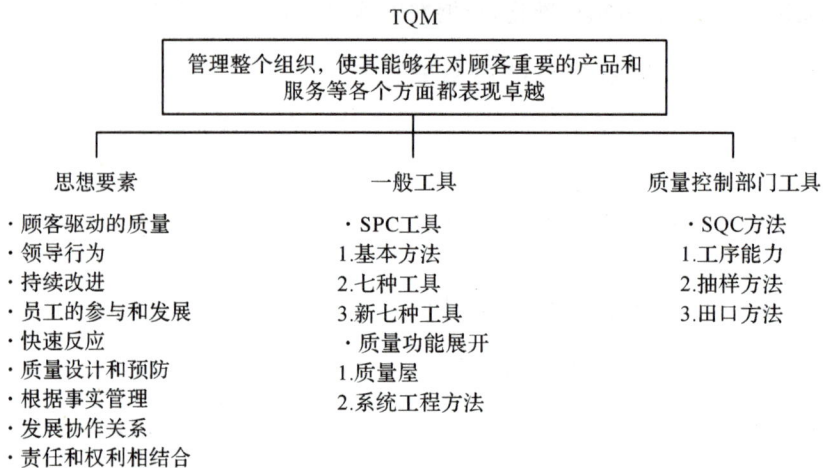

TQM

管理整个组织，使其能够在对顾客重要的产品和
服务等各个方面都表现卓越

思想要素	一般工具	质量控制部门工具
·顾客驱动的质量	·SPC工具	·SQC方法
·领导行为	1.基本方法	1.工序能力
·持续改进	2.七种工具	2.抽样方法
·员工的参与和发展	3.新七种工具	3.田口方法
·快速反应	·质量功能展开	
·质量设计和预防	1.质量屋	
·根据事实管理	2.系统工程方法	
·发展协作关系		
·责任和权利相结合		

图 12-4　全面质量管理要素

接下来，我们将按照上述体系来介绍全面质量管理的工具要素。

12.3　质量改善方法

12.3.1　基本方法

在这一小节我们将主要介绍甘特图、流程图、统计图、雷达图、5W1H法、4M法、愚巧法、头脑风暴法这八种基本的质量改善方法。

12.3.1.1　甘特图

甘特图是在第一次世界大战期间，由美国人甘特发明，也叫横道图、线条图或时间进度表。图 12-5 显示的是某机床大修的甘特图,甘特图的横向表示时间进度,纵向表示步骤或工序。甘特图可方便地将计划与实际进度进行比较。

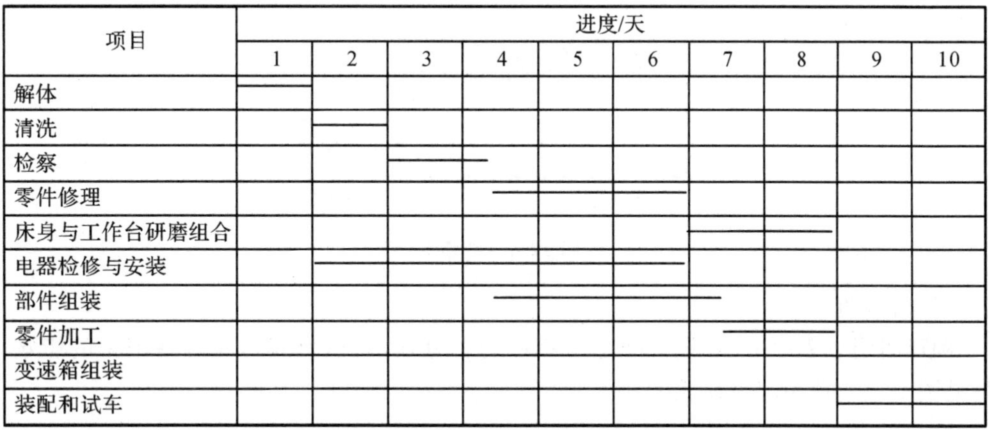

项目	进度/天									
	1	2	3	4	5	6	7	8	9	10
解体	━									
清洗		━								
检察			━	━						
零件修理				━	━					
床身与工作台研磨组合							━	━		
电器检修与安装		━	━	━						
部件组装				━	━	━				
零件加工							━	━		
变速箱组装										
装配和试车									━	━

图 12-5 某机床大修的甘特图

甘特图的不足之处主要有:
- 不能在图上清楚地指出各种活动的相互关系;
- 不能表现工程项目的矛盾所在;
- 不能对各种计划方案进行优选。

12.3.1.2 流程图

流程图是用一些简单的符号、箭头和文字来图形化地描述出流程中的活动及其顺序关系。流程图可用来描述现有流程和改进后的流程,以进行对照。

流程图的常见种类如下:
- 方框图——快速表示;
- 标准流程图——详细分析;
- 职能流程图——描述跨越部门的流程;
- 地理流程图——描述不同地点间的流程。

12.3.1.3 统计图

下面主要介绍统计图中常见的推移图和圆形图。

(1)推移图

推移图就是把数据变动点和折线连起来的图。推移图是用来观察数据和时间变化的一种好方法。在推移图中影响数据的因素如能按层次表示即可了解其影响度。图 12-6 所示的推移图显示了一项技术改善前后产品不良率的变化情况。

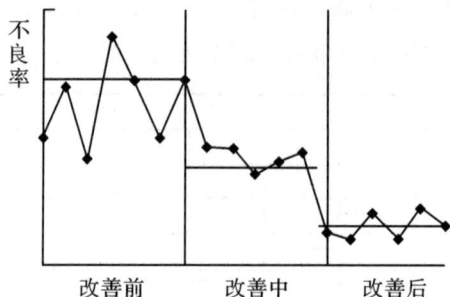

图 12-6　推移图

（2）圆形图

圆形图用以表示不同因素、问题等所占的百分比，可以直观对比各种因素的影响程度（见图 12-7），使用起来比较方便。

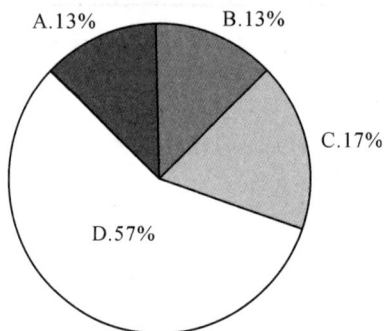

图 12-7　圆形图

12.3.1.4　雷达图

雷达图最早应用在企业财务分析中，雷达图主要应用于企业经营状况——收益性、生产性、流动性、安全性和成长性的评价。雷达图是将一个企业的各项指标进行分析，将其中比较重要的项目集中画在一个圆形的固定表上，以表现企业各项指标比率的情况，使用者能一目了然地了解公司各项指标的变动情形及其好坏趋向。

雷达图的绘制方法是：先画三个同心圆，同心圆中最小的圆代表同行业最差的情况；中间的圆代表同行业的平均水平，称为标准线（区）；大圆表示同行业的最佳状态。以圆心为起点，以放射线的形式画出相应的经营比率线。然后，在相应的比率线上标出本企业决算期的各种经营比率。将本企业的各种比率值用线联结起来后，就形成了一个不规则的闭环图。它清楚地表现了本企业的经营态势，并把这种经营态势与标准线相比，就可以清楚地看出本企业的成绩和差距，指出企业在今后发展中需要保持和改善的方面。图 12-8 显示了企业在实施某项措施前后，员工在八个方面与同行业最高水平对比的变化情况。

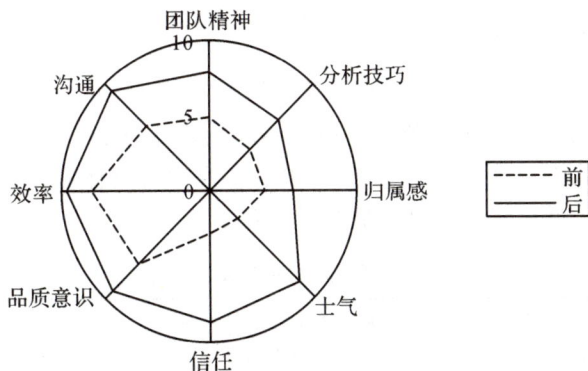

图 12-8　雷达图

12.3.1.5　5W1H 法

5W1H 法是指制定出许多简单的指南(见表 12-5),以帮助员工或小组创造出新的思想,这些指南促使人们从各种能想象到的角度对每件事情提出疑问。其中,5W 是指做什么(what)、何地(where)、何时(when)、谁(who)、为什么做(why),1H 是指如何做(how)。

表 12-5　5W1H 法

5W1H	内容	质问
what	• 去除不必要的部分和动作 • 改善对象是什么? • 改善的目的是什么?	• 做什么? • 是否无其他的可做? • 必须做些什么?
where	• 改变场所或改变场所之组合 • 作业或作业者的方向是否在正确的状态	• 在何处做? 为什么在那地方做? • 是否在别的地方做更有效率? 应该在何处做?
when	• 改变时间、顺序 • 改变作业的时刻、时间或时期	• 何时做? 为什么那时做? • 别的时间做是否更有利? 应该在何时做?
who	• 人的组合和工作的分担 • 作业者、机器、工具间关系的重新检讨	• 谁在做? 为什么要这个人来做? • 是否无其他人可替代? 有谁可以做得更好?
why	• 将所有的事情先怀疑一遍,再做深入研究 • 对上述四个方面的问题,均用 why 来检讨,以找出最好的改善方案	• 为什么要这样做? • 为什么要使用目前的机器做? • 为什么要按目前的步骤做?
how	• 使方法、手段更简单 • 改变作业方法与步骤,使所需劳力、技巧更少,成本更低	• 情形到底如何? 为什么要如此做? • 为什么没有其他可替代的方法? • 到底如何做最好?

12.3.1.6　4M 法

4M 法，又称 4M 检核法，也就是人们所说的"人—机—料—法"分析法。4M 是指作业员（man）、机械设备（machine）、原材料（material）、作业方法（method），这四个 M 用在质量瑕疵方法上谓为四大要素。表 12-6 列出了各要素的具体考核指标。4M 法在追查不良原因品质瑕疵以及工程管理时是最有用的方法。

表 12-6　4M 法

man	是否遵守标准 是否具有旺盛的责任感 配置是否适当 健康状况是否良好	作业效率是否良好 是否具有技术 是否有改善意愿	是否具有问题意识 是否具有经验 人际关系是否良好
machine	是否有足够的工序能力 有无充分的点检 是否会发生异常 整理整顿是否做好	可靠性如何 是否发生故障停止 配置是否适当	加油是否适当 精度是否足够 数量是否过多或不足
material	数量有无发生错误 有无混入异质材料 处理情形是否良好	等级有无发生错误 在库量是否适当 配置情形是否良好	厂牌有无产生错误 有无浪费现象 品质水准是否良好
method	作用标准内容是否良好 这种方法是否能制成 相互协调是否良好 前后工程的连接是否良好	作业标准是否有修改 这种方法能否提高效率 温度、湿度是否适当	这种方法是否安全 作业顺序是否适当正确 照明、通风设备是否适合

12.3.1.7　愚巧法

只要是人，不管如何注意作业，也可能会发生错误。在这一前提下，愚巧法就是让那些即使再愚钝的人来操作或作业也不会发生错误而提出的一种方法。

愚巧法使用的要点有：

- 对象的形状、大小、颜色、感觉声音等很容易被识别；
- 利用某种手段或辅助工具，使错误不会发生；
- 利用物品的放置方式或作业顺序，区别易混淆的相关作业；
- 作业顺序若发生错误，就不能进入下一作业。

在现实中，我们经常会用到愚巧法，如：

- 电器的保险丝→防止过负荷；
- 特别加浓气味的煤气→防止漏气的危险；
- 煤油炉倒后的自动熄火装置→防止火灾；
- 定期更换干净的烟灰盒→使烟灰缸保持清洁；
- 铁路道口的自动警报器→防止交通事故。

12.3.1.8　头脑风暴法

(1)头脑风暴法的概念

1939 年,头脑风暴法是美国的广告代理商 BBDO 公司副总裁亚历克斯·奥斯本想出来的方法,具有在"完全没有限制的轻松状态下,从自由的反应当中,自由地遐想,因而产生许多奔放的创意及方案"。

头脑风暴法的提出基于这样两个理由:一是人在思考创意时,如以集团的方式一起思考,则由于互相刺激的关系,比个人思考更容易产生好的创意;二是只要是没有批评的自由环境,构思能力即可以发挥至最高点以上。

(2)头脑风暴法的注意事项

- 禁止批评:不要评估好与坏,不要挑毛病。
- 自由奔放:不妨偏离目标,欢迎异想天开的想法。
- 求量:主意越多越好,100 个中或有一个好的,主意多了就没时间批评。
- 搭别人创意的便车:一个构想可以诱发其他创意,不要客气,利用别人的创意联想。

(3)头脑风暴的应用程序

①准备程序

在会议前由圈长仔细分析问题,并从种种角度考虑,使讨论能够进行。时间为 40～60 分钟,超过则不易产生创意。

②正式程序

- 首先提出一些有趣的话题,使会议气氛轻松;
- 若初次参加的人较多,张贴上述四个注意事项;
- 视实际的需要,做点轻松的热身运动;
- 出示主题,寻求圈员创意,尽可能让全员发言;
- 将创意迅速写在黑板或稿纸上;
- 应巧妙抑制任何批评;
- 若有相同意见提出,也要装作不知道而接受;
- 虽禁止批评,但可适当鼓励;
- 若发言停顿,圈长可提出自己准备好的创意;
- 回头看已有的创意,研讨能否变形或组合成新的创意;
- 将已有的创意编号,若创意停顿,予以激发;
- 目标 100 个创意,若已足够,可致谢结束;
- 把整理好的创意制成一览表,再次送回圈员;
- 把重新整理好的包括可能追加的创意,转送评估小组。

以上概要介绍了八种基本的质量改善方法,这些方法集中体现了质量管理是全员产生的、全过程的、全企业的质量管理的特点。最后还需要指出的是,这些方法看起来都比较简单,但能够在实际工作中正确、灵活地应用并不是一件简单的事。下面我们继续介绍"以事实和数据为基础进行判断和管理"的质量改善方法。

12.3.2 质量控制的七种工具

在本小节中我们将介绍特性因素图、排列图、直方图、分层法、散布图、统计分析表、控制图这七种质量控制工具。

12.3.2.1 特性因素图

特性因素图是由石川馨教授在 1953 年发明的，又叫鱼刺图、因果图（见图 12-9），它是发挥集体智慧，寻找质量问题的原因。

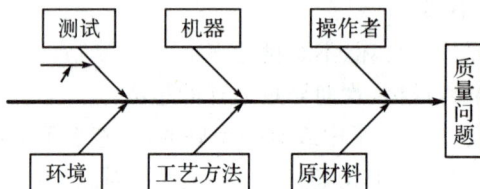

图 12-9 特性因素图

特性因素图特别适合在工作小组中实行质量的民主管理。当出现了某种质量问题，但未搞清楚原因时，可针对问题发动大家寻找可能的原因，使每个人都畅所欲言，把所有可能的原因都列出来。企业加工出的某种产品出现质量问题时，其原因可能有六大类：操作者、原材料、机器、工艺手法、环境和测试。每一类原因可能又是由若干个因素造成的，与每一因素有关的更深入的考虑因素还可以作为下一级分支，当所有可能的原因都找出来以后，就完成了第一步工作，然后就从其中找出主要原因。

特性因素图的应用程序：

(1)决定评价特性。

(2)列出各大要因（人、机、料、法、环、测）。

(3)分解各大要因，记入中要因、小要因：

- 应用头脑风暴，共同研讨；
- 按类别在各大要因上记入中要因、小要因；
- 最末端必须是能采取措施的小要因；
- 间接部门由圈员从中小要因中归纳。

(4)圈出 4～6 项重要因素。

(5)记入必要的事项（如产品、工艺、日期、圈员圈长等）。

(6)整理（整理成墙报，张贴现场；必要时再开圈会修正）。

12.3.2.2 排列图

排列图又叫主次因素图、帕累托图或柏拉图，是由经济学家帕累托在分析社会财富分布状况时提出的，美国质量管理大师朱兰将其应用到质量管理上，日本质量管理专家石川馨将其应用到品管圈活动中。排列图是用来区分质量各因素的影响程度、掌握改善的重点的一种工具。

排列图画法与应用举例:

某车间曲轴主轴颈加工不合格品率近几个月来呈上升趋势,有关的管理人员、技术人员和操作工人组成了一个专门的 QCC 对此进行了调查分析,他们搜集了不合格品特征的统计数据,如表 12-7 所示。

表 12-7　曲轴主轴颈加工不合格品统计

问题特征	符号	数量/件	比率/%	累计百分比/%
轴颈刀痕	A	153	71.8	71.8
开档大	B	29	13.6	85.4
轴颈小	C	25	12.8	97.2
弯曲	D	6	2.8	100.0
总计		213	100.0	

根据表 12-6 的统计数据,可以画出图 12-10 所示的曲轴主轴颈加工不合格品排列图。

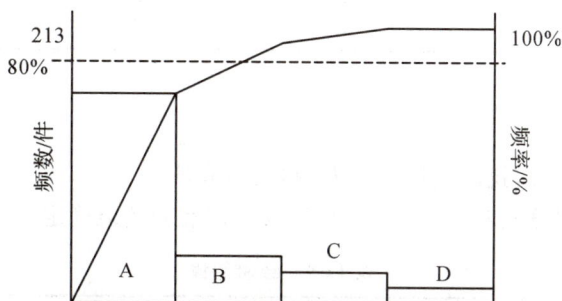

图 12-10　曲轴主轴颈加工不合格品排列图

图的左边纵坐标表示顿数(如件数、金额等),右边纵坐标表示频率(以百分比表示),图中的折线表示累积频率。横坐标表示影响质量的各项因素,按影响程度的大小(即出现频数多少)从左向右排列。通过对排列图的观察分析,可抓住影响质量的主要因素。

12.3.2.3　直方图

直方图是表示数据变化情况的一种主要工具,直方图的形式如图 12-11 所示。用直方图整理分析质量数据,可以预测工艺过程的质量,判断生产过程是否处于受控状态。

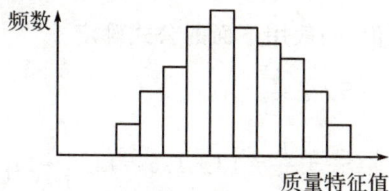

图 12-11　直方图

（1）直方图的画法与举例

例 12-1：某厂对加工的 100 个 $\phi 8^{-0.05}_{-0.10}$ 螺栓尺寸进行实测。若将测得的数据先减去 7.9 毫米再乘以 1000，得表 12-8，试画出直方图。

表 12-8　螺栓尺寸测量值

38	30	18	25	23	30	20	29	22	25
30	25	13	25	27	20	25	28	18	38
38	30	25	25	27	24	30	30	22	22
14	30	26	25	27	25	26	35	25	15
24	25	28	27	23	29	23	30	25	18
29	18	24	20	22	22	20	38	20	27
28	20	22	22	23	25	29	25	27	35
20	18	23	27	29	30	30	24	22	31
18	28	15	23	31	26	25	30	30	19
23	28	19	25	32	18	22	35	30	22

解：

①收集数据。

一般取 100 个左右，找出其最大值 L_a 和最小值 S_m。

②把 100 个数据分成若干组，一般用表 12-9 的经验数值确定。

表 12-9　经验数值

数据的数量（N）	适当的分组数（k）	一般使用的组数（k）
50～100	6～10	
100～250	7～12	10
250 以上	10～20	

③计算组距 h，即组与组之间的间隔。

$$h = \frac{L_a - S_m}{k}$$

$$h = \frac{38 - 13}{10} = 2.5 \approx 3$$

④计算第一组上下界限值，一般用下面的公式确定。

$$S_m \pm \frac{h}{2}$$

$$S_m \pm \frac{h}{2} = 13 \pm 1.5 = 14.5 \sim 11.5$$

⑤计算各组的上下界和中心值（x_i）。

⑥记录各组数据，整理成频数分布表。

⑦统计落入各组的尺寸频数 f_i。

⑧计算各组简化中心值 u_i。

$$u_i = \frac{x_i - a}{h}(a \text{ 为频数最大一栏中心值})$$

$$a = 25, u_1 = -4, u_2 = -3, \cdots$$

⑨计算频数与简化中心值的乘积 $f_i u_i$。

⑩计算频数与简化中心值平方的乘积 $f_i u_i^2$。

⑪计算平均值 $\bar{x}$ 和标准差 S。

$$\bar{x} = a + h\frac{\sum f_i u_i}{\sum f_i} \quad S = h\sqrt{\frac{\sum f_i u_i^2}{\sum f_i} - \left(\frac{\sum f_i u_i}{\sum f_i}\right)^2}$$

$$\bar{x} = 25 + 3\frac{8}{100} = 25.24 \rightarrow 7.92524$$

$$S = 3\sqrt{\frac{300}{100} - \left(\frac{8}{100}\right)^2} = 5.19 \rightarrow 0.00519$$

⑫根据频数表画出直方图。

在方格纸上,使横坐标取各组的组限,纵坐标取各组的频数,面出一系列直方形即直方图。图中每个直方形面积为数据落到这个范围内的个数(或频率),故所有直方形面积之和就是频数的总和(或频率的总和),其值为 1 或 100%。图中要标出平均值 $\bar{x}$ 和标准差 S。

(2)直方图的观察与分析

直方图是从形态的角度,通过产品质量的分布反映工序的精度状况。通常是看图形本身的形状是否正常,再与公差(标准)做对比,做出大致判断。

①形状分析

正常形状:一般以中间为顶峰,左右对称分布。

异常情况及其原因:

• 锯齿状:测量方法或读数有问题,或数据分组不当;
• 顶峰偏向一侧:端跳等形位公差时正常;加工习惯问题;
• 孤岛形:加工条件有变动或其他异常;
• 两个顶峰:两个不同的分布混在一起;
• 平顶形:某种缓慢的倾向在起作用,如工具磨损、操作者疲劳等。

②公差分析——以 B 记实际尺寸范围,T 记公差范围

正常情况:B 在 T 之内,两边尚有余地。

异常情况:

• B 在 T 之内,但偏向一边:移动中心;
• B 在 T 之内,但没有余地:缩小分布范围;
• B 在 T 之内,两边余地太大:不经济,改变工艺或缩小公差;
• B 在 T 之外,一端超出:移动中心;
• B 在 T 之外,两端超出:缩小范围或放宽公差。

12.3.2.4 分层法

分层法是指按不同的目的、性质将数据进行分类，以便找出产生质量问题的原因，为迅速有效地解决问题而在整个过程中按一定层次进行比较。

因为在实际生产中，影响质量变动的因素很多，如果不把这些因素区别开来，难以得出变化的规律。分层法可根据实际情况按多种方式进行，例如，按不同时间、不同班次进行分层，按使用设备的种类进行分层，按原材料的进料时间、原材料成分进行分层，按检查手段、使用条件进行分层，按不同缺陷项目进行分层等。

（1）分层的原因

图 12-12 描述了质量控制的一般流程：发现问题、明确问题、分析原因、提出对策与实施、效果确认和标准化及检讨。上述每一个阶段均可以用分层法迅速地进行分析。

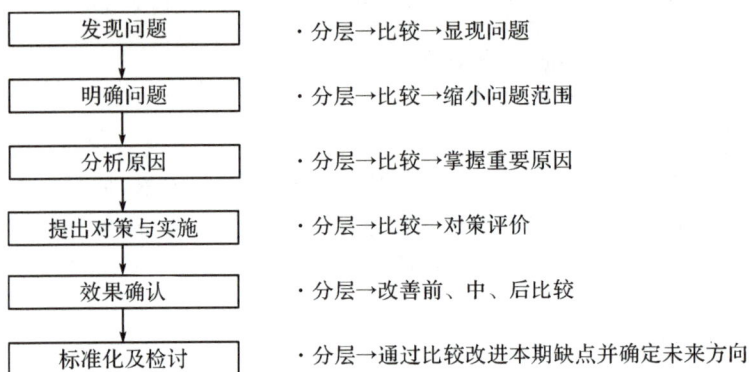

发现问题	·分层→比较→显现问题
明确问题	·分层→比较→缩小问题范围
分析原因	·分层→比较→掌握重要原因
提出对策与实施	·分层→比较→对策评价
效果确认	·分层→改善前、中、后比较
标准化及检讨	·分层→通过比较改进本期缺点并确定未来方向

图 12-12　分层的原因——质量控制流程

（2）分层的角度

表 12-10 列出了分层的角度，根据不同的对象，来选择相应的分层方法。

表 12-10　分层的角度

分层对象	分层方法
1.人	组、班、作业法、技能、新旧、熟练度、年龄、身体条件、性格/性别、教育程度、经验
2.机械工具	机器号码、新旧、型号、构造、速度
3.原材料、零部件	产地、供应商、等级、尺寸
4.作业条件	温度、压力、湿度、速度、作业方式、顺序、人工与机器、人工或自动、检测器
5.时间	季度、月份、日夜、星期、时刻、修理前、修理后之使用次数
6.地区	海岸与内陆、国内与国外、南区与北区、东区与西区
7.气候	气温、潮湿与干燥、风、晴或雨
8.产品	品种、需求者、新旧品、标准品或特殊品

（3）应用分层法的注意事项

- 分层的角度选择可按目的并配合专业知识考虑；
- 不同类之间应外延互斥；
- 分层时不要将两个以上角度纠缠在一起；
- 尽量将分层法与其他方法结合起来运用；
- 分层后应比较各作业条件是否有差异。

12.3.2.5　散布图

散布图又称相关图，是将两种数据标在坐标纸上以判别它们的相互关系（正相关、负相关、强相关、弱相关、线性相关、非线性相关、不相关），如图 12-13 所示。

散布图根据影响质量特性因素的各对数据，用点子填列在坐标图上，以观察判断两个质量特性值之间的关系，对产品或工序进行有效控制；图中所分析的两种数据间的关系，可以是特性与原因、特性与特性的关系，也可以是同一特性的两个原因的关系。

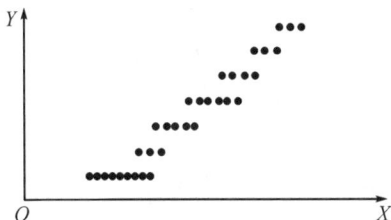

图 12-13　散布图

12.3.2.6　统计分析表

统计分析表又叫对策表、查检表，它是应用统计表进行数据整理和粗略的原因分析。统计分析表因调查目的的不同而使用不同的格式，常见的格式有：

- 调查位置缺陷的统计分析；
- 工序内质量特性分布统计分析表：表格、频数；
- 按不合格项目分类的统计分析表：表格、比率。

图 12-14 显示了应用统计分析表分析车身喷漆质量，通过对车身表面出现色斑、尘粒和流漆的位置进行统计分析，以发现出现不同喷漆质量缺陷的位置，以便在今后的喷漆过程中重点预防。

▽ 色斑
✛ 尘粒
● 流漆

图 12-14　车身喷漆质量分析

12.3.2.7 控制图

控制图是对生产过程或服务过程质量加以测定、记录，从而进行控制管理的一种图形方法。图上有中心控制线 CL、上控制界限 UCL 和下控制界限 LCL，并有按时间顺序抽取的样本统计量数值的描点序列。

统计过程控制（SPC）作为统计质量控制（SQC）的核心技术而受到普遍重视。目前，工业发达国家都将统计过程控制列为高技术项目，认为 SPC 是实现以预测为主的质量控制的有效手段。控制图之所以能获得广泛应用，主要是由于它能起到下列作用：

- 贯彻预防为主的原则。应用控制图有助于保持过程处于控制状态，从而起到保证质量防患于未然的作用。
- 改进生产率。应用控制图可以减少废品和返工，从而提高生产率、降低成本和增加生产能力。
- 防止不必要的过程调整。控制图可用于区分质量的偶然波动与异常波动，从而使操作者减少不必要的过程调整。
- 提供有关工序能力的信息。控制图可以提供重要的过程参数数据以及它们的时间稳定性，这些对于产品设计和过程设计都是十分重要的。

12.3.3 质量控制的新七种工具

在这一小节中我们将介绍 PDPC 法、系统图法、关联图法、KJ 法、箭头图法、矩阵图法、矩阵数据解析法这七种新的质量控制工具。

12.3.3.1 PDPC 法

PDPC 法即将运筹学中的过程决策程序图（process decision program chart，PDPC）应用于质量管理。

由于为完成目标而制订的实施计划不一定像最初所预计的那样顺利发展，在技术问题上有不少东西还不能完全掌握解决它的方法；另外，有时系统中会发生预想不到的故障。PDPC 法就是对这样的问题事先推想出能够想到的各种结果，使提出的方案达到尽可能令人满意的结果，万无一失地预先采取措施，并进一步随着事态的进展预测和修正其方向，把结果尽量引向令人满意的方向的一种方法。因此，在问题的发展过程中，发生不能预料的事态时，就要以发生事件的当时为起点，尽快修改 PDPC，使其与之相适应。

PDPC 法的主要用途有：
- 制订目标管理的实施计划；
- 制订技术开发课题的实施计划；
- 预测系统中可能发生的重大事故，制定解决措施；
- 制定生产工序中防止产生不良的措施；
- 制定和选择谈判过程中的措施等。

12.3.3.2 系统图法

系统图法又叫树图法(tree diagram method),是先设定目的、目标,然后将达到这些目标的手段、方法逐层展开的一种方法,如图 12-15 所示。从系统图的绘制过程或结果中,可获得解决问题的具体方针和对策。

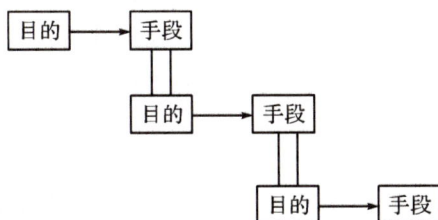

图 12-15　系统图

系统图使用的优点主要有:

- 有系统、逻辑地将对象展开;
- 容易统一组员的意见;
- 容易整理且一目了然,具有说服力。

系统图的使用一般可分为问题解决方法展开型和构成要素展开型两种。

(1)问题解决方法展开型系统图

问题解决方法展开型系统图如图 12-16 所示,该方法展开问题解决的目标,将解决问题的一次手段的方法作为下一季的目标,继续展开讨论实现这一目标的手段,直到提出的方法具有切实实施的可能性。然后将具体实施的事项、日期,以及评价等记入表格(见表 12-11)。

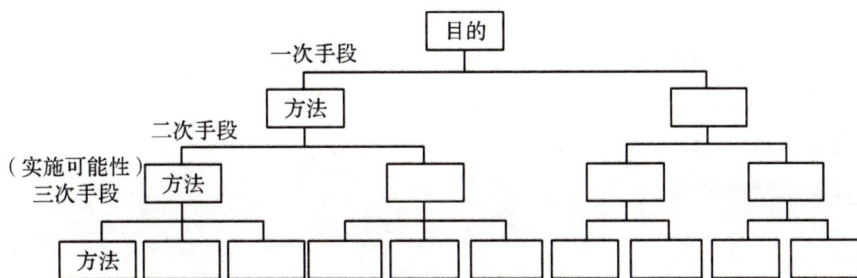

图 12-16　问题解决方法展开型系统图

表 12-11　问题解决方法记录表

评价									
实施事项									
担当									
日期									

（2）构成要素展开型系统图

构成要素展开型系统图展开讨论对象所构成的要素，如族谱、材料构成表等。构成要素展开型系统图的制作顺序：

①将问题以"为了使……应如何……"写在标签上作为目标；

②全员讨论达到目标的一次手段，写在标签上；

③将一次手段作为目的，全员仔细讨论二次、三次手段，并记录；

④全员先顺着检讨手段，再倒着确认目的，并追加真理；

⑤将标签贴在白纸上，记入主题、成员等必要事项。

12.3.3.3　关联图法

关联图法是对原因—结果、目的—手段等具有纷繁复杂关系、相互纠缠在一起的问题（事项）以及涉及的各因素的因果关系有逻辑地连接起来而绘制成图，进而以综合性的观点掌握问题（事项），并找出适当解决对策的一种有效的方法。

（1）关联图的优点

• 分解并整理相互纠缠的问题，使问题容易看懂；

• 可逼近问题的核心，知道问题是什么，同时使各要因间相互的关联性变得更明确；

• 在自由交谈中，可以看出产生问题的原因所在，因而可促进品管圈成员的思考；

• 经过绘图过程，圈员容易达成共识。

（2）应用关联图的注意事项

• 语言资料分为可取得的证据与无法取得的证据，对后者须特别慎重；

• 1 张卡片 1 个概念，用"主语＋动词"表示；

• 不要变更箭线的意义；

• 充分把握现状后再着手进行；

• 表现要生动活泼。

（3）关联图的主要用途

• 质量保证（quality assurance，QA）方针的展开和决定；

• 制订引进 TQC 的推行计划；

• 市场索赔的措施。

12.3.3.4　KJ 法

KJ 法是由日本的川喜田二郎先生开发并普及的，又叫亲缘图法、亲和图法，是一种将从杂乱无章的状态中收集的语言资料进行集中，依据其相互之间的亲和性，明确应解决的问题的方法。

KJ 法是提取未来的问题以及未知、未经历的领域的问题，并把与之相关的事实或意见、构思等作为语言资料收集起来，依据它们相互之间的亲和性进行集中，并绘制成图，以明确应解决的问题及形态的一种方法。同时，它也是把不同类型的人的意见、构思、经验进行统一，以求得问题解决的"参谋筹划集团"的组织方法。表 12-12 展示了 KJ 法与统计方法的比较。

表 12-12　KJ 法与统计方法的比较

统计方法	KJ 法
深入现场了解情况	重视野外探险和观察
假设验证型	发现问题型
把现象数量化,将资料作为数据掌握	不把现象数量化,把信息以语言文字描述
对问题进行分析、分层	综合掌握,力求不同性质的综合
西方思维	以日语为基础的思考方法

KJ 法主要应用在以下几个方面:

- 新企业、新产品、新技术、新市场的质量管理方针及计划的制订;
- 活跃 QCC,促进协同工作;
- 解决或明确 TQC 中跨部门问题。

12.3.3.5　箭头图法

箭头图法就是在日程计划与进度管理中,把必需的作业相互联结起来,以组成网络。箭头图法的主要作用有:

- 制订详细计划;
- 推敲计划各阶段的方案,以制订最佳计划;
- 易处理进入实施阶段后出现的情况变化和计划变更;
- 明确进度管理的重点以提高管理效率;
- 计划的规模越大越能发挥其真实价值。

箭头图法的主要用途体现在以下几个方面:

- 生产计划与 QCC 活动同步化;
- 工程解析和制订高效率的计划;
- QCC 监察或 QC 诊断的准备计划及其进度管理;
- QCC 评审、QCC 圈会的准备计划及其进度管理。

12.3.3.6　矩阵图法

矩阵图法是以多维思考方式逐步明确存在的问题的方法。矩阵图法解决的问题有两个以上目的或现象,或与两种以上手段、原因有对应关系,需经过多元思考而使问题点明确,以寻求解决方案。矩阵图法适用于解决问题,提出对策,展开对策阶段,可分为 L 形(A-B)、T 形(A-B、A-C)、Y 形(A-B、B-C、C-A)、X 形、C 形等。

矩阵图法的用途主要有:

①计划的第一阶段,作为整理设定模糊、混沌的问题。如工序问题原因的追寻,画出不良现象—原因—工序三者关联的 T 形矩阵图,以发现、把握工序控制的关键点。

②计划的第二阶段,用于对策、手段的提出与展开。方针管理中实施对策与上司方针的对应,以理出新产品开发中顾客要求品质与品质本身特性的关联,作为 QC 控制的依据。

③多元思考中给予权重评价以决定优先顺序。

④多元思考问题后的整理，将现象、原因、对策进行整理，并使相关者参与，以求得问题的解决。

(1)L 形矩阵图

L 形矩阵图是最简单、最基本的形态，将两组事物以二元素的形式表现，如图 12-17 所示。

裁决事项	班长	科长	处长	经理	总经理	备注
1. 人员调配		○	◎			○ 拟案
2. 生产计划拟订		○		◎	△	△ 报告
3. 千元以下采购	○	○	○	◎		◎ 裁决

图 12-17　L 形矩阵

(2)T 形矩阵图

T 形矩阵图是三组事物关联的表现，即 A—B、A—C 的一种关联对应，如图 12-8 所示。

<table>
<tr><td colspan="2" rowspan="3">处理剂不良</td><td>◎</td><td>○</td><td></td><td></td><td></td><td></td></tr>
<tr><td></td><td></td><td>◎</td><td>○</td><td>◎</td><td></td></tr>
<tr><td></td><td></td><td></td><td></td><td></td><td>◎</td></tr>
<tr><td colspan="2">不良现象 C
不良原因 A
工序 B</td><td>基材不良</td><td>基材变形</td><td>前处理时间长</td><td>处理剂浓度多</td><td>处理剂浓度高</td><td>处理方式不当</td></tr>
<tr><td rowspan="2">混合</td><td>加入原材料</td><td>○</td><td></td><td></td><td></td><td>◎</td><td>◎</td></tr>
<tr><td>混合加工</td><td></td><td></td><td>◎</td><td></td><td></td><td></td></tr>
</table>

图 12-18　T 形矩阵

12.3.3.7　矩阵数据解析法

矩阵数据解析法又叫主成分分析法，是指矩阵图中各因素间的关联可定量表达，并通过计算可一目了然地整理这些数据的一种方法。

矩阵数据解析法的主要用途有：

- 解析各种因素复杂的工序；
- 解析大量数据描述的不良问题；
- 根据市场调查资料掌握所要求的质量；
- 评价复杂的质量问题。

表 12-13 是矩阵数据解析法的一个应用举例。

表 12-13　矩阵数据解析法的应用

用途	1.耐光性	2.可洗涤性	3.耐汗性	…	23.难燃性	24.耐药品性
1.男士夏装	$X_{1,1}$	$X_{1,2}$	$X_{1,3}$	…	$X_{1,23}$	$X_{1,24}$
2.男士冬装	$X_{2,1}$	$X_{2,2}$	$X_{2,3}$	…	$X_{2,23}$	$X_{2,24}$
3.女士夏装	$X_{3,1}$	$X_{3,2}$	$X_{3,3}$	…	$X_{3,23}$	$X_{3,24}$
4.女士冬装	$X_{4,1}$	$X_{4,2}$	$X_{4,3}$	…	$X_{4,23}$	$X_{4,24}$
5.裙子	$X_{5,1}$	$X_{5,2}$	$X_{5,3}$	…	$X_{5,23}$	$X_{5,24}$
6.裤子	$X_{6,1}$	$X_{6,2}$	$X_{6,3}$	…	$X_{6,23}$	$X_{6,24}$
7.外套	$X_{7,1}$	$X_{7,2}$	$X_{7,3}$	…	$X_{7,23}$	$X_{7,24}$
8.风衣	$X_{8,1}$	$X_{8,2}$	$X_{8,3}$	…	$X_{8,23}$	$X_{8,24}$
9.工作服	$X_{9,1}$	$X_{9,2}$	$X_{9,3}$	…	$X_{9,23}$	$X_{9,24}$
10.运动服	$X_{10,1}$	$X_{10,2}$	$X_{10,3}$	…	$X_{10,23}$	$X_{10,24}$
11.学生服	$X_{11,1}$	$X_{11,2}$	$X_{11,3}$	…	$X_{11,23}$	$X_{11,24}$
12.婴儿服	$X_{12,1}$	$X_{12,2}$	$X_{12,3}$	…	$X_{12,23}$	$X_{12,24}$
…	…	…	…	…	…	…
40.被单	$X_{40,1}$	$X_{40,2}$	$X_{40,3}$	…	$X_{40,23}$	$X_{40,24}$
某　布	X_1	X_2	X_3	…	X_{23}	X_{24}

在这一节中,我们主要介绍了质量改善和控制的各种常用方法,表 12-14 汇总了各种方法在质量控制中的应用。

表 12-14　各种方法在质量控制中的应用

○可用　　　⊙特别好用

方法名称		P						D		C	A
		确定主题	确定目标	计划拟订	现状把握	原因确认	对策拟订	实施检讨	效果确认	标准化	检讨改进
基本方法	甘特图			⊙							○
	流程图							⊙			
	统计图		⊙		⊙	⊙			⊙		
	雷达图								⊙		
	5W1H 法、4M 法	○			⊙	⊙	○	⊙		○	
	愚巧法						⊙	⊙		○	
	头脑风暴	⊙	○		⊙	⊙	⊙				○

续　表

方法名称		P						D		C	A
		确定主题	确定目标	计划拟订	现状把握	原因确认	对策拟订	实施检讨	效果确认	标准化	检讨改进
七种方法	特性因素图	○			○	◎	○				
	统计分析表				○	○		◎	○	○	
	排列图	○	○		◎	○		○	◎		
	直方图		○		○	◎		○	◎		
	分层法		○		○	○		○	◎		
	散布图					◎		○	○		
	控制图		○		○	◎		◎	○		
新七种方法	PDPC法						○				
	系统图法				○	○	◎			○	○
	关联图法				◎	◎	○				
	KJ法				◎						
	矩阵图法	◎	○	○	◎	○	◎	○		◎	
	箭头图法			◎			◎	○			
	矩阵数据解析法							○			

12.4　统计质量控制方法

12.4.1　工序能力

12.4.1.1　工序能力的概念

在产品制造过程中，工序是质量保证的基本环节。对制造过程各工序的质量状况进行调查评价，有利于随时掌握制造过程各工序的质量保证能力，为产品设计、设备维修、设备改造更新、工序控制等提供必要而可靠的数据。我们知道，产品的制造质量一定要符合产品的设计质量。在制造过程中，为了得到符合设计质量的产品，往往就需要对操作人员、机械设备、材料、工艺方法、生产环境等因素设定相应的标准、条件。这些标准、条件共同作用下的结果必对应一定的产品质量分布。由此，产品质量分布所表示的工序实力，就是工序能力，一般用 $6\sigma_p$ 描述。σ_p 为质量特性值的标准偏差。工序实力是在工序未受不良因素影响条件下的质量保证能力。

12.4.1.2 工序能力的表示方法

制造质量能否满足设计质量的要求,可用质量标准(图纸技术要求、公差、规格等)表示的设计质量与质量特性值分布表示的工序能力进行比较来判断。质量标准与工序能力之比,称为工序能力系数,记为 C_p。

12.4.1.3 机械能力

机械能力是指在影响工序能力的其他因素一定的条件下,机械设备所拥有的实力。机械能力也用产品质量分布特性值表示,记为 $6\sigma_m$,σ_p 表示工序中仅由设备引起的质量特性值的偏差。工序能力和机械能力可用图 12-19 表示。

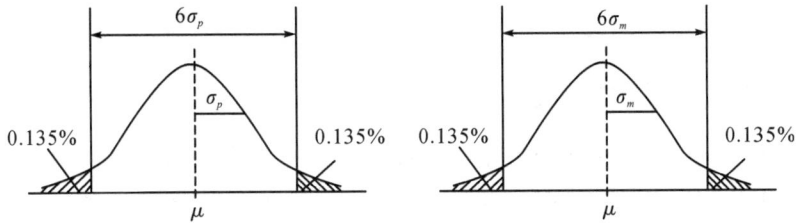

图 12-19 工序能力和机械能力

12.4.1.4 C_p 与 σ_m 的求法

在相对较长的时间内,收集体现操作人员、机械设备、材料、工艺方法与环境等因素影响的一批质量数据,用这些数据计算出来的标准差为 σ_p 的值;在相对较短的时间内,把操作人员、材料、工艺方法等因素保持最佳状态,用这些数据计算出来的标准差为 σ_m 的值。当取单值数据时,可用公式 $\sigma_m = \bar{R}_s/d_2$ 计算,$\bar{R}_s$ 为移动极差平均值,d_2 为随样本变化的系数。

12.4.1.5 机械能力系数的计算

机械能力系数为质量标准与机械能力的比值,记为 C_m。一般取 $C_m = \dfrac{T}{6\sigma_m}$,当质量标准为双向时:$C_m = \dfrac{S_u - S_L}{6\sigma_m}$。

当质量标准为右单向时:$C_m = \dfrac{S_u - \mu}{3\sigma_m}$。

当质量标准为左单向时:$C_m = \dfrac{\mu - S_L}{3\sigma_m}$。

机械能力系数修正计算如下:在实践中,当质量特性值的分布中心由 μ 移到 μ_1 时,工序的标准偏差未变,C_p 值未变,但工序由于 μ_1 偏离中心而出现工序能力不足,虽然计算出来的工序能力系数 $C_p \geqslant 1.33$,但工序却继续出现较多的不良品。其原因是:当计算工序能力系数时,只是比较了质量特性值分布的波动幅度 σ 与标准幅度 T,而忽略了分布中心 μ 对标准中心 M 的位置偏移对 C_p 值的影响。为了把这种偏移的影响在 C_p 值的计算中给予反映，引入偏移量的概念。

偏移量：$\varepsilon = |M - \mu|$

相对偏移量：$K = \dfrac{|M - \mu|}{T/2}$

当 μ 恰好位于标准中心时，$K = 0$，为理想状况；

当 μ 恰好位于标准上限或下限时，$K = 1$；

当 μ 位于标准界限之外时，$K > 1$；

显然，K 值越小越好。

修正后的工序/机械能力系数：

$$C_{pk} = (1 - K)\frac{S_u - S_L}{6\sigma_p} \qquad C_{mK} = (1 - K)\frac{S_u - S_L}{6\sigma_m}$$

$K \geqslant 1$ 时，$C_{pK} = 0$，$C_{mK} = 0$

12.4.1.6　工序能力判断

若 $K = 0$，质量标准界限宽度处于 $(-2\sigma, 2\sigma)$ 时，出现不良品的概率 $p = 1 - 9.545 = 4.55\%$。当 $K = 0$，质量标准界限宽度处于 $(-3\sigma, +3\sigma)$ 时，工序能力系数为 $C_p = 1.00$，$F(x) = 0.9973$，出现不良品的概率为 0.27%；当 $K = 0$，质量标准界限宽度处于 $(-4\sigma, +4\sigma)$ 时，$C_p = 1.33$，$F(x) = 0.99994$，出现不良品的概率为 0.0063%；当 $K = 0$，质量标准界限宽度处于 $(-5\sigma, +5\sigma)$ 时，$C_p = 1.67$，$F(x) = 0.999999426$，出现不良品的概率为 0.0000574%；当 $K = 0$，质量标准界限宽度处于 $(-6\sigma, +6\sigma)$ 时，$C_p = 2$，$F(x) = 0.999999998$，出现不良品的概率为 0.0000002%，这时，质量标准界限比工序能力更宽，工序能力非常充分。工序能力的判断见表 12-15。

表 12-15　工序能力判断

$C_p(C_{pK})$	$C_p \geqslant 1.67$	$1.67 > C_p \geqslant 1.33$	$1.33 > C_p \geqslant 1.00$	$1.00 > C_p \geqslant 0.67$	$0.67 > C_p$
能力判断	能力很充分	能力充分	能力够但不充分	能力明显不足	能力非常不足

12.4.2　控制图及其应用

控制图是 1931 年由贝尔实验室的休哈特提出的，控制图是对生产过程或服务过程质量加以测定、记录从而进行控制管理的一种图形方法。控制图在实际应用中，可以对企业起到以下作用：

- 贯彻预防为主的原则。应用控制图有助于保持过程处于控制状态，从而起到保证质量防患于未然的作用。

- 改进生产率。应用控制图可以减少废品和返工，从而提高生产率、降低成本和增加生产能力。

- 防止不必要的过程调整。控制图可用于区分质量的偶然波动与异常波动，从而使操作者减少不必要的过程调整。

• 提供有关工序能力的信息。控制图可以提供重要的过程参数数据以及它们的时间稳定性,这些对于产品设计和流程设计都是十分重要的。

12.4.2.1 控制图的种类

常见的控制图可以分为两大类:计量值控制图和计数值控制图。

(1)计量值控制图

计量值控制图用于时间、距离、长度、重量、成分等计量值质量特性的分布。其数理依据是正态分布。

计量值控制图包括:

• 均值极差控制图 ——$\bar{x} - R$ 控制图,检出率较高;
• 中位数极差控制图 ——$\tilde{x} - R$ 控制图,是 $\bar{x} - R$ 的变形,用途类似,但计算简单;
• 平均值与标准差控制图 ——$\bar{x} - s$ 控制图,与 $\bar{x} - R$ 类似;
• 最大值与最小值控制图 ——$L - S$ 控制图,适用于不圆度、同心度等形位公差特性值的控制;
• 单值与移动极差控制图 ——$x - R_s$ 控制图,适用于质量特性值不易取得、均值极差控制图又不宜使用的情况。

(2)计数值控制图

计数值控制图用于控制不良品数、不良品率、表面缺陷、疵点等质量特性。

计数值控制图主要有基于二项分布的 Pn 控制图(不合格品个数)与 P 控制图(不合格品率或合格品率),以及基于泊松分布的 c 控制图(任何一定的单位中所出现的缺陷数目)和 u 控制图(某种标准单位中的缺陷数)。

12.4.2.2 控制图的控制界限

在使用控制图时经常会出现以下两类错误。

第一种错误:不该判为不正常而判为不正常。把超出($\mu - \sigma K$,$\mu + K\sigma$)的观测值判为不正常,而事实上这是偶然造成的,并非不正常,这就犯了判断错误。这种判断错误,在 K 取 3 时,出现的概率不超过 0.27%。

第二种错误:该判为不正常而判为正常。由于特性值分布中心的偏移,而使得一部分仍处于控制界限之内,无法判为不正常。

各种控制图的控制界限以内的确定,均应以两种错误判断的总损失最小为原则。按传统的观点,能使两种错误判断的总损失最小的控制界限为 3σ。放宽控制界限将减少第一种错误,增大第二种错误;反之,压缩控制界限将减少第二种错误,增大第一种错误。如图 12-20 所示。

用 3σ 法确定控制界限的计算公式。

中心控制线:$CL = E(X)$

上控制界限:$UCL = E(X) + 3D(X)$

下控制界限:$LCL = E(X) - 3D(X)$

其中:X 为样本统计量,$E(X)$ 为 X 的均值,$D(X)$ 为 X 的标准偏差。X 可以取 $\bar{x}$(平均

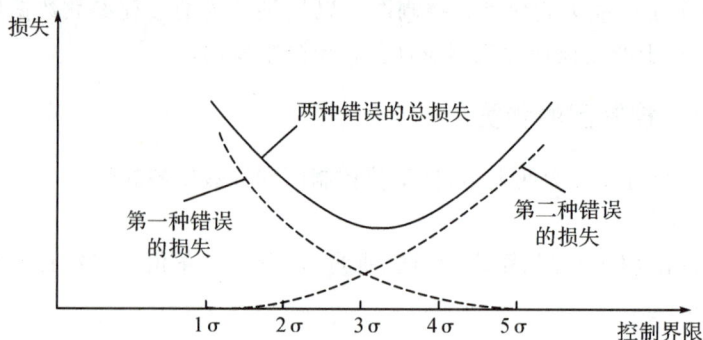

图 12-20　控制图中的两类错误

值）、$\tilde{x}$（中位数）、x（单值）、R（极差）、p（不良品率）、p_n（不良品数）、c（缺陷数）、u（单位缺陷数）等。

12.4.2.3　控制图的绘制方法

（1）计量值控制图的绘制方法

①选定关键的、可测量的、可控制的质量特性。

②收集数据。应采取间隔随机抽样，以保证数据情报的代表性。通常样本小组大小取 4～5 组，样本个数一般取 20～25 个，数据量在 100 个以上，这样可保证控制图的检出率在 84%～90% 之间。

③确定控制界限。分总体情况未知与已知两种情形（见表 2-16），控制图用系数表见表 12-17。

表 12-16　控制的界限情况

控制图	总体情况未知	总体情况已知
$\tilde{x}$ 控制图	$CL = \bar{\bar{x}}$ $UCL = \bar{\bar{x}} + A_2\bar{R}$ $LCL = \bar{\bar{x}} - A_2\bar{R}$	$CL = \mu$ $UCL = \mu + A\sigma$ $LCI = \mu + A\sigma$ $A = 3/\sqrt{n}$
R 控制图	$CL = \bar{R}$ $UCL = D_4\bar{R}$ $LCL = D_3\bar{R}$	$CL = d_2\sigma$ $UCL = D_2\sigma$ $LCL = D_1\sigma$

④求出控制图的中心控制线与上、下控制界限。

⑤绘制控制图，并将所得样本数据变为散点，按抽样顺序描在图上。

⑥观察分析，判断工序是否处于控制状态。若处于控制状态，则可将之转为控制工序之用；否则，应查明原因，剔除异常点或重新取得数据，重新绘制，直到得出处于控制状态下的控制图为止。

表 12-17　控制图用系数表

n	A_2	D_1	D_2	D_3	D_4	d_2
2	1.880		2.686		3.267	1.128
3	1.023		4.358		2.575	1.693
4	0.729		4.698		2.282	2.059
5	0.577		4.918		2.115	2.326
6	0.483		5.078		2.004	2.534
7	0.419	0.205	5.203	0.076	1.924	2.704
8	0.373	0.387	5.307	0.136	1.864	2.847
9	0.337	0.546	5.394	0.184	1.816	2.970
10	0.308	0.687	5.469	0.223	1.777	3.173

（2）计数值控制图的绘制方法

①选定控制质量特性。由于对象为不良品率和不良品数，质量特性是明确的。

②收集数据。当 $np=5$ 时，可用正态分布近似二项分布。通常，要求的不良品率越低，样本含量 n 应越大。当要求将 p 控制在 2% 以下时，样本量应不少于 500。

③确定中心控制线与控制界限。

不良品数控制图：

$$CL = n\bar{p}$$

$$UCL = n\bar{p} + 3\sqrt{n\bar{p}(1-\bar{p})}$$

$$LCL = n\bar{p} - 3\sqrt{n\bar{p}(1-\bar{p})}$$

不良品率控制图：

$$CL = \bar{p}$$

$$UCL = \bar{p} - 3\sqrt{n\bar{p}(1-\bar{p})/n_i}$$

$$LCL = n\bar{p} - 3\sqrt{n\bar{p}(1-\bar{p})/n_i}$$

其中：$\bar{p}$ 为总体平均不良率，n_i 为第 i 个样本的含量。

为了改变每个样本都有自己的控制界限的状况，在满足条件 $n_{max} < 2n$ 或 $n_{min} > \bar{n}/2$ 时，可用 n_i 的平均值 $\bar{n}$ 代替 n_i。最好的解决方法是，在抽样时使 n 相等，采用 Pn 控制图。

④最后绘图描点与分析。

（3）控制图的绘制举例

某锻造厂的不良品数如表 12-18 所示。试绘制不良品率控制图。

表 12-18　某锻造厂的不良品数

样本号	样本含量 n	不良品数	不良品率 (p)/%	样本号	样本含量 n	不良品数	不良品率 (p)/%
1	835	8	1.0	14	250	8	3.2
2	808	12	1.5	15	830	14	1.7
3	780	6	0.8	16	798	7	0.9
4	252	6	2.4	17	813	9	1.1
5	430	7	1.6	18	818	7	0.9
6	600	5	0.8	19	581	8	1.4
7	822	11	1.3	20	464	4	0.9
8	814	8	1.0	21	807	11	1.4
9	206	6	2.9	22	595	7	1.2
10	703	8	1.1	23	500	12	2.4
11	850	19	2.2	24	760	7	0.9
12	709	11	1.6	25	420	8	1.9
13	350	5	1.4	合计	15795	214	

首先确定中心控制线与控制界限：

$$CL = \overline{p} = \frac{214}{15795} = 1.35\%$$

$$A_1 = 3/\sqrt{n_1} \approx 0.104$$

$$UCL_1 = \overline{p} + A_1\sqrt{\overline{p}(1-\overline{p})} = 2.55\%$$

$$LCL_1 = \overline{p} - A_1\sqrt{\overline{p}(1-\overline{p})} = 0.15\%$$

第 2 号至第 25 号样本的上下控制界限可同理求出。然后绘图描点，如图 12-21 所示。

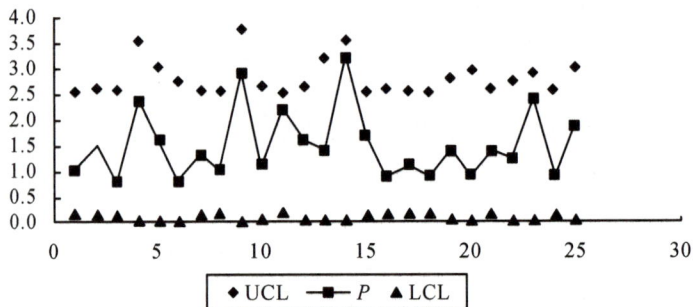

图 12-21　不良品率控制图

12.4.2.4　控制图的观察与分析

控制图的观察与分析是指工序生产过程的质量特性数据在绘制好的控制图上描点后取得的工序质量状态信息,以便及时发现异常,采取有效措施,使工序处于质量受控状态的质量控制活动。

12.4.2.5　工序状态的判断

控制状态是散点未超出控制界限或散点排列无链、无倾向、无周期性等缺陷。

非控制状态包括点子超出控制界限;点子出现链、倾向、周期性等缺陷;点子排列缺陷:出现七点以上的链;点子出现上升或下降倾向;点子在中心一侧出现多次(连续 11 点中有 10 点、连续 14 点中有 12 点、连续 17 点中有 14 点、连续 20 点中有 16 点以上);点子出现在控制界限附近;点子排列呈周期性,因周期性很难掌握,故需较长时间(日、周)才能直观看出,如点子排列呈正弦曲线周期(这种情况的判断要慎重,在弄清原因并不再出现后,可判为控制状态)或锯床状波动(一般一边调节刀具、一边自动加工的工序常出现这种情形)。

12.4.2.6　控制图的运用程序

第一步:明确运用目的。

(1)运用控制图使重要工序保持稳定状态;

(2)发现工序异常、追查原因、排除系统性因素;

(3)对现场数据进行时间序列分析,求组内变动和组间变动,以分析工序状态;

(4)增强质量意识;

(5)作为一种质量教育、管理监督的手段;

(6)作为一种检查和调节的手段。

第二步:决定控制的质量特性。

第三步:选用控制图。

若为计数值

- 不良:样本含量 n 相等,用不良品数控制图;不等,用不良品率控制图。
- 缺陷:样本含量 n 相等,用 c 控制图;不相等,用 u 控制图。

若为计量值

- 样本含量 $n > 1$:计算复杂用 $\tilde{x} - R$ 控制图;不复杂用 $\bar{x} - R$ 控制图。
- 样本含量 $n = 1$:可分组用 $x, \bar{x} - R$ 控制图;不可分组用 $x - R_s$ 控制图。

第四步:绘制分析用控制图。

第五步:确定控制用控制图及控制标准。

第六步:进行日常控制。

第七步:重新计算控制界限。

12.4.3 抽样检查

12.4.3.1 抽样检查的一般概念

抽样检查方法不是逐个地检验作为总体的检查批中的所有单位产品，而是按照规定的抽查方案和程序仅从其中随机抽取部分单位产品组成样本，根据对样本逐个测定的结果，与标准进行比较，最后对检查批做出接受或拒收判定的一种检查方法。简言之，按照规定的抽查方案，随机地从一批或一个过程中抽取少量个体进行的检验称为抽样检查。

（1）抽样检查适用的一般情形

- 破坏性检查验收，如产品可靠性试验、产品的寿命试验、材料的疲劳试验、零件的强度检查；
- 产品数量很大，质量要求又不是很高，如螺钉、螺帽、销钉、垫圈等；
- 测量对象是连续体，如钢水、铁水化验、整圈钢板的检查等；
- 希望节省检查费用；
- 检查的项目较多。

（2）抽样检查的名词术语

①单位产品

单位产品是指为实施抽样检查而划分的单位体或单位量。

②批

批是作为检查对象而汇集起来的一批产品，又叫交验批或提交批，属于同种（制造条件、时期）产品单位，可以分为稳定批、流动批。

③批量

批量是指交验批中包含的单位产品总数（N）。

④样本

把抽出来检验的这部分产品称为样本，其包含的产品个数叫样本含量（n），组成样本的每个产品叫样品。

⑤单位产品缺陷

凡是单位产品不符合产品技术标准、工艺文件、图纸等规定的技术要求中的任何一点，即构成单位产品的一个"缺陷"，可以分为：致命缺陷、严重缺陷、轻微缺陷。

⑥不合格品与合格品

有一个或一个以上缺陷的单位产品称为不合格品，包括致命不合格品、严重不合格品、轻微不合格品。不包括上述任何一种缺陷的单位产品称为合格品。

⑦批不合格率

批不合格率（p）是指批中不合格品数（D）占整个批量（N）的百分比，即 $p = 100D/N(\%)$。抽样检查判为合格的批，不等于批中的每个产品都合格；判为不合格的批，不等于批中全部产品都不合格。

⑧过程平均不合格品率

过程平均不合格品率是指数批产品初次检查时发现的平均不合格率：

$$\overline{P} = \frac{D_1 + D_2 + \cdots + D_k}{N_1 + N_2 + \cdots + N_k} \times 100\%$$

过程平均不合格品率的估计过程：从 k 批产品中抽取 k 个样本,统计其中出现的不合格品数 d_k,不正常情况下的数据应当剔除;每批产品若采用二次抽样,计算时只使用第一个样本;新产品先取 k 为 5~10 个,再取 $k > 20$ 个;一般产品取 $k > 20$ 个。则：

$$\overline{p} = \frac{d_1 + d_2 + \cdots + d_k}{n_1 + n_2 + \cdots + n_k} \times 100\%$$

12.4.3.2　批质量的判断过程

抽样检查时,首先要确定一个不合格品率的标准 p_t,然后将交验批的不合格品率 p 同它比较。如果 $p \leqslant p_t$,则认为这批产品合格,予以接收;否则,认为这批产品不合格,予以拒收。

由于抽样检查不可能精确地得到一批产品的不合格品率 p,故需要确定一定的抽查方案。

抽查方案一般用 (n, c) 来表示,是指从批量 N 中抽取样本含量为 n 的一个样本,用 c 表示进行检查时判断批合格与否的合格判断数(又称为接收数,记为 A_c)。检查样本中的全部产品,记其不合格品数为 d,如果 $d \leqslant c$,则认为该批产品质量合格,予以接收;否则,予以拒收。这种抽查方式也叫一次抽查。

在实际中,为了判断结果是否更加可信,经常会需要二次抽查。二次抽查是指从批量 N 中抽取样本含量为 n_1 的一个样本,用 c_1 表示进行检查时判断批合格与否的合格判断数。若样本中的不合格品数 $d_1 \leqslant c_1$,则认为该批产品质量合格,予以接收;若大于第一个不合格判断数 $R_1 (R_1 > c_1)$,则判断为不合格,予以拒收;否则,继续抽取样本含量为 n_2 的第二个样本,设其不合格品为 d_2 个,若 $d_1 + d_2 \leqslant c_2$,仍判其合格,若 $d_1 + d_2 > R_2$,则判其不合格。

12.4.3.3　抽查特性曲线

如果用 $L(p)$ 表示当批不合格品率为 p 时抽样方案 (n, c) 的接收概率,我们就把 $L(p)$ 规定为抽样方案为 (n, c) 的检验特性函数,简称 OC 函数。把 $L(p)$ 画在坐标上,就得到了抽样特性曲线,简称 OC 曲线。

(1)样本中所含不合格品个数是一个随机变量,当这一随机变量为超几何分布时,计算法为：

$$L(p) = \sum_{d=0}^{c} \frac{\dbinom{Np}{d}\dbinom{N-Np}{n-d}}{\dbinom{N}{n}}$$

其中：N——批量大小;

　　　n——样本大小;

　　　d——样本中不合格品数。

例 12-2：已知 $N=1000, n=30, c=3$，问当 $p=5\%$ 时的接收概率 $L(p)$ 为多少？

解：

$$L(p) = L(5\%) = \sum_{d=0}^{3} \frac{\binom{50}{d}\binom{950}{30-d}}{\binom{1000}{30}} = 0.210 + 0.342 + 0.128 = 0.943$$

（2）当样本中所含不合格品个数为二项分布时（$N \geqslant 10n$ 时），计算法为：

$$L(p) = \sum_{d=0}^{c} \binom{n}{d} p^d (1-p)^{n-d}$$

例 12-3：已知 $N=3000$ 的一批产品提交做外观检查，问：若用（30,1）的抽查方案，当 $p=1\%$ 时，$L(p)$ 为多少？

解：
$$L(p) = L(1\%) = \sum_{d=0}^{c} \binom{n}{d} p^d (1-p)^{n-d}$$
$$= \sum_{d=0}^{1} B(d;30,1\%) = 0.7397 + 0.2242$$
$$= 0.9639$$

（3）泊松分布计算法（n 较大，且 $n \leqslant N/10$，且 $p \leqslant 0.1$ 时）为：

$$L(p) = \sum_{d=0}^{c} \frac{(np)^d}{d!} e^{-np}$$

例 12-4：有一批轴承用的钢球 10 万个需要进行外观检查，当采用（100,15）的抽查方案时，问：当 $p=10\%$ 时的接收概率 $L(p)$ 为多少？

解：
$$L(p) = L(10\%) = P(d;np)$$
$$= \sum_{d=0}^{15} \frac{(np)^d}{d!} e^{-np} = 0.951$$

任何一条 OC 曲线都代表一个抽查方案的特性，对一批产品的质量都能起到一定的保证作用。越接近于理想方案的 OC 曲线，对批质量的保证作用越大。但在实际中并不存在理想的抽查方案，因为 $L(p)$ 要求为阶梯函数，也就是当 $p < p_0$ 时，要求 100% 地接收，即 $L(p)=1$；当 $p > p_0$ 时，要求 100% 地拒绝，即 $L(p)=0$。满意的抽查方案应当是：当一批产品质量较好，$p \leqslant p_0$ 时，以高概率判断它合格，予以接收；当一批产品质量差到某个规定界限，如 $p \geqslant p_1$ 时，则以高概率判断它不合格，予以拒绝；当产品质量变差，如 $p_0 < p < p_1$ 时，接收概率迅速减小。

例 12-5：设有一批产品，批量为 1000，今用（30,3）的抽查方案对它进行验收，试求此抽样方案的 OC 曲线。

解：用超几何分布算法，可以得到有关批不合格率 p 与接受概率 $L(p)$ 的关系，如表 12-19 所示。

表 12-19　有关批不合格率 p 与接受概率 $L(p)$ 的关系

d	5	10	15	20
0	0.210	0.040	0.007	0.001
1	0.342	0.139	0.039	0.009
2	0.263	0.229	0.102	0.032
3	0.128	0.240	0.171	0.077
$L(p)$	0.943	0.648	0.319	0.119

描点后,将各个点用光滑的曲线连接起来,就可以得到如图 12-22 所示的 OC 曲线。

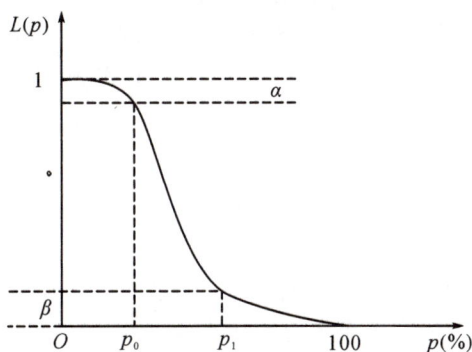

图 12-22　抽查特性曲线

12.4.3.4　抽样检查中的两类错误

(1)第一种错误

抽样检查中的第一种错误是将合格批判为不合格批。当一批产品质量较好时,如果采用抽样检查,只能要求"以高概率接收",而不能要求一定接收。还有小概率 α 拒收这批产品,叫"生产者的风险率"(见图 12-20)。α 一般取 0.01、0.05 或 0.10。对于稳定的生产工序,应充分增大批量 N,这时 α 取 0.02 或 0.03;当生产工序不稳定时,应减少批量 N,α 取 0.06、0.08 或 0.10,以保证产品质量和使用者的利益。

$$\alpha = 1 - L(p_0) = 1 - \sum_{d=0}^{c} H(d; n, p, N)$$

(2)第二种错误

抽样检查中的第二种错误是将不合格批判为合格批。当采用抽样检查时,即使批不合格率较高,也不能肯定 100% 地拒收,还会有一定的小概率 β 接受它,这将会使使用者蒙受损失,故叫"使用者的风险率"(见图 12-20)。β 一般取 0.01、0.05 或 0.10。

$$\beta = L(p_1) = \sum_{d=0}^{c} H(d; n, p, N)$$

12.4.3.5　抽样检查方案的种类

常见的抽样检查方案有两大类:计数抽样检查方案和计量抽样检查方案。计数抽样检查方案包括：计数标准型抽样检查方案、计数挑选型抽样检查方案、计数连续生产型抽样检查方案、计数序贯抽样检查方案、计数调整型抽样检查方案。计量抽样检查方案包括：计数标准型一次抽样检查方案和计数调整型抽样检查方案。

（1）计数标准型一次抽样检查方案

计数标准型一次抽样检查方案是指按供需双方共同制定 OC 曲线，对孤立的一批产品进行抽查的一种方案。不合格品率为 p_0 的优质批被判为不合格的概率为 α，不合格品率为 p_1 的劣质批被判为合格的概率为 β。适当选取 α（一般取 0.05 左右）、β（一般取 0.10 左右）的值。希望不合格品率为 p_1 的批尽量不合格，设其接收概率为 $L(p_1)=\beta$；希望不合格品率为 p_0 的批尽量合格，设其拒收概率为 $1-L(p_0)=\alpha$。

计数标准型一次抽样检查方案的抽查程序如下。

①确定质量标准：对于单位产品，应明确规定其合格与不合格的标准。

②确定 p_0、p_1 的值：由供需双方协商决定，应综合考虑生产能力、制造成本、质量要求和检查费用等因素。作为选取 p_0 和 p_1 的标准，一般取 $\alpha=0.05$，$\beta=0.10$。确定 p_0 时，应区别缺陷类别，确定不同的值。对于 p_1 的选取，应使其与 p_0 拉开距离：p_1/p_0 过小（<4），会增加抽检产品的数量，使检查费用增加；p_1/p_0 过大（>20），会放松对质量的要求。一般 $p_1=(4\sim10)p_0$。

③批的组成：同一批内的产品应当是在同一制造条件下生产的。生产批或按包装条件及贸易习惯组成的批，不能直接作为交验批。

④确定抽查方案，确定 (n,c)。

⑤样本的选取：应尽量"随机化"，采取单纯随机抽样或分层随机抽样。

⑥样本的测试：按质量标准测试、判断。

⑦批的判定：$d\leqslant c$，批合格；$d>c$，批不合格。

⑧批的处置：合格批，接收，样本中的不合格品按约定处理。不合格批，全部退货或有条件接收，也按约定处理。

（2）计数调整型抽查方案

计数调整型抽查方案是指使用者可根据过去检查的历史资料，调整抽查方案的宽严程度，充分利用"调整"的特点，使实际的抽查特性曲线尽量地接近理想的 OC 曲线。计数调整型抽查方案最具代表性的为在美国军工标准基础上制定的 ISO 2859。ISO 2859 适用于成品、在制品、工序管理、原材料、维修操作和库存品等方面的检查。

12.4.3.6 抽样体系设计原则

抽样体系包括：可接收质量水平（acceptance quality limit，AQL）、抽样方针、抽样方案的设计和使用等。在考虑过程平均的基础上，确定 AQL。采取保护生产者利益的接收准则，等于或优于 AQL 的产品应几乎全部接收。当产品质量差于 AQL 值时，在抽样体系中拟定了从正常检查转为加严检查的内容、规则，从而保护了使用者的利益。这是基于 AQL 抽样体系的核心。缺陷分类是整个抽样体系的重要特点，严重缺陷的 AQL 选小些，轻微缺陷的 AQL 选大些。在实际中更多地根据实践经验，而不是数理统计来确定批量与样本含量之间的关系。

（1）AQL 及其确定方法

AQL 是认为满意的不合格品率（或每百单位缺陷数）的上限。AQL 的确定方法如下：

- 按用户要求的质量来确定。若生产者的质量水平非常差，则必须进行全数检验。
- 根据过程平均来确定，AQL 一般取值稍高于过程平均水平。决定 AQL 时应使多数供应者参与供货，促使他们提高质量。这种确定方法适用于品种少、大量生产且情报充分的场合。
- 按缺陷类别来确定，与供货者的质量水平无关。这种确定方法适用于品种多、小批量且产品质量情报不多的场合。
- 考虑检查项目数来确定。同一类检查项目（如严重缺陷的检查项目有 3 个）有多个时，AQL 的值比只有一个检查项目时的取值要适当大一些。
- 同供应者协商决定。适用于质量情报很少，如新产品等场合。
- 其他确定方法，如盈亏平衡点（break even point，BEP）等。

（2）检查水平

检查水平反映了批量和样本含量之间的关系。批量增大，样本含量也随之增大，但不是成比例地增大。一般检查分 Ⅰ、Ⅱ、Ⅲ 三个检查水平。水平 Ⅱ 为正常检查水平，无特殊要求时均采用此水平。检查水平高（如 Ⅲ），则辨别优质批与劣质批的能力强；反之则弱（见表 12-20）。检查水平对 α 的影响不大，但对 β 的影响比较大。故检查水平的确定对用户而言是个很重要的问题。特殊检查规定了 S-1、S-2、S-3、S-4 四个检查水平，用于破坏性或费用较高的检查，又称小样本检查。

表 12-20　一般检查水平的批量与样本含量之间的关系（一次正常抽查）

$n/N(\%)$	水平 Ⅰ	水平 Ⅱ	水平 Ⅲ
	N	N	N
≤50	≥4	≥4	≥10
≤30	≥7	≥27	≥167
≤20	≥10	≥160	≥625
≤10	≥50	≥1250	≥2000
≤5	≥640	≥4000	≥6300
≤1	≥12500	≥50000	≥80000

选择检查水平时考虑的因素如下。

- 产品的复杂程度和规格：简单、价格低的检查水平低；
- 检查费用：费用低于产品价格，则宜选高检查水平；
- 破坏性检查：低检查或特殊检查；
- 保证 AQL 的重要性：高则检查水平高；
- 生产的稳定性：稳定连续的选低检查水平；
- 各批之间的质量差异程度：差异小且好的选低检查水平；
- 批内产品质量波动的大小：波动小的选低检查水平。

（3）批量

批量的确定要适中,批量越大,样本含量也会越大,其原因是:样本的代表性;错判的损失,大批量错判的损失大,应取大样本,以提高辨别优质批与劣质批的能力;抽查的经济性,批量大,抽查的费用少。批量再大,也会出现误判,所以在实际抽样过程中应考虑生产方和用户的利益,确定合适的批量。

（4）样本含量

在 ISO 2859 中,样本含量用样本含量字码求得（见表 12-21）。样本含量字码又取决于检查水平和批量。如 AQL 为 1%,N 为 2500,检查水平为 II,查表可得样本含量字码为 K。再查抽查表可得正常抽查的样本个数为 125,接收数 A_c 为 3,拒收数 R_c 为 4。一次抽样的 $nAQL$ 基本保持不变,公比约为 1.585。二次抽样的样本含量采用相同的优先数系,但样本含量在系列中后退一位。多次抽样,样本含量在系列中后退多于两位。

表 12-21　计数调整型抽样检查样本含量字码表

样本	特殊检查水平				一般检查水平		
	S-1	S-2	S-3	S-4	I	II	III
2～8	A	A	A	A	A	A	B
9～15	A	A	A	A	A	B	C
16～25	A	A	B	B	B	C	D
26～50	A	B	B	C	C	D	E
51～90	B	B	C	C	C	E	F
91～150	B	B	C	D	D	F	G
152～280	B	C	D	E	E	G	H
281～500	B	C	D	E	F	H	J
501～1200	C	C	E	F	G	J	K
1201～3200	C	D	E	G	H	K	L
3201～10000	C	D	F	G	J	L	M
10001～35000	C	D	F	H	K	M	N
35001～150000	D	E	G	J	L	N	P
150001～500000	D	E	G	J	M	P	Q
500001 以上	D	E	H	K	N	Q	R

（5）一次、二次和多次抽查方式的选择

一次、二次和多次抽查方式的选择主要考虑 OC 曲线以外的一些具体实施上的利弊,如下所述。

①产品的检查费用:一次抽查的样本含量固定,二次和多次抽查的样本数变化。故当批质量特别好或特别坏时,可相对地节省样品,即当检查费用高时较适用二次和多次抽查。

②抽样的费用:抽样费用如果比检查费用还高时采用一次抽样。

③管理方面的考虑:二次和多次抽查的样本数变化导致检查所需的工作量变化,且判断复杂,检查员需要较多的抽样知识。

④检查所需的时间:相对于一次和二次抽样,多次抽样费时。

⑤形成批的方式:若是移动式成批,则难以采用多次抽查。

⑥多种缺陷的情况:产品越复杂,需检查的特性值越多,且这些特性值的缺陷数目和类别也各不相同。一个样本检查一个特性是不合适的。为有效使用劳动力和设备,要求:简单的抽查方案用于复杂的抽查,复杂的抽查方案用于简单的检查。如为了检验肉类罐头的保存质量,把它放在特定的环境下储存三周。考虑三种抽查方案:抽80罐试验一次;每个样本50罐的两次抽查;每个样本20罐的五次抽查。一次抽查三周内有结果,二次抽查可能三周内有结果,也可能需要六周;五次抽查则可能需要三个半月。

⑦心理效果:二次和多次抽查的心理效果好。

(6)正常检查、加严检查和放宽检查

正常检查时,当质量优于AQL时,则以很高的概率接收交验批,以保护生产者的利益。生产者的风险与AQL成反比,即随着合格判断数的大小而变化。用户的利益通过从正常检查转为严格检查来加以保护。

加严检查时,样本含量同于正常检查,但合格判断数比正常检查的要小。AQL为1%,N为2500,检查水平为Ⅱ,查表可得样本含量字码为K。再查加严抽查表可得正常抽查的样本个数为125,A_c为2,R_e为3(对比正常检查的样本个数为125,接收数A_c为3,拒收数R_e为4)。加严检查的OC曲线类似于正常检查,但高一级。如上例中的加严检查相当于AQL取0.65%时的正常检查。

放宽检查时,样本含量比正常检查低2级,合格判断数低1~2级。放宽检查在A_c与R_e之间留了一个空隙,当样本的测试结果在这个空隙时,算该批合格,但从下批开始,恢复正常检查。放宽检查是非强制性的,既看产品的检验结果,也看检查员的许可。从正常检查转为严格检查是强制性的,这是基于AQL的调整型抽样体系的核心。一般情况下正常检查、加严检查和放宽检查的转换见图12-23。

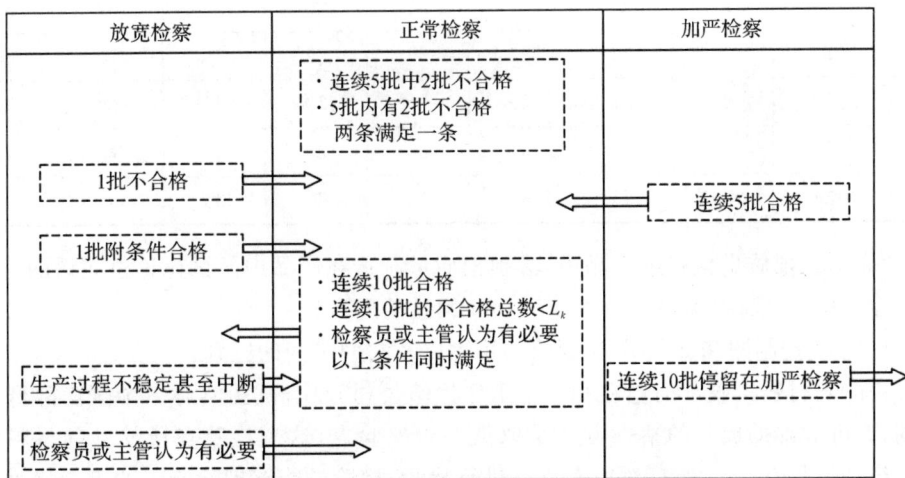

图 12-23　正常检查、加严检查和放宽检查的转换规则

📖 本章小结

本章主要讲述质量、质量管理、全面质量管理及质量改善方法等内容。首先介绍了质量的概念，而后讨论了质量管理的内涵，分别阐述了质量管理、质量保证、质量控制、质量体系的内容，并讨论了对质量成本的不同认识。其次重点介绍了全面质量管理的含义、内容和管理要素。本章还着重介绍了多种质量改善方法，主要介绍甘特图、流程图、统计图、雷达图、5W1H法、4M法、愚巧法、头脑风暴法这八种基本的质量改善方法，特性因素图、排列图、直方图、分层法、散布图、统计分析表、控制图这七种质量控制工具，PDPC法、系统图法、关联图法、KJ法、箭头图法、矩阵图法、矩阵数据解析法这七种新的质量控制工具。除此之外，本章重点阐述了统计质量控制的常用方法，介绍了工序能力的计算、计量值控制图和计数值控制图及其应用。最后还介绍了广为采用的抽样检查法，分别介绍了抽样检查原理和抽样检查方案的确定。

课后习题

一、思考题

1. 谈谈质量管理与质量控制、质量保证的差别。

2. 结合实例说明影响工序能力的主要因素及其影响方式。

3. 简述控制图能预先发现质量问题并能防止生产过程不必要调整的原因。

4. 某厂加工 60 个 $\phi 8^{-0.05}_{-0.10}8$ 毫米的螺栓，现将其实测值减去 7.9 毫米再乘以 1000 后得到各螺栓的修正值，如下表所示。试画出螺栓加工的直方图（要求分为 6 组）。

37	31	18	25	23	31	28	27	22	25
30	25	13	25	27	20	25	28	18	38
28	20	22	22	23	25	29	25	21	35
20	18	23	27	29	30	30	24	22	31
18	28	15	23	31	26	25	30	30	19
23	28	19	25	32	18	22	35	30	23

5. "你不会把质量检查进产品中，必须把质量制造在产品中。"试讨论这句话的含义。

6. 你会用什么标准来评价一个 Internet 网站的质量？

7. 讨论 P 控制图和 $\bar{x}$ 及 R 控制图的用途以及它们之间的区别。

8. 目前某材料接收部门正在和一个工序检验公司合作，试图实施一个全面降低成本的计划，有可能降低成本的某一方法是取消一个检验点，这个检验点所检验的材料的平均不合格品率是 0.04。通过对所有产品进行检验，检验员能够剔除所有的不合格品。这个检验员每小时能检验 50 件成品，该检验点每小时的费用是 9 美元，如果取消这个检验点,不合格品就会进入生产装配线,并须在最终检验时发现,以每件 10 美元的费用替换掉。

(1)这个检验点应被取消吗?

(2)检验每件物品的成本是多少?

(3)目前的检验过程是有利益还是有损失?有多大?

9.一个金属加工厂生产连接杆,其外部直径规范是 1 ± 0.1 厘米。一个机器操作员在一段时间里抽取了 9 个样本,测得样本的外部直径均值为 1.002 厘米,标准差为 0.003 厘米。

(1)计算工序能力指数。

(2)这个数值能告诉你有关该工序的哪些特征?

10.从正在生产的工序中抽取 10 个样本,每个样本中有 15 个部件,用这些样本建立一个 P 控制图进行控制。样本和每个样本中的不合格品数如下表所示:

样本	n	每个样本中的不合格数	样本	n	每个样本中的不合格数
1	15	3	6	15	2
2	15	1	7	15	0
3	15	0	8	15	3
4	15	0	9	15	1
5	15	0	10	15	0

(1)制定一个 95% 置信度(1.96 倍标准差)的 P 控制图。

(2)请对标出的数据点进行解释。

11.一个产品关键尺寸的设计特性是 100 ± 10 单位,将用于生产该产品的工序有 4 个单位的标准差。

(1)从定性角度你怎样评价该工序的工序能力?

(2)假设该工序均值偏移到 92,计算新的工序能力。

12.电子线路用电阻在高速自动机床上进行生产,设机床被设置为大量生产 1000 欧姆的电阻。为了设置机床和建立一个控制图用于生产控制,抽取其 15 个样本,每个样本中有 4 个电阻。全部样本及其测量值如下表所示:

样本号	测量值			
1	1010	991	985	986
2	995	996	1009	994
3	990	1003	1015	1008
4	1015	1020	1009	998
5	1013	1019	1005	993
6	994	1001	994	1005

续 表

样本号	测量值			
7	989	992	982	1020
8	1001	986	996	996
9	1006	989	1005	1007
10	992	1007	1006	979
11	996	1006	997	989
12	1019	996	991	1011
13	981	991	989	1003
14	999	993	988	984
15	1013	1002	1005	992

绘制一个 $\bar{x}-R$ 控制图并标出上列全部值。从控制图上，你能对该工序做何评价？（用 3σ 控制界限）

13. 下表中列出了一种喷油器的关键长度测量值，这些样本每隔一小时被抽取一次，样本容量为 5。试为这种喷油器的长度构造一个 $\bar{x}-R$ 控制图（用 3σ 控制界限）。该工序是否受控？

样本号	1	2	3	4	5
1	0.486	0.499	0.493	0.511	0.481
2	0.499	0.506	0.516	0.494	0.529
3	0.496	0.500	0.515	0.488	0.521
4	0.495	0.506	0.483	0.487	0.489
5	0.472	0.502	0.526	0.469	0.481
6	0.473	0.495	0.507	0.493	0.506
7	0.495	0.512	0.490	0.471	0.504
8	0.525	0.501	0.498	0.474	0.485
9	0.497	0.501	0.517	0.506	0.516
10	0.495	0.505	0.516	0.511	0.497
11	0.495	0.482	0.468	0.492	0.492
12	0.483	0.459	0.526	0.506	0.522
13	0.521	0.512	0.493	0.525	0.510
14	0.487	0.521	0.507	0.501	0.500
15	0.493	0.516	0.499	0.511	0.513
16	0.473	0.506	0.479	0.480	0.523

样本号	1	2	3	4	5
17	0.477	0.485	0.513	0.484	0.496
18	0.515	0.493	0.493	0.485	0.475
19	0.511	0.536	0.486	0.497	0.491
20	0.509	0.490	0.470	0.504	0.512

14. 某种产品的重量样本测量值和测量时间如下表所示,试画出其 $\bar{x}-R$ 控制图。

测量值	6 点	10 点	14 点
	x_1	x_2	x_3
1	14.0	12.6	13.2
2	13.2	13.3	12.7
3	13.5	12.8	13.0
4	13.9	12.4	13.3
5	13.0	13.0	12.1
6	13.7	12.0	12.5
7	13.9	12.1	12.7
8	13.4	13.6	13.0
9	14.4	12.4	12.2
10	13.3	12.4	12.6
11	13.3	12.8	13.0
12	13.6	12.5	13.3
13	13.4	13.3	12.0
14	13.9	13.1	13.5
15	14.2	12.7	12.9

15. 对入库的一批产品抽检 10 件,其中有 9 件合格,可以多大概率保证合格率不低于 80%?

16. 在简单随机重复抽样情况下,若要求允许误差为原来的 2/3,则样本容量应扩大为原来的多少倍?

17. 对某区 30 户家庭的月收支情况进行抽样调查,发现平均每户每月用于书报费的支出为 45 元,抽样平均误差为 2 元,试问应以多少概率才能保证每户每月书报费支出在 41.08 元至 48.92 元之间。

18. 加工某零件的技术要求是 $\mathbb{C}30\pm0.035$ 毫米,现从该零件中取样本含量 $N=50$,测得平均值=30.015,$S=0.004$,求工序能力指数,并判断能否保证产品质量?

二、选择题

1.质量管理使用的分析工具有下面哪一项？（　　）

A.领导　　　　　　　B.不断改进　　　　　　C.快速响应

D.建立伙伴关系　　　E.排列图

2.某公司生产的电子元器件产品既用于军用设备也用于民用设备,其在确定两类产品的 AQL 时应采用哪种原则？（　　）

A.军用设备的 AQL 与民用设备的 AQL 相同

B.军用设备的 AQL 比民用设备的 AQL 小

C.军用设备的 AQL 比民用设备的 AQL 大

D.军用设备的 AQL 与民用设备的 AQL 大小均可

3.下面哪一项不是质量管理使用的分析工具？（　　）

A.因果分析图　　　　B.甘特图　　　　　　　C.散布图

D.控制图　　　　　　E.直方图

4.下面哪一项是质量管理的统计控制方法？（　　）

A.领导　　　　　　　B.控制图　　　　　　　C 不断改进

D.看板　　　　　　　E.箭头型网络图

第 13 章　准时制的精益生产

在第二次世界大战之后的 50 年里,最具重大意义的生产方式变革就是准时制生产方式(JIT)或精益生产。本章将介绍准时制生产方式的基本思想,阐述看板控制系统,讨论实施准时制生产的条件,以及准时制在当前制造业和服务业的应用现状。本章还将介绍两种生产控制系统——推式和拉式系统。本章的最后介绍了车间看板管理设计实验,通过实验分析不同拉式生产方式对改善生产效率的影响。

13.1　准时制的概念

准时制(JIT)通常被称为丰田制造体系,是日本丰田汽车公司在其生产方式的基础上逐渐发展起来的一种生产制造业的管理模式。准时制是一组活动的集合,其目的在于利用最少量库存的原材料、在制品以及产成品实现大批量的生产。准时制的理念基于这样的逻辑:任何产品,只在需求时才进行生产。零件"准时"到达下道工序,并被迅速加工和转移(见图 13-1)。

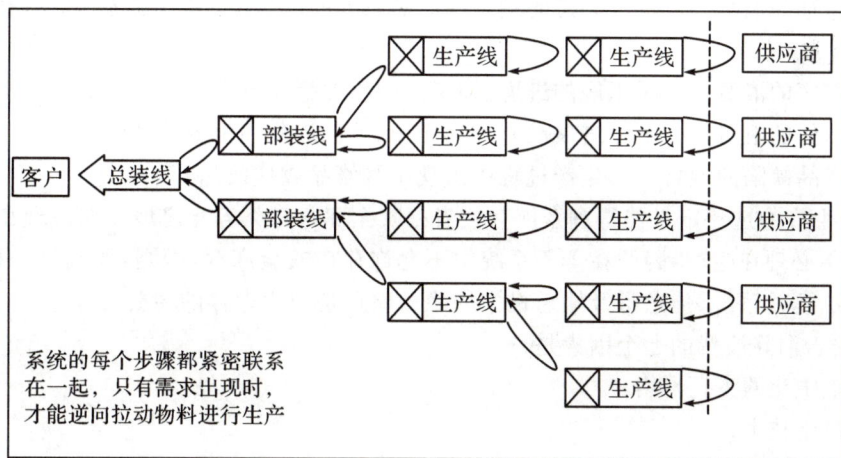

图 13-1　JIT 生产拉动系统示意

图 13-1 表示的就是准时制的实现过程,生产产生与对产品的实际需求。从理论上讲,当有一件产品卖出时,市场就从系统的终端(图中所示的总装线)拉动一个产品,于是形成了对生产线的订货。接着,总装线的工人从物流的上游工作站拉动一个新产品补充

被取走的产品,这个上游工作站又从更上游的工位拉动产品需求,这一过程不断重复循环,直到原材料投入流程。为了保证流程平稳运行,准时制要求流程各阶段都要具有高质量水平、与供应商的良好关系以及对最终产品需求的准确预测。

JIT 一般可以简单地分为"大 JIT"和"小 JIT"。"大 JIT"(通常也叫精益生产)是一种运作管理哲学,它的基本目标是寻求消除企业生产活动各个方面浪费的原因,其中包括员工关系、供应商关系、技术水平以及原材料和库存的管理。"小 JIT"的内容较窄,更多侧重于计划产品库存,实现在必要的时间和必要的地点提供必要的服务资源。

13.2　丰田生产系统

JIT 生产源于日本,丰田生产系统(Toyota production system)就是其最好的应用体现。丰田生产系统是为了提高质量和生产力而逐步发展起来的,并以消除浪费和尊重员工的思想为其哲理。

13.2.1　消除浪费

在丰田生产系统中,浪费是指"除生产不可缺少的最少量的设备、原材料、零部件和工人外的任何东西"。在 JIT 生产过程中,可以被消除的浪费主要有七种类型。它们是:

- 过量生产的浪费——与需要相比过早的、过多的生产;
- 等待时间的浪费——等待零件到来、设备运转中的等待等;
- 运输的浪费——最小限度的运输以外的临时放置、倒装、零星搬运等;
- 库存的浪费——生产必需的最少在库品以外的由生产、搬运系统产生的不必要的在库品;
- 工序的浪费——对工序的进展、加工品的精度毫无贡献的不必要的加工工序;
- 动作的浪费——工序进展没有推动作用、不创造附加价值的动作;
- 产品缺陷的浪费——生产过程中出现了翻修品或残次品。

JIT 生产的这一定义使得剩余库存或者是安全库存已无容身之地。如果现在不需要产品,就不必现在生产,因此在 JIT 系统中不允许存在安全库存,否则,那就是一种浪费。仓库区域、运输系统、传送带及输送机中的隐藏库存是减少库存的主要目标。

可用于消除浪费的七个因素是:

- 集中化的工厂网络;
- 成组技术;
- 源头质量的控制;
- JIT 生产;
- 均衡生产负荷;
- 看板生产控制系统;
- 最小化换模时间。

下面将分别介绍消除浪费的这七个因素。

13.2.1.1 集中化的工厂网络

日本企业更喜欢建立小规模专业化的工厂而不是大型纵向一体化的制造厂。他们认为大工厂的经营运作方式和官僚作风很难管理，而且这种方式并不适合他们的管理风格。按照同一目标设计的多家工厂可以更好地组织起来，更经济地运营。有调查显示，日本企业的绝大部分工厂，其规模都在 30～1000 人之间。

13.2.1.2 成组技术

成组技术虽然产生于美国，但其最成功的应用却是在日本。在成组技术理念中，类似的零部件分成一组，生产这些零部件的工作由一个专门的工作单元负责。成组技术取代了将工作从一个部门转移到另一个部门的专业员工操作的方式，考虑了制作一个零部件的所有操作，并将完成这些操作的机器组合在一起(见图 13-2)。

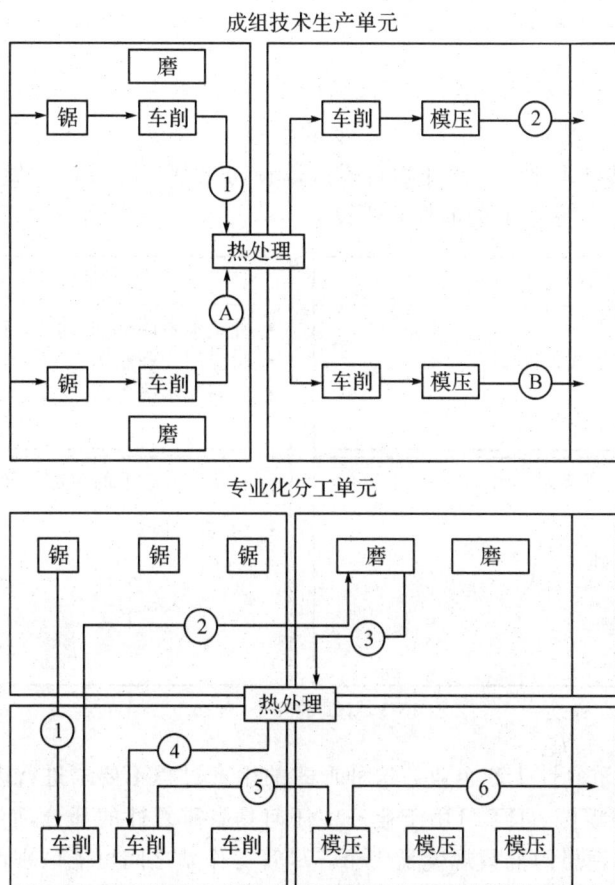

图 13-2 成组技术与专业化分工的比较

图 13-2 显示了两种布局方式的不同：成组技术生产单元是将生产一种零部件的各种机器组成一个工作中心，专业化分工单元是按部门进行布局。成组技术单元减少了不同

操作间的移动、等待时间和在制品库存，也减少了所需员工的人数。然而，员工必须具有充分的柔性以便能够操作工作中的几种设备，完成工件的加工过程。由于人们具有先进的技术水平，因此工作的安全性也得到了提高。

13.2.1.3 源头质量的控制

源头质量的控制要求必须一次性将工作做好，一旦出现错误，则立即停止该流程或装配线的工作。生产线的工人成为自己工作的检查者，每个人都必须对自己的产品质量负责。由于工人一次只关心工作的一部分，因此就容易发现工作中存在的质量问题。如果工作节奏过快，或者发现存在质量或安全性问题，工人都必须按下按钮停止生产线的运行，同时打开可视信号灯。其他部门的人员对该警报和问题将立即做出反应。此时，会授权工人维护自己的机器和清理工作，直到问题解决。

源头质量也包括自动检测，用自动设备或机器人进行质量检查，具有快捷、容易操作、可重复性强的优势，且适合那些规模较大、较复杂，无法用人工完成的工作。

13.2.1.4 JIT 生产

JIT 意味着仅在需要的时候生产必要的产品，绝不过量生产。超过最小需求的任何产品都将被看作是浪费，因为在现在不需要的事物上投入的精力和原材料都不能在现在被使用。这种思想与那种依靠额外物料投入以预防出现工作失误的做法形成鲜明的对比。图 13-3 显示的就是 JIT 的前提和假设。

JIT 是什么？	JIT 是做什么的？
• 管理哲理 • 通过工厂的"拉式系统"	• 杜绝浪费问题（时间、库存、废品） • 暴露问题和瓶颈 • 实现流水线生产
JIT 的要求是什么？	**JIT 的假定是什么？**
• 员工参与 • 工业工程/基础 • 持续改善 • 全面质量改善 • 小的批量规模	• 稳定的环境

图 13-3　JIT 的几个"什么"

JIT 常被用于重复性生产企业。这种形式的生产过程不要求进行大批量生产，也不要求重复生产同种零件。JIT 可用于业务中任何具有重复性的部分，而不论它们出现在何处。JIT 状态下理想的批量规模是 1 个。尽管工作站之间可能区别巨大，但工人还是需要实现将过渡时间最小化，同时保持运送数量最小。供应商有时甚至要每天供应多次物料，以保持小批量规模和低库存。当所有等待数量变为零时，库存投资实现最小化，大大缩短了订货到交货的时间，企业对需求变化快速反应，质量问题也得以迅速曝光。

图 13-4 就显示了这一思想：当库存水平比较低的时候，质量问题就很容易暴露。如

果我们用水池中的水代表库存,石头就是企业中的问题。当水位较高时,就隐藏了问题,同时管理层也就会认为每件事情都做得很完善。但当"水位"在经济衰退中下降时,问题就出现了。如果在平时的生产过程中特意让库存下降,就可以在引起更严重的问题之前,发现和解决这些问题。JIT 生产的方式就可以发现其他生产方式中由于过多的库存和过多的人员而隐藏的问题。

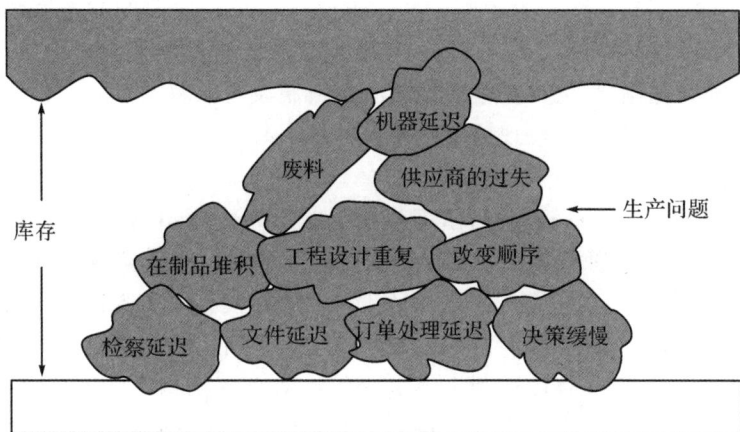

图 13-4　库存隐藏问题

JIT 被视为理想的生产方式有两个原因:一是因为它设置了一个最高标准,"零"库存。在实际生产中可以无限接近这个极限,但却永远不可能达到零库存。这个极限使得改进永无止境。二是因为它提供了一个不断改进的途径,既降低库存——暴露问题——解决问题——再降低库存……这个永无止境的循环过程。下面我们简单介绍几种常见的降低在制品库存的途径。

①降低运输在制品库存的途径

- 分离加工批量与运输批量;
- 减小运输批量。

②降低周转在制品库存的途径

- 区分内部作业更换与外部作业更换;
- 将内部作业更换转化为外部作业更换;
- 省去调整环节;
- 实现自动化。

③降低安全在制品库存的途径

- 调整安全在制品库存配置的结构。

13.2.1.5　均衡生产负荷

平稳生产流程以抑制通常由于计划的变动所带来的波动反应,称为均衡生产负荷。总装线上发生变化时,这种变化就在整条生产线上和供应链上放大了。消除这类问题的最好办法就是建立企业固定的月生产计划,使生产率固定在一个稳定的水平上,从而尽可能减少变化和调整。

丰田公司发现,可以通过每天建立相同的产品组合进行小批量生产的方式解决车间生产负荷不均衡的问题。因此,丰田公司总是建立一个综合产品组合来适应不同的需求变化。

13.2.1.6　看板生产控制系统

与日本的 JIT 实践联系最为紧密的技术就是丰田公司发明的看板系统。看板在日文中是"卡片"的意思,在丰田看板系统中,卡片被用来管理物料流在整个工厂中的流动。它以流水线作业为基础,将生产过程中传统的送料制改为取料制,以"看板"作为"取货指令""运输指令""生产指令"进行现场生产控制。

（1）看板

看板,也可称为卡片,一般分两种,即运输看板（move card）和生产看板（production card）。运输看板用于指挥零件在前后两道工序之间移动。当放置零件的容器从上道工序的出口存放处运到下道工序的入口存放处时,运输看板就附在容器上。当下道工序开始使用其入口存放处容器中的零件时,运输看板就被取下,放在看板盒中。当下道工序需要补充零件时,运输看板就被送到上道工序的出口存放处相应的容器上,同时将该容器上的生产看板取下,放在生产看板盒中。可见,运输看板只是在上道工序的出口存放处与下道工序的入口存放处之间往返运动。

每一个运输看板只对应一种零件。由于一种零件总是存放在一定的标准容器内,所以,一个运输看板对应的容器也是一定的。运输看板通常包括以下信息:零件号、容器容量、看板号（如:发出 5 张的第 3 号）、供方工作地号、供方工作地出口存放处号、需方工作地号、需方工作地入口存放处号等。一个典型的运输看板如图 13-5 所示。

送： 压制_____车间 21-11号_____储藏室 放于出口存放处：NO.38-6	工作地号：38号　油漆车间 零件号：A435邮箱座 所需物料：5号漆，黑色 生产数量：20件

图 13-5　典型的运输看板

生产看板用于指挥工作地的生产,它规定了所生产的零件及其数量。它只在工作地和它的出口存放处之间往返。当需方工作地转来的运输看板与供方工作地出口存放处容器上的生产看板对上号时,生产看板就被取下,放入生产看板盒内。该容器（放满零件）连同运输看板一起被送到需方工作地的入口存放处。工人按顺序从生产看板盒内取走生产看板,并按生产看板的规定,从该工作地的入口存放处取出要加工的零件,加工完规定的数量之后,将生产看板挂到容器上。

每一个生产看板通常包括如下信息:要生产的零件号、容器的容量、供方工作地号、供方工作地出口存放处号、看板号（如:发出 4 张的第 1 号）、所需的物料、所需零件的简明材料清单、供给零件的出口存放处等。一个典型的生产看板如图 13-6 所示。

从供方工作地: 38号 油漆车间 出口存放处号: <u>NO.38-6</u>	零件号: A435邮箱座 容器: 2型（黄色） 每一容器容量: 20件 看板号: 3号（共发出5张）	到需方工作地: 3号装配 入口存放处号: <u>NO.3-1</u>

图 13-6 典型的生产看板

（2）看板控制系统

为了描述丰田看板系统,需要区分推（push）和拉（pull）这两种生产控制系统。在推式系统中,例如 MRP,工件的投放是被计划好的。而在拉式系统中,工件的投放则是通过授权实现的。区别就是:计划是预先制订的,而授权则是依据整个工厂的状态进行的。因为这样,推式系统直接适合于满足顾客交货期,但是必须对工厂内部的各种变化做出反应（如重排 MRP）。相类似的,一个拉式系统直接适合于应对工厂的变化,但是必须满足客户的交货期（如用一个平衡的生产计划与需求相匹配,然后用加班来保证生产率）。

图 13-7 对 MRP 和看板进行了一个示意性的比较。在 MRP 系统中,物料向生产线的投放是由排程计划触发的。一旦工位上的一个零件被加工完成之后,它就被"推"到下一个工位。在这样的系统中,只要操作者有零件在手,他们就会不断地生产。

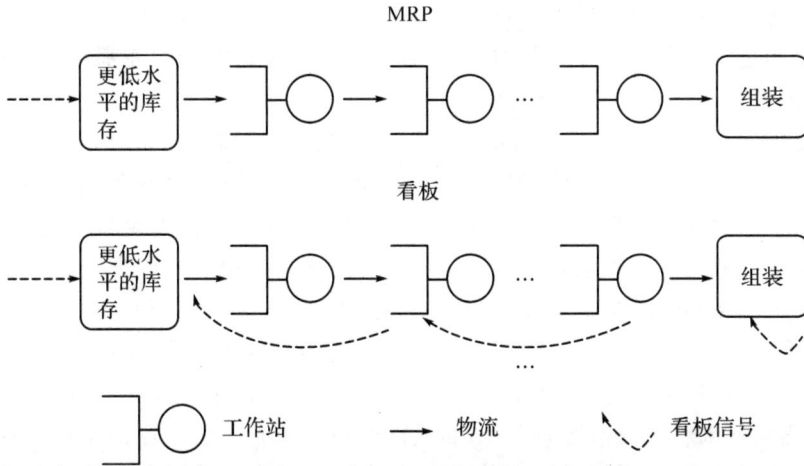

图 13-7 MRP 与看板的比较

在看板系统中,生产是由需求触发的。如果有一件零件从最终库存点被拿走（它可能是成品库存）,生产线上的最后一个工位就得到授权补充这个零件的空缺。这个工位接着就会向上游的工位发出一个授权信号,以补充这个刚被它用掉的零件。每个工位都是这样进行的,补充下游的空缺以及向上游发出授权信号。在看板系统中,操作者同时需要零件和授权信号（看板）来进行生产。

丰田公司发明的看板系统使用了两种卡片来对产品的生产和转运进行授权。这个双看板（tow-card）系统如图 13-8 所示。其运行的基本机制是:当一个工位空闲后,操作工人就从后面的一个盒子里拿出一张生产卡片。这张卡片告诉操作工人下游工位正需要某一特定的零件,然后操作工人到进料库存点寻找生产该零件所需的原料进行生产。

如果有原料,操作工人就拿走贴在上面的运输卡片,把它们放到另一个盒子里;如果没有原料,操作者就选取另一张生产卡片进行下一项生产。当操作工人同时拥有了一张生产卡片和所需原料时,他就开始加工零件,并贴上生产卡片,将其放到出料库存点。

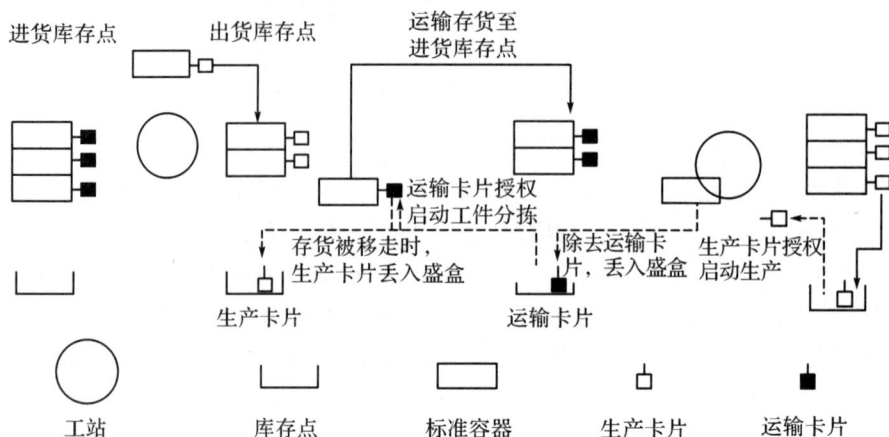

图 13-8　双看板系统

有专门的移送工会定期检查放有运输卡片的盒子并且取走卡片。移送工会根据卡片上的标识从各个特定的出料库存点取来物料,再用运输卡片代替生产卡片,把生产卡片放到特定的进料库存点去。这些取下的生产卡片会回到他们原先那个工位的盒子里去,存放在出料库存点表示需要补充库存。

丰田使用的双看板系统的基本原理就是当工位在空间离散分布时,是不可能实现零件从一个工位到下一个工位的瞬时转运的。因此,必须在两个地方存储在制品库存,即出料库存点,表示已经结束在机器上的加工;进料库存点,表示是从上一台机器转运过来。而运输卡片就是告诉搬运者原料需要从一个地方转移到另一个地方。

在一个工位相邻的系统中,WIP 可以被有效地由一个工位"递给"下一个工位。在这种情况下,就不需要有两个库存点了,这时候只需要如图 13-9 所示的单看板(one-card)系统就可以了。在这个系统中,操作工人依然需要一个生产卡片和必要的原料来进行生产,但是不需要从来料上取走运输卡片,而只需要取下来自上游工序的生产卡片,并将其送回上游工序。其实,双看板系统就是一个将运输过程看作是一个工位的单看板系统,因此,这两者的选择取决于车间希望将搬运过程中的 WIP 控制到什么程度。如果这些操作是迅速而且可预期的,那么就不必使用双看板;如果搬运操作是缓慢而且不规则的,那么规范转运的 WIP 就会很有必要。

单看板系统与双看板系统的主要区别在于:单看板系统中前道工序在看板到达后开始生产,只在后道工序有缓冲在制品;双看板系统是零件事先生产,等待看板到达,前道工序与后道工序都有缓冲在制品。

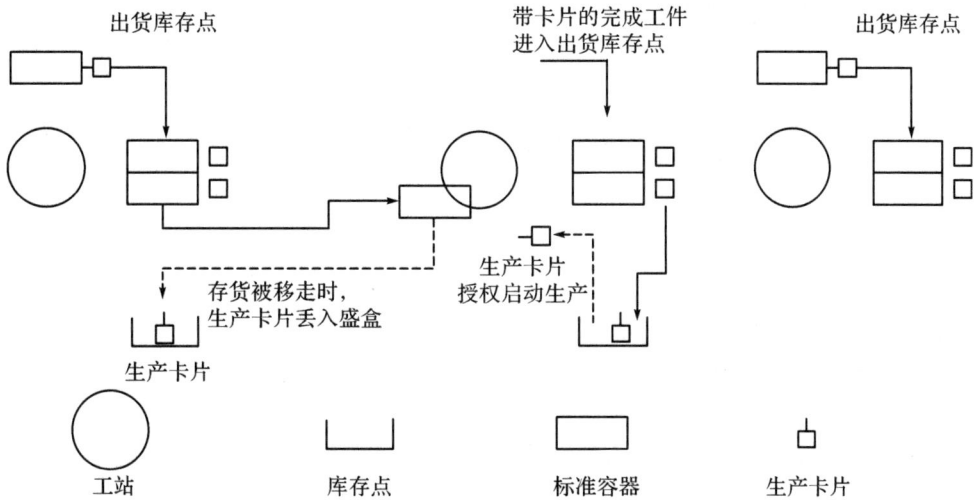

图 13-9　单看板系统

（3）确定看板卡的数量

看板系统（单看板或双看板）的关键控制变量就是每个工位的卡片数量。它们影响着系统中 WIP 的数量，同时也影响着机器断料的频率和产出率。对于双看板系统，要确定运输看板和生产看板的数量。看板卡代表了装载用户与供应商之间来回流动的物料的容器数，每个容器代表所需供应的最小生产批量，因此容器数量直接控制着系统中在制品的库存量。

精确地估计容器零件从订货到交货的时间是确定容器数量的关键所在。从订货到交货的时间是一个关于容器的加工时间、生产过程中的任何等待准备时间和将原材料运送到客户手中所需运输时间的函数。所需看板的数量应该等于从订货到交货的这段时间内的期望需求量加上一些作为安全库存的额外数量。

看板数量的计算公式是：

$$k = \frac{提前期内的期望需求量 + 安全库存量}{容器容量}$$

$$= \frac{dL(1+S)}{C}$$

其中：k——看板卡数；

d——特定时间段内所需产品的平均数量；

L——提前期（与需求使用相同的单位表示）；

S——安全库存量，在提前期内用需求量的百分比表示；

C——容器容量。

由此可见，看板系统并不能实现零库存，但是，它能控制一次投入流程中的物料数量（通过控制每种零件的容器数来实现）。看板系统可以方便地进行调整以适应系统当前的运行方式，因为卡片的数量可以十分容易地从系统中增加或减少。如果工人发现他们不能准时完成零件的加工，则可以增加一个新的物料容器，当然同时也加入一个新的看板卡。如果发现有多余的物料容器，则可以很容易地减少看板卡片，即减少了库存数量。

例 13-1：确定看板的数量

某种开关在上游组装好后，通过一个特殊的容器运送至下游的控制板组装区，每个这种容器可放 4 个开关。在控制板组装区每小时需要 5 个开关，而开关组装区提供一个容器需要 2 小时，安全库存设定为需求的 10％，试问需要多少看板卡来管理开关的补货任务？

解：

本题中：$L=2$，$d=5$，$C=4$，$S=10\%$

则：$k = \dfrac{dL(1+S)}{C} = \dfrac{5 \times 2 \times 1.1}{4} = 2.75$

本例中，我们需要 3 个看板卡。无论在何种情况下，我们计算 k 时，一般都应该将计算出来的看板数量进位取整。

（4）看板管理的基本规则

使用看板的规则很简单，但执行必须严格。

①无论是生产看板还是传送看板，在使用时，必须附在装有零件的容器上。

②必须由需方到供方工作地凭传送看板提取零件或者由需方向供方发出信号，供方凭传送看板转送零件。总之，要按需方的要求传送零件，没有传送看板不得传送零件。

③要使用标准容器，不准使用非标准容器或者虽使用标准容器但不按标准数量放入。这样做可减少搬运次数和时间，并可防止损伤零件。

④当从生产看板盒中取出一个生产看板时，只生产一个标准容器所容纳数量的零件。当标准容器装满时，一定要将生产看板附在标准容器上，放置到出口存放处，并且按照看板出现的先后顺序进行生产。

⑤次品不交给下道工序。出现次品本来就是浪费，如果把次品交给下道工序，不仅会造成新的浪费，而且会影响整个生产线的工作。所以，在严格控制次品发生的同时，还必须严禁次品进入下道工序。

按照这些规则，就会形成一个十分简单的牵引式系统。每道工序都为下道工序准时提供所需的零件，每道工序地都可以在需要的时候从其上道工序得到所需的零件，使物料从原材料到最终装配同步进行。做到这一点就可以避免零件囤积造成的浪费。

13.2.1.7 最小化换模时间

由于 JIT 生产以小批量生产为准则，故机器的换模工作必须迅速完成，以实现在生产线上进行混合生产。为实现换模时间的减少，在 JIT 系统中将换模工作划分为内部换模和外部换模。内部换模只有在停机后才能进行，而外部换模则可以在机器运行期间实现。其他可用于节约换模时间的装置如备用的刀架、复制的工具夹也可以实现这一目的。

蒙登在其 1983 年出版的《丰田生产体系》一书中指出了减少准备时间的四个基本概念：

（1）将内部准备和外部准备分离开来。现实的做法是一旦需要完成某项作业，就把机器停下来，但是却并不能保证这些作业是内部作业。要减少准备时间首先必须了解哪些作业是必须在机器停止的时候完成的。

（2）尽可能地将内部准备转化为外部准备。例如，如果有些部件可以在停止机器前进行预装配,或者如果是铸模的话可以在安装之前进行预热,这样内部准备时间就可以显著减少。

(3)消除调整性操作。调整性操作通常要占到内部准备时间的 50%~70%,因此是非常关键的。夹具或传感器可以在很大程度上提高其速度,甚至可以消除调整。

(4)取消准备环节本身。要实现这一点,可以通过标准化产品设计(如适用于所有产品的通用支架),或者通过同时生产多种零件的方法(如一次同时冲压出零件 A 和 B,后面再把它们分开),也可以使用多台并行机器,每台生产一种产品的方法。

13.2.2　尊重员工

尊重员工是丰田生产系统的一个关键因素。在一些主要的大公司中,日本有着对永久职位实行终身雇用的传统以及在一个商业环境恶化的情况下维持一个稳定的工资水平的传统。终身雇用员工的工作有很强的保障,因此他们会努力学习多种技能,使自己的技术变得更为全面,可以适应多种工作的要求,以便能留在公司之中,尽其所能地做他们能够帮助公司实现其目标的一切工作。

丰田以及日本其他公司的企业协会是培养员工与管理者协作关系的组织。在经济繁荣时期,所有雇员每年可以获得两次红利,公司运营越好,雇员将会获得越多的红利,这就可以激励员工努力提高生产效率。管理者把员工看成是一项资产,而不是机器。公司尽量使用自动设备和机器人完成枯燥的例行性工作,这样可以使雇员能解放出来去完成更重要的改善工作。

在丰田,分包商网络的存在是十分重要的。日本公司所独有的特点是很少有纵向一体化的集团。在日本公司中,有超过 90%的企业都是由小企业组成的分包商网络的成员。一些供应商的产品种类限定在一个很窄的范围内但可以向多个用户供货;另外一些,也是更重要的一类是专用资源供应商,他们为单一用户供应多种部件。公司与其供应商及客户建立起超长期的合作关系,供应商也把自己看成是用户大家庭中的一员。

日本采用的现场管理是由委员会和小组成员共同管理的。尽管这种决策方式通常速度较慢,但日本人还是愿意在不影响生产进度的前提下用相对较慢的速度,努力通过各团体的合作,寻找恰当的信息来制定决策,从而达成一致的意见。与美国不同的是,日本企业的高层管理者很少制定操作层的决策,而是将主要注意力放在战略计划的制订上。这种系统在规模相对较小且生产集中的工厂中较为适用。

由员工自愿参加形成的质量小组(quality circles)每周集合一次,讨论工作中出现的问题并提出解决问题的方案。这些小组一般由一位一线生产指导或工人领导,通常包括某一特定领域的员工。其他还有一些由一个经过培训的领导者或协调者领导的多智能小组。这些质量小组是现场管理方法的一个重要组成部分。

丰田生产系统在控制生产过程的可变性和创造学习机会两方面比其他的竞争者做得都好。其原因在于四条不成文的准则(史蒂文·斯比尔和肯特·鲍恩提出)。

准则 1:所有作业的内容、次序、时间安排和最终结果都必须有明确规定;

准则 2:所有客户和供应商联系都必须是直接的,保证有确切的途径发送请求和接受反馈;

准则 3：产品以及服务能够沿着简单、确定的路径流动；

准则 4：任何改变都必须按照科学方法，在一个老师的指导下，于组织中尽可能低的层面上进行。

以上各准则要求的活动、联系以及流程路径须有固定的测试进行自动检测，一旦发现问题可以发出信号。另外，使看起来严格的系统具有灵活性并能针对不断变化的环境做出调整，这是解决问题的一贯措施。

13.3　准时制实施的要求

在本节中，将围绕图 13-10 所示的结构，来探讨实现 JIT 生产的方法和途径。其中一些措施在上一节中已经做了较详细的介绍，如减少额外库存和看板控制。本节将主要探讨工艺和流程设计、全面质量管理、稳定的计划、与供应商合作、改进产品设计这五个方面。这些建议的方法比较适用于重复性生产系统，即反复生产同一种产品的系统。需要注意的是，图中所示的各个因素之间是相互联系的：生产系统中任何一点的改变都会影响系统的其他特性。

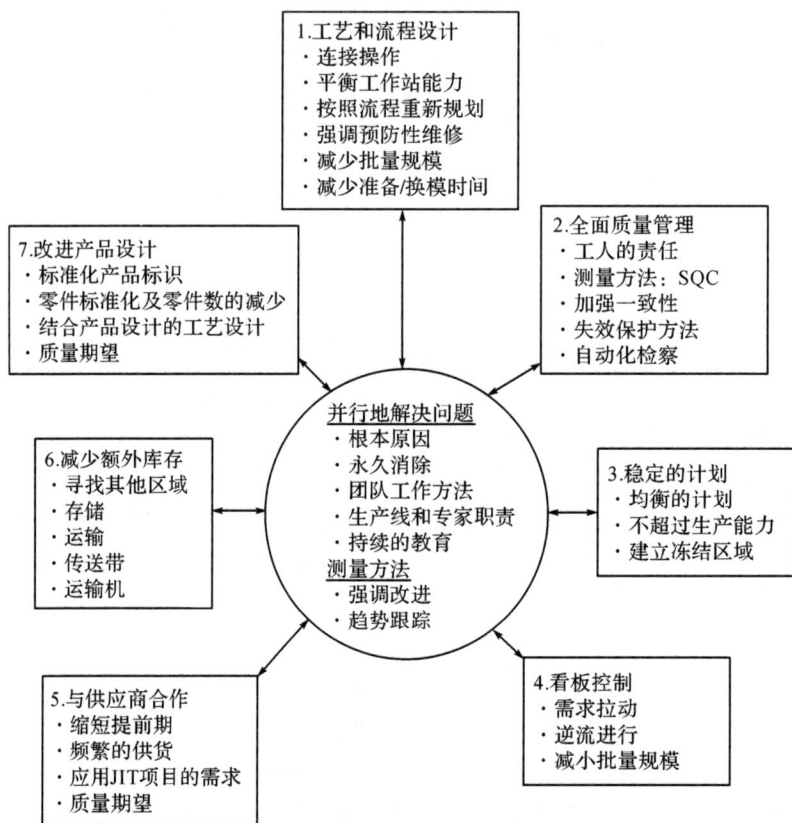

图 13-10　如何实现 JIT 生产

13.3.1 工艺和流程设计

JIT生产要求车间的规划设计应能保证均衡工作流,使在制品库存最小化。不论生产线是否实际存在,每一个工作站都是这个生产线的一部分。同样的思想也应用到装配线上,从而使生产能力得以平衡。通过拉式系统的构建,所有操作相互联系起来。另外,系统的设计者必须考虑到企业内外部后勤系统的各个方面如何受到规划的影响。

预防性维修是指专门为了保证机器可靠性运行而定期进行的检查和维修。它重在确保工作流不会因为停工检修或是机器故障而中断。由于JIT生产使用的是几个简单的机器而非单个大型的复杂机器,因此,操作人员对机器都比较熟悉,机器也更易于维修,所以操作人员理所当然会从事大量的维护性工作。

13.3.2 全面质量管理

JIT生产和全面质量管理(TQM)无论是在理论上还是在实践中都已经紧密地结合在一起。TQM是这样一种生产方式:制造过程中的每一步都要确保产品质量,而不是通过检验来确保质量。TQM同时也是这样一种理念:员工对自己的工作质量完全负责。当员工对其工作质量完全负责时,JIT的运行状态最佳,因为在系统中流动的全都是高质量的产品。当所有的产品都合格时,就不需要有额外的库存存在。这样,企业就能获得产品的高质量和生产的高效率(见图13-11)。通过使用统计质量控制的方法和对员工的不断培训来保证质量,因此,检验工作可以减少到只对最开始的生产单元和最后一个生产单元进行检验。如果这两个环节的产品质量都是合格的,则可以推定处于这两个环节之间的其他产品质量也是合格的。

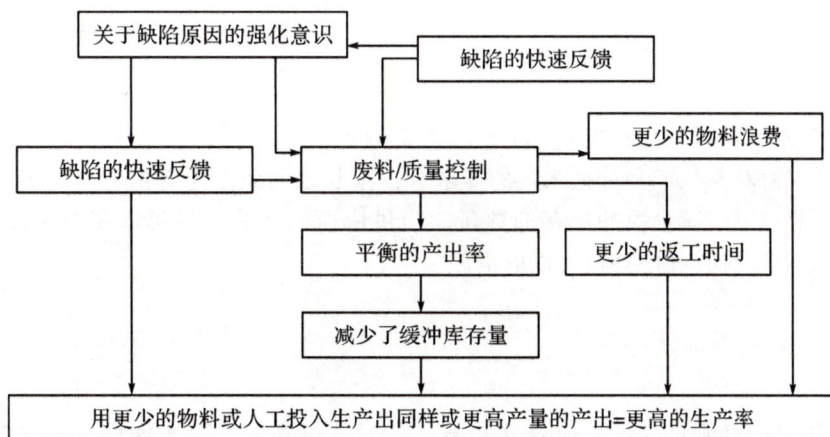

图 13-11 JIT 与质量的关系

13.3.3 稳定的计划

正如前面提到的那样,采用 JIT 生产的公司需要有一个能在较长时间跨度范围内保持相对稳定的工作计划。这可以通过均衡计划、不超过生产能力限制和建立冻结区域等措施来实现。

(1)均衡计划

均衡计划要求从原材料直到总装线的拉动过程中尽量采用统一的范式,以保证生产中的各种元素都能对拉动信号做出反应。这并不意味着生产线各部分都必须自始至终处于使用中,它只是意味着现有的生产系统要具有柔性换装的能力,上游要有固定的物料对此做出反应。

(2)不超过生产能力限制

不超过生产能力限制在实施 JIT 生产中是有争议的。在传统的生产方式中,安全库存和提前移送都被看成是预防诸如质量偏差、机器故障、突发瓶颈等生产问题的手段。而 JIT 生产与此不同,JIT 生产中使用的手段是:过量的劳动力和机器设备的储备或加班。劳动力和设备闲置的成本要比过量库存的成本低得多。在生产旺季可以通过加班来满足超额需求,在淡季,多余的员工可以参加特殊项目的工作或者参与工作站的维护工作等。

(3)建立冻结区域

冻结区域是指计划固定不变的一个区间,并且在该时间段内,不可以对计划做任何改变。计划稳定所带来的优点可以从对拉动系统零部件的计算中看出。这里使用成本倒流操作的概念,如果定期察看成品的物料单就可以计算出最终产品中有多少基本零部件。由此消除了工厂中大部分收集数据的活动。

13.3.4 与供应商合作

在 JIT 系统中,供应商对生产过程同样十分重要。如果企业与供应商分享需求信息,将使供应商对其生产和分销系统的需求有一个长远的蓝图。对供应商的供货能力充满信心,企业就可以减少缓冲库存的数量。当供应商的产品质量可以完全保证时,对其供应产品的验收检查程序甚至可以取消。

13.3.5 改进产品设计

产品质量的基础是改进产品设计。第 3 章中已经介绍了如何进行产品的设计。在 JIT 生产系统中,产品布局的标准化、零部件数量的精简以及标准化零件是十分重要的因素。这些设计上的改变减少了产成品和进入生产的原材料的偏差。产品设计活动除了可以提高产品的生产效率外,还可以加快工程转换的处理过程。

13.4 准时化服务

许多准时化生产技术已经成功应用于服务业。与制造行业类似,服务行业的每种技术及相应的工作步骤的适用性同样取决于行业市场的特点、产品及设备的技术水平和企业文化。下面将介绍准时化服务在企业中成功应用的10个秘诀。

(1)建立问题协调小组

将质量圈(解决问题组)从生产部门向服务部门扩展,让员工加入不同的质量圈,在自愿的基础上解决与质量有关的问题,员工共同努力提高服务质量。例如,英国航空公司把质量圈作为其实施新的服务战略的一个基础部分。

(2)改进工作环境

保持良好的工作环境的真谛是要使得工作区域除去必要的物品之外别无他物,而且所有物品要归位,并且保持随时可以使用的状态。每个员工清理自己的工作环境。

像麦当劳、迪士尼乐园这样的服务企业已经认识到保持工作环境清洁的重要性,这些企业在这方面的投入意味着服务过程更加良好,不断改进的理念更容易深入人心,并且顾客也将感受到他们获得了更优质的服务。

(3)提高质量

质量好并不是说要提供最好的产品和服务,它意味着要不断地提供给顾客与他们所付出的价值相符的产品或服务。唯一有"成本—效益"的提高质量的方法就是建立可靠的生产处理能力。过程质量是源头——它在第一时间保证了产品和服务的一致性和统一性。

麦当劳由于将质量作为它的服务交付流程的组成部分而闻名。该公司正确地实现了服务交付系统的"工业化",从而使世界上任何地方的麦当劳员工都能够提供同样质量的饮食服务。

(4)清晰的流程

流程的改变可以切实地变革服务行业,在 JIT 理论下,清晰的流程可以显著地提高工作业绩。

以联邦快递公司为例,该公司将原来始点—终点的空运方式改为始点—汇总分发站的方式,在汇总分发站里将不同的邮件转移到飞往相应目的地的飞机上。这种方式引发了空运运输业的革命。

(5)完善设备和工艺技术

完善设备和工艺技术是指对设备和工艺的能力的不断修正以促使其能够符合工艺的需要,能够不断地生产出在公差范围内的产品,并能够与工作小组的生产规模和能力相适应。

美国速度润滑油公司将其标准服务站转变为专业化润滑和检修中心。其方法是将服务区的工作方式由"开入"式变为"开过"式,同时消除了升降装置,取而代之是在汽车下面建立坑道,让员工可以完全接触到车辆的每一个需要润滑的区域。

（6）均衡工作负荷

服务行业中生产与需求具有同步性。服务企业已经建立独特的方法来均衡需求，以避免让顾客久等。麦当劳会在早上提供特殊的食谱，零售商店使用记账系统，邮局对于要求第二天送达的邮件收费较高，这些都是服务行业建立均衡工作负荷的例子。

（7）消除不必要的活动

一个不能带来价值增值的步骤就是一个可以消除的步骤。就算是能带来价值的活动也可能会成为重新设计的对象，以提高工作的连续性或减少完成任务的时间。如一家医院发现在手术开始时如果还有尚未准备好的仪器，那么就会花费很长的等待时间。因此，该医院就为每类手术所需要的仪器设备建立了一个清单，以减少手术的等待时间。

（8）物理结构的重组

工作区域的布局在实施 JIT 期间通常都需要重新布置。一般来讲，制造商通常采用的方法是建立小型加工单元以实现小批量生产，保持与需求同步。这些单元可看成是企业内部的"微型工厂"。

但大多数服务企业在该领域都远远落后于制造企业。然而，在服务领域也确实存在几个有意思的例子。某些医院对其服务机构进行了重组，根据病人的类型，组成相应的工作小组，最常见的是专门处理外伤的小组，不过也有建立了一些治疗慢性疾病的工作小组，每个小组都相当于医院内部的"微型治疗部门"。

（9）引入需求拉动计划

根据服务行业的生产和消费特点，建立需求拉动（顾客驱动）计划，对于经营一家服务企业而言是十分必要的。甚至，许多服务企业将其经营业务分为"后台业务"和"前台业务"两部分，这种做法会产生协调各部门的服务计划的问题。

（10）建立供应商网络

在精益生产环境下，供应商网络指的是供应商和企业为了长期互利而建立的协作关系。服务企业一般不需要重视原料的供应商网络，因为在这类企业，服务成本中最主要的部分通常是劳动力成本。当然也有明显例外的服务组织，如麦当劳，它是世界上最大的食品购买商之一，一直以来都在实行精益服务方式。例如，有些人力资源公司与临时雇员服务组织和相关职业学校建立了精益型伙伴关系，使它们成为提供受过正规训练的工人的可靠来源。

13.5　生产控制体系：推式和拉式系统

对 JIT 的描述都采用了推式（push）和拉式（pull）生产系统这两个术语。在这一节中，我们将从概念水平上提供一个推和拉的正式定义。通过它们的具体实施来区别推和拉的概念。更进一步的，对比处于两个极端的"纯粹的拉"生产系统与"纯粹的推"生产系统，从而介绍使拉式生产系统运行更有效的因素。

13.5.1　定义

将推和拉区分开的是引起制品在系统中运动的机制。根本性的,投料触发来自推式系统之外,拉式系统之内。更正式的,我们定义推式和拉式系统如下:推式系统根据外部需求计划制品投放,而拉式系统则根据系统自身的状态授权制品投放。

图13-12简略地描绘了推和拉的对比。严格来说,推式系统是被外生计划要求时精确地将制品投入生产流程(工厂、产线或工站),投料时间不会因为流程自身发生了什么而调整。与之相反,只有接到生产线状态改变而产生需要开始的信号时,拉式系统才会允许物料进入流程。典型的,像丰田的看板系统,这些授权信号是生产线中某些点的制品加工完成的结果。值得注意的是,这个定义与实际操作任务的人没有关系。如果下游作业员自上游流程收到制品,但这一举动是根据外部排配,那么这就是推;而如果上游作业员将制品递交给下游流程,但这一举动是对下游流程状态改变的反应,那么这就是拉。

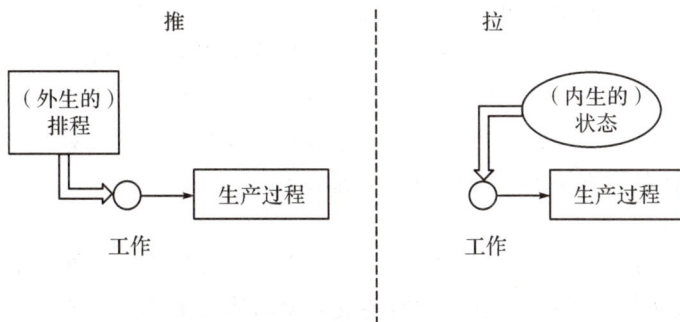

图 13-12　推式和拉式系统的投料触发

另一种区别推和拉的方式是:推式系统的内在属性决定了其面向订单生产(MTO),而拉式系统则为备货生产(MTS)。也就是说,是订单(或预测),而不是系统状态驱动着推式系统的计划。拉式系统则以系统某处库存不足为批准投料的信号。从这个角度看,基准库存点模型(base stock model)是当库存降低到某一特定水平之下即触发订单,是拉的方法;MRP根据客户订单建立规划,然后根据规划投放订单,是推的方法。

相对于推式系统,拉式系统在单位成本、顾客服务、外部质量和保持柔性等方面具有一定的优势。

13.5.2　拉的魔力

是什么让日本制造系统如此具有优势呢?这个问题没有一个简单的答案。

使得拉式系统具有很多优势的真正的潜在原因是:系统中最大库存的数量是有限制的。在单(单卡片)看板系统中,容器的数量受生产卡片数量的限制,不管车间里发生了什么,WIP的水平是不能超过提前设定的限制的,但是这种结果在其他非看板系统中是不受限制的。因为一个拉式系统是以库存水平空缺为基础授权投料的,或是与备货生产系统等价的。任何一个真正的拉式系统都将为 WIP 设置一个上限。JIT 的主要好处可以归因为 WIP 上限（WIP Cap）的存在，而不论它是怎么实现的。拉的魔力在于 WIP 上限，而不是拉的过程。

（1）降低制造成本

如果 WIP 是有限制的，那么生产线的中断（如机器失效、质量问题引起的停线、产品组合变化引起的减速）不会导致 WIP 超过预定的水平，避免引起 WIP 爆炸。在一个建立了 WIP 上限的拉式系统中，投料会在系统过载之前被停止，自然的，产出会下降，无论 WIP 水平是否允许骤升这都是可能发生的。WIP 上限，与实现它的拉的机制无关，能够在实现要求的确定产出的情况下减少平均 WIP 水平，这能够直接减少与保持库存相关的制造成本。

（2）减少变异性

保持高的客户服务水平的关键是生产线流量的可预测性。特别的，我们需要低的周期时间变动性。看板系统能够比纯推式系统达到更短的周期时间。因为周期时间随着 WIP 水平的增加而增加（根据里特定律），而看板能够阻止 WIP 爆炸，同样它能够阻止周期时间爆炸。因此，任何一个限制了 WIP 数量的系统都能够阻止可能发生在纯推式系统中的强烈 WIP 回转以及由此而产生的长周期时间。看板常常能够直接地减少工站中周期时间的变动性。关键是，看板限制了系统中的 WIP，使系统更容易受到变动性的攻击，而且因此能够对管理层形成一种持续改善的压力。

（3）改善质量

质量常常是既被看作 JIT 的先决条件，也是 JIT 的好处之一。同样的，JIT 因为绝对的零库存需要从而促进质量的提高，同时能建立使高质量更易实现的条件。

一旦 WIP 水平变得足够低，系统中部件达标率必须高到能够保持合理的产出水平。为了确保这一点，看板系统常常伴随着统计过程控制（SPC）、质量为本的工作人员培训、源质量（quality at the source）程序，以及其他一些提高整个系统质量水平的技术。因为质量水平越高，WIP 水平就越低，在 JIT 系统中为了减少 WIP 而进行的努力需要持续的质量提高。

（4）保持柔性

纯推式系统可以在生产线拥挤时投放新的加工任务，却使得该任务停滞于生产线中途的某个地方，这个结果意味着在很多方面失去了柔性。第一，那些已经部分完工的部件不能很容易地整合工程（如设计）变更。第二，高 WIP 水平妨碍优先序/排程的变化，因为部件将不得不被移出生产线，以此来为优先度高的部件让路。第三，如果 WIP 水平高，那么部件的生产必须提前于限定日期被触发。因为随着计划范围的增加，客户的需求越来越不确定，系统只能依靠对未来的预测来决定触发时机。而且因为预测从来不会像我们期望的那样精确，这种依靠会导致系统的表现进一步退化。

建立了 WIP 上限的拉式系统能够阻止这些负面效应并且因此增强系统的整体柔性。通过在工厂过度拥堵时阻止部件的触发，拉式系统能够让订单停留在纸上的时间尽可能地长。这将会使工程或优先序/排程的变化变得容易。还有，尽可能迟地投料将能够使投料建立的基础——客户订单的稳定性具有达到最大程度的可能。实际效果将是客户响应服务能力的提升。

既然拉式系统具有如此大的魔力,为什么现实中 ERP 系统仍得到很多企业的青睐呢?

我们知道一个生产过程是计划和执行的组合。一个完美的计划,执行起来往往存在很多困难;相反,稍微粗糙的计划,将会较容易地执行。表 13-1 显示了拉式系统和推式系统在计划和执行两方面的比较。

表 13-1　一个左右为难的选择

方式	计划	执行
推	好	差
拉	差	好

13.5.3　常量在制品(CONWIP)

13.5.3.1　CONWIP 的基本结构

我们把一个任务完成就会有一个新任务被引入生产线中的协议叫作常量在制品(CONWIP),因为它能引起一个几乎恒定的 WIP 水平。

CONWIP 的方式暗含了两个假设:

(1)这条生产线由单条路线组成,所有的部件沿这条路线流动。

(2)任务都是同样的,所以 WIP 能够合理地用一种单位来计量。

从建立模型的角度,一个 CONWIP 系统看起来像一个封闭队列网络,其中客户(任务)永不离开系统,但是会无限期地绕着网络循环,像图 13-12 中所展示的那样。当然,在现实中,进入的任务与离开的任务不同。但若是以建模为目的,就没有任何区别,因为假设所有的任务都是相同的。

相反,一个纯推式或者 MRP 系统表现得像开放队列网络,其中任务进入生产线,然后在通过后离开(见图 13-13)。使任务进入生产线的触发是由不考虑生产线中任务数量的物料需求计划引起的。因此,不像封闭的队列网络,任务的数量是随时间而不断变化的。

最后,图 13-13 还描绘了一个有阻塞的封闭队列网络(单卡片)看板系统。像在 CONWIP 封闭队列网络模型那样,任务不确定地绕着网络循环。然而,不像 CONWIP 系统,看板系统对每个工作站拥有的任务数量都做出了限制,因为每个工作站生产卡片的数量为这个工作站建立了最大 WIP 水平。每个生产卡片所起的作用就像位于工作站前的有限缓冲空间那样,如果这个缓冲满了,上游工作站就会被阻塞。

纯推式（MRP）

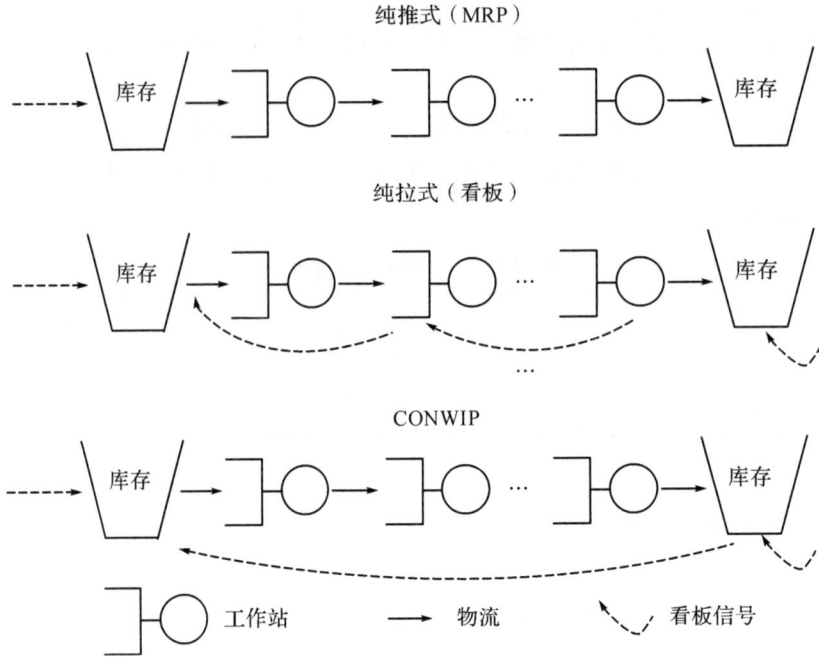

纯拉式（看板）

CONWIP

图 13-13 CONWIP、MRP 和看板体系统

13.5.3.2 CONWIP 和 MRP 的比较

相对于纯推式体系，CONWIP 显示了以下优势。

- 观测性：WIP 水平是直接可观测的，而纯推式系统中的投料速率必须根据产能来设定。
- 有效性：CONWIP 系统可以用比 MRP 少的平均 WIP 达到相同的产出率。
- 鲁棒性：对于控制性参数的错误有更强的稳健性。

（1）观测性

首先，也是最基本的，我们意识到 WIP 水平可以直接观察得到，但是产出却不可以。因此，在拉式系统中，通过设定 WIP 水平进行控制相对比较简单。我们可以亲自数一下车间里的加工任务并保持对于 WIP 上限的依从性。相反，在推式系统中，设定触发速率必须参考能力来做。如果选择的速率过高，系统将被 WIP 阻塞；太低，就会因为产出不够而造成收入的损失。但是，能力估计不是那么简单的。从机器中断到作业员不可用的一系列扰动，都使得做出精确的估计相当困难，这一事实使得推式系统从本质上来讲要比拉式系统更难优化。

（2）有效性

另一个支持拉式系统的依据是它比推式系统更有效率。这里的更有效率是说，对于一个给定的要求的产出，拉式系统所需的 WIP 水平比推式系统要低。

以下考虑一个具体的 5 台单机器工作站的串联问题，每个工作站的加工速率为 1 件/时，加工时间服从指数分布。

在这个简单的系统中,CONWIP 系统产出的表达式类似于第 4 章中关于实际最差情形的公式,故:

$$TH(w) = \frac{w}{w + W_0 - 1}, r_b = \frac{w}{w + 4} \tag{13-1}$$

推式系统的触发速率固定为产出,这里触发的间隔时间呈指数分布,每个站都可以看作一个独立的 M/M/1 队列,这样整体的 WIP 水平就是 5 倍的 M/M/1 队列的平均 WIP 水平,为:

$$w(TH) = 5\frac{u}{1-u} = 5\frac{TH}{1-TH} \tag{13-2}$$

我们发现,无论选择怎样,推式系统中的 WIP 水平都会高于 CONWIP 系统中的 WIP 水平。

为了展示这一点,我们在式(13-2)中设 $TH = w/(w+4)$,则:

$$w\left(\frac{w}{w+4}\right) = \frac{5[w/(w+4)]}{1-[w/(w+4)]} = \frac{5w}{4} \tag{13-3}$$

所以,在这个例子中,对于任意一个产出水平来说,推式系统中的 WIP 水平会比 CONWIP 系统高 25%。

里特定律和 MRP 系统中 WIP 水平更高这一事实也表明:对于给定的产出,推式系统相对于同等 CONWIP 系统平均周期时间更长。

(3)鲁棒性

拉式系统最重要的优势是它的鲁棒性:即 CONWIP 系统遇到 WIP 水平错误时比纯推式系统遇到触发速率错误时更稳健。

为了使上述这句话的含义更清晰,假设存在一个简单利润函数公式:

$$利润 = p \cdot TH - h \cdot w \tag{13-4}$$

其中:p——每一件任务的边际利润;

　　TH——产出;

　　h——每一单位 WIP 的成本;

　　w——平均 WIP 水平。

由前面的式(13-1)和式(13-2),我们可以得出:

对于 CONWIP 系统:$利润(w) = p\left(\dfrac{w}{w+4}\right) - h \cdot w$ $\tag{13-5}$

对于 MRP(推)系统:$利润(TH) = p \cdot TH - h\left(\dfrac{5TH}{1-TH}\right)$ $\tag{13-6}$

我们可以很清楚地知道,CONWIP 系统的最优利润比推式系统的高(因为对于选定的产出水平 CONWIP 系统的 WIP 较低)。然而,CONWIP 鲁棒性关注的是 CONWIP 系统中 w 的选择未达最优水平的情况或者推式系统中产出的选择未达最优水平的情况。因为 WIP 和产出使用不同的单位来衡量,我们用错误的百分比的形式来衡量次最优性。在前面提到的例子中,5 台机器,每个工作站的加工速率为 1 件/时,且服从指数分布,假定成本系数是 $p=100, h=1$,CONWIP 系统和纯推式系统的绩效对比如图 13-14 所示。

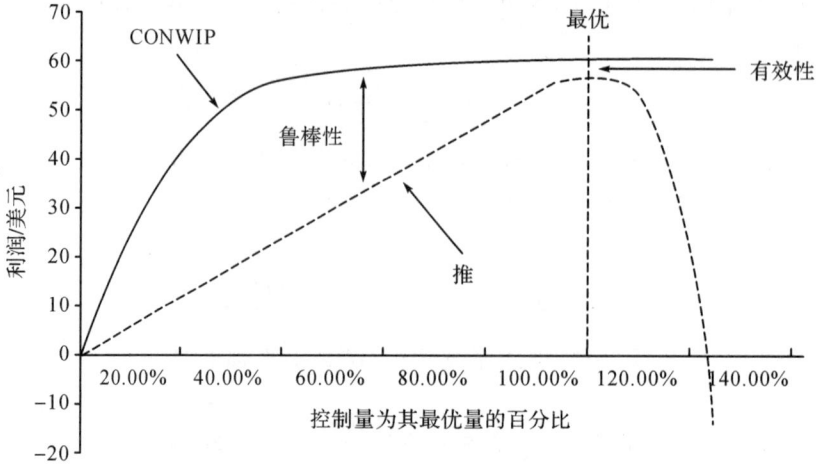

图 13-14　CONWIP 和纯推式系统的相对鲁棒性

我们看到,CONWIP 系统的最优 WIP 水平为 16 件,产生的利润为 63.3 美元/时。在推式系统中,最佳产出被证明是 0.776 件/时,产生的利润为 60.3 美元/时。因此,像预料的那样,CONWIP 系统的最优利润水平比推式系统的最优利润水平要高一点(5%左右)。然而,更重要的是这样一个事实,CONWIP 系统中,利润函数在 WIP 水平为最优水平的 40%～160%之间是非常平缓的。相反,推式系统的利润函数在选择的水平低于最优时逐步下降,当触发速率高于最优水平很小一点时急剧下降。事实上,当触发速率达到最优水平的 120%时利润就是负的,而 CONWIP 系统直到 WIP 水平达到最优水平的 600%时仍然是正的。

另一方面,CONWIP 系统是通过设定易于观察的 WIP 水平参数来控制的。这一特性再加上最优位置附近的平缓的利润曲线,意味着达到最优利润水平比推式系统要来得容易。因此,鲁棒性的增加可能是采用拉式系统最显著的原因,比如用 CONWIP 系统代替 MRP 系统。

13.5.3.3　CONWIP 和看板系统的比较

相对于看板体系,CONWIP 显示了以下优势:

(1)从 CONWIP 系统只需设置一个单卡片计数而不是每个工作站都有单卡片计数的意义上讲,CONWIP 系统更简单。

(2)因为采用的是生产线有别的卡片和作业积压单,CONWIP 能接受变化的产品组合。

(3)由于 WIP 有在最慢的机器前累积的自然倾向,它能接受漂移的瓶颈(视组合而定)。

(4)因为采用了更柔性化的节奏协议,它给作业员带来的压力较小。

看板管理设计实验简介(实验 5)

实验平台介绍

看板管理设计实验(实验 5)将基于 AnyLogic 仿真平台。有关 AnyLogic 仿真软件的介绍和使用说明见第 4 章实验 1。

基于 AnyLogic 的系统仿真实验与建模

基于 AnyLogic 仿真平台,看板管理设计实验将研究如何搭建生产线上的看板管理系统,分析准时制生产车间内看板流动、物料积压和短缺情况,并学习优化设计生产看板和运输看板的数量,降低在制品库存水平,实现准时制生产。

首先,可以考虑一个流程较为简单的制造加工系统,即制造加工车间流程分析实验(实验 1)中的 AnyLogic 仿真模型。该模型包含三个主要的制造环节,即来料运到→来料加工→产品运出,这些制造环节中间存在缓冲区,包括来料堆放台、加工堆放台、产品堆放台等,因此可以采用看板管理系统控制物料(来料或产品)在各个制造环节以及缓冲区中间的流动,实现拉式生产方式,从而有效控制整个制造生产系统的产出,例如生产率、库存水平等。

图 13-15 是制造加工车间的看板管理系统示意图。利用生产看板管理系统可以控制来料加工和来料运到环节是否进行,实现拉式驱动生产。当产品运出之前,系统最多能够进行 X_1 单位的来料加工(X_1 表示从产品运出到来料加工之间生产看板的总数量),同时来料加工完成之前,系统最多能够运到 X_2 单位的来料(X_2 表示从来料加工到来料运到之间生产看板的总数量)。利用运输看板可以控制物料在缓冲区之间的运输是否可以进行,例如只有出示运输看板时,叉车才可以将物料从来料堆放台运到加工堆放台,或者从加工堆放台运到产品堆放台。类似的,通过控制运输看板的总数量可以实现对物料运输的控制,减少加工阻塞(blocking)和加工缺省(starving)现象的出现,提高生产效率。

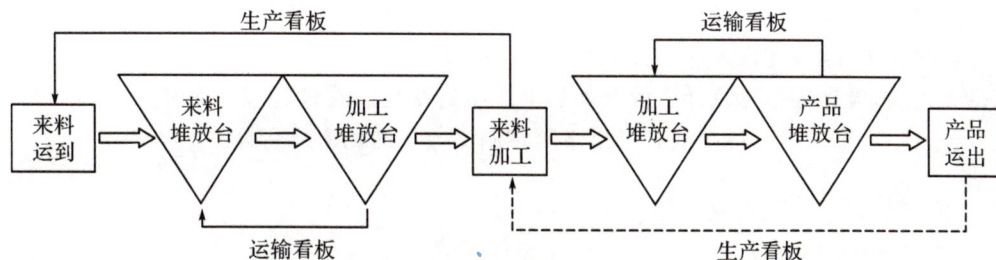

图 13-15　制造加工车间的看板管理系统示意

其次,可以进一步考虑制造环节更多的生产线,例如光伏面板生产过程包含清洗、分层、自动封边、测试以及标记等多个制造环节,同时在各制造环节中间存在不同容量大小的缓冲区,因此类似生产线的看板管理更为复杂,需要优化不同类别的看板数量。图 13-16 是光伏面板生产线看板管理仿真 2D 可视化模型举例。

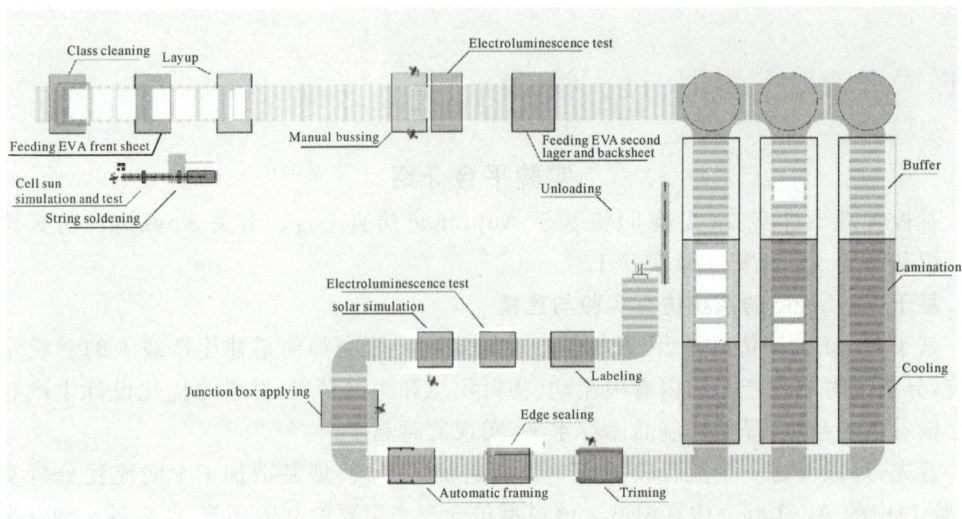

图 13-16　光伏面板生产线看板管理仿真 2D 可视化模型举例①

实验结果分析与优化设计

在仿真模型运行结束后，可以查看现有看板管理下生产制造系统的若干性能指标，例如在制造加工车间的缓冲区的容量利用率、搬运叉车的利用率、加工机器的利用率以及生产率等，或者在光伏面板生产线中各个制造单元出现阻塞和缺省的频率以及总体库存等指标。同时根据这些性能指标，还可以进一步找出改善生产制造系统的关键节点，例如瓶颈环节等，并通过优化对看板的管理来提升系统整体的运作效率。

优化设计：在优化看板管理系统时，可以围绕改善瓶颈环节重点考虑如何优化调整生产看板和运输看板的数量，例如当生产看板数量减少时，系统的总库存会降低，但是出现缺省的风险会增加，因此可能会降低系统的生产率；反之，当生产看板数量增加时，系统的总库存会升高，但是出现缺省的风险会降低，系统的生产率也会增高。另外，通过调整运输看板数量，可以改变物料在不同缓冲区的分布情况，降低生产环节堵塞和缺省的发生概率，从而进一步提高整个生产制造系统的运作效率。

竞赛环节：因为优化设计的方案并不是唯一的，在实验过程中，同学们可以分组进行讨论和实验，最终各小组设计出最合理的生产制造系统的看板管理方案参与竞赛。竞赛指标可以是系统产出率最高或者产出量与在制品数量的比率最高等。

📖 本章小结

本章全面介绍了准时制（JIT）的思想和实施。第一节介绍了 JIT 的概念。第二节重点介绍了丰田生产系统，丰田生产系统是 JIT 最好的应用体现。这一节主要阐述了丰田生产系统的两大思想：消除浪费和尊重员工，重点讨论了丰田的看板控制系统，介绍了单

---

① 资料来源：AnyLogic 光伏面板生产线仿真模型运行界面截图。

看板系统和双看板系统,描述了用看板组织生产的过程和看板数量的确定方法以及如何实现准时生产。第三节论述了 JIT 实施的要求,主要探讨了工艺和流程设计、全面质量管理、稳定的计划、与供应商合作、改进产品设计这五个方面。第四节介绍了准时化服务在企业中成功应用的 10 个秘诀。第五节主要讨论了两种生产控制体系:推式系统和拉式系统,重点介绍了常量在制品(CONWIP)体系,并将 CONWIP 和推式及拉式系统进行了比较。最后本章还介绍了看板管理设计实验(实验 5)的设计与分析方法。

课后习题

一、思考题

1. JIT 的两个基本原理是什么?

2. 小批量会给企业带来哪些问题?

3. 如何降低安全在制品库存?

4. 如何降低周转在制品库存?

5. 如何降低运输在制品库存?

6. 在看板管理系统中,要减少在制品库存(WIP),可以通过减少 C(容器的容量)或者 L(生产提前期)来获得。请问,其中减少 C 意味着什么?

7. 在一个 JIT 系统中,供应商和客户的作用是什么?

8. JIT 在服务业中同样起作用吗?为什么?

9. 讨论如何使用 JIT 改善比萨饼餐厅、医院或汽车经销商。

10. 一家计量仪器组件供应商使用看板系统控制其物流。计量仪器盒一次可运送 5 件仪器,生产中心大约每小时生产 10 件仪器,装满仪器盒大约需要 2 小时。因为加工时间的变动,管理者决定,安全库存为所需数量的 20%。请问需要多少套看板?

11. 对某零件的日需要量是 40000 件,标准容器每箱可放置该零件 150 件,每天实行一班制,8 小时为一个工作日。零件的等待时间(T_w)为 1 小时,所需的加工时间(T_p)为 0.5 小时,等待与加工时间的容差(A_w、A_p)均为 0.2。计算所需的生产看板数和运输看板数。

二、选择题

1. JIT 通过使用下面哪一项寻求实现大批量生产?(　　　)

A. 最小的原材料库存　　　　　　　B. 最小的在制品库存

C. 最小的成品库存　　　　　　　　D. 以上都是

E. 以上都不是

2. 精益管理与下面哪一项密切相关?(　　　)

A. 大 JIT　　　　　　　　　　　　B. 小 JIT

C. 本田汽车公司　　　　　　　　　D. 以上都是

E. 以上都不是

3. 在丰田生产系统中,"清除浪费"包括下面哪一项?(　　　)

A. 生产过剩　　　　　　　　　　　B. 等待时间

C. 运输   D. 以上都是

E. 以上都不是

4. 在 JIT 的拉式系统合作伙伴中,下面哪一项开始了"拉"的过程?（   ）

A. 客户   B. 供应商

C. 车间员工   D. CEO

E. 以上都是

5. 一个 JIT 生产程序需要下面哪一项?（   ）

A. 员工参与   B. 全面质量管理

C. 小批量   D. 持续改善

E. 以上都是

6. 库存隐藏了下面哪些生产问题?（   ）

A. 废料   B. 供应商的过失

C. 决策缓慢   D. 以上都是

E. 以上都不是

7. 当试图推行 JIT 的一个"稳定计划"时应包括下面哪一项?（   ）

A. 需求拉动   B. 倒冲法

C. 故障—安全法   D. 以上都是

E. 以上都不是

8. 丰田生产系统中看板的主要作用在于（   ）

A. 让操作者准确地了解哪一道工序何时需要、需要多少、需要何种部件

B. 提高质量水平

C. 实现"拉"式生产方式

D. 限制在制品库存的水平

第14章

业务流程再造

业务流程再造(BPR)是一种新兴的管理哲理,它本着彻底推翻企业现有生产流程中的各种规则和观念,运用新兴的信息技术,从根本上重新思考和设计企业流程,使之与现代的信息技术相适应,达到简化业务流程、降低库存、缩短交货延滞时间、减少成本以及提高生产率的目的。本章在案例分析的基础上阐述业务流程再造的内涵,讨论企业进行业务流程再造的过程和方法,并介绍信息技术在业务流程再造中的重要作用。

14.1 业务流程再造的含义

14.1.1 业务流程再造产生的背景

业务流程再造的概念是由美国的迈克尔·哈默博士首先提出的。1990 年,哈默在《哈佛商业评论》上发表的《再造:不是自动化,而是重新开始》一文中首次提出了业务流程再造的概念。业务流程再造概念的提出并不是偶然发生的,它的提出是国际经济环境和美国国内经济环境综合作用的结果。

在国际经济环境中,首先,由于经济全球化的进一步发展,西方国家的工业面临的竞争压力不断加剧,竞争的方式和态势也发生了变化。世界范围内的经济不景气,也在加重这种趋势的不断发展。其次,对于大多数西方公司来说,20 世纪七八十年代以来日本公司的崛起,不仅造成了西方工业的巨大压力,而且也带来了许多新的工商观念、管理理念、经营战略和管理方式,对于西方工业经济的发展起到了极大的冲击作用。另外,20 世纪 80 年代在信息技术方面的投资失败,进一步推动了业务流程再造的出现,例如,美国花在 IT 技术上的投资超过了 10000 亿美元,然而如此大的投入,却并没实现预期的经济效益。在投资的 10 年间,白领工人数增加了 21%,而实际产出却只增加了 15%,即生产率降低了 6%。虽然信息技术对于推动产业技术的发展有着极大的潜力,但是如何释放这一潜力,则需要 BPR 技术的推动。另外,人们的需求发生了巨大的变化,需求水平不断提高,要求多样化,造成了市场的迅速细分,为了更好地满足消费者的需求,最终导致了企业管理观念和经营模式的革新。

20 世纪 80 年代以后美国经济持续低速发展,而日本企业则在此期间飞速发展,使得美国的世界经济霸主地位受到了动摇。为了改变这种不利的发展局面,20 世纪 80 年代有少数企业开始了业务流程再造的尝试。与此同时,美国的管理学界也进行了积极的理论探索，为业务流程再造提供了理论支持。

继哈默之后，托马斯·H.达文波特等合写的文章《新工业工程：信息技术和业务流程再设计》，以及哈默和詹姆斯·钱皮合著的《再造公司——企业革命的宣言》一书的出版，带动了 20 世纪 90 年代以来美国企业大范围的业务流程再造的进行，并逐渐蔓延到其他工业化国家。

14.1.2 业务流程再造的含义

14.1.2.1 流程

我们知道传统的组织是由许多不同的职能部门组成的，例如市场部、生产部、销售部、财务部、人事部、采购部，等等。而内部的工作人员一般也被按照这些职能部门进行划分，然后分配到不同的职能部门工作。每一个职能部门只需要完成本部门分内的那部分任务，然后移交到流程链条上的下一个部门继续以后的工作，也就是说，它们都只负责整体工作的一部分，而不是全部。如图 14-1 所示，传统的组织形式导致管理向来只注重职能层级机制。

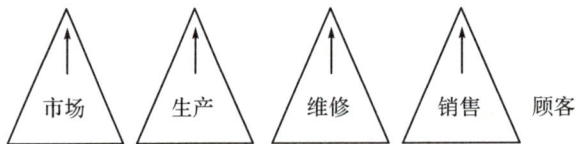

图 14-1　传统组织功能

这种职能的划分，形成了专业化分工，长久以来在企业的组织结构中都被广泛接受，几乎成为一种定式。但是，自从业务流程再造出现后，这种情况开始动摇。业务流程再造的出发点，就是质疑这种习惯上的"职能"式的行为方式，指出组织要以"流程"作为生产活动的核心。

通过第 4 章的学习我们知道，所谓流程，就是企业为达到预想的目标，从输入各种原材料和顾客需求开始到创造出能满足顾客需求，并对顾客有价值的产品或服务结束的一系列有序的、完善的操作活动。

例如，订单处理流程如图 14-2 所示，它输入的是顾客的订单，输出的是发送的商品、付款单或服务。

对于传统结构的组织来说，该流程的一系列操作活动为：接受订单、输入数据、检查顾客的信用、在仓库查询产品、配货、包装、发货等。而对于这一系列活动，顾客所关心的只是流程的终点活动——发货。如果订单流程的延滞时间过长，就会降低顾客的满意度，或者根本无法满足顾客的需求。业务流程再造的工作对象就是图 14-2 中右边方框中的内容，其目的就是通过 BPR，来更有效地满足顾客的需求。

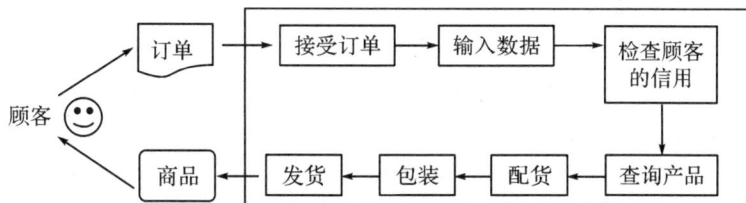

图 14-2 传统的订单处理流程

14.1.2.2 业务流程再造

流程再造是一项管理策略,它的主要思想是企业的竞争不仅仅是基于优质的产品,关键是基于完善的业务流程。

所谓业务流程再造,哈默定义为"是对企业的业务流程进行彻底的、根本性的重新思考和重新设计,从而在成本、质量、服务和速度等方面取得显著的改善"。

佩帕德和罗兰在他们所著的《业务流程再造》一书中给出的定义是:"业务流程再造是一种改进(improvement)哲理。它的目标是通过重新设计组织经营的流程,以使这些流程的增值内容最大化,其他方面的内容最小化,从而获得绩效改善的跃进(step improvement)。这种做法既适用于单独一个流程,也适用于整个组织。"

无论是哈默的定义,还是佩帕德和罗兰的解释,业务流程再造都是从流程的角度,最大限度地使企业适应以"顾客、竞争、变化"为基本特征的现代化企业经营环境。强调了业务流程再造的根本性、彻底性、流程和显著性。

(1)根本性:是指业务流程再造必须从企业自身的核心问题入手,如企业本身、运营方式、现有流程,等等,提出最根本的思考问题,比如我们为什么要做这件事?为什么要这样做?为什么是这些人做,而不是其他人做?等等。而不是"如何将我们正在进行的工作做得更好、更快"。传统的约束和某些规则通常已不再适应现在的激烈竞争和顾客需求导向,只有通过对这些基本问题的质疑、思考、研究和回答,企业才可能发现目前已经形成的规模和习惯的运营方式的弊病所在,才可以评判自身的经营战略、原则是否科学、是否过时。

(2)彻底性:是指业务流程再造是对企业现有流程的重新构造,而不是对现有流程进行表面化的改变和调整。进行业务流程再造必须从根本入手,摒弃所有的约束,忽视一切的规定和现有结构,从零做起,创造出一个全新的工作方式。

(3)流程:是指业务流程再造关注的中心是企业的各种流程,一切再造工作都必须围绕业务流程展开,按照业务需要的自然顺序来设计流程,而不是以现有部门的职能分工为出发点。重组后的业务流程必须是一系列对顾客能产生价值的活动组合,一切不会产生价值的活动都应该去除。

(4)显著性:是指业务流程再造后所带来的绩效改变是巨大的、显著的飞跃,而不是渐进性的改良。比如大幅度降低成本、减少响应时间、提高质量和顾客满意度等。根据哈默所制定的标准目标,这种显著的改变的数量概念为:周期缩短 70%,成本降低 40%,顾客满意度和企业收益提高 40%,市场份额提高 25%。

案例 14-1：福特汽车公司

福特汽车公司北美货款支付部门的传统业务流程如图 14-3 所示：采购部门向供货商发出采购订单，并将订单副本发给货款支付部门；供货商根据订单向仓库发货，经过验收后，仓库将收货单发向货款支付部门；供货商将产品发票送至货款支付部门；货款支付部门核对"订单""收货单""发票"上的 14 项数据，当三者一致时，才向供货商付款。

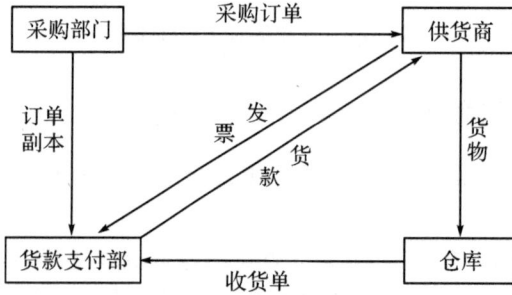

图 14-3　福特的传统业务流程

福特汽车公司北美货款支付部门有 500 多名雇员来完成这些工作，而马自达（Mazda）公司只用 5 个人来做同样的工作。虽然马自达公司是一家小公司，但按照公司的规模和业务量进行调整后，这一差距也是显著的。

为了减少这种人员、资金以及时间上的浪费，福特汽车公司北美货款支付部门决定进行流程再造，他们采用了"无发票"制度，大大简化了工作环节。其新流程如图 14-4 所示：采购部门发出订单，并将订单的数据输入中央数据库；供货商发货，仓库核查货物，并将数据输入数据库；数据库通知货款支付部门按时付款。

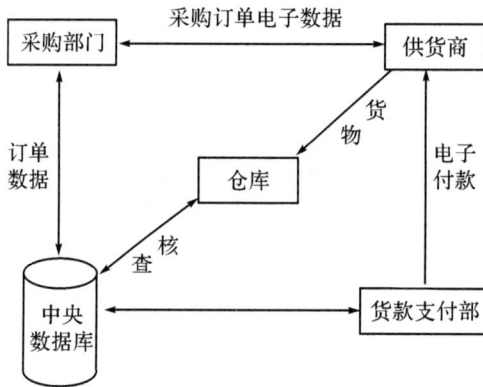

图 14-4　福特的新业务流程

经过业务流程改造，福特汽车公司北美货款支付部门实现了人员的极大节约，裁员 75%；由于订单和验收单的自然吻合，使得付款更为及时，缩短了流程处理时间，简化了物料管理工作。

14.1.3 业务流程再造的特征

业务流程再造相对于其他业务改进措施,如 TQM、JIT 等,具有以下几个特征。

(1)以顾客需求为出发点

业务流程再造是企业内外环境变化共同作用的结果,但在现代这个以顾客为导向的买方市场中,其直接的推动力却是企业为了能快速地应对急剧变化的市场环境做出的反应,能更快、更好地满足顾客的需求。"过去最重要的(开发新产品)现在已经变成次要的了,过去是次要的(创建和完善新流程)现在却成为最重要的了。"主要原因是新流程使得创制新产品变得更加容易,推广的速度也极度提高。而能否快速满足顾客的时间要求,恰恰是企业竞争力大小的一个重要方面。因而时间上的差异已经成为企业追求的一个目标。

在满足顾客需求的同时,业务流程再造还强调将顾客的满意度作为员工业绩评价的唯一标准,而不是以各职能部门经理的决定为依据,这样就有效地改变了顾客、员工和上级的关系,使得员工能真正地做到以满足顾客需求为己任,而不是想方设法讨好上级。

(2)以企业流程为核心

业务流程再造以企业流程为思考和改造的对象,彻底打破了传统的劳动分工理论框架,摆脱了细化控制和管理层次等的约束,按照系统和集成的思想,建立科学、高效的业务流程。重组后的流程,其基本特征就是由一个人或一个团队来完成流程中的所有工作,极大地简化了工作程序。而且让那些与流程关系最密切的人自己完成流程(在可能完成的情况下),可以大大消除原有工作组之间的摩擦,从而减少管理费用。例如,对于传统方式,当财务部需要复写纸时,必须请求采购部去采购,采购回来的复写纸入库后,财务部才能领取。现在,基于信息技术,财务部就可以自己做出采购计划。不但简化了工作程序,而且还缩短了响应时间。

(3)主要任务是对企业的业务流程进行根本性的重新思考和设计

业务流程再造是建立在对原有业务流程的全面怀疑基础之上的,并对之进行彻底思考和创新。业务流程再造是一场管理革命,它提供了一种科学的方法,使人们能够真正认识到那些习以为常的规则和方法的不合理性,指导业务流程的彻底变革,使之更符合客观的规律。

(4)适当授权

在工作执行的地方设立决策点,赋予工作人员一定的决策权,将决策作为其工作的一部分。这样可以消除金字塔式官僚组织结构,从纵向与横向两个方向压缩管理层次,实现组织扁平化。

(5)将各部门的业务活动并行化

业务流程再造一改传统的串行式的工作程序,而是根据需要什么就进行什么这一观点来安排工作,让不同的工作同时进行,尽可能地缩短流程的完成时间。这样,就可以缩短开发周期、生产周期,加快新产品的上市速度。

（6）增加能产生附加值的活动

业务流程再造后的流程只包括能产生增值的活动，使其以最高的效率方式开展，尽量消除非增值活动，或控制在最小范围。可以用通流效率（through-put efficiency）来衡量组织的增值效率：

$$通流效率=\frac{实际工作时间}{总的系统完成时间}\times100\%$$

该指标虽然不能反映出增值活动的效率如何，但却能反映在流程通过时间中，有多少时间对流程的最终目标是绝对没有贡献的。

例：

某部门经理向供应商订货的流程活动和时间占用如表 11-1 所示。

表 11-1　订货流程时间表

活　动	工作时间	等待时间
填写采购申请单	10 分钟	
送上级签字		1 天
上级签署申请单	2 分钟	
申请单送财务部		1 天
财务部签署申请单	2 分钟	
申请单送采购部		1 天
采购部审查申请	15 分钟	
向供货商发出订货单		1 天
时　间　合　计	29 分钟	4 天

每天工作时间按 8 小时来计算，则：

$$通流效率=\frac{29}{4\times8\times60+29}\times100\%$$

$$=\frac{29}{1949}\times100\%$$

$$\approx1.5\%$$

从最终的结果可以看出，采购申请在整个流程中有 98.5％的时间没有进行任何的活动，也就是没有任何的增值，而只有 1.5％的时间是真正的工作时间。

14.1.4　业务流程再造的基本原则

要想成功地进行业务流程再造计划，必须用以人、技术、流程为中心的管理模式取代传统的管理模式，树立以人为中心的思想观念，引导员工，并提供必要的培训，丰富其知识和技能。除此之外，业务流程再造还应该遵循以下原则进行。

原则1：以最终结果为中心实施流程再造

明确流程的最终结果，将流程中的各活动环节进行再造，合并原来需要由不同的专业人员完成的各项工作，交由一个人或一个团队来完成。这样不仅可以省去许多等待和传递的时间，提高流程的运作速度，还能减少各部门之间沟通时的费用浪费，减少摩擦的产生，最重要的是可以对市场的需求变化做出快速反应。

原则2：将分散的资源集中化

数据库、远程通信网络以及标准处理系统等信息技术的出现及应用，极大地协调了组织分散经营和集中经营的关系。数据的共享，促进了并行工作的实现，同时又使得企业的集中控制得以改善。这样，既有利于企业取得规模经济效益，又能保持各个部门的灵活性。

原则3：将信息处理工作交给信息收集者

信息收集者是信息的最初接触者，他们最熟悉信息的内容和结构，由信息收集者全程完成信息的处理工作，可以减少信息与外部的接触，从而大大降低差错出现的概率。

原则4：让工作人员参与整个过程

让工作人员参与整个过程可以从中选出最适合完成该流程的人员来完成所有的工作，这样不但可以提高工作完成的质量，而且还打破了传统的部门与部门之间的界限，简化了协调工作的进行。

原则5：从信息源处获取信息

利用信息源对信息进行一次性收集，可以避免错误信息的进入，减少产生错误信息后修改和重新采集信息的费用。

原则6：将并行活动联结起来，而不只是合成其工作成果

仅仅将并行活动的工作成果进行合成，既是重复工作，也是产生高额成本以及导致整个流程延迟的主要原因。在整个过程中，这些并行活动都应该始终被联结起来并加以协调。

14.2　业务流程再造的过程及方法

14.2.1　业务流程再造的决策

虽然业务流程再造对于改善企业的经营状况有着极大的吸引力，也的确有许多企业通过业务流程再造进一步增强了自身的竞争力，但并不是每一次业务流程再造对企业都有帮助。高收益往往伴随高风险，在执行过业务流程再造的企业中，平均大约有70%的企业是以失败而告终的，所以是否进行业务流程再造，必须经过仔细研究。

一个组织究竟需不需要进行BPR，可以从企业对业务流程再造需求的迫切性以及组织准备接受再造的程度两个方面进行分析。图14-5是诺顿公司开发的BPR决策分析框架，我们可以根据该图对企业的情况进行分析。

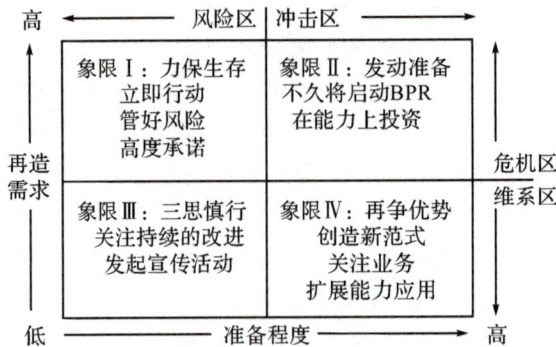

图 14-5　BPR 决策分析框架

框架图共分四个象限,分别代表了组织的四种不同的状态。而这四个象限又构成了四个区,即风险区、冲击区、危机区和维系区。象限Ⅰ和象限Ⅲ构成风险区,由于这两个区中组织对重组变更的准备程度较低,所以必须投入足够的力量来抵御管理上的风险;象限Ⅱ和象限Ⅳ是冲击区,这两个区的组织与风险区的组织恰恰相反,对变更有了足够的准备,所以通过 BPR 取得战略优势的可能性很大;危机区包括象限Ⅰ和象限Ⅱ,这两个区的企业有较高的业务流程再造需求,应该尽快开始 BPR;象限Ⅲ和象限Ⅳ称作维系区,这两个区的企业并不非常需要进行业务流程再造,一切必须经过谨慎考虑。

下面分别对四个象限进行分析。

象限Ⅰ:力保生存型企业

对于这些企业来说,能否尽快改善经营绩效已经成为生死攸关的大事,但由于在这种情况下,组织对于迎接变更还没有做好充分的准备,所以重组计划具有较高的风险,需要上层管理者坚决的支持才行。

象限Ⅱ:发动准备型企业

此时的企业有改善绩效的需求,但同力保生存型企业不同的是,它们已经做好了充分的准备,所以进行 BPR 的风险相对不大,应该尽快着手进行改造。

象限Ⅲ:三思慎行型企业

此时企业运转正常,无须进行再造,应该继续做好持续的改进。

象限Ⅳ:再争优势型企业

这时的企业已经具备了进行 BPR 的先决条件,虽然并不需要进行什么大的改变,但通过业务流程再造可能会获得新的优势。

14.2.2　业务流程再造的方法

企业一旦经过慎重考虑决定进行业务流程再造后,就需要选择流程再造的具体方法。在实际应用中有许多不同的方法可供采纳,我们一般将它们分为两大类:系统化再设计法(systematic redesign)和全新设计法(clean sheet approach)。

系统化再设计法(systematic redesign)是通过对现有流程的仔细分析和理解的基础上,系统地创建一个能提供所要求的最终产品的新流程。

全新设计法(clean sheet approach)是彻底推翻原有的流程,而从根本上重新考虑整个流程的工作方式,在不改变最终产出的前提下,从零起点开始设计新流程。

无论选择哪一种方法进行流程再造,都必须重视现有流程在业务流程再造中的重要地位和作用。而对于以下问题:"是否应将现有流程作为新流程的基础?""对现有流程的分析是否越深入越好? 应该深入到什么程度最合适?"等等,则必须进行仔细、认真的思考和回答。

一方面,如果全面忽视现有流程,对于新流程的改造具有很大的风险。这是因为忽视现有流程就意味着不能充分利用长期以来积累的知识和经验,这样势必会导致错误的重现。而且新流程与现有的实际工作缺乏联系,工人无法很快地适应新流程,会阻碍新流程的实现。

另一方面,对现有流程过细过深的分析也是很不利的。这是因为一旦陷入现有流程之中,在进行新流程的设计工作时,就很容易受到旧框框的约束,不利于新思路的展开。

所以我们必须在按理想状态设计新流程和如何从现有流程中汲取知识两者之间找到一个最佳平衡点。

14.2.2.1 系统化再设计法

系统化再设计法一般用于对短期绩效的改进,更强调随着时间的推移不断实现大量渐进的变革。采用这种方式而产生的改变是逐步的、一点一点地通过积累实现的,在时间上能迅速见到收效,最主要的是它的风险较小,对正常的经营不产生大的干扰。而且当在大范围应用时,这种方式所产生的绩效改善更是显著的。

但唯一不足的是这种再设计仍然是在现有流程的基础上进行的,受现有流程的影响较大,和全新设计方式相比,创新流程不是很容易实现。

从理论上讲,任何组织的一切活动最终目的都应该是以某种方式为顾客增加价值。对现有流程进行重组的目的就是能更好、更快、更省地实现该任务,即进一步提高顾客的满意度,尽可能快地对顾客的需求产生响应,并且以最高的效率实现所有任务。系统化再设计的重点内容就是消除现有流程中的非增值活动、调整增值活动,具体内容见表14-2。

表 14-2　系统化再设计的主要内容

清　除	简　化	整　合	自动化
过量生产	表格	工作	脏活
等待时间	程序	团队	难活
运输	沟通	顾客	险活
加工	技术	供应商	乏味的工作
库存	流		数据采集
缺陷/失误	流程		数据传递
重复	问题区域		数据分析

续 表

清 除	简 化	整 合	自动化
重排格式			
检验			
协调			

表 14-2 的内容可以用 ESIA 四个字母来表示，既清除（eliminate）、简化（simply）、整合（integrate）、自动化（automate）。这四个方面的含义就是：流程中所有的非增值活动都应尽量清除掉；对清除后的剩余工作应进行简化；将简化过的任务进行整合，使之连贯、流畅，以满足顾客需要；利用信息技术，在清除、简化和整合的基础上进行自动化改造。在对现有流程进一步分析理解以后，就应该依次针对 ESIA 的每个方面列出需要改进和可能改进的内容清单，并对这些改进内容提出问题，以寻找改进的最佳方法。

案例 14-2：系统化再设计的绩效

许多日本厂商采取了这种渐进持续改进现有流程的方式，通过实现上百个小的变革，逐渐积累而形成显著的绩效改善。许多欧洲汽车配件厂商在为本田、丰田、日产等日本公司供货后，也逐渐采取了这种改进方法。

在本田的飞轮生产线，原来生产流程的产出为 4 人两班制，每周生产 750 个飞轮，自从引进丰田生产系统的 U 形生产单元和有关改进措施后，实现了 3 人每周生产 1000 个飞轮。现在，则只需 2 人就可以生产 1000 个飞轮。

浦莱梅尔公司引入丰田的 U 形生产单元后，生产率提高了 30%～40%。作为在质量和成本方面改进效果的体现，一家领先的欧洲汽车制造企业已经将浦莱梅尔公司作为自己的废气系统制造商。

14.2.2.2 全新设计法

业务流程的全新设计是指从目标开始，抛开现有的一切假设和行为方式，从根本上重新考虑企业开展业务的方式、方法，逐步推倒旧的规程，建立新的规则，设计出能达到要求的新流程。这种改造方法一般被企业用于拓展中长期的经营途径，它能够带来飞跃式的绩效改善，使得所求的结果成倍地改变。但这种改变的风险很大，使得 BPR 的失败率居高不下，达到 70%，而绝大部分大型项目都没有取得项目开始时所确定的全部目标。

除了实施的风险大以外，全新设计法还有一个主要的缺点，就是所要求的组织变革即便是合理的，实施起来也是相当困难的。这主要是由于新流程和现有流程的差别相当大，对正常的经营有较大的干扰，使得员工很难马上接受和适应。如果没有做好员工培训及各项准备工作，一旦在实施时出现冲突，员工可能会拒绝使用新的流程。所以这时高层管理部门的支持和坚定的信念，是顺利实施新流程的保障。除此之外，为了实施全新的业务流程，一些公司还会建立新的部门或经营机构，用全新的文化和思想来指导新流程。例如，密特兰银行组建的独立的电话银行先通公司（First Direct）以及通用汽车公司的土星业务部（Saturn Business Unit），都采用的是这种方法。

全新设计法如图 14-6 所示。

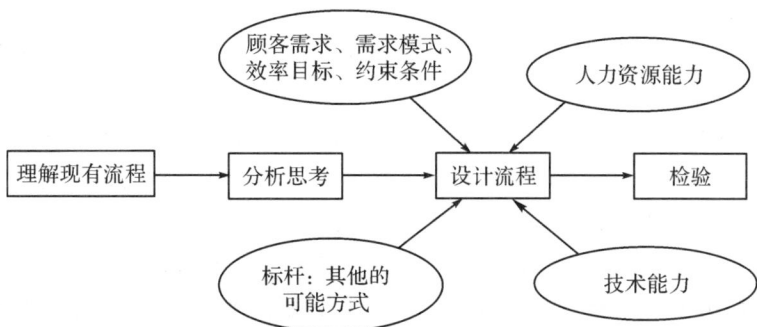

图 14-6　全新设计法

第一步：理解现有流程

找出现有流程中的所有核心流程，一般会有 6～8 个核心流程，无须分析其中的细节，关注的应该是每个流程的关键步骤以及现有流程的产出结果。

第二步：分析思考

在这一阶段需要做的事主要有两项：标杆瞄准，集思广益。标杆瞄准是指各组织间的相互比较和学习，通常是先选出某项业务做得最好或较好的组织（包括本组织中的不同分支、同行业中的不同组织以及不同行业中的不同组织），并以此为标准，对本组织的业务流程进行改进。通过标杆瞄准可以帮助组织开拓设计人员的视野，认识到什么是可以做到的，以及借鉴他人的成功经验来更好地管理变革。

通过集思广益，设计人员才能够更好地做到从顾客的角度出发，产生更多、更新奇的新思路，以便彻底摆脱老框框的束缚。

第三步：设计流程

在流程设计的阶段，必须注意将流程、人员和技术三者紧密地结合在一起，对人力资源能力、技术能力和所选的标杆，进行全方位的分析和考虑。同时对前一阶段集思广益出来的各种思路的细节进行深入探讨，完全摒弃现有流程，以保证整个设计思路是全新的。这样，一方面构成对设计者的约束，一方面也是对产生新流程的提示。

第四步：检验

在新流程设计出来以后，应该通过模拟它在现实中的运行对流程进行检验。可以用流程图来描述新流程，它可以辅助流程的整体建造。只要新流程能够处理好大多数事务，就可以认为新流程是可行的。对于意外的失败事件可以进行单独处理。

案例 14-3：密特兰银行

密特兰银行组建的独立的电话银行先通公司就是全新设计的著名实例之一。

为了研究将来银行的运作方式，密特兰银行组织了"云雨项目（project raincloud）"调查。项目小组经过调查发现：有 1/5 的顾客近一个月内没有到过银行营业处，1/10 的顾客近 6 个月内没有去过银行，51％的顾客说他们希望尽量少去银行。许多顾客不喜欢预约接待的做法，48％的顾客从来没有见过负责他们的银行经理。

经过分析，项目小组提出了"先通（first direct）"的概念，一种使得顾客与银行员工之间接触便利、迅捷,价格有竞争力、关注个人的电话银行工作方式。1989 年,密特兰银行推出了它的先通电话银行服务。

研究组分析确定了各个流程、人员和技术的主要构件,然后在此基础上设计了服务运作体系。

项目小组采取的方法是通过分析和绘制流程图,来确定关键流程。他们根据需求的时间分布设计了绩效衡量指标,并运用标杆瞄准完善了设计。新设计利用了许多现有的信息系统,对新系统进行了仿真和运行检验,并为员工设计了友好适用的新界面。

系统投入使用后迅速成长,但是管理部门一直十分注意保持服务质量。为了适应业务量增长的需要,第二个中心已经建成,以保证与竞争对手相比,拥有高水平的顾客满意度。

"先通(first direct)"项目一直保持对业务再造的承诺,并且继续寻找着改进的途径。

14.2.3　业务流程再造的过程

业务流程再造带给企业的成就是显著的,但是其失败率也是非常高的,通常只有30％的企业流程再造能取得最终的成功。其实问题并不是出在流程再造方法本身,而是在实践中人们操作方法有误。哈默在其著作《再造革命手册》一书中归纳了实践活动中的十大误区。

(1)并非再造而自以为再造;

(2)再造的着眼点并不是企业的流程;

(3)花费过多的时间分析现有流程;

(4)再造中缺少强有力的高层领导的推动;

(5)再造设计中缺少胆识;

(6)从概念设计到全面实施缺少试验期;

(7)再造速度过缓;

(8)配套改革没有跟上;

(9)用传统的方法去执行再造方案;

(10)未能唤起其他人的支持。

哈默指出的这 10 个误区,对于企业提高流程再造的成功率是十分有帮助的,至少可以少走许多弯路。而掌握正确的流程再造的过程、步骤,是绕过这些误区的先决条件。流程再造的过程一般包括:组织流程再造的团队,识别、分析现有流程,流程关键点的处置,流程创新设计和实施新流程等环节。

14.2.3.1　组织流程再造队伍

要希望流程再造一次性成功,组建一个强有力的再造队伍是至关重要的。通常这个队伍应该包括:高层领导者、再造总监、再造小组、流程负责人和指导委员会。

高层领导者应该是一位资深企业高级主管,具有足够的权威和影响力。再造总监是高层领导者的助理,负责再造技术和方法的开发,并对企业各个再造项目进行协调。再造小组是由一群专门完成某一特定流程再造的人组成的，是流程再造的真正承担者。他们负责分析现有流程，制订新流程的设计方案，并监督新流程的实施。流程负责人是指领导某一再造小组成员、对该流程的再造负全责的资深经理人，他负责生产线的工作，并对小组成员进行动员、鼓励和引导。指导委员会由一些高级管理者组成，他们组建政策制定小组，负责制定再造流程的总体战略，监督再造的过程。

14.2.3.2　识别、分析现有流程

首先需要找出现有流程中的关键流程，选择的原则是：一是该流程的功能根本就是错误的，或是存在对生产运作有较大影响的瓶颈，必须立即进行改造，加以纠正；二是对满足顾客的需求有重大影响的流程；三是那些很容易改，而且经过再造后能收到显著经济效益的流程。找出关键流程以后，还需要进一步分析该流程的各项活动，为流程的再造方案设计提供依据。

一般可将活动分成三类：增值活动，即顾客愿意出钱购买的行为；非增值活动，即不能为顾客创造价值，却是增值活动实施中不可缺少的活动；无效活动，既不增值，也不会驱动增值的活动。流程再造的关键就是改善增值活动的发展效率，尽量减少非增值活动的出现，彻底消除无效活动。

对各项活动的分析进行完毕后，还需要收集该流程的以下信息内容：各阶段的工作时间、通过时间，任务、资料、信息的转手次数，适用的计算机系统数目，各阶段存在的问题，增值评价，等等。

14.2.3.3　流程关键点的处置

流程关键点就是流程再造中最关键的地方，也是最困难的地方。关键点可以是某一个活动，活动的规则，或是活动的逻辑关系，等等，流程再造的核心就是找到关键点，并突破之。如案例 14-4 中，班尼顿公司生产流程活动中的逻辑顺序就是该流程的关键点。

14.2.3.4　流程的创新设计

流程的重新设计可以采取组织流程再造队伍或识别、分析现有流程的方法，也可以结合起来一起使用。因为对于流程的某些活动来说，彻底的重新考虑可能最合适，而对于另外一些活动来说，可能用系统化再设计法更好一些。这一阶段必须建立坚定的流程观念，突破原有规则、程序和观念的束缚，树立根本性创新设计理念，同时利用计算机模拟等先进的信息技术，来确保创新设计的成功。

14.2.3.5　实施新流程

新流程的实施过程中领导必须要有坚定的态度，并且要做好员工的思想工作和技术培训工作，为新流程创造一个良好的运营环境。同时，还要做好对新流程效果的跟踪评价和总结工作，以备进行必要的修改之用。

案例 14-4：班尼顿公司的服装生产

班尼顿公司是一家著名的意大利服装生产企业，它以齐全的商品以及丰富的色彩广受好评，其产品畅销世界各地。它的传统生产流程如图 14-7 所示。

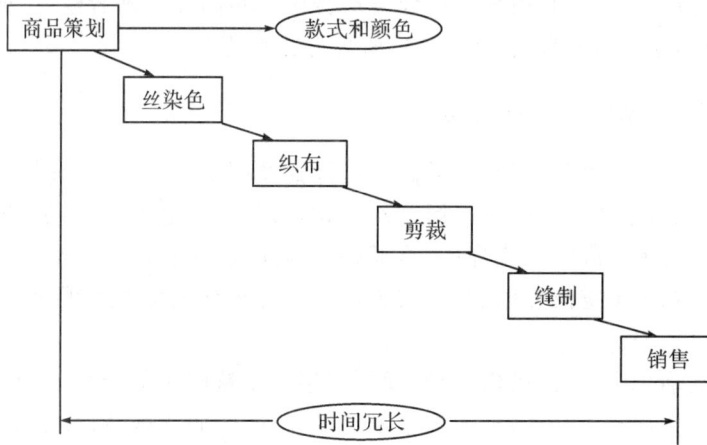

图 14-7　班尼顿公司的传统流程

整个流程是从商品策划开始的，根据策划方案，先给丝染色，再织布，然后按服装的款式进行设计、剪裁、缝制和销售。这种流程的时间跨度大，跟不上流行趋势，有增加库存的危险。

经过对服装生产流程的重组再造，其新流程变为：先进行款式策划，然后织布，织出未经染色的原色布，接着剪裁；其次是色彩策划，这时可根据流行色对布进行染色；最后是缝制和销售。整个过程如图 14-8 所示。

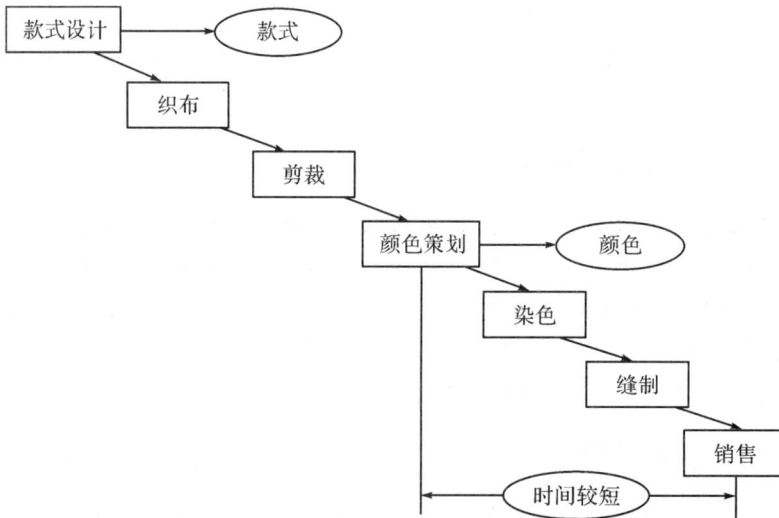

图 14-8　班尼顿公司的新流程

在这个新流程中，之所以将染色安排在裁剪之后，是因为在一年之内服装的款式变化不会太大,而花样和颜色就会有很大的变化,因此要先做好能预测到的工作,待颜色等方面的最新信息到手,就可以很快推出新产品。这样就大大缩短了新产品的上市时间,使得班尼顿公司对服装市场的反应速度明显加快,经营业绩也得以大幅上扬。

14.3 业务流程再造与信息技术

14.3.1 信息技术

20世纪90年代以来,以计算机和网络通信为代表的信息技术的高速发展,极大地提高了人类社会的发展速度以及人们收集、分析、传播和更新信息的能力,其方便程度和速度是前人根本无法想象的。

同时,由于计算机硬件性能价格比的迅速提高,各种实用的系统软件的层出不穷,以及以Internet为代表的网络通信技术的出现和发展,使得各种信息技术的推广、普及成为可能,应用的方便性也使得信息技术能更好地发挥其价值。

信息技术的出现并不是孤立的,有些是为了满足特定需求而开发了相应的IT技术,如销售实点信息系统(point of sale)和自动提款机(ATM);另一些则是在开发出IT技术以后,再寻找它们的应用,例如神经网络和虚拟现实技术。而大部分IT技术的开发,则是同时结合了这两方面的因素。

信息技术发展到今天,已经形成了相当的规模,常用的IT技术如表14-3所示,其已经深入到了人们生产和生活的各个领域。

表14-3 信息技术应用实例

应用领域	信息技术	主要作用
工程设计与制造	计算机辅助设计 CAD	加快了产品开发和生产速度
	计算机辅助制造 CAM	
	产品数据管理 PDM	
	电子数据交换 EDI	使得设计、生产和库存信息的交换更加方便
	虚拟现实 VR	为新产品设计中的制模和决策提供了新工具
商务	销售实点系统 POS	加快了顾客结账速度,提供了分析顾客偏好和改进库存的手段
	智能系统	使得物品不用拿出购物车就能完成结账任务
	笔记本、掌中宝	跟踪送货,提高市场分析速度
教育	多媒体、交互型可视教学系统、国际通信系统	进行针对个人的计算机辅助学习和培训,将分散的学生、教师和研究人员联系在一起

续　表

应用领域	信息技术	主要作用
财务	自动提款机 ATM	提供 24 小时全天候的银行服务
	财务管理系统	向企业提供公司全面的财务状况分析
	电子资金划转系统	加快交易速度,使得国际市场运作一体化
旅游	计算机预订系统 CRSs	向代理机构和游客提供实时信息,分析需求变化和价格调整的影响
其他	复杂模式识别软件	使得组织可以从它们的数据中获得更多的信息

信息技术在企业中的广泛应用,降低了企业的运营成本,增强了企业的竞争能力,使企业具备了大批量生产定制产品和迅速反应的能力,对企业的生存和发展起了重要的作用。

14.3.2　BPR 与 IT 技术的关系

业务流程再造是一种全新的管理哲理,信息技术的应用对于它的发展和在企业中的成功运用起到了极大的推动作用。哈默曾经说过:"信息技术是业务流程改造的必要条件,如果没有信息技术,要谈改造,无异于痴人说梦话。"

但是,信息技术的应用并不等于业务流程再造。实际上,实施 BPR 并不是单纯的技术问题,更是一种思维方式的转变,而 IT 技术仅仅是一种手段。BPR 可以独立于 IT 技术而存在,可是如若离开了信息技术的催化作用,业务流程再造的绝大多数只能流于空想。同时,如果缺少了 BPR 思想的指导,IT 技术也很难发挥它的潜力。所以,在了解信息技术对业务流程再造的影响之前,很有必要首先理清两者之间的关系,以指导实践中 BPR 的成功运用和 IT 技术潜力的有效发挥。

信息技术和业务流程再造之间存在着一种相互影响、相互制约的关系,这种关系如图 14-9 所示。

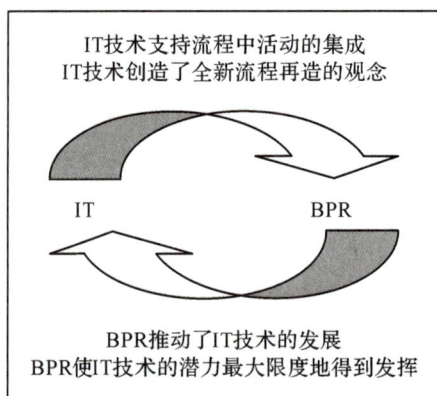

图 14-9　BRP 与 IT 技术的关系

企业现有的流程之所以低绩效,主要因为它是建立在已经过时的规则和基本假设基础之上的,这些规则和假设阻碍了企业的绩效提高。BPR 的首要任务就是要彻底推翻这种旧的思想观念,从根本上打破与现有技术条件不相匹配的规则和假设,重新建立起与之相适应的新规则、新思路,进而在新的思路和规则的基础上开发新的流程。而 IT 技术作为一种具有突破性创造力的工具,正好能帮助企业推翻旧的条条框框,为企业流程的创新助一臂之力。

同时,计算机和网络通信技术的融合,使得信息资源共享得以实现,导致流程中活动的集成。一方面降低了流程的通过时间,提高了工作效率,另一方面也提高了活动间的合作程度,实现了任务的并行化。

IT 技术所带来的绩效的确是非常诱人的,但是,许多企业在 IT 领域投入的巨大资金却并没有带来预期的收获,使得人们对 IT 技术的效用产生了极大的怀疑。其实致使 IT 技术失败的原因并不是技术本身,而是对它的运用方法问题。绝大多数企业将 IT 技术应用于现有的经营流程中,没有改变原来的工作方式。他们只考虑如何应用 IT 技术来改善现有流程,却没有从根本上考虑究竟要不要沿用现有流程,致使新的技术与经营流程不相匹配,产生相互阻碍的反作用。BPR 正好是从根本上对流程进行再造,产生出与现有技术相适应的新流程,使得信息技术以适当的方式应用在适当的地方,这样才能最大限度地发挥它的潜能,并进一步推动信息技术的发展。

案例 14-5:柯达公司

20 世纪 80 年代末,柯达公司开发相机的时间一般在 70 周左右,面对竞争对手日本富士公司不断推出新型相机的挑战,柯达公司决定应用并行工程原理,加快其新产品入市的速度。

柯达公司在相机开发流程中,新相机的设计时间一般为 28 周,工装设计为 42 周,由于实行的是串行开发方式,所以整个产品开发周期为 70 周,如图 14-10 所示。

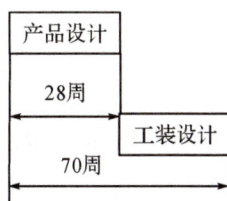

图 14-10 柯达旧的产品开发流程

柯达公司应用 CAD/CAM 和工程设计数据库系统对产品开发流程进行再造。每位设计师均在计算机上进行设计工作,设计资料汇集到数据库中。这样,每位设计师每天都要检查数据库,以便在别人对其设计提出问题后及时予以解答。数据信息的集中管理,解决了信息共享和交流的问题,设计时间大大缩短。设计工作并行化,使得工装设计在产品设计开始后 10 周就可以展开,大大缩短了产品开发时间,如图 14-11 所示。

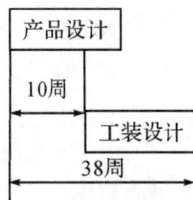

图 14-11 柯达新的产品开发流程

柯达公司的产品开发流程再造,使其把 35 毫米焦距一次性相机从概念设计到生产的整个开发流程的周期减少到 38 周,一次性相机的工装设计及制造费用降低了 25%。

14.3.3 信息技术对业务流程再造的作用

前面已经讨论过,IT 技术对于业务流程再造是至关重要的,而它在 BPR 中所起的具体作用，我们将它总结如下。

(1)IT 技术是业务流程再造实现的保障

很多企业经过业务流程再造后，将原来的流程合并、压缩，让一个人或一个团队负责整个流程的完成，如果没有 IT 技术的支持，这肯定是行不通的，但是借助 IT 技术后却成为可能。IT 技术的发展极大地提高了员工的工作效率和各种设备的利用率，使得原来的某些专职工作（如打字、复印）可以完全融入员工的个人工作中。同时，BPR 的实施也受到 IT 技术的成本和现有功能的制约，BPR 必须保证新流程在技术上的可行性，才能有效实施，否则只能是空想。

(2)IT 技术为 BPR 的顺利进行提供先进的工具和技术

在识别和评价现有流程的过程中，IT 技术为识别工作提供有力的工具，如运用模型进行过程模拟、分析调查数据、进行结构评估等。IT 技术还能将分析结果形成流程图或流程表，并提供模型工具帮助理解现有流程，所有这些都能够增加信息的数量和质量。IT 技术还能在信息的收集过程中为决策者提供评价流程的工具，使得对流程的评价更加客观和全面。

在确定业务战略和流程时，IT 技术能帮助识别企业流程的限制条件，如专家系统和技术数据库能提供当前以及未来的 IT 功能、人力资源、组织结构等信息，使得通过计算机进行开放的、创造性的讨论成为可能，这样能有效地克服 BPR 的盲目性，降低 BPR 失败的概率。

在新流程的设计和改善阶段，IT 技术不但能提供图形化工具显示物流和信息流的流动情况，而且还能分析、识别潜在的难点和限制条件，有助于及时改善新流程出现的问题。

另外，IT 技术中的项目管理工具、各种应用软件以及各种产品开发工具，都能够识别和评估所有与 BPR 相关的工作，使之结构化，同时使设计过程中出现的问题尽可能早地发现和得到控制，不致产生严重的后果。

14.3.4 信息技术在业务流程再造中的应用

信息技术的发展促使企业流程需要不断的变革，改善现有流程，形成新的工作方式，而在业务流程再造的过程中 IT 技术的重要性也在与日俱增，成为一种不可或缺的重要手段。

(1)微型计算机

微型计算机的广泛应用，使得员工的工作在数量和质量两方面都得到了极大的改善。随着宽带技术、无线数据通信技术和可移动计算技术的发展，微型计算机更是突破了时空的限制，企业员工随时随地都可以查询、处理、使用和传输数据，使得移动办公成为可能。例如，奥迪斯电梯公司的服务人员在修完电梯后，就是用随身携带的小型可移动终端电脑，将服务顾客的信息发送到总部，进行存档处理。

(2)专家系统

专家系统的应用，打破了原来的只有专家才能完成专家工作的思想，使得普通员工也可以完成某些专家的工作,从而使企业可以简化工作流程,对现有流程进行彻底的整合,建立新的流程,改善工作水平。例如康柏公司利用以往解决问题的所有资料,使用"基于事例推理(case based reasoning)"技术构建了一个问题解决系统。利用这个系统,康柏公司的客户服务代表可以在没有技术专家指导的情况下,解决顾客的绝大多数问题。这样做,大大减少了原有流程中的延误和差错,满足了向顾客提供单点接触的要求,能尽可能快速地响应顾客的需求。许多国外的人寿保险公司都使用一种基于规则的专家系统来评价投保人的申请,系统会向客户提出一系列问题,根据客户的回答,系统会对客户的信息赋予权重,做出评价。

(3)决策支持系统

由于信息壁垒的存在,原有企业中只有少数管理人员才能掌握大量信息,因而企业的管理规则一般是由管理部门对各项事件做出决策,一线员工则没有这样的能力和权力。随着数据库技术和便于使用的分析建模软件的产生和广泛使用,使得一线员工也能在授权的前提下,获得充分的信息资料,并在接受适当的训练后掌握高级的决策能力,从而使企业的决策能尽快适应环境的变化,提高业务流程对外界的响应速度和反应灵敏度。

数据库技术的应用还加强了数据资源的共享,使得企业的许多员工可以同时运用相同的资料来完成他们各自的工作,使并行作业成为可能。例如,在保险公司建立数据库后,一个办事员根据投保申请单计算保险费率的同时,另一个办事员可以使用同一份资料审核投保人的信用。这样,信息的串行传递改变为并行传递方式后,相应的业务流程就可以进行再造。

(4)网络通信技术

在综合业务数字网(ISDN)等各种宽带通信网络技术的帮助下,企业克服了集权和分权之间的矛盾,可以同时获得集权经营和分权经营所带来的各种好处,为成本的降低开创了一条新路。

案例 14-6:惠普公司采购系统

惠普公司的采购业务在过去一直采用的是分权制,50 多个制造单位各自独立采购,因为只有各制造单位才最清楚自己需要什么。但是这样的采购方式对于总公司来说,是牺牲了大宗采购的数量折扣优惠为代价的。现在,惠普公司运用信息技术再造了其采购流程。总公司和各制造单位共同使用一个采购软件系统,各单位仍然是各自订货,但必须使用标准的采购系统,总公司通过该系统掌握全公司的需求状况,并派出采购部与供应商谈判,并签订总合同。在执行合同时,各单位根据数据库向供应商发出各自的订单。这一流程再造的结果是,公司的发货及时率提高了 150%,交货期缩短了 50%,潜在顾客流失率降低了 75%,并且由于享用折扣,使得产品的成本也大大降低。

📖 本章小结

业务流程再造带来的绩效是显著的,但其居高不下的失败率告诉人们对于是否采取业务流程再造,以及如何进行这项工程,必须谨慎行事。在进行流程再造之前,必须理清企业现有流程,认清信息技术和 BPR 的关系,使适当的信息技术应用在适当的地方,真正起到推动业务流程再造成功的作用。

课后习题

一、思考题

1.业务流程再造是不是一项技术手段,它的产生背景如何? 请用自己的语言表述。

2.什么是业务流程再造,其中包含了哪些含义,请用自己的语言表述,并举例说明。

3.业务流程再造作为一种管理哲理,具有哪些特征? 企业进行业务流程再造的基本原则是什么?

4.试分析企业现有流程在业务流程再造中的重要地位。对现有流程的分析是否越深入越好,为什么?

5.业务流程再造的方法主要有哪几种,它们有什么区别,各自的特点是什么? 企业在进行业务流程再造时,该如何选择再造的方法?

6.系统化再设计法的主要内容是什么? 什么是 ESIA,它的含义是什么?

7.IT 技术的应用给企业的发展带来了哪些好处? 试举例说明。

8.业务流程再造与信息技术存在怎样的互动关系? 从业务流程的角度看,IT 技术在应用中失败的原因是什么?

9.试举例说明信息技术在业务流程再造中的应用。

二、选择题

1.下面哪一项不属于流程再造的方法?(　　)

A.借助咨询公司的力量　　　　　　　B.转变思维模式,改造公司文化

C.借助信息技术　　　　　　　　　　D.从不关键的业务环节入手

2.关于福特汽车公司北美货款支付部实施 BRP 的说法不正确的是(　　)

A.计算机系统安装起了最关键的作用

B.之前的很多支付处理工作是一种浪费

C.重构消除了发票处理

D.准确性大大提高

3.下面哪一项不是流程管理的特点?(　　)

A.追求企业管理的简单化和高效化　　B.从结果出发倒退过程

C.全流程观点代替个别部门的活动　　D.内部作业方便是流程管理的出发点

4. 流程再造的原则之一是（　　　）

A. 从源头上保证质量 　　　　　B. 由对流程结果负责的人负责实施

C. 不要仅仅根据价格选择供应商 　　D. 将非核心业务外包出去

5. 下面哪一项不属于流程再造的基本原则？（　　　）

A. 尽管资源被集中控制，但分散在多个地方

B. 将活动并行而不是综合它们的结果

C. 在信息产生的地方多次采集信息

D. 将信息处理任务安排到产生信息的地方

三、案例分析

NKL 公司

占有 25％市场份额的挪威合作社批发总店 NKL 公司是业务流程再造的早期探索者之一。该公司 1991 年启动了第一个试点项目，一年后完成，将产品从生产厂到销售点的供货延滞时间缩短了近一半。公司在其最大的供货商———一家纸制品生产厂的合作下，取得了这一成就。

项目经理、负责全公司共同运作工作的戴格·舍耶回忆说："实际上我们仅用了 8 个月的时间就把供货时滞从 70 天缩短到了 33 天。"

NKL 公司的年销售额大约为 80 亿挪威克朗（NOK），利润在 2 亿挪威克朗左右，且一直保持着持续增长和绩效改善。公司在挪威全国各地有 9 个仓储中心，负责向全国所有合作社商店供货。

在参加了美国一家著名的咨询公司组织的关于改进流程的讲演后，NKL 公司和那家纸制品企业的高级管理人员对共同解决这个问题发生了兴趣。尽管不叫 BPR，但是他们后来认识到当时所遵循的正是 BPR 的思路。这个项目启动时，由于 20 世纪 80 年代经营严重滑坡，NKL 公司进行了一次重大的组织结构和管理人员调整。项目的实施改变了 NKL 公司的命运，并为公司的进一步发展奠定了基础。

1992 年，在试点项目取得成功后，公司开始寻找新的改善经营的方法，这次他们找到了 BPR 方法。戴格·舍耶说："我们认识到在我们的试点项目中，已经应用了许多 BPR 的思路，并因此取得了巨大的收效。但是，BPR 为我们提供了一个更加结构化的框架。"

在接下来的一轮努力中，NKL 公司邀请几家最大的供应商与他们合作，在各自的业务领域推广试点项目中缩短供货延滞时间的做法。8 家供应商参加了这一期项目，涉及占销售额 35％的产品，项目目标是通过缩短供货延滞时间和降低库存，将利润率提高 3％。

与试点不同，这次除了供应商外，项目还争取了连锁零售店的合作与参与。参加项目的各方达成协议，取得的所有收益在各方之间平分。这样，进一步增强了各方的积极性。戴格·舍耶说："我们发现，降低库存 50％算不上难事，只要找到一个更好的业务程序，并对日常工作加以改善就能成功。例如，让各地的仓储中心直接同供应商建立联系。"

至此，所有的工作都没有涉及电子设备和计算机系统的改变，但是，项目进一步的工

作将要涉及计算机部门。根据戴格·舍耶的介绍，这主要包括通过电子数据交换（EDI）系统的改进实现实点销售信息（point of sale information）采集。随后，公司进行将供货时滞再减少50％的试验，即缩短到15天，合作者仍是最早参加试点的那家公司。

NKL公司将自己在信息沟通中的角色定位为一个中间人，负责将零售商的信息转达给供应商。削减库存是他们达到企业经营目标的关键。"我们发现，缩短供货时滞还带来了两个额外的好处。首先，服务质量得到改善，这是因为人们对流程机制有了更深入的了解。其次，为了取得进一步的改进，大家都努力寻找机会，我们得到的创新建议增加了。"

这些建议许多已经实施，既降低了运费，又改进了储运管理程序。缩减供货时滞的另一个副产品是简化了作业计划的制订。

NKL公司未来的打算是让公司的1400多名员工中有更多的人参与BPR项目。事实上，该公司仅有20％的员工参与了有关的项目。戴格·舍耶指出："总的目标是使整个组织上下都能以更好的方式工作。"

显然，戴格·舍耶本人对所取得的成绩是满意的，特别是与其他组织相比，他更满意。因为一般认为BPR项目的失败率高达70％。不过，他补充说，如果目标定得再高一点，也能实现。

之后，NKL公司通过国际合作社组织——欧洲协会（The European Association）向其他国家的合作社传授他们的经验。各国大部分合作社都在考虑开展BPR的可能性，英国、丹麦、意大利、瑞典等国的许多合作社组织已经开始积极从事这方面的努力。

戴格·舍耶对打算开展BPR项目的公司提出忠告说："尽管听起来简单，但实际上需要的承诺怎么高估也不过分。我们的经验是，这件事做起来比表面上看起来要复杂得多，取得预期的效果需要相当长的时间。实质上，这是对整个思维和工作方式的一次重大改变。"

问题：

1.根据NKL公司的流程再造，试分析流程再造和组织结构再造的关系。如果NKL公司不事先进行组织结构的改革，对于BPR可能会产生什么样的影响，会使其遇到什么样的阻碍？

2.请分析戴格·舍耶所说的"总的目标是使整个组织上下都要以更好的方式工作"对于BPR的意义，并进一步讨论BPR顺利进行的必要条件。